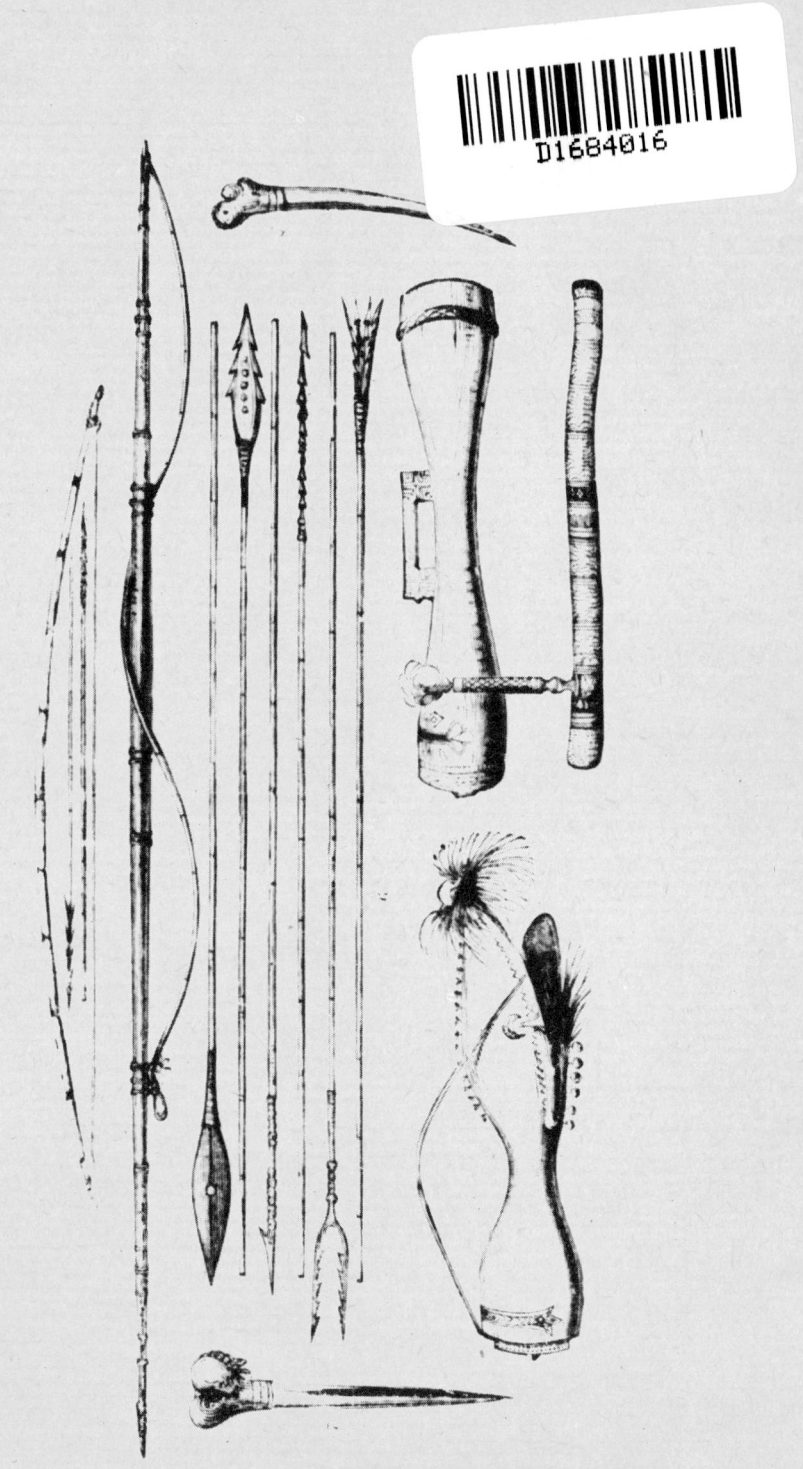

Nikolai Mikloucho-Maclay
BEI DEN PAPUAS

BEI DEN PAPUAS

Die Reisetagebücher des
Nikolai Mikloucho-Maclay

Verlag Neues Leben
Berlin

Nach einer alten Übersetzung bearbeitet

Die Vorlagen für die in diesem Buch wiedergegebenen Illustrationen stellte uns die Deutsche Staatsbibliothek Berlin/DDR zur Verfügung

ISBN 3-355-00144-9

© Verlag Neues Leben, Berlin 1986
Lizenz Nr. 303 (305/50/86)
LSV 7213
Gesamtgestaltung: Doris Ahrends
Schrift: 11 p Baskerville
Lichtsatz und Offsetrotationsdruck: (52) Nationales Druckhaus Berlin · Betrieb der VOB National
Buchbinderische Weiterverarbeitung: INTERDRUCK Graphischer Großbetrieb Leipzig III/18/97
Bestell-Nr. 644 077 3
01260

TAGEBUCH 1871–1872

September

19. September   Gegen 10 Uhr morgens zeigte sich endlich die wolkenverhangene hohe Küste Neuguineas.

Die Korvette „Witjas" lief parallel zur nordöstlichen Küstenlinie Neubritanniens.[1]

Die vor uns aufgetauchte Küste war, wie sich herausstellte, das Kap King William im Nordosten Neuguineas.

Parallel zur Küste erstreckten sich hohe Berge. Auf den Karten sind sie mit dem Namen Finisterre bezeichnet; sie sind mehr als 10 000 Fuß hoch.

In der Meerenge zwischen der Insel Rook und Neuguinea waren einige mit Pflanzenwuchs bedeckte niedrige Inseln zu sehen. Die Strömung war günstig, und wir kamen gut vorwärts.

Gegen 2 Uhr hatte sich die Korvette „Witjas" der Küste so weit genähert, daß man die charakteristischen Züge des Landes wahrnehmen konnte.

Auf den Bergen lagen dichte Wolken, die es nicht erlaubten, die Umrisse der Gipfel zu erkennen. Unter einer weißen Wolkenschicht stand auf den steilen Abhängen üppiger Wald, der mit seiner dunklen Farbe von dem hellgrünen Küstenstreifen kräftig abstach.

Die Küste stieg in Terrassen oder Stufen an. Zahllose Klüfte und Schluchten, die mit saftigem Grün bewachsen waren, zerfurchten die Terrassen von oben nach unten und verbanden so den Waldstreifen mit dem schmalen Gürtel der Strandvegetation.

Hier und da wurde der Strand breiter, die Berge traten weiter zurück in die Tiefe des Landes, und die schmalen Terrassen verwandelten sich am Meer in große Lichtungen, die von dunklem Grün umrahmt waren.

An zwei Stellen des Strands war Rauch zu sehen, der von der Anwesenheit des Menschen zeugte.

Gegen 6 Uhr zeigte sich unweit der Küste eine kleine mit Wald bedeckte Insel. Zwischen dem hellen Grün der Kokospalmen waren auf dieser kleinen Insel Hüttendächer zu sehen, und am Strand konnte man Menschen erkennen. Da wir keinen bequemen Ankerplatz gefunden hatten, stellten wir das Heizen ein, und die Korvette „Witjas" drehte bei.

[1] Neubritannien ist die größte Insel des gleichnamigen Archipels (im Jahr 1884, als das nordöstliche Küstengebiet Neuguineas und die ihm nahe liegenden Inseln von Deutschland in Besitz genommen wurden, wurde diese Inselgruppe „Bismarckarchipel" genannt)

Der Abend war klar, der Himmel sternübersät, nur die Berge waren von Wolken bedeckt. Es schien, daß die Wolken tiefer heruntergegangen waren und sich mit den weißen Nebelschleiern vereinigten, die sich längs der Küste direkt am Meer ausgebreitet hatten. Aus den dunklen Wolken auf den Gipfeln blitzte es häufig, doch Donner war nicht zu hören.

20. September Während der Nacht hatte uns die günstige Strömung ungefähr 20 Meilen nach Norden getrieben. Ich war früh an Deck gegangen, da ich damit rechnete, die Berggipfel vor Sonnenaufgang frei von Wolken zu sehen. Und wirklich, die Berge waren klar; es gab wenig einzelne Gipfel. Die Berge standen wie eine zusammenhängende hohe Wand von fast überall derselben Höhe da. Bei Sonnenaufgang waren die Gipfel und der Fuß der Berge frei von Wolken. Weiße Schichtwolken zogen sich in halber Höhe hin.

Während wir vorwärts trieben, veränderte sich das Aussehen der Küste. Terrassen gab es nicht mehr, und an die hohen, parallel zum Strand gerichteten Gebirgszüge schlossen sich unregelmäßige Querreihen von Hügeln an, zwischen denen wahrscheinlich kleine Flüsse dahinströmten. Dort war der Pflanzenwuchs noch üppiger.

Die Wolken hüllten allmählich die Gipfel der hohen Gebirgszüge ein; gewaltige Haufenwolken ballten sich zusammen, veränderten ihre Form und legten sich auf die Gipfel. An den Abhängen der niedrigen Hügel sah man hier und da dichte Rauchsäulen.

Gegen 12 Uhr befanden wir uns inmitten der Gewässer der großen Astrolabebai.[1]

Auf die Frage des Kommandeurs der Korvette, des Korvettenkapitäns Pawel Nikolajewitsch Nasimow, an welcher Stelle der Küste ich ausgesetzt werden sollte, wies ich auf das höhere, linke Ufer hin, in der Annahme, daß das rechte, niedrige Ufer ungesund sein könnte.

Lange betrachteten wir aufmerksam den Strand der Bucht und hofften, Hütten von Eingeborenen zu entdecken; doch außer den Rauchsäulen auf den Hügeln bemerkten wir nichts. Erst als die Korvette noch näher an den Strand herangekommen war, rief der Erste Offizier, Nowossilskij, daß er Wilde sähe. In der Tat, an der einen Stelle des sandigen Strandes konnte man einige dunkle Figuren sehen, die bald liefen, bald stehenblieben.

Neben dieser Stelle trat eine kleine Landzunge hervor, hinter der sich, wie es schien, eine kleine Bucht befand. Wir steuerten sie an und fanden tatsächlich eine Bucht.

---

[1] die Astrolabebai ist eine Bucht an der nordöstlichen Küste Neuguineas, die von dem französischen Seefahrer Dumont d'Urville im Jahr 1827 entdeckt und nach dem Namen des Schiffes, auf dem er fuhr, benannt wurde; Dumont d'Urville ist dort nicht an Land gegangen, er beschrieb die Küste nur vom Schiff aus

Als die Korvette „Witjas" in sie eingelaufen war, wurde der Anker in einer Entfernung von etwa 70 Sashen[1] vom Strand in 27 Sashen Tiefe geworfen. Gewaltige Bäume, die direkt am Rande des unter Wasser jäh abfallenden felsigen Ufers (eines Korallenriffs) der kleinen Bucht wuchsen, ließen ihre Blätter bis an die Wasseroberfläche herabhängen. Zahllose Lianen und verschiedene Schmarotzerpflanzen bildeten mit ihren Girlanden einen Vorhang zwischen den Bäumen, und nur die kleine nördliche sandige Landzunge der Bucht war offen.

Bald erschien eine Gruppe von Wilden auf dieser kleinen Landzunge. Die Eingeborenen waren, wie es den Anschein hatte, sehr ängstlich. Nach langen Beratungen löste sich einer von ihnen aus der Gruppe und trat vor. Er trug eine Kokosnuß und legte sie am Strand hin. Indem er auf sie zeigte, bemühte er sich mit Hilfe der Mimik, uns zu erklären, daß diese Kokosnuß für uns bestimmt sei. Danach verschwand er schnell im Waldesdickicht.

Ich bat den Kommandeur der Korvette, mir ein vierrudriges Boot zu geben, um an Land fahren zu können. Doch als ich gehört hatte, daß zu meiner Sicherheit beabsichtigt war, mir noch einen Kutter mit einem bewaffneten Kommando mitzugeben, begnügte ich mich mit einer Schaluppe ohne Matrosen, befahl meinen beiden Dienern, Olson und Boy[2], in die Schaluppe zu steigen, und fuhr los, um mit meinen künftigen Nachbarn Bekanntschaft zu schließen. Ich hatte einige Geschenke mitgenommen: Glasperlen, roten Baumwollstoff, der in Stücke und schmale Bänder gerissen war, und anderes mehr.

Nachdem wir um die kleine Landzunge gerudert waren, schlug ich die Richtung längs des Sandstrandes zu jener Stelle ein, an der wir die Eingeborenen zum erstenmal gesehen hatten. Nach etwa zwanzig Minuten näherten wir uns dem Strand, auf dem einige Eingeborenenpirogen lagen. Aber hier gelang es mir nicht, an Land zu gehen, die Brandung war zu stark. Unterdessen zeigte sich ein mit einem Speer bewaffneter Eingeborener, der hinter den Sträuchern hervorkam. Er hielt den Speer über dem Kopf und wollte mir pantomimisch erklären, daß ich mich entfernen sollte. Als ich mich in der Schaluppe aufrichtete und ihm einige rote Lappen zeigte, stürzten etwa ein Dutzend mit allerlei Keulen und Knüppeln bewaffnete Wilde aus dem Wald hervor. Da ich sah, daß es die Eingeborenen nicht wagten, an die Schaluppe heranzugehen, und da ich selbst nicht ins Wasser springen wollte, um zum Strand zu gelangen, warf ich die Geschenke ins Wasser – in der Hoffnung, daß sie mit den Wellen an Land gespült würden.

---

[1] ehemaliges russisches Längenmaß = 2,336 m
[2] Olson und Boy hatte Mikloucho-Maclay auf einer der Samoainseln, die die Korvette auf dem Weg nach Neuguinea anlief, in seine Dienste genommen; Olson war Schwede, ehemaliger Matrose eines Handelsschiffes, Boy ein Polynesier von der Insel Niue

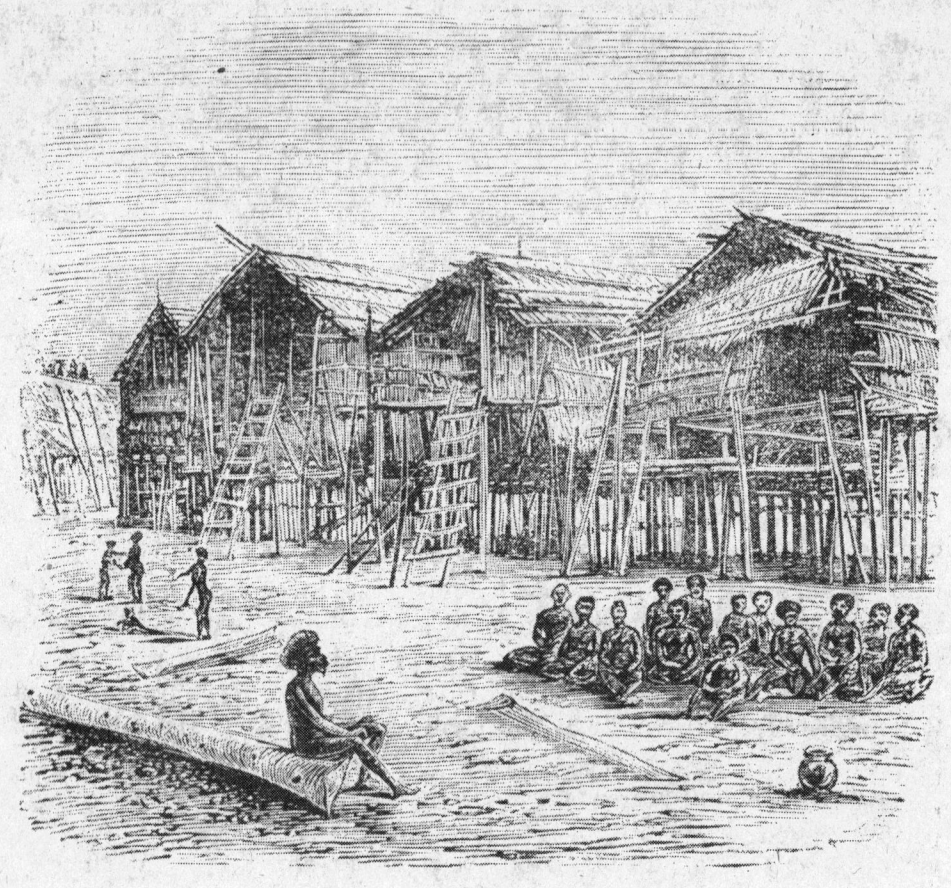

Ein Dorf in Neuguinea

Darauf fuchtelten die Eingeborenen energisch mit den Armen und zeigten mir, daß ich mich entfernen sollte.

Ich verstand, daß unsere Anwesenheit sie störte, ins Wasser zu gehen und die Sachen zu nehmen. So befahl ich denn meinen Leuten, wegzurudern. Kaum hatten wir uns vom Strand entfernt, da stürzten die Eingeborenen um die Wette ins Wasser und fischten die roten Tücher sofort heraus. Doch ungeachtet dessen, daß die roten Lappen den Wilden, wie es schien, sehr gefielen (sie betrachteten sie mit großer Neugier und redeten viel miteinander), wagte es keiner, zu meiner Schaluppe zu kommen.

Nachdem ich mich überzeugt hatte, daß alle meine Versuche, eine erste Bekanntschaft anzuknüpfen, erfolglos blieben, kehrte ich zur Korvette zurück, wo ich erfuhr, daß man an einer anderen Stelle des Strandes ebenfalls Wilde gesehen hatte. Unverzüglich fuhr ich in der angezeigten Richtung los, traf aber dort keine Wilden an; nur die Spitzen der an den Strand gezogenen Pirogen ragten aus der Mauer der üppigen Vegetation heraus, die bis dicht an das Wasser heranreichte.

Endlich bemerkte ich an einer Stelle des Strands – zwischen Bäumen – weißen Sand. Schnell fuhr ich auf diese Stelle zu, die, wie sich fand, ein sehr behagliches und hübsches Fleckchen Erde war. Als ich hier an Land ging, gewahrte ich einen schmalen Pfad, der in das Waldesdickicht führte.

Ich war mit solch einer Ungeduld aus der Schaluppe an Land gestiegen und hatte mich, dem Pfad folgend, in den Wald begeben, daß ich meinen Leuten, die sich damit beschäftigten, die Schaluppe an die am nächsten stehenden Bäume zu binden, keinerlei Anweisungen hinterließ.

Als ich etwa dreißig Schritt auf dem Pfad vorgedrungen war, bemerkte ich zwischen den Bäumen einige Dächer. Der Pfad führte mich zu einem kleinen Platz, um den herum Hütten standen. Ihre Dächer reichten fast bis auf die Erde herunter.

Das Dorf sah sehr sauber und freundlich aus. Die Mitte des kleinen Platzes war gut festgetreten; ringsherum wuchsen Sträucher mit bunten Blättern und ragten Palmen empor, die Schatten und Kühle spendeten. Die mit der Zeit bleich gewordenen Dächer aus Palmblättern stachen hübsch von dem dunkelgrünen Hintergrund der sie umgebenden Vegetation ab, während die grell hochroten Blüten der chinesischen Rose, die gelbgrünen und gelbroten Blätter des Croton[1] und des Coleus[2] das allgemeine Bild des Waldes belebten. Der Wald bestand aus Bananen, Pandanus (Pandang)[3], Brotfruchtbäumen[4], Areca-[5] und Kokospalmen. Hohe Bäume schützten den Platz vorm Wind. Obschon sich nirgends eine lebende Seele fand, sah man dennoch überall Spuren der Bewohner des Dorfes, das wohl erst kürzlich von ihnen verlassen worden war. Ab und zu flammte auf dem Platz ein glimmendes Lagerfeuer auf. Hier lag auf der Erde eine nicht ganz ausgetrunkene Kokosnuß, dort ein in aller Eile hingeworfenes Ruder. Die Türen einiger Hütten waren sorgfältig mit Rinde und mit Scheiten aus gespaltenem Bambus über Kreuz verstellt. Bei zwei Hütten aber waren die Türen offengeblieben – vermutlich waren die Besitzer irgendwohin geeilt und hatten keine Zeit mehr

---

[1] ein in tropischen Ländern weit verbreiteter Strauch; die Blüten des Croton sind unscheinbar, die Blätter jedoch, mit Mustern aus roten und gelben Adern, sehr hübsch

[2] ein Strauch mit grell gezeichneten Blättern

[3] ein hoher Baum mit vielen Hunderten von Luftwurzeln; die Luftwurzeln gehen, einige Meter über dem Erdboden beginnend, bogenförmig zur Erde herunter und geben dem Baum ein Aussehen, als wenn er auf Stelzen stünde

[4] ein Baum, der schwere, kugelrunde Früchte liefert; das Fleisch dieser Früchte, das auf heißen Steinen gebacken wird, erinnert im Geschmack an Brot

[5] eine hohe Palme mit prachtvollen Blütentrauben; die Eingeborenen schätzen die Arecapalme deshalb besonders, weil aus ihren Nüssen ein von ihnen beliebtes Kaumittel zubereitet wird

gehabt, sie zu verschließen. Die Türen sind in einer Höhe von 2 Fuß angebracht; sie scheinen eher Fenster als Türen zu sein und stellen die einzige Öffnung dar, durch die man in die Hütte gelangen kann.

Ich trat an solch eine Tür und blickte in das Innere. In der Hütte ist es dunkel – mit Mühe kann man die darin befindlichen Gegenstände erkennen: hohe Pritschen aus Bambus, auf dem Fußboden einige Steine, die einem zerbrochenen Tontopf als Stütze dienen. Zwischen den Steinen glimmt ein Feuer. An den Wänden hängen Bündel von Muscheln und Federn und unter dem Dach ein von Ruß geschwärzter Menschenschädel.

Die Strahlen der untergehenden Sonne tauchten das hübsche Blattwerk der Palmen in warmes Licht. Im Wald erklangen fremdartige Schreie irgendwelcher Vögel. Es war so schön, so friedlich und gleichzeitig so neuartig und fremd, daß es eher Traum als Wirklichkeit zu sein schien.

Während ich an eine andere Hütte herantrat, ließ sich Geraschel vernehmen. Als ich mich umdrehte, sah ich in einer Entfernung von einigen Schritten einen Menschen, der gewissermaßen aus dem Boden emporgeschossen war. Der Mensch blickte eine Sekunde lang zu mir hin und stürzte dann durch die Büsche davon. Fast im Laufschritt eilte ich ihm auf dem Pfad nach und schwenkte dabei einen roten Lappen, der sich in meiner Tasche vorgefunden hatte. Nachdem sich der Wilde umgeschaut und festgestellt hatte, daß ich allein und ohne jede Waffe war und ihn mit Zeichen bat heranzutreten, blieb er stehen.

Langsam näherte ich mich ihm und reichte ihm schweigend den roten Lappen. Er nahm ihn mit sichtlichem Vergnügen und band ihn sich um den Kopf. Dieser Papua war von mittlerem Wuchs, dunkelschokoladenbrauner Farbe, mit mattschwarzen, wie beim Neger krausen, kurzen Haaren, einer breiten, plattgedrückten Nase, Augen, die unter vorspringenden Augenbrauenbogen hervorsahen, und einem großen Mund, der vom abstehenden Schnurrbart und Bart fast verdeckt war. Sein ganzes „Kostüm" bestand aus einem grauen, etwa 8 Zentimeter breiten Lappen, der zunächst in der Art eines Gürtels umgebunden war, dann zwischen den Beinen hindurchging und hinten an der Taille wieder befestigt wurde, und aus zwei den Arm über dem Ellbogen eng umschließenden Binden in der Art von Armbändern aus geflochtenem trockenem Gras. Hinter eine dieser Binden beziehungsweise eines dieser Armbänder war ein grünes Betelblatt[1] gesteckt, hinter die andere – am linken Arm – so etwas wie ein Messer aus einem glattgeschliffenen Stück Knochen.

---

[1] Betelpfeffer ist ein Strauch mit großen Blättern, die würzig scharf schmecken; ein Stückchen von der Frucht der Arecpalme wird von den Eingeborenen in ein Betelblatt gewickelt, mit Kalk bestrichen und dann gekaut; die Sitte, Betel, der das Nervensystem anregt, zu kauen, ist unter vielen Völkern der tropischen Länder verbreitet

Der Wilde war gut gebaut und hatte eine kräftig entwickelte Muskulatur.

Der Gesichtsausdruck meines ersten Bekannten schien mir recht sympathisch zu sein. Aus irgendeinem Grunde dachte ich, daß er mir gehorchen würde, nahm ihn bei der Hand und führte ihn, nicht ohne gewissen Widerstand von seiner Seite, in das Dorf zurück.

Auf dem Platz fand ich meine Diener Olson und Boy, die mich suchten und es nicht fassen konnten, wohin ich verschwunden war. Olson schenkte meinem Papua ein Stück Tabak, mit dem jener allerdings nichts anzufangen wußte; der Papua nahm schweigend das Geschenk und steckte es hinter den Armreif des rechten Armes neben das Betelblatt.

Während wir so in der Mitte des Platzes standen, begannen sich hinter den Bäumen und Sträuchern Wilde zu zeigen, die sich nicht entschließen konnten herauszukommen und jede Minute bereit waren, die Flucht zu ergreifen. Schweigend und ohne sich zu bewegen, standen sie in respektvollem Abstand und verfolgten wachsam unsere Bewegungen. Da sie sich nicht von der Stelle rührten, mußte ich jeden einzelnen bei der Hand nehmen und im wahren Sinn des Wortes zu unserer kleinen Gruppe heranschleppen.

Endlich, nachdem ich alle an einer Stelle versammelt hatte, setzte ich mich ermüdet in ihrer Mitte auf einen Stein und ging dazu über, sie mit verschiedenen Kleinigkeiten zu beschenken: mit Glasperlen, Nägeln, Angelhaken und Streifen roten Stoffs. Den Zweck der Nägel und der Haken kannten sie anscheinend nicht, doch keiner von ihnen lehnte es ab, sie anzunehmen.

Um mich herum standen etwa acht Papuas; sie waren von verschiedenem Wuchs, und dem Aussehen nach wiesen sie eine gewisse, wenn auch unbedeutende Verschiedenheit auf.

Die Hautfarbe variierte wenig; den schärfsten Kontrast zu dem Typ meines ersten Bekannten stellte ein Mann von überdurchschnittlichem Wuchs dar, der hager war, eine stark hervortretende Hakennase und eine sehr schmale, an den Seiten zusammengedrückte Stirn hatte. Bart und Schnurrbart waren bei ihm abrasiert. Auf dem Kopf türmte sich eine förmliche Mütze dunkelbraunroter Haare, unter denen hervor auf den Nacken lockenartig gedrehte Strähnen herabfielen, die den röhrenförmigen Locken der Einwohner Neuirlands[1] außerordentlich ähnlich waren. Diese Locken hingen hinter den Ohren und reichten bis auf die Schultern. In den Haaren steckten zwei Bambuskämme. Auf einem von ihnen, der im Genick eingesteckt war, prangten in der Form eines Fächers einige schwarze und weiße Kasuar- und Kakadufedern. An den Ohren hingen große Ohrringe aus Schildpatt. Durch die Nasenscheidewand war ein Bambusstäbchen von der Stärke eines sehr dicken Bleistifts gesteckt, auf dem Ornamente einge-

---

[1] eine der großen Inseln des Neubritannienarchipels (Bismarckarchipel)

schnitzt waren. Am Hals hing, außer einer Halskette aus Zähnen von Hunden, anderen Tieren, Muscheln und so weiter, eine kleine Tasche; auf der linken Schulter hing ein Sack, der bis zum Gürtel reichte und mit den verschiedensten Dingen angefüllt war.

Bei diesem Eingeborenen war, wie bei allen anderen, der obere Teil der Arme straff mit geflochtenen Armbändern umbunden, hinter die verschiedene Gegenstände gesteckt waren – bei dem einen Knochen, bei dem andern Blätter oder Blüten.

Viele trugen ein Steinbeil auf der Schulter. Einige hielten einen Bogen von beträchtlichen Ausmaßen, fast von der Größe eines Menschen, und einen mehr als meterlangen Pfeil in den Händen.

Neben verschiedener Haarfarbe – bald völlig schwarz, bald mit rotem Ton gefärbt – waren auch die Frisuren verschieden; bei einigen türmten sich die Haare wie eine Mütze auf dem Kopf, bei anderen waren sie kurzgeschoren. Wiederum bei anderen hingen sie ins Genick herab – doch bei allen waren die Haare kraus wie bei Negern. Die Barthaare kräuselten sich auch zu kleinen Spiralen. Die Hautfarbe zeigte nur unbedeutende Schattierungen. Die Jungen waren heller als die Alten.

Da die Sonne bereits untergegangen war, beschloß ich, ungeachtet der interessanten ersten Beobachtungen, auf die Korvette zurückzukehren. Die ganze Schar begleitete mich bis zum Strand. Alle trugen Geschenke: Kokosnüsse, Bananen und zwei Ferkel (von einer Wildschweinart) mit fest zusammengebundenen Füßen. Die Ferkel quiekten unentwegt. Alles wurde in die Schaluppe hineingelegt. In der Hoffnung, die guten Beziehungen zu den Eingeborenen noch mehr zu festigen, und um gleichzeitig den Offizieren der Korvette meine neuen Bekannten zu zeigen, schlug ich den um mich herumstehenden Papuas vor, mir auf ihren Pirogen das Geleit zu geben. Nach langen Überlegungen verteilten sich fünf Mann auf zwei Pirogen; die anderen aber blieben am Strand, und wie es schien, rieten sie sogar den Wagemutigen dringend von diesem kühnen und riskanten Unternehmen ab.

Die eine der Pirogen nahm ich ins Schlepptau, und wir ruderten auf unsere Korvette „Witjas" zu.

Auf halbem Wege beschlossen auch die Wagemutigen umzukehren. Durch Zeichen gaben sie mir zu verstehen, daß sie nicht weiter mitfahren wollten, und bemühten sich, das Schlepptau zu lösen, während die andere, frei fahrende Piroge schnell zum Strand zurückkehrte. Einer der Papuas, die in der Piroge saßen, die wir zogen, versuchte sogar, das Seil, das als Schlepptau diente, mit seinem Steinbeil zu durchschlagen.

Nicht ohne Mühe gelang es, sie aufs Deck hinaufzubringen. Olson und Boy hatten sie fast mit Gewalt auf das Fallreep gehoben. Vor Angst zitterten sie am ganzen Körper und konnten sich ohne meine Unterstützung nicht auf den Beinen halten, da sie wahrscheinlich annahmen, daß man sie erschlagen würde. Inzwischen war es dunkel geworden. Unter das Vorderdeck wurde eine Laterne gebracht, und die Wilden beruhigten sich nach und nach. Sie wurden sogar lustig, als die Offiziere der Korvette ihnen verschiedene Dinge schenkten und sie mit Tee, den sie sogleich tranken, bewirteten. Allerdings, trotz eines so freundlichen Empfangs stiegen sie mit sichtlichem Vergnügen und in großer Eile über das Fallreep in ihre Piroge hinab und ruderten schnell zum Dorf zurück. Auf der Korvette sagte man mir, daß sich während meiner Abwesenheit wieder Eingeborene gezeigt hatten. Diese brachten zwei Hunde mit, töteten sie auf der Stelle und ließen die geschlachteten Tiere als Geschenk am Strand liegen.

21. September Nach dem Frühstück ging ich wieder ins Dorf, in dem ich gestern abend gewesen bin. Mein erster Bekannter, der Papua Tui, und einige andere kamen mir entgegen.

An diesem Tag sollte auf der Korvette ein Gottesdienst abgehalten und der vorgeschriebene Kanonensalut aus Anlaß des Geburtstags des Großfürsten Konstantin Nikolajewitsch abgegeben werden. Ich beschloß, im Dorf zu bleiben, um durch meine Anwesenheit die Furcht, die das Schießen unter den Eingeborenen hervorrufen könnte, etwas abzuschwächen.

Bis zum Salut blieb noch genügend Zeit, und ich machte mich auf die Suche nach einem Platz für meine künftige Hütte. Ich wollte mich nicht in dem Dorf selbst, nicht einmal in seiner Nähe, ansiedeln – erstens weil ich weder den Charakter noch die Sitten meiner künftigen Nachbarn kannte; zweitens nahm mir die Unkenntnis der Sprache die Möglichkeit, ihr Einverständnis einzuholen. Ihnen meine Anwesenheit jedoch aufzudrängen hielt ich für taktlos. Drittens liebe ich den Lärm nicht und hatte Angst, daß mich in der Nähe des Dorfes das Schreien der Erwachsenen, das Weinen der Kinder und das Heulen der Hunde stören und belästigen würden.

Ich verließ das Dorf und folgte einem Pfad, und nach etwa zehn Minuten kam ich zu einer kleinen Landzunge, in deren Nähe ein Bach vorüberfloß und eine Gruppe großer Bäume stand. Dieser Platz erschien mir durchaus geeignet. Abgeschieden und in der Nähe des Baches gelegen, befand er sich gleichzeitig fast direkt auf dem Pfad, der die Nachbardörfer verband.

Nachdem ich so den Platz meiner künftigen Ansiedlung vorgemerkt hatte, beeilte ich mich, in das Dorf zurückzukehren. Doch ich kam gerade während des Salutes an. Wie es schien, riefen die Kanonenschüsse bei den Eingeborenen mehr Erstaunen als Schrecken hervor. Bei jedem neuen Schuß versuchten sie, bald zu laufen, bald sich hinzusetzen oder sich auf den Boden zu legen. Sie stopften sich die Ohren zu und bebten am ganzen Körper, als hätten sie Fieber.

Ich war in einer sehr dummen Situation: Bei allem guten Willen, sie zu beruhigen und selbst ernst zu bleiben, konnte ich das Lachen nicht unterdrücken, und das erwies sich als das wirksamste Mittel gegen die Furcht der Eingeborenen. Und bald bemerkte ich, daß auch die Papuas meinem Beispiel folgten, sich gegenseitig anblickten und zu grinsen anfingen.

Zufrieden, daß alles glatt abgelaufen war, kehrte ich auf die Korvette zurück. Kapitän Nasimow äußerte den Wunsch, zusammen mit mir an Land zu gehen, um die endgültige Auswahl des Platzes für den Bau der Hütte zu treffen. Der Erste Offizier und der Arzt schlossen sich uns an. Obwohl meine Wahl eigentlich bereits getroffen war, schadete es dennoch nicht, sich auch andere Plätze anzusehen, die sich als besser erweisen könnten. Von den drei von uns besichtigten Plätzen hatte der eine uns besonders gefallen. Ein breiter Bach mündete hier in das Meer. Aus vielen Anzeichen schloß ich, daß die Eingeborenen die Gewohnheit hatten, oft hierherzukommen, hier ihre Pirogen zu lassen und unweit von dort ihre Pflanzungen zu bearbeiten, und teilte dem Kommandeur meinen Entschluß mit, mich auf dem ersten von mir selbst ausgewählten Platz anzusiedeln.

Gegen 3 Uhr machten sich die von der Korvette geschickten Leute an die Säuberung des Platzes von Sträuchern und kleinen Bäumen, die Zimmerleute aber an den Bau der Hütte, den sie mit dem Einschlagen von Pfählen im Schatten zweier riesiger Kengarbäume[1] begannen.

22., 23., 24., 25. September Alle diese Tage war ich mit dem Bau der Hütte beschäftigt. Gegen 6 Uhr morgens fuhr ich täglich mit den Zimmerleuten an Land und blieb dort bis zum Streichen der Flagge.

Meine Hütte ist 7 Fuß breit, 14 Fuß lang und durch eine Wand aus Planleinen in zwei Räume geteilt. Den einen Raum bestimmte ich für mich, den andern für die Diener. Die Bretter, die wir von Tahiti mitgenommen hatten, reichten nicht aus, und deshalb blieb uns nichts weiter übrig, als die Wände nur in ihrem unteren Teil aus Holz zu bauen. Für den oberen Teil aber, genauso wie für die beiden Türen, diente die Plane, die man zusammenrollen konnte. Für das Dach wurden aus Blättern der Kokospalme geflochtene Matten angefertigt. Mit dieser Arbeit hatte ich Boy beauftragt. Der Fußboden, die Wände bis zur halben Höhe und die Pfosten an den Ecken waren aus Holz, das auf Tahiti gekauft und auf der Korvette zugerichtet worden war. Holz für die Pfähle, die oberen Befestigungen und die Dachsparren mußte man jedoch hier schlagen und aufeinanderpassen; doch dank der Liebenswürdigkeit des Kommandeurs der Korvette rührten sich viele Hände, und der Bau ging erfolgreich vorwärts.

---

[1] ein Baum von gewaltiger Höhe mit flachen Luftwurzeln, die Brettern ähnlich sind

Die Eingeborenen, vermutlich durch das Schießen am 21. sowie durch die Anwesenheit einer großen Zahl Leute von der Korvette erschreckt, zeigten sich kaum: höchstens zwei, drei Mann, und auch das nur selten.

Am 25. begann Boy das Dach zu decken, weil am nächsten Tag die Korvette abfahren sollte. Indessen kam mein Gönner Tui und bemühte sich, mir durch seine ausdrucksvolle Mimik zu erklären, daß, sobald die Korvette fort wäre (er zeigte auf die Korvette und dann auf den fernen Horizont) und wir drei zurückblieben (er zeigte auf mich, Olson und Boy und danach auf die Erde), aus den Nachbardörfern Eingeborene kommen (er zeigte auf den Wald und zählte Dorfnamen auf), die Hütte zerstören (hier ging er an die Pfosten heran und tat so, als wenn er sie abhackte) und uns mit Speeren töten würden (hier richtete er sich gerade, stellte einen Fuß zurück, und indem er die rechte Hand über den Kopf hob, nahm er die Haltung eines Menschen an, der einen Speer wirft; danach trat er an mich heran, stieß mich einige Male mit dem Finger gegen die Brust, und endlich schloß er halb die Augen, öffnete ein wenig den Mund, streckte die Spitze der Zunge heraus und ahmte einen Menschen nach, der zur Erde fällt). Dieselben mimischen Bewegungen machte er auch, als er der Reihe nach auf Olson und Boy zeigte.

Ich verstand die Warnung Tuis zwar sehr gut, gab mir aber den Anschein, als ob ich ihn nicht verstanden hätte.

Dann begann er von neuem die Namen der Dörfer aufzuzählen: Bongu, Gorendu, Gumbu, und zu zeigen, wie man die Pfosten zerhackte. Auf all das antwortete ich mit einer gleichgültigen Handbewegung und schenkte ihm einen Nagel.

Als ich auf die Korvette zurückkehrte, erzählte ich in der Messe von der Pantomime, die ich gesehen hatte. Einer der Offiziere, Leutnant Tschirikow, der auf der „Witjas" das Artilleriewesen unter sich hatte, schlug mir vor, einige Minen anzufertigen und sie um mein Haus auslegen zu lassen.

Solch ein Verteidigungsmittel lehnte ich für den Fall äußerster Not nicht ab, und zwar, wenn es den Eingeborenen tatsächlich einfallen sollte, mit jenen Absichten zu erscheinen, wie sie mir Tui zu erklären sich bemüht hatte.

26. September Ich legte mich gestern um 11 Uhr abends schlafen und stand heute um 2 Uhr auf. Den ganzen Morgen widmete ich der Korrespondenz nach Europa und den Vorbereitungen. Man mußte die Sachen ordnen; einen Teil lasse ich auf Neuguinea, und den andern schicke ich mit der Korvette nach Japan zurück.

Da ich mich nicht mit dem Plan einer kurzfristigen Reise, sondern eines mehrjährigen Aufenthalts auf Neuguinea abgab, hatte ich schon längst beschlossen, mich von der europäischen Nahrung unabhängig zu machen. Ich wußte, daß die Pflanzungen der Papuas nicht arm sind und daß sie auch Schweine haben. In der Hauptsache aber konnte mir die Jagd immer Nahrungsmittel liefern.

Nach vielen Monaten, die ich auf dem Schiff auf hoher See verbrachte und in denen ich der Konserven schon weidlich überdrüssig geworden war, hatte ich mich bei der Versorgung mit Proviant im letzten Hafen völlig gleichgültig verhalten. Ich hatte einiges mitgenommen, jedoch so wenig, daß Pawel Nikolajewitsch Nasimow sich sehr wunderte und mir in liebenswürdiger Weise einen Teil seines Proviants zur Verfügung stellte, was ich auch dankbar annahm. Dieser Proviant wird mir im Fall einer Krankheit gute Dienste leisten. Er hatte mir auch die kleinste von den Schaluppen der Korvette, und zwar den Vierriemer, mit dem im Notfall auch ein Mensch allein fertig werden kann, dagelassen. Für mich ist es im höchsten Grad bequem, über eine Schaluppe zu verfügen, da ich mit ihrer Hilfe andere Küstendörfer werde kennenlernen können. Falls es mir hier aber nicht gelingen sollte, das Vertrauen der Eingeborenen zu erlangen, wird mir die Schaluppe die Möglichkeit geben, in eine andere, gastfreundlichere Gegend überzusiedeln.

Nachdem ich mit dem Ordnen der Sachen auf der Korvette fertig war, begann ich nach dem Frühstück mit dem Umzug. Mein keineswegs großer Raum war bald mit meinen Utensilien überfüllt. Einen bedeutenden Teil der Kisten mußte man in das Haus stellen, um sie gegen Regen und Sonne sowie vor Plünderung zu schützen.

Unterdessen war Leutnant Tschirikow bereits seit den Morgenstunden mit dem Auslegen der Minen beschäftigt. Er legte sie zum Schutz gegen einen Überfall durch die Wilden von der Seite des Waldes her im Halbkreis aus, während etwa dreißig Matrosen mit der Säuberung des Platzes um das Haus beschäftigt waren, so daß sich eine freie Fläche von 70 Meter Länge und 70 Meter Breite, die von der einen Seite durch das Meer und von drei Seiten von dichtem Wald begrenzt war, ergab. Pawel Nikolajewitsch Nasimow weilte auch einige Zeit bei der Hütte und half mir mit seinen Ratschlägen.

Beiläufig zeigte ich dem Kommandeur und den Offizieren die Stelle, an der ich, wenn nötig (im Fall einer ernsten Krankheit, einer Gefahr von seiten der Eingeborenen u. a. m.), meine Tagebücher und Aufzeichnungen vergraben würde. Diese Stelle befand sich unter einem großen Baum unweit der Hütte. Um ihn später leichter finden zu können, wurde die Rinde auf der entsprechenden Seite des Stammes ungefähr 1 Fuß im Quadrat entfernt, und in den Stamm wurde ein nach unten gerichteter Pfeil eingeschnitten.

Gegen 3 Uhr bot der Konstantinhafen (der Name, der der kleinen Bucht, an der meine Hütte stand, gegeben wurde) ein sehr belebtes Bild dar. Man brachte das letzte Holz mit einer kleinen Dampfbarkasse auf die Korvette hinüber, die Schaluppen und die Rettungsboote fuhren hin und her, die Sechsriemer brachten meine Sachen an Land, wobei sie sich einige Male zur Korvette begeben und dann wieder zum Strand zurückkehren mußten. Neben meiner Hütte war die Arbeit ebenfalls in vollem Gang. Der Bau der Hütte wurde zu Ende geführt, man hob Gruben für die Minen aus, Sträucher wurden gerodet, man legte einen bequemeren Abstieg vom Vorplatz zum sandigen Meeresstrand an der Mündung des Baches an und so weiter.

Zu meinem Bedauern konnte ich alle diese Arbeiten nicht selbst beaufsichtigen – ich mußte auf die Korvette zurückkehren, da noch nicht alles eingepackt war.

Äußerste Übermüdung, die Sorgen der letzten Tage und besonders die zweite schlaflose Nacht versetzten mich in solch einen nervösen Zustand, daß ich mich kaum auf den Füßen halten konnte, alles völlig mechanisch, wie im Schlaf, tat und sprach. Um 1 Uhr nachts beendete ich das Verpacken auf der Korvette. Es blieb nur noch übrig, die letzten Dinge an Land hinüberzuschaffen und einige Briefe zu schreiben.

27. September   Um 2 Uhr morgens brachte ich die letzten Sachen. Boy, der den ganzen Tag mit Arbeiten am Dach verbracht hatte, schlief fest. Die Hütte war derart vollgestellt, daß sich nur mit Mühe Platz zum Hinlegen finden ließ. Trotz äußerster Müdigkeit konnte ich nicht einschlafen. Die Ameisen und die Mücken gaben keine Ruhe. Die Möglichkeit allerdings, wenn auch nicht zu schlafen, so doch wenigstens die Augen zu schließen, brachte mir bedeutende Erleichterung. Gegen 4 Uhr morgens kehrte ich auf die Korvette zurück, um die Briefe, die ich unbedingt abschicken mußte, zu schreiben, da ich in meiner neuen Behausung durchaus keinen Platz dazu fand.

Ich dankte dem Kommandeur und den Offizieren der Korvette „Witjas" für die mir uneigennützig erwiesenen Dienste, verabschiedete mich von allen und stieg in meine Schaluppe, um endgültig an Land zu fahren. Als sich der Anker der Korvette über dem Wasser zeigte, befahl ich Olson, die über dem Baum direkt an der Landzunge flatternde Fahne zu streichen. Doch als ich merkte, daß die Flagge nicht niedergeholt wurde, ging ich selbst hin, um zu sehen, was los war. Zu meinem Erstaunen und zu meiner Entrüstung wurde ich gewahr, daß meinem Diener, der mit Worten so tapfer war, die Hände zitterten und die Augen voller Tränen standen. Er schluchzte leise. Verärgert nahm ich die Flaggenleine aus seinen zitternden Händen und sagte, daß es noch nicht zu spät sei, die Korvette sei noch nicht abgefahren und er könne, ohne zu säumen, in der Schaluppe dorthin zurückkehren.

Indessen fuhr die Korvette aus dem Konstantinhafen hinaus, und ich salutierte selbst dem abfahrenden Schiff.

Der erste Gedanke, der mir in den Sinn kam, war, daß die Eingeborenen die Abfahrt des riesigen rauchenden Ungetüms ausnutzen, mich jede Minute überrumpeln sowie meine Hütte und die unordentlich aufeinandergestapelten Sachen zerstören könnten und daß ich von nun an ausschließlich auf mich selbst angewiesen war. Alles Weitere hing von meiner Energie, meinem Willen und meiner Arbeit ab.

Und wirklich, sobald die Korvette hinter dem Horizont verschwunden war, zeigte sich auf der benachbarten Landzunge eine Schar Papuas. Sie sprachen und liefen im Kreis herum. Es sah aus, als ob sie einen Tanz aufführten – zum mindesten machten alle die gleichen Bewegungen. Auf einmal hielten sie inne und begannen in meine Richtung zu sehen. Vermutlich hatte einer von ihnen die russische Nationalflagge, die neben meiner Hütte flatterte, bemerkt. Sie liefen zusammen, besprachen etwas, wandten sich wieder mir zu, riefen etwas und verschwanden dann von der Bildfläche.

Ich mußte unverzüglich an das Ordnen der Sachen, die in der Hütte und in der Laubhütte unordentlich und verstreut lagen, herangehen; doch vor Müdigkeit und Aufregung sowie nach zwei fast schlaflosen Nächten befand ich mich in einem äußerst beklagenswerten Zustand. Mir war schwindlig, die Beine versagten den Dienst, und die Hände gehorchten schlecht.

Bald kam Tui, um zu erkunden, ob ich geblieben sei oder nicht. Es war nicht mehr die frühere Gutmütigkeit, mit der er mich von Zeit zu Zeit anblickte. Argwöhnisch betrachtete er das Haus und wollte hineingehen, doch mit einer Geste und dem Wort „tabu" hielt ich ihn an.

Ich weiß nicht, was auf ihn gewirkt hatte, die Geste oder das Wort, aber er kehrte auf seinen Platz zurück.

Mit Hilfe von Zeichen fragte Tui, ob die Korvette zurückkehren würde, worauf ich bestätigend antwortete. Da ich den Wunsch hatte, den Gast, der mich beim Ordnen der Sachen störte, loszuwerden, bat ich ihn (ich kannte bereits etwa zehn Dutzend Wörter), Kokosnüsse zu bringen, und schenkte ihm einen roten Lappen.

Tatsächlich entfernte er sich auch sofort, doch kaum war eine Stunde vergangen, als er schon wieder mit zwei Knaben und einem erwachsenen Papua zurückkehrte. Sie alle sprachen fast nichts und bewahrten einen sehr ernsten Gesichtsausdruck. Sogar der kleine Junge von etwa sieben Jahren war bei unserem Anblick in tiefe Nachdenklichkeit verfallen. Tui versuchte einzuschlafen oder gab sich den Anschein, als wollte er schlafen, wobei er scharf auf meine Bewegungen achtete. Ohne mich um meine Gäste zu kümmern, fuhr ich fort, mich in meiner neuen Behausung einzurichten. Tui ging wieder um alle Minen herum, mißtrauisch auf die Hebel mit den darangehängten Steinen und die Schnüre blickend. Sie schienen ihn stark zu interessieren, doch er wagte nicht, sich ihnen zu nähern. Endlich verabschiedete er sich von uns, wobei er mit dem Kopf eine seltsame Bewegung nach rückwärts machte und etwas sagte, was ich allerdings nicht genau verstand und auch nicht die Zeit fand aufzuschreiben (vom ersten Tag der Bekanntschaft mit den Papuas an trage ich in meiner Tasche ständig ein Notizbuch, um bei jeder sich bietenden Gelegenheit die Wörter der Eingeborenensprache festzuhalten). Tui entfernte sich. Gegen 4 Uhr hörte man einen helltönenden, gedehnten Pfiff, und hinter den Sträuchern hervor traten die Papuas mit Speeren, Pfeilen, Knüppeln und Keulen.

Papua aus Neuguinea

Ich ging ihnen entgegen und lud sie durch Zeichen ein, näher zu treten. Sie teilten sich in zwei Gruppen: die einen, die ihre Waffen an die Bäume lehnten, näherten sich mir mit Kokosnüssen und Zuckerrohr in der Hand, die andern, im ganzen sechs Mann, blieben bei den Waffen.

Das waren die Einwohner des Dorfs hinter der Landzunge, jene, die heute früh nach der Abfahrt der Korvette am Strand herumsprangen.

An dieses Dorf (man nannte es Gumbu) hatte ich mich am Tag der Ankunft der „Witjas" im Konstantinhafen bemüht, in der Schaluppe heranzukommen.

Ich schenkte ihnen verschiedene Kleinigkeiten und ließ sie gehen, nachdem ich ihnen gezeigt hatte, daß ich schlafen wollte.

28. September Gestern war herrlicher Mondschein. Die Nacht teilte ich in drei Wachen ein und übernahm selbst die anstrengendste – die Abendwache von 9 bis 12 Uhr. Als mich Olson um 12 Uhr ablöste, konnte ich infolge Übermüdung lange nicht einschlafen, so daß mir die Nacht trotz all ihrer Pracht sehr lang vorkam.

Der Tag verging genauso wie der erste mit dem Ordnen und dem Aufstellen der Sachen, was sich als nicht so einfach erwies. Es gab viele Gegenstände, doch wenig Platz. Schließlich hatte ich mit Mühe und Not die einen Dinge übereinander aufgestellt, die anderen hängte ich auf, und die dritten verstaute ich in dem Verschlag, den es uns, Olson und mir, gelungen war, unter dem Dach einzurichten.

Die eine Seite meines Zimmers (7 Fuß Länge und 7 Fuß Breite) nimmt der Tisch ein, auf der anderen bilden zwei Körbe mein Bett. In dem etwa 3 Fuß breiten Durchgang befindet sich ein bequemer, für mich unentbehrlicher Klappsessel.

Die Papuas zogen große Käfige oder Körbe von länglicher Form, die ihnen zum Fischfang dienen, aus dem Meer.

Heute ruhte ich aus. Ich ging nicht fort und beschloß, die ganze Nacht zu schlafen.

29. September Ich schlief wie ein Toter, ohne ein einziges Mal aufzuwachen. Das Wetter ist sehr schön. Den ganzen Tag hat sich nicht ein einziger Papua sehen lassen. Als ich erfuhr, daß meine Leute die vergangene Nacht in vier Wachen eingeteilt hatten, schlug ich ihnen vor, meinem Beispiel zu folgen, das heißt nachts zu schlafen. Doch sie wollten es nicht und sagten, daß sie sich vor den Papuas fürchteten.

An den Händen und an der Stirn bildeten sich Polster von den Bissen der Mücken, der Ameisen und anderer Bestien. Sonderbar, unter dieser Unannehmlichkeit leide ich bedeutend weniger als Olson und Boy, die jeden Morgen über die Insekten, die ihnen nachts keine Ruhe geben, Klage führen.

30. September Am Tag sah ich nur einige Eingeborene. Alles kommt, wie es scheint, wieder in seinen gewohnten Gang, den die Ankunft der Korvette für eine Weile gestört hatte. Ich beschloß dennoch, den Eingeborenen gegenüber sehr vorsichtig zu sein. In den Beschreibungen dieser Leute hebt man beständig ihre Treulosigkeit und List hervor. Solange ich mir über sie keine eigene Meinung gebildet habe, halte ich es für zweckmäßig, auf der Hut zu sein.

An den Abenden bewunderte ich die prächtige Beleuchtung der Berge, die mir jedesmal neue Freude bereitet.

Nach der Abfahrt der Korvette herrscht hier eine Stille, die mir stets angenehm ist: Man hört fast keine menschlichen Stimmen, keinen Streit und kein Schelten. Nur das Meer, der Wind und zuweilen irgendein Vogel stören die allgemeine Ruhe. Diese Veränderung der Umgebung wirkt auf mich sehr wohltuend; ich ruhe aus. Dann lassen diese Gleichmäßigkeit der Temperatur, die Pracht des Pflanzenwuchses und die Schönheit der Gegend das Vergangene völlig vergessen; man denkt nicht an die Zukunft und freut sich nur der Gegenwart. Denken und sich bemühen, die Umwelt zu verstehen – das ist von nun an mein Ziel.

Was brauche ich weiter? Das Meer mit den Korallenriffen auf der einen Seite und der Wald mit der tropischen Vegetation auf der anderen – beide sind voller Leben und Mannigfaltigkeit; in der Ferne – die Berge mit bizarren Konturen und über den Bergen die sich ballenden Wolken von nicht minder phantastischen Formen. In Gedanken daran lag ich auf dem dicken Stamm eines entwurzelten Baums und war zufrieden, daß ich bis ans Ziel gelangt war oder, richtiger gesagt, bis zur ersten Sprosse der langen Leiter, die mich zum Ziel führen muß...

Oktober

1. Oktober   Ich erwachte vor Sonnenaufgang und beschloß, in eins der Dörfer zu gehen – ich möchte mit den Eingeborenen sehr gern nähere Bekanntschaft schließen.

Bevor ich fortging, beschäftigte ich mich mit der Frage, ob ich den Revolver mitnehme oder nicht. Ich wußte natürlich nicht, welcher Empfang mich im Dorf erwartete; doch nach einiger Überlegung kam ich zu der Schlußfolgerung, daß eine Waffe meinem Unternehmen in keiner Weise wesentlichen Nutzen bringen kann. Sollte ich sie im Notfall gebrauchen und sogar mit vollstem Erfolg, das heißt, wenn ich auf der Stelle ungefähr sechs Mann zu Boden streckte, so war es sehr wahrscheinlich, daß mich in der ersten Zeit nach solch einem Erfolg die Furcht schützen würde – auf wie lange aber...? Der Wunsch nach Rache und die große Zahl der Eingeborenen würden schließlich dazu beitragen, die Furcht vor dem Revolver zu überwinden.

Außerdem haben Überlegungen anderer Art meinen Entschluß gefestigt, unbewaffnet in das Dorf zu gehen.

Es scheint mir, daß der Mensch im voraus nicht wissen kann, wie er in einem bislang noch nicht erprobten Fall handeln wird. Ich weiß nicht, wie ich, wenn ich einen Revolver am Gürtel habe, zum Beispiel heute handeln werde, wenn die Eingeborenen im Dorf beginnen sollten, sich mir gegenüber in unpassender Weise zu verhalten. Werde ich denn imstande sein, allen „Liebenswürdigkeiten" der Papuas gegenüber völlig ruhig und gleichgültig zu bleiben? Überzeugt bin ich aber, daß eine Kugel, die zur unrechten Zeit abgeschossen wird, das Gewinnen des Vertrauens der Eingeborenen unmöglich, das heißt alle Chancen für den Erfolg des Unternehmens zunichte machen kann.

Je mehr ich meine Lage überdachte, desto mehr wurde es mir klar, daß meine Stärke in der Ruhe und in der Geduld bestehen mußte. Ich ließ den Revolver zu Hause, doch Notizbuch und Bleistift vergaß ich nicht.

Ich hatte die Absicht, nach Gorendu, das heißt in jenes Dorf zu gehen, das meiner Hütte am nächsten lag, doch im Wald bin ich versehentlich auf einen anderen Pfad geraten. Als ich meinen Irrtum bemerkt hatte, beschloß ich, überzeugt, daß mich der Pfad zu irgendeiner Siedlung führen würde, den Weg weiterzuverfolgen. Ich war derart in Nachdenken über die Eingeborenen, die ich noch fast gar nicht kannte, und über die bevorstehende Begegnung mit ihnen versunken, daß ich erstaunt war, als ich mich endlich vor einem Dorf befand; vor welchem, davon hatte ich keine Ahnung.

Ich hörte einige Stimmen von Männern und Frauen und blieb stehen, um mir darüber klarzuwerden, wo ich war und was jetzt geschehen sollte.

Als ich so in Gedanken versunken dastand, erschien, einige Schritt von mir entfernt, ein Junge von vierzehn oder fünfzehn Jahren. Schweigend blickten wir einander eine Sekunde lang verdutzt an ... Mit ihm sprechen konnte ich ja noch nicht. An ihn heranzutreten bedeutete aber, ihn noch mehr in Schrecken zu versetzen. Ich blieb also auf der Stelle stehen; der Junge jedoch lief Hals über Kopf in das Dorf zurück. Einige laute Rufe, Gekreisch von Frauen – danach trat tiefste Stille ein.

Ich betrat den Platz. Eine Gruppe von Männern, mit Speeren bewaffnet, stand in der Mitte; sie unterhielten sich lebhaft, aber halblaut. Andere, alle bewaffnet, warteten in einiger Entfernung. Es waren weder Frauen noch Kinder da – sie hatten sich wahrscheinlich versteckt.

Als die Eingeborenen mich erblickt hatten, nahmen einige von ihnen eine kriegerische Pose an, als ob sie ihre Speere auf mich werfen wollten. Ausrufe und kurze Sätze, die sich von verschiedenen Seiten des Platzes vernehmen ließen, veranlaßten sie aber, ihre Waffen wieder sinken zu lassen. Müde und vom Empfang unangenehm berührt, fuhr ich fort, mich langsam vorwärts zu bewegen, wobei ich mich im Kreis umschaute in der Hoffnung, ein bekanntes Gesicht zu erblicken; doch ich fand keins.

Ich blieb neben einer „barla"[1] stehen, und einige Eingeborene traten zu

---

[1] ein Gerüst in der Art eines Tisches oder einer hohen Bank; das ist der Platz zum Ausruhen und zum Einnehmen der Mahlzeiten für die Männer; dort werden sie beim Mittagessen weder von den Hunden noch von den Schweinen gestört; der Gastgeber und die Gäste lassen sich auf der Barla nieder und stellen hölzerne Schüsseln mit Gerichten vor sich auf; nachdem die Papuas gegessen und das Geschirr fortgeräumt haben, strecken sie sich auf der Barla aus, um auszuruhen

mir heran. Plötzlich flogen zwei Pfeile, einer hinter dem andern, sehr nahe an mir vorüber – ich weiß nicht, in welcher Absicht. Die neben mir stehenden Eingeborenen begannen laut zu sprechen, vermutlich zu jenen, die die Pfeile abgeschossen hatten. Danach wandten sie sich an mich und zeigten auf den Baum, wohl um mir zu versichern, daß die Pfeile abgeschossen worden wären, um einen Vogel zu erlegen.

Doch es gab auf dem Baum keinen Vogel, und ich nahm an, daß die Eingeborenen ganz einfach erfahren wollten, wie ich mich zu einer Überraschung durch nahe an mir vorüberfliegende Pfeile verhalten würde.

Als der erste Pfeil geflogen war, hatten sich viele Augen zu mir hingewandt, gewissermaßen um meine Physiognomie zu studieren; doch außer einem Ausdruck von Müdigkeit und vielleicht einer gewissen Neugier haben sie in ihr vermutlich nichts entdeckt.

Ich blickte mich um – lauter finstere, beunruhigte, unzufriedene Gesichter und Blicke, als ob sie sagen wollten: Warum bist du gekommen, unser ruhiges Leben zu stören...? Mir selbst ist es irgendwie peinlich geworden: Wahrhaftig, warum komme ich und falle diesen Menschen zur Last?

Keiner, mit Ausnahme von zwei oder drei Greisen, hatte sich von den Waffen getrennt. Die Zahl der Eingeborenen begann sich zu vergrößern; es schien, daß ein anderes Dorf nicht weit entfernt war, und der durch mein Erscheinen hervorgerufene Alarm mußte auch bis dahin gedrungen sein. Eine kleine Schar umringte mich. Zwei oder drei sprachen sehr laut und warfen mir ab und zu einen feindseligen Blick zu. Dabei fuchtelten sie, wie zur Unterstützung ihrer Worte, mit den Speeren, die sie in den Händen hielten. Einer von ihnen war sogar so frech, daß er bei irgendeinem Satz, den ich natürlich nicht verstanden hatte, plötzlich mit dem Speer zum Wurf ausholte und beinahe mein Auge oder meine Nase getroffen hätte. Das war eine außerordentlich schnelle Bewegung. Natürlich lag es nicht an mir, daß ich nicht verletzt wurde – ich hatte nicht einmal Zeit gefunden, mich von der Stelle zu rühren –, sondern an der Geschicklichkeit und Sicherheit des Eingeborenen, der die Speerspitze einige Zentimeter vor meinem Gesicht zum Halten brachte. Ich trat etwa zwei Schritt zur Seite und hörte einige Stimmen, die sich über diese Unverschämtheit mißbilligend (wie es mir vorkam) äußerten.

In diesem Augenblick war ich zufrieden, daß ich meinen Revolver zu Hause gelassen hatte. Ich war nicht davon überzeugt, daß ich mich sonst einem ähnlichen Experiment gegenüber ebenso kaltblütig verhalten hätte, wenn es meinem Gegner eingefallen wäre, es zu wiederholen.

Meine Lage war dumm: Da ich mich wegen Unkenntnis ihrer Sprache mit ihnen nicht unterhalten konnte, wäre es besser gewesen, fortzugehen, doch überkam mich starkes Schlafbedürfnis. Der Weg nach Hause war weit.

Warum sollte ich nicht hier schlafen? Ich vermochte ja mit den Eingeborenen sowieso nicht zu sprechen, und sie verstanden mich nicht.

Ohne lange zu überlegen, wählte ich im Schatten einen Platz aus, schleppte eine neue Bastmatte (deren Anblick mir, wie es scheint, den ersten Gedanken an Schlaf eingegeben hatte) dahin und streckte mich auf ihr mit allergrößtem Wohlbehagen aus. Es war sehr angenehm, die von dem Sonnenlicht ermüdeten Augen zu schließen. Ich mußte sie allerdings etwas öffnen, um die Schuhbänder zu lösen, die Gamaschen aufzuknöpfen, den Gürtel zu lockern und mir irgend etwas unter den Kopf zu legen.

Ich sah, daß sich die Eingeborenen im Halbkreis in einiger Entfernung von mir aufstellten, wahrscheinlich wunderten sie sich und stellten Vermutungen darüber an, was weiter geschehen würde.

Derselbe Eingeborene, der mich beinahe verwundet hätte, stand jetzt nicht weit von mir entfernt und betrachtete meine Schuhe.

Ich rief mir alles Vorgefallene ins Gedächtnis zurück, und es kam mir zum Bewußtsein, daß es sehr ernst hätte enden können. Gleichzeitig durchfuhr mich der Gedanke, daß es vielleicht nur der Anfang war, daß mir das Ende noch bevorstand! Doch wenn es mir beschieden sein sollte, erschlagen zu werden, war es dann nicht gleich, ob ich dabei stehen, sitzen, auf der Bastmatte liegen oder sogar schlafen würde?

Ferner dachte ich, daß, wenn man schon sterben sollte, das Bewußtsein, es würden dabei zwei, drei oder sechs Wilde ebenfalls ihr Leben verlieren, keineswegs ein sehr großes Vergnügen wäre. Ich war wiederum zufrieden, daß ich keinen Revolver mitgenommen hatte.

Beim Einschlafen beschäftigten mich die Stimmen der Vögel: das schrille Schreien schnell fliegender Loris[1] ließ mich einige Male die Augen aufschlagen; das seltsame, klagende Lied des Koko[2] dagegen schläferte mich ein. Das Zirpen der Zikaden störte ebenfalls nicht im geringsten, sondern begünstigte den Schlaf.

Es scheint mir, daß ich schnell einschlief, da ich heute sehr früh aufgestanden war, und dazu kam noch, daß ich nach einem zweistündigen Marsch in ungewohnter Sonnenglut große Müdigkeit verspürte. Besonders stark waren meine Augen von dem grellen Tageslicht ermüdet.

Ich wachte auf und fühlte mich sehr erfrischt. Dem Sonnenstand nach mußte es schon 2 Uhr gewesen sein. Also hatte ich etwas über zwei Stunden geschlafen. Als ich die Augen öffnete, erblickte ich einige Eingeborene, die um die Bastmatte herum, in einem Abstand von etwa 2 Schritt von ihr, saßen. Sie unterhielten sich halblaut und kauten dabei Betel. Sie waren ohne

---

[1] Vögel aus der Papageienfamilie
[2] etwa so groß wie eine Dohle, von bläulich-schwarzer Färbung; er baut auf der Erde aus kleinen Zweigen Nester in Form einer Laube

Waffen und blickten schon nicht mehr so finster auf mich. Ich habe es sehr bedauert, daß ich ihre Sprache noch nicht verstand. Ich brachte meinen Anzug in Ordnung und beschloß, nach Hause zu gehen. Diese Beschäftigung hatte das Interesse der Papuas sehr in Anspruch genommen. Danach stand ich auf, nickte nach verschiedenen Seiten hin und begab mich auf demselben Pfad, der mir jetzt kürzer als am Morgen vorkam, auf den Rückweg.

Die ganze Nacht goß es in Strömen. Der Morgen ist trübe, und es geht wiederum feiner Regen nieder.

Die Ameisen bringen einen hier aus der Fassung. Sie kriechen auf dem Kopf herum, dringen in den Bart ein und beißen sehr schmerzhaft. Boy ist derart zerbissen und hat die gebissenen Stellen so zerkratzt, daß seine Füße geschwollen sind und die eine Hand mit Wunden bedeckt ist. Nachdem ich die Wunden mit verdünntem Salmiakgeist gewaschen hatte, verband ich die tieferen von ihnen unter Verwendung von Karbolsäure.

Abends besuchte mich Tui; er war mit einem Speer bewaffnet. Er bat sich von mir ein Beil aus (er mußte etwas durchhacken) und versprach mir, es bald zurückzugeben. Ich beeilte mich, die Bitte Tuis zu erfüllen, da es mich interessierte, was bei dieser Prüfung meiner Vertrauensseligkeit herauskommen würde. Das allerkurioseste dabei war, daß, obwohl ich die Sprache noch immer nicht kannte, wir einander dennoch verstanden.

Morgens watete ich bei Ebbe bis zum Knie im Wasser herum, doch kam mir nichts Interessantes unter die Augen.

Die Papuas brachten mir fünf etwa 20 Fuß lange Bambusstöcke für die Veranda.

Tui gab mir ebenfalls Bambus, doch über das Beil fiel kein Wort.

Ich stellte fest, daß Bücher und Zeichnungen den Eingeborenen als etwas besonders Schreckliches erschienen. Als ich ihnen eine Porträtzeichnung aus irgendeiner illustrierten Zeitschrift zeigte, standen viele von ihnen auf und wollten fortgehen. Sie baten mich, diese Zeichnung schnell ins Haus zu tragen, und beruhigten sich erst, als ich ihrer Bitte nachgekommen war.

Ich hatte an der Ehrlichkeit Tuis zu Unrecht gezweifelt: Es war noch nicht 6 Uhr, da erschien er mit dem Beil. Zufrieden mit diesem Charakterzug meines Freundes, schenkte ich ihm einen Spiegel, mit dem er denn auch sofort ins Dorf lief, um damit zu prahlen. Dieses Geschenk hatte vermutlich auch andere Eingeborene bewogen, mich zu besuchen. Sie lieferten mir Kokosnüsse und Zuckerrohr. Meine Gegengabe waren eine leere Schachtel und Nägel von mittlerer Größe. Etwas später kamen noch einige Männer, gleichfalls mit Geschenken. Jedem gab ich zwei Nägel von mittlerer Größe.

Es muß hervorgehoben werden, daß man in diesem Tausch keinen Kauf oder Verkauf sehen darf, sondern einen Austausch von Geschenken. Dasjenige, von dem der eine viel hat, gibt er eben her, ohne unbedingt eine Gegengabe zu erwarten. Ich hatte die Eingeborenen schon einige Male auf die Probe gestellt: Für die von ihnen mitgebrachten Kokosnüsse, Zuckerrohr und anderes mehr erhielten sie nichts im Tausch. Sie forderten nichts und gingen fort, ohne ihre Geschenke zurückzunehmen.

Außerdem hatte ich bemerkt, daß meine Hütte und ihr Besitzer, das heißt ich selbst, auf die Eingeborenen irgendeinen besonderen Eindruck machten: Sie konnten bei mir nicht ruhig sitzen bleiben, sie blickten sich um, als erwarteten sie jede Minute das Erscheinen von etwas Ungewöhnlichem. Sehr wenige entschließen sich, mir in die Augen zu sehen, und sie wandten sich sofort ab oder bückten sich, wenn ich sie anblickte. Einige sahen irgendwie neidisch auf meine Hütte und auf meine Sachen. Obwohl ich den Ausdruck solcher Gesichter nicht genau beschreiben kann, scheint es doch so zu sein, daß sich in ihnen gerade Neid ausprägte. Zwei- oder dreimal kamen Leute zu mir, die mich sehr zornig und feindselig anblickten. Die Augenbrauen waren bei ihnen stark zusammengezogen und die Oberlippe nach oben gehoben; jede Minute erwartete ich, daß sie sich höher höbe und daß ich ihre aufeinandergepreßten Zähne sehen würde.

Die Spuren der „Witjas" sind rings um meine Landzunge herum zu sehen. Durch den Wald ist schwer durchzukommen, überall behindern gefällte Bäume und die an verworrenen Lianen hängenden Äste den Weg. Alte Pfade sind an vielen Stellen versperrt. Es ist verständlich, daß all das die Papuas in Erstaunen versetzt; mit ihren Steinäxten würden sie so viele Bäume nicht einmal in einem Jahr gefällt haben, wie es die Matrosen in einigen Tagen taten.

Die ganze Nacht war bei meinen Nachbarn in Gorendu Musik zu hören: eine Schalmei und eine Trommel. Die Schalmei ist aus einer von oben und von der Seite durchbohrten Schale einer besonders kleinen Kokosnuß gemacht; es gibt ebenfalls Schalmeien aus Bambus. Die Trommel aber ist ein großer ausgehöhlter Stamm von 2 oder 3 Meter Länge und von $1/2$ bis zu $3/4$ Meter Breite. Sie hat das Aussehen eines Trogs, der von zwei Balken gestützt wird. Wenn man mit großen Knüppeln gegen die Seiten dieses Trogs schlägt, sind die Schläge einige Meilen weit zu hören.

Meine Nachbarn haben heute ein Fest: Die von ihnen, die zu mir kommen, haben mit rotem Ocker gefärbte Gesichter und auf dem Rücken verschiedene Muster; fast bei allen stecken in den Haaren Kämme mit Federn.

Tui schickte mit einem seiner Söhne Schweinefleisch, Früchte des Brotfruchtbaums, Bananen und Taro[1]. Alles ist gut gekocht und akkurat in große Blätter des Brotfruchtbaums gewickelt.

---

[1] eine Pflanze, deren Knollen, reich an Stärke, die Hauptnahrung der Eingeborenen der Astrolabebai vom März bis August liefern; die Blätter der Pflanze werden ebenfalls gegessen; die gekochten Taroknollen heißen in der Eingeborenensprache „bau"

Papua-Haus

2. Oktober   Auch heute besuchten mich meine Nachbarn aus Gorendu mit einigen Gästen, den Bewohnern der kleinen Insel Bili-Bili. Der Schmuck aus Muscheln, aus Hundezähnen und aus Hauern von Schweinen, die bemalten Gesichter und Rücken sowie die hochgekämmten gefärbten Haare gaben den Gästen ein völlig parademäßiges Aussehen. Obwohl der Gesichtstyp der Bili-Bili-Leute vom Typ der Gorendu-Leute nicht zu unterscheiden ist, erlaubt die Verschiedenheit ihres Schmucks dennoch, sie von den Leuten Gorendus und anderer nahe gelegener Dörfer leicht zu unterscheiden.

Meine Nachbarn aus Bongu zeigten ihren Bekannten viele meiner Sachen, wobei jene beim Anblick eines unbekannten Gegenstands jedesmal die Augen weit aufrissen, den Mund aufsperrten und einen Finger zwischen die Zähne legten.[1]

---

[1] durch einen oder zwei in den Mund gelegte Finger drücken die Eingeborenen ihr Erstaunen aus

Als es zu dunkeln begann, kam es mir in den Sinn, eine kleine Strecke den Pfad entlangzugehen. Ich wollte sehen, ob es möglich sein wird, auch nachts aus den Dörfern zurückzukehren. Mit einemmal wurde es so dunkel, daß ich mich beeilte, wieder heimzugehen. Obwohl man die allgemeine Richtung des Pfads erkennen konnte, kam ich dennoch mit zerbeulter Stirn und einem verletzten Knie heim, da ich zunächst gegen einen Ast stieß und danach gegen einen Baumstumpf. Also kann man nachts nicht durch den Wald gehen.

Ich stellte fest, daß in der Flasche sehr wenig Tinte geblieben ist, und bin mir nicht sicher, ob sich in dem Gepäck noch andere finden wird.

3. Oktober   Morgens, bei Ebbe, ging ich nach Beute auf das Riff hinaus. Als ich so bis ans Knie im Wasser herumwatete, stieß ich wider Erwarten auf einige interessante Kalkschwämme. Nach einer halben Stunde hatte ich für mehr als einen Tag Arbeit.

Nachdem ich vom Riff zurückgekehrt war, beschloß ich allerdings, das Mikroskop bis morgen in Ruhe zu lassen und zu meinen Nachbarn ins Dorf – östlich vom Kap Obserwazija – zu gehen, um mit ihnen Bekanntschaft zu schließen. Ich marschierte los, natürlich ohne den Weg zu kennen, und wählte im Wald Pfade, die mich meiner Meinung nach in das Dorf führen mußten. Zunächst ging ich durch Wald – durch einen dichten Wald mit gewaltigen Bäumen. Ich lief und freute mich an der Mannigfaltigkeit und der Pracht der tropischen Vegetation, an der Neuartigkeit all dessen, was mich umgab.

Aus dem Wald trat ich direkt ans Meer hinaus. Ich folgte dem Meeresstrand, und es war nicht schwer, bis ans Dorf zu gelangen. Da ich unterwegs niemanden getroffen hatte, konnte keiner die Einwohner Gumbus von meinem Herannahen in Kenntnis setzen. Ich bog vom Strand auf einen gut festgetretenen Pfad ab, und nach einigen Schritten hörte ich Männer- und Frauenstimmen.

Bald zeigten sich hinter dem Grün die Dächer der Hütten. Als ich eine von ihnen passiert hatte, befand ich mich auch schon auf dem ersten Platz des Dorfes, wo ich eine recht lebhafte Szene, an der viele Menschen teilnahmen, erblickte. Zwei Männer besserten ein Dach aus und schienen sehr beschäftigt zu sein; einige junge Mädchen und Knaben flochten, auf der Erde sitzend, Matten aus Blättern der Kokospalme und reichten sie den Leuten zu, die an dem Dach arbeiteten; Frauen machten sich mit Kindern verschiedenen Alters zu schaffen; zwei riesige Schweine mit Ferkeln fraßen die Reste des Frühstücks.

Obwohl die Sonne bereits hoch stand, gab es auf dem Platz noch viel Schatten, und man empfand die Hitze überhaupt nicht. Die Unterhaltung war allgemein und schien sehr lebhaft zu sein.

Dieses Bild war für mich in seiner Neuartigkeit sehr interessant. Plötzlich erklang ein gellender Schrei – die Unterhaltung riß ab, es entstand ein furchtbares Durcheinander. Die Frauen und die jungen Mädchen ließen unter Schreien und Jammern ihre Arbeit im Stich und griffen nach den Säuglingen. Die Kinder, die so plötzlich aus dem Schlaf geweckt wurden, weinten und quäkten; die Halbwüchsigen, die durch den Schrecken der Mütter in Erstaunen versetzt waren, begannen zu kreischen und zu heulen. Die Kinder hinter sich her schleppend, stürzten die Frauen, ohne sich vor Angst umzusehen, in den Wald. Ihnen folgten die jungen Mädchen und die Halbwüchsigen; sogar die Hunde rannten heulend und die Schweine wütend grunzend hinterdrein.

Von dem Jammergeschrei der Frauen beunruhigt, liefen die Männer, die zum größten Teil mit dem bewaffnet waren, was ihnen gerade unter die Hände kam, aus dem Dorf zusammen und umringten mich von allen Seiten. Seelenruhig stand ich inmitten des Platzes, wunderte mich über diese Aufregung, ohne fassen zu können, weshalb mein Kommen solch ein Drunter und Drüber hervorrief. Mir lag viel daran, die Eingeborenen zu beruhigen, doch Worte kannte ich nicht, sich aber mit Gesten zu verständigen war keineswegs leicht. Finster dreinschauend, standen sie um mich herum und wechselten miteinander Worte, die mir fremd waren.

Der Morgenspaziergang hatte mich ermüdet, ich ging zu der einen der hohen Plattformen, kletterte auf sie hinauf, machte es mir, so gut es ging, bequem und lud die Eingeborenen durch Zeichen ein, meinem Beispiel zu folgen. Einige, wie es schien, begriffen, daß ich keine Absicht hatte, ihnen Schaden zuzufügen. Sie begannen bereits untereinander ruhiger zu sprechen und legten sogar ihre Waffen zur Seite, indessen andere, die sich noch immer mißtrauisch nach mir umblickten, ihre Speere nicht aus den Händen ließen.

Die Gruppe der Eingeborenen um mich herum war sehr interessant. Doch war es nicht schwer, zu bemerken, daß ihnen mein Kommen äußerst unangenehm war. Einige blickten ängstlich zu mir hin, und alle vergingen gewissermaßen vor Ungeduld, daß ich mich entfernen sollte.

Ich nahm mein Album heraus, machte einige Skizzen von den Hütten, die um den Platz gruppiert lagen, von den hohen Plattformen, die jener ähnelten, auf der ich saß, und ging dazu über, einige Bemerkungen über die Eingeborenen selbst aufzuschreiben, wobei ich jeden sehr aufmerksam von Kopf bis Fuß betrachtete. Mir wurde klar, daß mein Verhalten sie in Verlegenheit zu bringen begann, besonders hatte ihnen meine aufmerksame Besichtigung mißfallen. Viele standen auf, um sich von meinem durchdringenden Blick zu befreien, und gingen, irgend etwas vor sich hin brummend, davon.

Ich war sehr durstig. Mich verlockten die Kokosnüsse, doch keiner dachte daran, mir nur eine von den auf der Erde herumliegenden frischen Kokosnüssen anzubieten, damit ich meinen Durst löschen konnte. Keiner der Eingeborenen trat näher heran, und keiner bemühte sich, mit mir ein Gespräch anzuknüpfen. Sie blickten vielmehr alle feindlich und finster.

Ich war mir darüber klar, daß mein weiteres Verbleiben die Bekanntschaft mit den Eingeborenen nicht vorwärtsbringen würde. Ich stand daher auf und ging unter allgemeinem Schweigen über den Platz. Der Pfad führte mich ans Meer.

Papua-Baumhaus in Neuguinea

Auf dem Heimweg überdachte ich das Geschehene und kam zu dem Schluß, daß es nicht leicht sein würde, daß Mißtrauen der Eingeborenen zu überwinden, und daß nicht wenig Geduld und Takt im Umgang mit ihnen aufgewendet werden müßten. Als ich bei Sonnenuntergang nach Hause kam, wurde ich von meinen Dienern, die mein langes Ausbleiben schon zu beunruhigen begann, empfangen; sie erzählten mir unter anderem, daß während meiner Abwesenheit zwei Einwohner von Gorendu drei Pakete gebracht hätten: für mich, für Olson und für Boy.

Ich befahl, sie zu öffnen; darin lagen gekochte Bananen, Früchte des Brotfruchtbaums und Stücke von irgendeinem Fleisch, das Schweinefleisch ähnlich war. Das Fleisch hatte mir nicht besonders gefallen, doch Olson und Boy aßen es mit Vergnügen. Als sie mit dem Essen fertig waren, machte ich sie mit der Bemerkung stutzig, das sei wahrscheinlich Menschenfleisch gewesen. Die beiden wurden sehr verlegen und behaupteten, es sei Schweinefleisch; ich blieb aber mißtrauisch.

4. Oktober   Abends flog mir irgendein kleines Insekt ins Auge, und obgleich es mir gelungen war, es zu entfernen, schmerzte das Auge die ganze Nacht sehr, die Augenlider waren geschwollen, so daß an ein Arbeiten mit dem Mikroskop nicht zu denken war. Deshalb ging ich morgens, gleich bei einsetzender Flut, auf das Riff hinaus und hatte mich von meiner Tätigkeit so hinreißen lassen, daß ich nicht bemerkte, wie das Wasser zu steigen begann. Als ich vom Riff zum Strand zurückging, sank ich einige Male bis über die Hüften im Wasser ein.

Wir hatten das Dach der Veranda fertiggebaut und machten uns mit dem Einräumen unseres Nestes zu schaffen. Mein Raum mißt alles in allem 7 Quadratsashen – Sachen aber gibt es darin eine Unmenge.

5. Oktober   Ich säuberte den Platz vor der Hütte von Reisig und trockenen Blättern. Meine Behausung verbessert sich mit jedem Tag und beginnt mir immer mehr und mehr zu gefallen.

Abends höre ich, daß irgend jemand stöhnt. Ich gehe in das Haus hinein und treffe Boy an, der den Kopf in eine Decke gewickelt hat und auf meine Fragen kaum antworten kann. Er hatte ziemlich erhöhte Temperatur.

6. Oktober   Gegen 4 Uhr zeigte sich hinter dem Kap Obserwazija plötzlich ein Segel und danach eine große Piroge von besonderer Bauart, und zwar oben mit einem gedeckten Raum, in dem Menschen saßen, während nur einer am Steuer stand und das Segel bediente. Als die Piroge sich meiner kleinen Landzunge genähert hatte, wandte sich der Steuermann uns zu, rief etwas und schwenkte die Arme.

Die Piroge steuerte nach Gorendu; fünf Minuten später zeigte sich eine andere, eine noch größere als die erste: Auf ihr stand ein ganzes Häuschen oder, richtiger gesagt, eine Art Kammer, in der sich etwa sechs oder sieben Eingeborene, die vor den heißen Sonnenstrahlen durch ein Dach geschützt waren, befanden. Die beiden Pirogen hatten je zwei Masten, von denen der eine nach vorn, der andere rückwärts geneigt war.

Mir fiel ein, daß meine Nachbarn ihren Gästen solch ein großes Wunder, wie es ein weißer Mensch ist, würden zeigen wollen, und ich bereitete mich deshalb zum Empfang vor. Und wirklich, nach einer Viertelstunde erschienen von zwei Seiten her, aus den Dörfern Gorendu und Gumbu, Eingeborene. Mit den Gästen, die, wie ich erfuhr, von der kleinen Insel Bili-Bili stammten, kamen meine Nachbarn, um ihren Gästen verschiedene wunderliche Dinge in der Hütte des Weißen zu zeigen und deren Bedeutung zu erklären.

Die Leute aus Bili-Bili betrachteten alles mit Erstaunen und Interesse: die Kasserollen und die Teekanne in der Küche, meinen Klappsessel auf dem Vorplatz, den kleinen Tisch ebenda. Meine Schuhe und die gestreiften Socken erregten ihr Entzücken. Sie hörten nicht auf, den Mund immer wieder zu öffnen und gedehnt „ah-ah-ah...", „eh-eh-eh..." vor sich hin zu sprechen, mit den Lippen zu schmatzen und in Fällen starken Erstaunens einen Finger in den Mund hineinzulegen. Die Nägel hatten ihnen auch gefallen. Außer Nägel verteilte ich an sie Glasperlen und rote Lappen, zum großen Verdruß Olsons, dem es nicht gefiel, daß ich diese Dinge umsonst weggab und daß die Gäste ohne Geschenke gekommen waren.

Die Bili-Bili-Leute hatten einen Teil der Haare sorgfältig mit rotem Okker gefärbt; Stirn und Nase waren mit derselben Farbe bemalt. Bei einigen war sogar der Rücken beschmiert. Vielen hing um den Hals ein Schmuck, der bis auf die Brust herabreichte und aus zwei Hauern eines Papuaschweins bestand. Diese Hauer waren in der Weise zusammengebunden, daß sie, auf der Brust hängend, die liegende Ziffer „3" mit einem gleichen oberen und unteren Teil darstellten. Dieser Schmuck, von den Einwohnern Gorendus „bul-ra" genannt, wird von ihnen anscheinend sehr geschätzt. Ich bot ihnen im Tausch für eine „bul-ra" ein Messer an, doch sie gingen nicht auf diesen Tausch ein, obgleich sie, wie es den Anschein hatte, sehr gern ein Messer haben wollten. Sie waren mit meinen Geschenken sehr zufrieden und gingen in ausgezeichneter Stimmung fort.

Ich war allerdings sehr erstaunt, als ich sie nach einer halben Stunde wiedersah. Dieses Mal waren sie mit Kokosnüssen und Bananen beladen. Inzwischen waren sie nämlich zu ihren Pirogen gegangen, um die Geschenke für mich zu holen. Die Zeremonie der Darreichung der Geschenke hat hier ihre Gesetze: So bringt zum Beispiel jeder das Geschenk gesondert vom andern und übergibt es selbst unmittelbar jener Person, für die es bestimmt ist. So geschah es auch heute; jeder übergab ein Geschenk zuerst an mich, dann an Olson – bedeutend weniger – und danach an Boy – noch weniger.

Die Bili-Bili-Leute blieben lange bei der Hütte. Beim Fortgehen, als es zu dunkeln begann, deuteten sie mit Zeichen auf mich und auf meine Schaluppe hin, danach auf ihre kleine Insel, die in der Ferne zu sehen war, und erklärten durch Gesten, daß sie mich, wenn ich zu ihnen auf die Insel käme, weder erschlagen noch auffressen würden und daß es dort viele Kokosnüsse und Bananen gäbe. Als sie Abschied nahmen, drückten sie meinen Arm oberhalb des Ellbogens. Zwei, denen ich aus irgendeinem Grund von dem Tand etwas mehr geschenkt hatte als den andern, umarmten mich mit dem linken Arm, und indem sie die eine Seite meiner Brust an die ihre drückten, wiederholten sie: „O Maclay! O Maclay!" Dann gingen sie einige Schritte, blieben wieder stehen, wandten sich halb um, beugten den Arm im Ellbogen, und die Faust ballend, bogen sie ihn wieder gerade; das war ihr letzter Abschiedsgruß, nach dem sie schnell entschwanden.

10. Oktober   Heute hatte mich der erste heftige Fieberanfall (Paroxysmus) aufs Krankenlager geworfen. Wie sehr ich mich auch zusammennehmen mochte, ich mußte mich dennoch niederlegen und den ganzen Tag liegenbleiben. Es war gräßlich.

12. Oktober   Heute war Olson an der Reihe. Als ich aufgestanden war, knickten meine zitternden Beine ein. Boy behauptet ebenfalls, daß er nicht gesund sei. Meine Hütte ist jetzt ein richtiges Lazarett.

Heute habe ich von Tui die Namen verschiedener Dörfer, die ich von meiner kleinen Landzunge aus sehen kann, erfahren. Ich wunderte mich über die Zahl der Namen: Jede unbedeutende kleine Landzunge und jeder kleine Bach haben ihre besonderen einheimischen Namen: So heißt zum Beispiel die kleine Landzunge, auf der meine Hütte steht und wo vor mir nie jemand gewohnt hatte, Garagassi. Das Kap Obserwazija gegenüber heißt Gabina. Das Dorf, das ich bei der Ankunft der „Witjas" im Konstantinhafen besuchte, heißt, wie ich schon mehrmals erwähnte, Gorendu. Danach kommt Bongu, weiter weg Male, noch weiter Bogadjim. Aber noch weiter, an der kleinen Landzunge, bereits nicht mehr fern von der kleinen Insel Bili-Bili, das Dorf Gorima; östlich von Garagassi liegt jenes Dorf, wo es mir am ersten Tag nicht gelungen war, zu landen. Gumbu. Danach kommt Maragum und noch weiter das Dorf Rai.

Wenn ich Tui so ausfragte, mußte ich mich einerseits über seine Aufgewecktheit wundern und andererseits über eine gewisse Stumpfheit oder Langsamkeit im Denken. Beim Hören der Namen schrieb ich sie natürlich

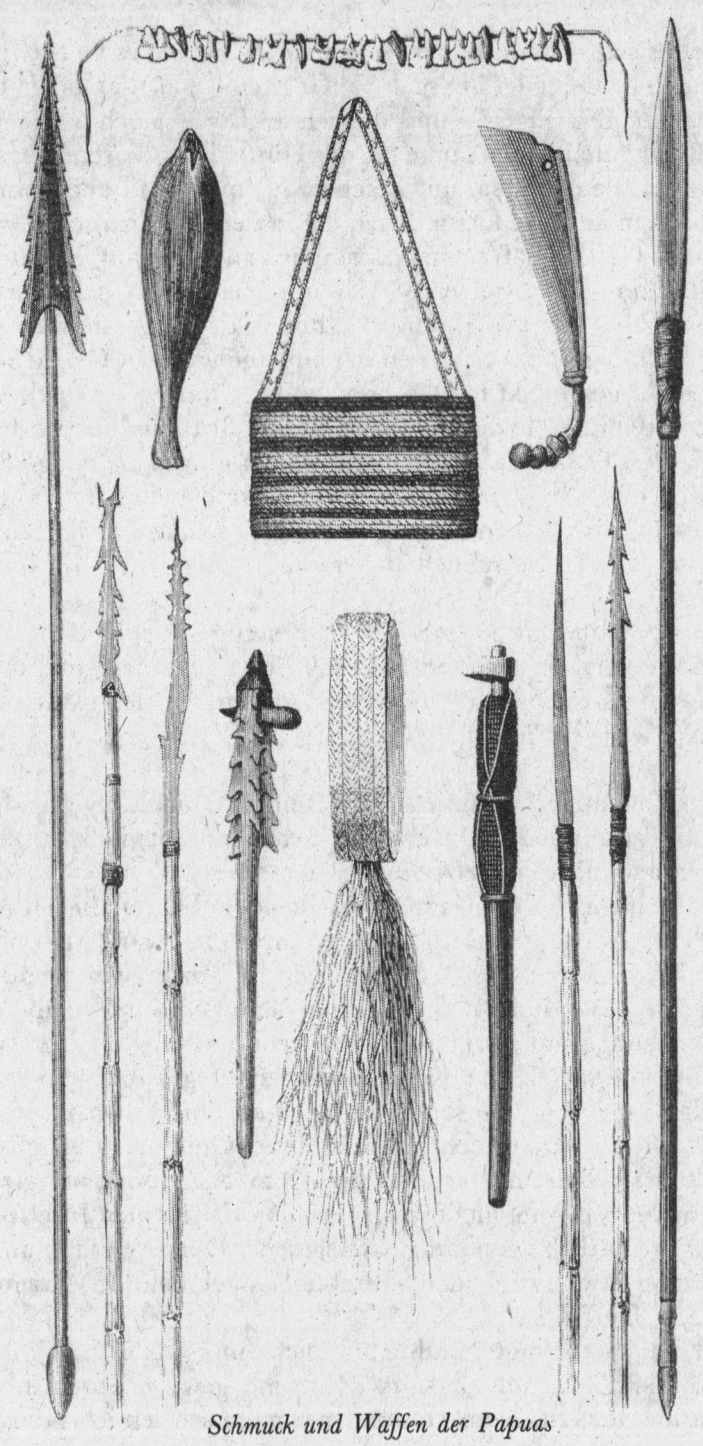

Schmuck und Waffen der Papuas.

Waffen und Geräte der Papuas

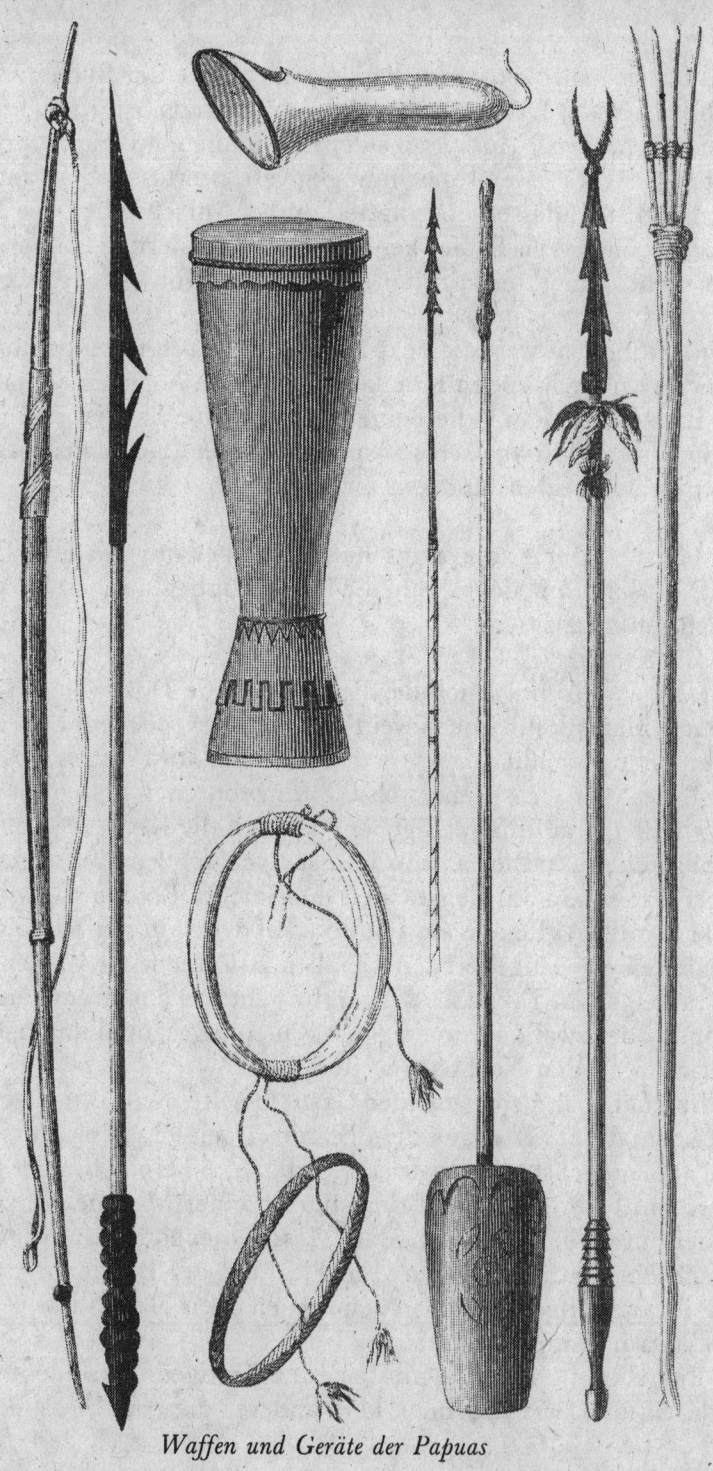

auf und fertigte auf demselben Papier eine Skizze der Bucht, wobei ich die ungefähre Lage der Dörfer markierte. Tui hatte das begriffen, und ich überprüfte einige Male die Aussprache der Dorfnamen, indem ich sie laut vorlas, wobei Tui nicht nur zwei Bezeichnungen verbesserte, sondern sogar die Kartenskizze selbst. Indessen aber hatte ihn das Aufschreiben der Namen und das Zeichnen auf dem Papier keineswegs interessiert, als ob er diese Tätigkeit gar nicht bemerkte. Mir kam es sonderbar vor, daß er sich nicht wunderte.

Nachdem ich Tui weggeschickt hatte, machte ich mich daran, die beiden stöhnenden und ächzenden Kranken zu pflegen, obgleich ich nach dem gestrigen Paroxysmus kaum die Beine heben konnte. Es blieb mir nichts anderes übrig, als das Mittagessen selbst zuzubereiten. Den ganzen Abend hörte das Ächzen der beiden Kranken nicht auf.

13. Oktober Der Paroxysmus hatte sich bei mir wiederholt. Alle sind krank. Es ist schlimm, doch wenn die Regenzeit beginnt, wird es wahrscheinlich noch schlimmer sein.

14. Oktober Nachdem ich den Leuten je eine Dosis Chinin verabreicht und zum Frühstück für jeden zwei Portionen Reis gekocht hatte, ging ich in den Wald, hauptsächlich, um von dem Stöhnen und Ächzen loszukommen. Vögel gibt es hier viel. Wenn sich die Eingeborenen erst an mich gewöhnt haben, werde ich auf die Jagd gehen, da mich die Konserven anwidern. Als ich zurückkehrte, traf ich Olson immer noch ächzend auf seinem Bett an. Boy aber war schon auf den Beinen und kochte Bohnen zu Mittag.

Tui kam mit drei Leuten aus Gumbu. An dem von mir mitgebrachten Tabak beginnen die Eingeborenen Gefallen zu finden. Sie verwenden ihn gemischt mit eigenem Tabak. Die Zigarette geht von einem zum andern, wobei jeder einen oder zwei Züge macht, den Rauch langsam hinunterschluckt und die Zigarette an den Nachbarn weitergibt.

Die Beschäftigung eines meiner Gäste fesselte mein Interesse. Er fertigte dünne, schmale Streifen aus dem Stamm irgendeiner biegsamen Schlingpflanze an. Zunächst schabte er eine Seite ab, riß einen dünnen Streifen los und zerschnitt ihn dann mit Bruchstücken einer Muschel, die er auswechselte oder anbrach, um eine ihm als Messer dienende scharfe Kante zu bekommen. Diese Streifen waren zum Flechten der Bänder – „sagiu" – bestimmt, die die Eingeborenen an den Armen oberhalb des Bizeps und an den Beinen etwa in Kniehöhe tragen.

Der Eingeborene arbeitete mit seinem primitiven Instrument so geschickt und schnell, daß, wie es schien, kein anderes diesem Zweck besser dienen konnte.

15. Oktober Aus meinem gestrigen Gespräch mit Tui geht hervor, daß die Berge um die Astrolabebai sehr bevölkert sind. Er nannte eine große Anzahl von Dorfnamen, wobei er zu jedem Namen das Wort „mana", das heißt Berg, hinzufügte.

Boy liegt schon drei Tage, und seine Gesichtsfarbe ist merklich hell – blaß – geworden.

16. Oktober Gestern abend war ein sehr starkes Gewitter. Es goß in Strömen, und der Platzregen durchschlug mein Dach.

Auf meinem Tisch war eine richtige Überschwemmung; es blieb nichts anderes übrig, als Papiere und Bücher fortzuräumen. Die Nacht verbrachte ich in großer Feuchtigkeit.

Im Verlauf des heutigen Tages hatten mich in meiner Hütte mehr als vierzig Menschen aus verschiedenen Dörfern besucht, so daß ich dessen regelrecht überdrüssig wurde. Könnte ich mit ihnen sprechen, wäre es eine andere Sache. Doch das Erlernen der Sprache geht immer noch langsam voran.

17. Oktober Boy, der sich soeben vom Fieber erholt hatte, bekam eine neue Krankheit – eine starke Geschwulst der Lymphdrüsen in der Leistengegend, wodurch er sich noch langsamer bewegt als früher. Olson geht es auch schlecht. Er kann die Zunge kaum bewegen – wie ein Sterbender. Er liegt den ganzen Tag. Nachts seufzt und ächzt er. Abends aber, bei Sonnenuntergang, kriecht er hervor und kühlt sich mit unbedecktem Kopf ab – heimlich, da ich es ihm verboten habe, ohne Hut, besonders bei frischem Küstenwind, hinauszugehen.

Die letzte Woche mußte ich häufig für uns drei kochen.

Diese beiden fesseln mich an Händen und Füßen; ihretwegen kann ich nirgendwo hin für einige Tage aus dem Haus gehen. Die Eingeborenen gehorchen ihnen nicht im geringsten, während ich mit einem Blick allein meine Nachbarn dazu bringe, mir Gehorsam zu leisten. Merkwürdig, daß sie es nicht lieben, wenn ich sie ansehe. Schaue ich finster drein, und blicke ich sie unverwandt an, so laufen sie davon.

18. Oktober Wir begannen einen Gemüsegarten anzulegen und machten Beete. Die Arbeit war nicht leicht, da die Erdschicht nur unbedeutend ist. Gräbt man ein wenig, so stößt man auf Korallen. Außerdem sind viele Wurzeln miteinander so verfilzt, daß man ebensoviel mit dem Beil wie mit dem Spaten arbeiten muß. Wir steckten Bohnen, Samen eines Kürbisses von Tahiti und säten Mais. Ich weiß noch nicht, was aufgehen wird, da die Samen anscheinend schlecht sind – sie hatten zu lange gelegen.

Ich verbrachte einige Stunden im Wald und bewunderte die gewaltige

Mannigfaltigkeit der Vegetationsformen. Ich bedauerte bei jedem Schritt, daß ich so wenig von der Botanik verstehe.

20. Oktober   Heute hatte ich Besuch von dreißig Leuten von Jambomba, einer kleinen Insel in der Nähe Bili-Bilis. Sie mußten wohl viel über mich gehört haben. Von meinen Geschenken schätzten sie die Nägel am allermeisten.

Ich beobachtete lange, wie der Sohn Tuis, ein Junge von etwa fünfzehn Jahren, mit dem Bogen nach Fischen schoß, allerdings erfolglos: Er traf nicht einen einzigen. Die Pfeile verschwanden für einige Sekunden unter Wasser und tauchten danach an der Oberfläche auf, wobei sie senkrecht im Wasser stehenblieben. Dann wurden sie vom Jäger wieder eingesammelt. Diese Pfeile unterscheiden sich von den gewöhnlichen dadurch, daß sie anstatt einer Spitze mehrere haben: vier, fünf, manchmal auch noch mehr. Die Spitze ist aus hartem Holz geschnitzt und in ein langes, dünnes Schilfrohr eingesetzt.

Ich beschloß, meinen Wohnraum zu vergrößern, und zwar an Stelle der hohen Außentreppe eine Veranda zu setzen. Gesagt – getan. Ich ging mit Boy in den Wald. Wir hatten uns verschiedenes Material für den Bau besorgt, und zum Mittagessen, das heißt um 4 Uhr, war die Veranda fertig: 4 Fuß in der Breite und 7 Fuß in der Länge.

Aus einer hohen Kiste, die auf eine andere gestellt war, baute ich mir so etwas wie einen Tisch. Das wird mein gewöhnlicher Arbeitsplatz am Tag sein, da es hier hell ist und man mit den Eingeborenen, ohne sich vom Platz zu erheben, sprechen kann. Außerdem hat man von hier aus eine herrliche Aussicht auf das Meer.

22. Oktober   Ich werde heute erzählen, wie ich die meisten Tage bisher verbracht habe.

Ich stand früher als meine Diener auf, noch im Halbdunkel, so etwa gegen 5 Uhr; dann machte ich einen Rundgang um das Haus, um nachzusehen, ob sich während der Nacht irgend etwas ereignet hatte. Danach ging ich zum Bach hinunter, um mich zu waschen, wobei ich sehr häufig die Seife mitzunehmen vergaß. Kam man so unten an und dachte daran, daß die Seife vergessen war, nun, da war man zu faul, zur Hütte hinaufzugehen, um sie zu holen, besonders nachdem ich in dem feinen Sand auf dem Grunde des Baches einen vortrefflichen Seifenersatz gefunden hatte. Man nimmt ein wenig von diesem Sand, reibt damit die Hände, die dabei leicht rot, doch dafür völlig sauber werden, und reibt danach, die Augen kräftig zusammenkneifend, mit ihm das Gesicht ab. Eine Unannehmlichkeit muß man dabei in Kauf nehmen: Es bleibt viel Sand im Bart zurück.

Gegen ³/₄6 Uhr bin ich wieder oben am Haus. Es ist schon hell. Boy zündet Feuer an und erhitzt Wasser für den Tee. Ich begebe mich auf die Veranda und warte dort auf den Tee, den man mir mit Zwieback oder gebackenen Bananen, die sehr angenehm im Geschmack sind, vorsetzt.

Gegen 7 Uhr notiere ich die Temperatur der Luft, die des Wassers im Bach und im Meer, die Höhe der Flut, den Barometerstand, die Richtung des Windes und seine Stärke, die Menge des im Evaporimeter verdunsteten Wassers, ziehe aus der Erde das 1 Meter tief eingegrabene Thermometer heraus und schreibe auf, was es anzeigt.

Nach Beendigung der meteorologischen Beobachtungen gehe ich auf das Korallenriff hinaus, um Meerestiere zu suchen, oder in den Wald, um Insekten zu sammeln.

Mit der Beute setze ich mich an das Mikroskop, lege die gesammelten Insekten in Spiritus oder nehme irgendeine andere Arbeit bis 11 Uhr in Angriff. Um 11 Uhr frühstücke ich. Das Frühstück besteht aus gekochtem Reis mit Curry.

Nach dem Frühstück lege ich mich in die auf der Veranda angebrachte Hängematte und schaukele darin bis 1 Uhr, wobei ich oft einschlafe.

Um 1 Uhr nehme ich die gleichen meteorologischen Messungen vor wie um 7 Uhr. Danach beginne ich wieder irgendeine Arbeit: Ich bringe die Beobachtungen, die in meinem Taschenbuch niedergeschrieben sind, in Ordnung, oder ich lese, was allerdings seltener geschieht.

Der Besuch der Papuas unterbricht meine Beschäftigungen oft. Ich eile zu ihnen hinaus, da ich mir keine Gelegenheit entgehen lassen möchte, einige Wörter meinem Papuasprachschatz hinzuzufügen.

Nach 5 Uhr gehe ich bis zum Mittagessen im Wald spazieren. Das Mittagessen wird mir gegen 6 Uhr von Boy serviert; es besteht aus einem Teller gekochter Chilebohnen mit einem kleinen Stück Charque[1] und einer oder zwei Tassen Tee. Ein Teller Reis am Morgen, ein Teller Bohnen am Abend, einige Tassen Tee am Tag – das ist meine tägliche Nahrung. Die von mir mitgebrachten Büchsen mit Fleisch- und Fischkonserven habe ich meinen Dienern voll und ganz zur Verfügung gestellt. Der Anblick ist mir schon widerlich.

Die Zeit nach dem Mittagessen widme ich verschiedenen häuslichen Arbeiten: der Reinigung der Gewehre und dem Aufräumen meiner Zelle. Danach wechsle ich meinen Anzug aus Baumwollstoff mit einem aus Flanell, setze mich, wenn es dunkel wird, auf einen Baumstumpf am Strand, beobachte Ebbe und Flut, betrachte den fernen Horizont, die Wolken ... Manchmal lege ich mich wieder in die Hängematte, lausche dann den ringsum im

---

[1] gedörrtes Rindfleisch

Wald erschallenden Rufen der Vögel und dem verschiedenstimmigen Zirpen der Zikaden.

Um 8 Uhr gehe ich in das Zimmer, und nachdem ich meine kleine Lampe (die mehr einem Nachtlicht als einer Lampe ähnelt) angezündet habe, schreibe ich die Ereignisse des Tages in das Tagebuch.

Um 8 oder 9 Uhr wiederholen sich die meteorologischen Beobachtungen, und schließlich kommt der vorletzte Akt des Tages – ich schäle eine Kokosnuß und trinke ihre erfrischende Flüssigkeit.

Ins Zimmer zurückgekehrt, überprüfe ich die geladenen Gewehre und lege mich auf das harte Bett, das aus zwei Körben, die mit einer Decke an Stelle von Matratzen und Laken bedeckt sind, besteht. Ich schlafe gewöhnlich sehr schnell ein.

Die Besuche der Eingeborenen und die Erkrankung Olsons und Boys stören ein wenig den Gang dieses dem Anschein nach eintönigen, doch in Wirklichkeit für mich sehr interessanten Lebens.

23. Oktober   Tui war mit zwei andern Eingeborenen da. Alle waren mit Speeren, Bogen und Pfeilen bewaffnet, und jeder hatte ein Beil über der Schulter. Ich äußerte den Wunsch, daß mir die Gäste zeigen möchten, wie man mit dem Bogen schießt. Dieser Bitte sind sie auch sofort nachgekommen. Der Pfeil durchflog eine Strecke von etwa 65 Schritt. Dabei konnte man merken, daß sogar ein leichter Wind seinen Flug beeinflußt. Auf solche Entfernung hätte er wohl kaum eine ernste Wunde verursachen können, aber auf 20 oder 30 Schritt – das ist schon eine andere Sache. Tui hat vielleicht recht, wenn er andeutet, daß der Pfeil die Hand durchbohren kann ...

Danach zeigte Tui ein ganzes Kampfmanöver: Den Bogen und die Pfeile auf der linken Schulter und den Speer in der rechten Hand, lief er etwa 10 Schritte fort, machte nach verschiedenen Seiten Ausfälle, wobei er jede Bewegung mit einem kurzen, schrillen Schrei begleitete. Bald zog er die Bogensehne an und schoß einen Pfeil ab, bald ging er mit dem Speer zum Angriff über, als wenn er sich bemühte, den Feind zu verwunden, bald versteckte er sich hinter den Bäumen; manchmal bückte er sich auch oder sprang schnell zur Seite, um einem imaginären Pfeil auszuweichen. Ein anderer Eingeborener, der durch das Beispiel Tuis angesteckt wurde, gesellte sich hinzu und begann den Feind darzustellen. Dieses Turnier war interessant und recht charakteristisch.

24. Oktober   Heute früh wurde ich durch das plötzliche Erscheinen von Pilzen verschiedener Formen, die ich früher nie gesehen hatte, in Erstaunen versetzt. Sie sind überall gewachsen: auf den Baumstämmen, auf der Erde, auf den Steinen und sogar auf dem Geländer meiner Veranda. Gestern abend waren sie noch nicht da. Demnach sind sie in der Nacht gewachsen. Wie man diese Erscheinung erklären soll – ja, das weiß ich nicht. In diesem Zusammenhang kam mir das plötzliche und schwer erklärbare Auftreten verschiedener epidemischer Krankheiten in den Sinn, die vermutlich genauso von einer plötzlichen Entwicklung mikroskopisch kleiner Pilze und ähnlicher Organismen herrühren. Eines der seltsamsten Exemplare, das im Verlauf einiger Stunden gewachsen ist und mich durch seine Größe und Form in Erstaunen setzte, habe ich sorgfältig abgezeichnet.

25. Oktober   Das Liegen in der Hängematte am Abend ist mir nicht gut bekommen. Nachts hatte ich Schüttelfrost und wachte schweißgebadet und entkräftet auf. Den ganzen Morgen war ich von einer derartigen Faulheit befallen, daß ich fast nichts tat. Sogar zum Lesen war ich zu faul, da das Halten des Buches beim Liegen in der Hängematte mir zu ermüdend erschien. Nach dem Mittagessen zeichnete ich; doch die Dunkelheit brach bald herein – ich wurde damit nicht fertig. Es regnete wieder; man mußte die Sachen von einem Platz zum andern hinübertragen. Boy ist immer noch bettlägerig. Olson kann kaum gehen.

Ich habe eine glückliche Natur: Ich lebe und schaue auf alles, was mich umgibt, als ob mich nichts etwas anginge. Manchmal bin ich freilich gezwungen, diesen beschaulichen Zustand aufzugeben, wie zum Beispiel im gegenwärtigen Augenblick, wo das Dach undicht ist, mir große Tropfen des kalten Regens auf den Kopf fallen und alle Papiere, Zeichnungen und Bücher auf dem Tisch, vor dem ich sitze, naß werden können.

26. Oktober   Olson und ich haben den ganzen Tag im Wald und nachher in der Hütte gearbeitet, wo wir uns bemühten, das Dach auszubessern. Boy, der noch immer unter seiner Geschwulst zu leiden hat, ächzt oder, richtiger gesagt, blökt wie ein Kalb. Dieses Konzert war derart unerträglich, daß es mich aus dem Haus forttrieb. Nachdem ich dem Kranken eine kleine Dosis Morphium gegeben hatte, ging ich auf den Vorplatz hinaus. Die Nacht war herrlich, nur das bis zu mir dringende Stöhnen des Kranken stellte einen scharfen Gegensatz zu dem unaussprechlichen Liebreiz der Natur dar.

27. Oktober   Das Stöhnen Boys dauerte die ganze Nacht. Es weckte mich oft, und deshalb wachte ich erst endgültig auf, als es schon ganz hell war und als mir Olson das Frühstück auf die Veranda brachte; er teilte mir dabei mit, daß Tui schon lange in der Küche sitze.

Nachdem ich den Tee getrunken hatte, ging ich in die Küche (in die Laubhütte) und erblickte dort tatsächlich einen Papua, doch einen, der mir völlig unbekannt war.

Ich begann ihn zu betrachten, konnte mich aber trotzdem nicht erinnern, wo und wann ich ihn gesehen hatte. Ich vermutete, daß der Unbekannte zusammen mit Tui gekommen war, Tui selbst aber schon fortgegangen wäre. Wie groß war jedoch mein Erstaunen, als Olson mich fragte, ob ich denn Tui nicht erkenne. Ich blickte den Eingeborenen wieder an. Lächelnd zeigte er auf die Glasscherben und auf seine Oberlippe. Nun bemerkte ich, daß er seinen Schnurrbart und einen Teil des Bartes abrasiert hatte. Das hatte das Gesicht meines alten Bekannten derart verändert, daß ich ihn zunächst nicht erkannt hatte. Die Oberlippe und das Kinn waren ausgezeichnet ausrasiert; er hatte diese Operation so kunstfertig durchgeführt, daß auch nirgends ein Kratzer zu sehen war. Die Entdeckung, daß man sich mit Glas bequem rasieren kann (auf den polynesischen Inseln ist diese Methode sehr eingebürgert) – Tui war völlig selbständig darauf gekommen –, wird den Wert zerschlagener Flaschen sehr heben. Davon überzeugte ich mich sofort, als ich sah, mit welcher Freude Tui einige Glasscherben von Olson als Geschenk in Empfang nahm. Die Ähnlichkeit des zerschlagenen Glases mit abgeschlagenen Splittern des Feuersteins oder mit Stücken zerschlagener Muscheln – Dingen also, die von den Papuas zum Schneiden benutzt werden – erklärt leicht Tuis Entdeckung.

Gleichzeitig damit beweist sie sowohl die Beobachtungsgabe als auch den Wunsch der Eingeborenen, sich mit den für sie neuen Gegenständen praktisch bekannt zu machen.

Als ich meine Veranda betrat, machte ich eine unangenehme Entdeckung: Das Dach, mit dem ich mich etwa fünf Stunden abgemüht hatte, läßt wieder Wasser durch, was ich keineswegs erwarten konnte, da ich die geflochtenen Kokosblätter sehr dicht darauf gelegt habe. Beim Nachdenken über die Ursachen kam ich zu der Schlußfolgerung, daß nicht die Materialien und auch nicht das Legen der Blätter schuld sind, sondern die zu geringe Neigung des Daches. Daraus erklärten sich die steilen Dächer der Hütten auf den Inseln des Stillen Ozeans. Es sind in der Hauptsache die Höhe und die Steilheit der Dächer, die sie regendicht machen.

Da ich mich schlecht fühlte, nahm ich Chinin. Das war gut, da ich gegen 1 Uhr Fieber verspürte, denn durch die Chinindosis habe ich dem Paroxysmus vorgebeugt. Olson fühlte sich ebenfalls schlecht; er geht und spricht wie ein Kranker. Boy steht nicht auf. Wieder ein Lazarett! Ich halte mich im Haus nur abends und nachts auf, den Tag über auf dem Vorplatz am Haus und nicht selten auf der Veranda. Ich bin genötigt, die Lampe um $^1/_2 7$ Uhr anzuzünden.

Es vergeht kein Abend oder keine Nacht ohne entfernten Donner und grelle Blitze. Heute ist wieder Gewitter; es tropft auf den Tisch, auf die Bücher... Überall ist es naß.

28. Oktober   Tui hat mich wieder besucht. Und wiederum hatte ich ihn anfangs nicht erkannt – so sehr war sein Gesichtsausdruck verändert. Früher schien es mir, als unterscheide sich seine Physiognomie von den andern durch ihre sympathischen Züge; jetzt aber macht sie auf mich einen unangenehmen Eindruck. Die Ursache dafür ist der Ausdruck des Mundes. Die Linie des Mundes hat überhaupt auf den Ausdruck des Gesichts einen starken Einfluß; doch einem so schlagenden Beweis für die Richtigkeit dieser Bemerkung war ich noch nie begegnet. Schnurrbart und Bart sind tatsächlich eine gute Maske.

Wiederum zeigten sich gegen 2 Uhr Segelpirogen in der Ferne. Ich glaubte, daß Gäste kommen würden, doch niemand ist erschienen.

Boy stöhnt mit schrecklicher, herzzerreißender Stimme. Ich gab ihm eine kleine Dosis Morphium, die ihn bald beruhigte. Um 8 Uhr begann es zu regnen. Um 9 Uhr, nachdem ich meine meteorologischen Beobachtungen beendet hatte, wollte ich mich gerade schlafen legen – da, plötzlich hörte ich von neuem Stöhnen. Was ist das? Olson hat wieder einen heftigen Fieberanfall.

Ich bedaure sehr, daß ich mich mit andern unter ein und demselben Dach angesiedelt habe. Das wird das letzte Mal sein.

29. Oktober   Trotz Olsons Stöhnen bin ich eingeschlafen. Doch kaum hatte ich eine halbe Stunde geschlafen, da weckte mich von neuem ein seltsames Heulen auf, das sich, wie es schien, bald näherte, bald wieder entfernte.

Vom Schlaf benommen, konnte ich mir nicht klar darüber werden, was es sein mochte. Ich trat auf die Veranda hinaus. Der Regen hatte aufgehört, und es war nicht sehr dunkel. Ich kleidete mich an, ging hinaus, stieg zum Bach hinunter und bekam plötzlich den Einfall, auf den Pfad nach Gorendu zu gehen, um das Singen der Papuas aus der Nähe anzuhören, da ja dieses Heulen nichts anderes sein konnte als ihr Gesang.

Olson mußte Bescheid bekommen, daß ich fortging. Ihm war es nicht recht. Er erklärte mir, daß, sollten die Papuas plötzlich kommen, sie ihn und Boy unbedingt erschlagen würden, da sie beide krank seien und sich nicht verteidigen könnten. Zu seiner Beruhigung stellte ich neben seine Koje eine Doppelflinte und versicherte ihm, daß ich beim ersten Schuß unverzüglich nach Garagassi zurückkehren würde.

Obwohl der Regen aufgehört hatte, war es trübe. Doch dank dem aufgegangenen, wenn auch von den Wolken verdeckten Mond konnte ich mich vorsichtig auf dem Pfad vorwärts arbeiten. Während ich mich Gorendu näherte, war das Singen immer lauter zu hören.

Ermüdet von diesem Spaziergang im Halbdunkel, setzte ich mich auf einen Baumstumpf und begann zu lauschen. Das Singen oder das Heulen, das mir entgegenklang, war sehr primitiv. Die Melodie wiederholte sich beständig. Die ungleichmäßigen Wellen dieses einfachen Motivs schwollen bald an, bald ließen sie nach oder hörten unvermutet ganz auf und begannen nach einer halben Minute wieder von neuem. Von Zeit zu Zeit ließen sich Barumschläge[1] vernehmen.

Manchmal wuchs die Melodie, die langsam, leise und gedehnt begann, allmählich an und wurde lauter und lauter; der Takt beschleunigte sich immer mehr. Schließlich ging das Singen in einen fast unmenschlichen Schrei über, der plötzlich erstarb.

Während ich auf dem Baumstumpf saß, wäre ich zweimal beinahe heruntergefallen. Ich war in einem unbestimmten, erschreckenden Traum befangen. Nachdem ich das zweitemal aufwachte, empfand ich den entschiedenen Wunsch weiterzuschlafen und änderte meine Absicht. Anstatt vorwärts zu gehen, ging ich schon zurück. Ich weiß nicht mehr, wie ich bis zu meiner Hütte gelangt bin, wo ich mich sofort hinlegte, ohne auch nur die Kleider auszuziehen. Einige Male hörte ich zwischen Wachen und Traum Bruchstücke des Papuakonzerts.

30. Oktober   Heute morgen regnete es zum erstenmal zu dieser Tageszeit. Ob nicht schon die Regenzeit des Jahres beginnt?

Als der Regen aufgehört hatte, war ich, auf dem Baumstumpf an meinem Fahnenstock sitzend, Zeuge einer originellen Art, Fische zu fangen.

Es war Ebbe. Kleine Fische, die wohl von Haifischen, deren es hier nicht wenige gibt, verfolgt wurden, warfen sich hin und her, wobei sie manchmal aus dem Wasser sprangen. Hinter den Bäumen am Strand trat Tui hervor und beobachtete die Bewegung der Fische. Die Fische, die wahrscheinlich von ihrem Feind arg bedrängt wurden, schossen plötzlich auf das Ufer zu. Mit einigen Sätzen befand sich Tui neben ihnen. Das Wasser reichte ihm fast bis an die Knie, und der Grund war gut zu sehen. Plötzlich vollführte Tui einen energischen Sprung, und einer der Fische war gefangen. Tui fing sie mit dem Fuß. Zunächst drückte er den Fisch mit der Fußsohle gegen den Grund, darauf hob er ihn in die Höhe, indem er den Fisch mit der großen Zehe und der zweiten Zehe erfaßte. Er beugte das Knie, streckte die Hand aus, machte die Beute los und legte den Fisch in einen Sack. Danach bückte sich Tui schnell, ergriff einen Stein und warf ihn mit voller Kraft ins Wasser; dann ging er an die Stelle, wohin er den Stein geworfen hatte, und hob, auf einem Fuß stehend, einen anderen mit dem Stein getöteten Fisch empor.

Alles wurde nicht nur äußerst kunstgerecht, sondern auch sehr graziös vollführt. Tui aber ist bei weitem kein junger Mann mehr; er ist, wie es mir scheint, etwa fünfundvierzig Jahre oder älter.

---

[1] Barum ist eine Signaltrommel, ein dicker, ausgehöhlter Stamm, auf den man mit Knüppeln schlägt

Als er mich auf meiner Landzunge sah, kam er nach Garagassi. Ich hatte einen kleinen Bogen Papier auf die Erde geworfen und sagte zu ihm, er möchte ihn mit dem Fuß aufheben. Ich wollte wissen, ob er, um das Papier zu halten, die große Zehe dicht genug an die zweite Zehe herandrücken kann. Das Papier hob er im Nu auf, und nachdem er es hinter seinem Rücken in die Hand gelegt hatte, überreichte er es mir. Er machte das gleiche

Boot der Papuas

mit einem großen Stein: Er hob ihn von der Erde auf, ohne auch nur eine Sekunde lang stehenzubleiben.

Jeden Tag sehe ich neue Schmetterlinge, doch nur wenige gelingt es mir zu fangen. Ich bin nicht geschickt. Außerdem liegt nach zwei Seiten hin das Meer, und nach den beiden andern – der Wald. Heute habe ich besonders viel große und hübsche Schmetterlinge gesehen; gefangen habe ich aber nur einen.

Ich kann nicht sagen, daß ich völlig gesund bin; der Kopf ist mir sehr schwer, der Rücken schmerzt, und die Beine sind schwach. Nachts ging es Boy bedeutend besser, da ich ihm fast mit Gewalt ein großes Geschwür aufgeschnitten hatte. Das war nötig. Ich befahl Olson, ihn zu halten, und alles war im Nu geschehen.

Als ich nachts gegen 11 Uhr aufwachte, hörte ich wieder Stöhnen: Olson hatte einen heftigen Fieberanfall. Hohlwangig und mit glasigen Augen geht er schwankend umher.

Der Zustand Boys fängt an, mich zu beunruhigen; das Fieber ist anscheinend vorüber, doch die Temperatur ist trotzdem bedeutend höher als normal. Der Husten, der ihn nach seiner Angabe schon einige Jahre plagt, ist anscheinend in den letzten Wochen infolge der Geschwulst, die mit einem Geschwür endet, stärker geworden. Es sind schon beinahe zwei Wochen, daß er fest liegt und fast nichts ißt. Daß er nicht ißt, muß teilweise auf den Volksglauben, ein Kranker dürfe nur sehr wenig essen, zurückgeführt werden.

31. Oktober Von Bongu kamen Einwohner mit ihren Gästen aus den nahe gelegenen Bergen, die sich von den Küstenpapuas durch nachlässigere Frisur und wohl auch durch hellere Hautfarbe unterscheiden.

November

1. November In der Ferne zeigten sich zwei Segelpirogen, die vom Dorf Bogadjim kamen. Es scheint, daß sie hierherfahren.

Ich hatte mich nicht getäuscht: Zwei Gruppen von Eingeborenen, etwa zwanzig Mann, sind zu mir gekommen. Da ich wünschte, sie möglichst bald loszuwerden, schwieg ich fast die ganze Zeit, ohne dabei in der Beobachtung meiner Gäste, die sich um meinen Sessel herum gelagert hatten, nachzulassen.

Ich habe bei den Papuas bisher keine bevorzugte Pose entdeckt; sie wechseln ihre Stellung oft. Bald kauern sie, bald sitzen sie, indem sie sich auf die Knie herablassen, auf den Waden, bald aber, fast ohne diese Lage zu verändern, spreizen sie ihre Beine so, daß sich ihre Fußsohlen zu den beiden Seiten der Hinterbacken befinden. Manchmal legen sie sich hin, wobei sie das Kinn mit der Hand stützen, und sprechen oder essen weiter, während sie ihre Lage verändern.

Olson holte seine Harmonika hervor und begann zu spielen. Bei den ersten Tönen waren die Papuas alle auf einmal aufgesprungen und zurückgetreten. Nach einer Weile begannen einige von ihnen zaudernd heranzukommen. Im allgemeinen hat die Musik, die auf mich ohrenbetäubend wirkte (Olson spielte irgendein Matrosenlied), den Gästen sehr gefallen; sie drückten ihr Erstaunen und ihre Zustimmung durch leichtes Pfeifen und durch Sichwiegen von einer Seite zur anderen aus.

Um die Gäste loszuwerden, gab ich jedem einen Streifen roten Stoff, den sie sich um den Kopf banden. Überhaupt sind die jungen Leute hier auf allen möglichen Schmuck sehr versessen. Für die vollständige Toilette eines Papua-Dandys ist wahrscheinlich nicht wenig Zeit erforderlich.

Bei den Papuas ist es nicht Brauch, nahe Nachbarn zu begrüßen oder sich von ihnen zu verabschieden. Sie tun es nur in Ausnahmefällen. Tui, der häufiger als die andern in Garagassi zu sein pflegt, kommt und geht, ohne ein Wort zu sprechen und ohne irgendeine Geste zu machen.

2. November   Nachts beschloß ich, allein in der Schaluppe loszufahren, um zu sehen, wie die am nächsten gelegenen Hügel gelagert sind.

Ich stand noch vor Tagesanbruch auf, trank kalten Tee (auf das Frühstück wollte ich nicht warten) und fuhr dann in der Schaluppe zunächst zum Kap Gabina, danach längs der Küste in der Richtung auf das Dorf Male zu.

Hinter dem Wald am Strand stiegen die Hügel bis zu 300 Fuß an; ihre Abhänge waren nicht überall bewaldet, oft nur mit hohem Gras bewachsen. An einigen Stellen in den Bergen, die hinter den Hügeln emporragten, stieg Rauch auf. Wahrscheinlich gab es dort Dörfer.

An diesem Morgen fing ich Tiere an der Oberfläche des Meeres, und bald war mein Glasbehälter mit einigen kleinen Medusen aus der Gruppe der Siphonophoren[1] und einer Menge von Krustentieren gefüllt. Jedenfalls hatte mir die heutige Exkursion den Reichtum der hiesigen Meeresfauna gezeigt.

Recht müde und hungrig kehrte ich nach Garagassi zum Frühstück zurück, wonach ich einige Stunden am Mikroskop verbrachte und meine Beute genauer betrachtete.

Nach der Tagesarbeit lag ich abends ruhig in der Hängematte auf der Veranda. Obwohl noch nicht spät (erst $^3/_4$7 Uhr), war es doch schon sehr dunkel. Die schwarzen Wolken des sich nähernden Gewitters rückten immer mehr und mehr heran. In aller Ruhe ergötzte ich mich am Anblick des Blitzes, der die Wolken immer wieder plötzlich erhellte. Auf einmal spürte ich, daß meine Hängematte zu schaukeln begann, dann folgte ein Stoß, doch dieses Mal schwankte und bewegte sich nicht nur die Hängematte, sondern zusammen mit ihr auch das Dach, die Wände und die Pfosten meines Hauses... Der aus der Küche herbeigelaufene Olson begann mich unentwegt zu fragen: Wird es noch ein Erdbeben geben, und wird es stärker sein oder nicht?

Nach etwa zwei Stunden saß ich in der Hütte und hatte eben begonnen, das Aneroidbarometer abzulesen, als ich spürte, daß die Erde von neuem zu schwanken begann, diesmal stärker und anhaltender als vorher.

[1] im Wasser treibende Meerestiere niederster Art, die aus einem langen Stamm mit Anhängseln bestehen; ihre durchsichtigen, zart gefärbten Körperchen erinnern dem Aussehen nach an Girlanden lebender Blüten

Nachdem ich das Vorkommnis in das meteorologische Journal eingeschrieben hatte, legte ich mich schlafen, wobei ich Olson bat, mich zu wekken, falls er nachts irgend etwas Ähnliches spüren sollte. Ich fürchtete, das Erdbeben zu verschlafen, wie es mir einmal in Messina im Jahr 1869 erging, als ich die ganze Nacht ausgezeichnet schlief und erst am nächsten Tag erfuhr, daß die Einwohner der Stadt kein Auge zugetan hatten.

Nachts wurde ich wirklich geweckt. Meine Koje und der Fußboden unter mir schwankten von neuem. Alles hatte sich bereits beruhigt, als ich die Stimme Olsons, der mich rief, vernahm.

Das die Nacht über drohende Gewitter hatte sich gegen Morgen zerstreut, und bei Sonnenaufgang war der Himmel fast wolkenlos.

3. November   Ich mußte für bestimmte Zwecke im Wald einige Stangen schlagen und war eben erst zu Haus angelangt, als Olson mit der Nachricht kam, daß die Erde sich immer noch nicht beruhigt habe.

„Wieso?" fragte ich.

Olson wunderte sich sehr, daß ich nichts gemerkt hatte. Er behauptete, daß er viele Male geringe Stöße gespürt hätte.

„Die Erde bebt nicht – Ihre Knie zittern", sagte ich zu Olson, „und das bedeutet, daß Sie in etwa anderthalb Stunden einen neuen Fieberanfall haben werden."

Mit meiner Antwort war Olson unzufrieden und bestand darauf, daß er sich nicht irre. Er hatte, wie es sich herausstellte, recht: Im Verlauf der folgenden Stunde spürte auch ich selbst zwei oder drei deutliche, wenn auch unbedeutende Schwankungen. Olson aber war tatsächlich gezwungen, sich wegen eines neuen Fieberanfalls ins Bett zu legen.

Das Barometer, das den ganzen Monat nicht über 410 Teilstriche gestiegen war, stand diese beiden Tage sehr hoch und stieg bis 464.

Nach dem Mittagessen kam Tui. Er hatte sich noch einen Teil des Bartes und die Augenbrauen ausrasiert. Lange und aufmerksam betrachtete ich seine Haare. Sein Körper ist wenig mit Haaren bedeckt, auf den Armen sind sie überhaupt nicht zu bemerken, auf der Brust und auf dem Rücken sind es auch wenige; doch nirgends gibt es ein Anzeichen dafür, daß die Haare in Büscheln verteilt sind.

4. November   Sechs Wochen sind bereits vergangen, seit ich mit den Papuas Bekanntschaft geschlossen habe, aber sie haben bei mir noch keine Waffe gesehen. Natürlich liegt sie bei mir zu Hause; selbst wenn ich in den Wald gehe, nehme ich nur selten einen Revolver mit. Gehe ich aber in die Eingeborenendörfer, nehme ich ihn grundsätzlich niemals mit.

Diese Waffenlosigkeit kommt den Eingeborenen sehr seltsam vor. Schon häufig bemühten sie sich, in Erfahrung zu bringen, ob ich denn bei mir zu Hause keinen Speer, keinen Bogen und keine Pfeile habe. Sie boten mir sogar an, Waffen von ihnen zu nehmen. Doch darauf antwortete ich nur mit Lachen und schob ihre Speere und Pfeile beiseite, indem ich mit einer verächtlichen Handbewegung zeigte, daß ich dieser Waffen nicht bedürfe.

Es waren ungefähr zwanzig Mann und alle bewaffnet. Mein Verhalten machte sie sehr stutzig, sie blickten auf ihre Waffen, auf das Haus, auf mich und redeten lange miteinander.

Ich lasse sie, solange es nur menschenmöglich ist, in dieser Beziehung in Unkenntnis.

5. November   Die Mücken und die Ameisen gaben keine Ruhe. Ich schlief schlecht. Gegen 2 Uhr morgens begann sich das Haus wieder zu bewegen und zu schwanken. Das Erdbeben dauerte nicht länger als eine halbe Minute, doch es war stärker als vor zwei Tagen. Wenn die Erde unter einem schwankt, wird man neugierig, man fragt sich unwillkürlich: Was wird weiter geschehen? In der Erwartung einer Fortsetzung konnte ich lange nicht einschlafen. Das Barometer steigt höher und höher; in der Nacht war es während des Erdbebens bis 515 gestiegen. Ich weiß nicht, worauf ich das zurückführen soll. Morgens regnete es, doch später klärte es sich auf.

6. November   Nachts war ein sehr starkes Gewitter. Ohne dabeigewesen zu sein, ist es schwer, sich jenes Donnerrollen und das fast ununterbrochene Blitzen vorzustellen, wodurch wir drei oder vier Stunden lang betäubt und geblendet wurden. Der Regen fiel nicht in Tropfen, es goß in dünnen Wasserstrahlen.

Nach solch einer Nacht war der Morgen frischer, die Luft durchsichtig. Der Tag blieb prächtig. Ohne besondere Mühe fing ich viele Insekten, die nach dem Regen hervorgekrochen waren, um sich zu trocknen. Es gelang mir auch, eine langschwänzige Eidechse zu fangen.

7. November   Olson wurde heute wieder vom Fieber gepackt, das von Erbrechen und Phantasien begleitet war. Es gelang mir, das Porträt eines der zu mir gekommenen Eingeborenen zu zeichnen. Es ist schwer, seiner eigenen Beschäftigung nachzugehen, wenn beide Diener krank sind – man muß das Essen selbst zubereiten, den Arzt und den Krankenwärter spielen, ungebetene, neugierige, mitunter auch aufdringliche Gäste empfangen, in der Hauptsache sich aber ständig dessen bewußt sein, daß man gebunden ist und zu Hause sitzen muß...

An solchen Tagen, auch dann, wenn ich mich selbst sehr schlecht fühle, bin ich gezwungen, auf den Beinen zu bleiben.

8. November Wieder hatte sich ein Gewitter entladen. In der Hütte ist es überall naß und feucht.

Nachts stand ich auf, um den Kranken, die den ganzen Abend und die ganze Nacht stöhnten und ächzten, Arznei zu geben.

Gegen 12 Uhr spürte ich ein leichtes Erdbeben; die Erde bebte nicht in Stößen, sondern es war so, als ob sie zitterte. Man spürte, daß alles unter dem Einfluß einer gewaltigen Kraft erzitterte.

Alter Papua mit Halskragen

Das starke Gewitter mit ununterbrochenem Blitz und Donner, Strömen von Regen und heftigen Windstößen dauert immer noch an.

9. November Der Morgen war feucht und frisch – nur 22 Grad Celsius. Als ich, warm angezogen, Tee auf der Veranda trank, erblickte ich Tui, der ebenfalls die Frische des Morgens empfand und, da er keinen für diese Temperatur passenden Anzug hatte, einen primitiven, doch bequem transportablen „Ofen" mit sich brachte, ein dickes, glimmendes Holzscheit.

Er trat näher heran und setzte sich an der Veranda nieder. Es war komisch anzusehen, wie er, um sich zu erwärmen, das glimmende Holzscheit von der einen Seite des Körpers an die andere legte, es bald vor die Brust hielt, bald zwischen den Füßen aufstellte, je nachdem, an welchem Teil seines Körpers ihn am meisten fror.

Bald danach kamen noch einige Einwohner von Bongu. Unter ihnen befand sich ein Mann von niedrigem Wuchs mit wildem und scheuem Gesichtsausdruck. Da er sich nicht entschließen konnte, zu mir zu kommen, trat ich selbst an ihn heran. Er wollte schon davonlaufen, wurde aber von den andern zurückgehalten. Als er mich anblickte, lachte er lange und begann dann auf der Stelle zu hüpfen. Augenscheinlich hatte ihn der Anblick des ersten weißen Menschen in solch seltsamen Zustand versetzt.

Die Bongu-Leute bemühten sich, mir zu erklären, daß dieser Mann aus einem weit entfernten Dorf, das in den Bergen liegt und Maragum heißt, gekommen sei. Er ist erschienen, um mein Haus und mich selbst anzusehen.

Alle Ankömmlinge hatten aus Anlaß des kalten Morgens ihre „Wärmespender" bei sich. Einige trugen anstatt eines Scheites ein akkurat zusammengeschnürtes Schilfbündel. Sie setzten sich vor meinem Sessel hin, legten die glimmenden Holzscheite und das Schilf in der Art eines Lagerfeuers zusammen und begannen sich neben dem Feuer zu wärmen. Ich habe mehr als einmal bemerkt, daß die Eingeborenen glimmende Holzscheite mit sich tragen, um auf dem Weg ihre Zigarren daran anzuzünden.

Ein wenig später erschien eine andere Gruppe von Eingeborenen aus Gumbu ebenfalls mit ihren Gästen aus Maragum-Mana, die mich als Bergbewohner interessierten. Ihr Typ war ganz und gar derselbe wie der der Küstenbewohner, die Hautfarbe jedoch bedeutend heller als bei meinen Nachbarn. Sie schien nicht dunkler als die Hautfarbe vieler Bewohner von Samoa zu sein, was mir sofort aufgefallen war. Besonders bei einem der Ankömmlinge war die Haut im Gesicht heller als am übrigen Körper.

Die Bewohner von Maragum-Mana waren untersetzt, doch gut gebaut. Die Beine waren kräftig und hatten entwickelte Waden. Ich machte ihnen einige Geschenke, und sie gingen sehr zufrieden davon, ohne aufzuhören, sich über das Haus, den Sessel und meine Kleidung zu wundern.

Regentage sind für mich sehr unangenehm. Meine Zelle ist sehr klein; sie dient mir als Schlafzimmer und als Lagerplatz. Wenn es nicht regnet, verbringe ich ganze Tage draußen, denn die verschiedenen Ecken des Platzes betrachte ich als Teile meiner Wohnung. Hier ist mein Empfangsraum mit einigen Baumstämmen und Baumstümpfen, auf denen die Gäste Platz nehmen können. Dort im Schatten, mit dem weiten Ausblick auf das Meer, befindet sich mein Arbeitsraum mit einem bequemen Sessel und dem Klapptisch. Es gab auch einen besonderen Platz, der von mir zum Eßzimmer bestimmt war. Überhaupt, solange die Regengüsse noch nicht begonnen hatten, war ich mit meiner Unterkunft sehr zufrieden.

10. November Ich finde, daß die Eingeborenen hier ein praktisches Volk sind, das nützliche Dinge spielerischem Tand vorzieht. Messer, Beile, Nägel, Flaschen schätzen sie bedeutend mehr als Glasperlen, Spiegel und Lappen, die sie zwar mit Freude nehmen, um die sie aber niemals bitten, wie etwa um Beile oder Nägel.

Das Mißtrauen meiner Nachbarn grenzt ans Lächerliche. Einmal hatten sie mein Messer mit großem Interesse betrachtet. Ich zeigte ihnen zwei große Messer von etwa 1½ Fuß Länge und erklärte ihnen scherzend und lachend, daß ich ihnen diese beiden Messer geben würde, wenn sie den kleinen Papuajungen, der mit ihnen gekommen war, bei mir in Garagassi wohnen lassen würden.

Die Papuas blickten einander beunruhigt an, sprachen schnell miteinander und sagten danach etwas zu dem Jungen, worauf dieser in den Wald davonstürzte. Es waren zusammen mehr als zehn Eingeborene, die alle Waffen trugen, und dennoch hatten sie, wie es schien, große Angst, daß ich mich des Kindes bemächtigen könnte. Und dazu waren es noch Menschen, die mich bereits zwanzigmal oder häufiger in Garagassi besucht hatten!

Ein anderes Beispiel. Es kommen zu mir drei oder vier unbewaffnete Männer. Ich weiß aber schon im voraus, daß sie unweit, in den Büschen, ein oder zwei Mann mit Waffen zurückgelassen haben, damit jene im Notfall ihnen rechtzeitig zu Hilfe eilen können. Gewöhnlich bemühen sich die Eingeborenen, zu verbergen, daß sie bewaffnet sind.

Von Frauen braucht man erst gar nicht zu reden. Ich hatte noch keine einzige in der Nähe gesehen, sondern nur von weitem, wenn sie vor mir wie vor einem wilden Tier die Flucht ergriffen.

11. November   Heute war ich wieder an der Reihe, krank zu sein. Obwohl der heftige Fieberanfall schon morgens einsetzte, hat er mir doch für den ganzen Tag die Möglichkeit genommen, mich mit irgend etwas zu beschäftigen.

Olson hatte ich mit Hilfe von Chinin wieder auf die Beine gebracht. Boy ist immer noch krank. Ich gebe ihm regelmäßig Chinin und rede ihm zu, daß er essen soll. Er nährt sich jedoch fast ausschließlich von Bananen und Zukkerrohr. Hinter meinem Rücken trinkt er, wie ich von Olson erfahren habe, große Mengen Wasser, obwohl ich ihm täglich wiederhole, daß er nichts anderes trinken darf als heißen oder kalten Tee.

An den Abenden fällt mir Olson mit seinen ständigen Erzählungen über sein früheres Leben auf die Nerven. Manche Leute haben das ausgesprochene Bedürfnis zu reden; ohne Geschwätz können sie gar nicht sein. Für mich ist es aber gerade mit solchen Leuten schwer, zu leben.

Heute, am frühen Morgen, war es mir geglückt, ein recht gutes Porträt von Tui zu zeichnen.

12. November   In den Nächten ist es hier bedeutend geräuschvoller als am Tag. Von 12 Uhr mittags bis gegen 3 oder 4 Uhr hört man mit Ausnahme der Heuschrecken und sehr weniger Vögel gar nichts. Mit Sonnenuntergang jedoch beginnt das vielstimmigste Konzert: Die Frösche quaken, die Grillen zirpen, die Nachtvögel schreien. Ihnen gesellen sich die Stimmen verschiedener Tiere hinzu, die ich noch nicht zu Gesicht bekommen habe. Fast an jedem Abend wird dieses Konzert vom Rollen des Donners begleitet, der am Tag selten zu hören ist. Nachts vernimmt man auch die Brandung am Riff deutlicher. Zu alldem gesellt sich noch das aufdringliche Gesumm der Mücken. Zuweilen klingt aus der Ferne das Geheul der Papuas herüber, ein Geheul, das bei ihnen die Lieder ersetzt. Trotz all dieser Musik schlafe ich im allgemeinen gut.

Nach dem gestrigen heftigen Fieberanfall bin ich heute den Tag über noch matt am ganzen Körper.

13. November Die hiesigen Eingeborenen bezeichnen die Begriffe „schreiben" und „zeichnen" mit ein und demselben Wort, was durchaus erklärlich ist, da sie noch keine Schriftzeichen kennen. Wenn ich irgend etwas aufschreibe, sagen sie „Maclay nengrenwaz". Wenn ich irgendeinen von ihnen zeichne, sagen sie ebenfalls „nengrenwaz". Zeige ich ihnen bedrucktes Papier – wiederum „nengrenwaz". Wenn sie einander den Nutzen eines kleinen Nagels beim Zeichnen eines Ornaments auf dem Bambusbehälter für Kalk erklären, so benutzen sie auch das Wort „nengrenwaz".

Wieder kamen die Bewohner von Bongu mit ihren Gästen aus den Bergen zu mir. Ich bemühte mich, von ihnen zu erfahren, wie sie Feuer gewinnen, doch konnte ich nichts erreichen, weil ich die Sprache nur ungenügend verstehe.

Die Eingeborenen bestürmten mich, daß ich mit ihnen Betel kauen soll.[1] Ich bin allerdings nicht darauf eingegangen, da ich es nicht vergessen konnte, wie ich einmal zu kauen versucht hatte und mir dabei die Zunge mit dem ungelöschten Kalk, von dem ich zuviel beigemischt hatte, verbrannte.

15. November Während der Flut (gegen 4 Uhr) nahmen ich und Olson eine nicht leichte Arbeit in Angriff: Es ist nötig, den Vierriemer an den Strand zu ziehen, um ihn trocknen zu lassen und zu streichen. Es stellte sich heraus, daß die Schaluppe für zwei Mann sehr schwer war, doch wir haben es trotzdem geschafft. Nach mehr als einstündiger Arbeit hatten wir die Schaluppe endlich bis zu der Stelle geschleppt, wohin das Wasser auch bei der höchsten Flut niemals steigt.

Wir sind tüchtig müde geworden.

---

[1] nach dem Eingeborenenbrauch hat die Bewirtung mit Betel auch symbolischen Sinn; dem Gast Betel anzubieten, bedeutet, ihm gegenüber seine freundschaftlichen Gefühle zum Ausdruck zu bringen

16. November   Nach dem Morgentee machten wir uns wieder an die Arbeit: Man mußte die Schaluppe zum Saubermachen und zum Streichen aufstellen. Es blieb uns nichts anderes übrig, als unter Aufgebot aller Kräfte zu arbeiten. Diese schwere Arbeit dauerte allerdings nicht länger als eine Stunde.

Woanders, wo man leicht Helfer hätte finden können, hätten wir unsere gestrige und heutige Arbeit für unmöglich erklärt und würden zu fremder Hilfe Zuflucht genommen haben. Hier jedoch, wo man sich auf niemanden verlassen kann, packt man selbst überall zu und erprobt auf diese Weise seine Kräfte. Diese volle Anspannung aller Fähigkeiten und aller Kräfte ist in unserer zivilisierten Welt nur in seltenen Ausnahmefällen möglich, und je weiter wir in der Zeit fortschreiten, desto seltener werden wir ihr begegnen. Unsere Zivilisation entwickelt immer mehr und mehr nur einige unserer Fähigkeiten. Sie begünstigt die einseitige Entwicklung, eine einseitige Differenzierung. Es liegt mir fern, den wilden Menschen, für den die Entwicklung der Muskulatur nötig ist, auf ein Piedestal zu erheben. Ich predige auch nicht für die Rückkehr in die Urzeit. Aus eigener Erfahrung habe ich mich jedoch davon überzeugt, daß bei jedem Menschen die physische Entwicklung parallel zur geistigen Entwicklung gehen muß und nicht durch die Vorherrschaft des Geistigen verdrängt werden darf.

17. November   Es gibt nichts Neues. Alles bleibt beim alten. Morgens bin ich Naturforscher auf zoologischem Gebiet, danach, wenn die Leute krank sind – Koch, Arzt, Apotheker, Maler, Schneider und sogar Waschfrau. Mit einem Wort: Ich bin zu allem zu gebrauchen und habe alle Hände voll zu tun.

Obwohl ich die Papuasprache geduldig lerne, pflege ich das, was die Eingeborenen sagen wollen, doch mehr zu erraten, als daß ich sie verstehe; mit dem Sprechen aber ist es noch schlechter bestellt.

Die Papuas der Nachbardörfer beginnen, wie es scheint, mich weniger zu scheuen ... Die Sache kommt in Schwung; meine Politik der Geduld und der Nichtaufdringlichkeit hat sich als richtig erwiesen. Nicht ich gehe zu ihnen, sondern sie kommen zu mir. Nicht ich bitte sie um etwas, sondern sie mich, und sie beginnen mich zu verehren. Sie werden immer zutraulicher: Sie kommen, sitzen lange und bemühen sich nicht wie früher, irgend etwas zu erbitten und sich danach möglichst schnell mit ihrer Beute aus dem Staub zu machen.

Ärgerlich ist, daß ich ihre Sprache noch so wenig verstehe. Die Kenntnis der Sprache ist, davon bin ich überzeugt, das einzige Mittel zur Beseitigung des Mißtrauens und ebenfalls die einzige Methode, die Bräuche der Eingeborenen, die wahrscheinlich sehr interessant sind, kennenzulernen.

Es ist mir bequemer, die Sprache zu Hause zu erlernen als gelegentlich beim Besuch der Dörfer, wo die Eingeborenen bei meinem Kommen gewöhnlich so aufgeregt und unruhig sind, daß es schwerfällt, sie zu zwingen, auf einem Platz sitzen zu bleiben. In Garagassi verschwinden bei ihnen die geringsten Anzeichen von Unverschämtheit. Geduldig antworten sie auf die Fragen, lassen es zu, daß man sie betrachtet, mißt und zeichnet. Zudem habe ich in Garagassi alles bei der Hand, sowohl die Instrumente für die anthropologischen Messungen wie auch die Zeichengeräte. Nicht unwesentlich ist die große Anzahl an Geschenken als Belohnung ihrer Geduld oder zum Tausch für irgendwelchen Schmuck oder andere Kleinigkeiten, die die Papuas in besonderen Beuteln unter dem Arm überallhin mit sich tragen.

Wenn ich die Bergbewohner besuche, versäume ich es nicht, ihre Köpfe zu messen, verschiedene anthropologische Beobachtungen anzustellen und unter anderem für meine Kollektion Haarproben zu sammeln.

Wie bekannt, spielt in der Anthropologie das Studium der Haare der Vertreter verschiedener Rassen eine große Rolle; deshalb lasse ich es mir nie entgehen, meine Kollektion mit neuen Proben aufzufüllen. Hier hatte das Sammeln zunächst seine Schwierigkeiten. Urkomisch war es, zu sehen, in welcher Furcht Tui beim Anblick der Schere, die ich an seine Haare heranbrachte, zurücksprang. Er war bereit davonzulaufen und kam nicht in meine Nähe, solange ich die Schere in den Händen hielt. Ich durfte das Sammeln der Haare in dieser Gegend nicht aufgeben, aber wie sollte ich die Furcht Tuis besiegen, der doch unter meinen neuen Bekannten der zutraulichste war? Wenn schon er darauf nicht eingeht, was soll man von den anderen, wilderen erwarten? Ich dachte darüber nach, ob er im Tausch für seine Haare nicht meine annehmen würde, schnitt eine Strähne meiner Haare ab und bot sie ihm an, natürlich im Tausch gegen seine. Das gelang. Ich suchte mir einige Locken aus, schnitt sie ab und gab ihm welche von mir. Als ich die Haarprobe in Papier einwickelte und darauf das Geschlecht, das ungefähre Alter und die Stelle am Kopf, an der die Haare abgeschnitten waren, vermerkte, wickelte Tui meine Haare ebenfalls sorgfältig in ein Blatt, das er von einer in der Nähe stehenden Pflanze abgerissen hatte.

Auf solche Weise, das heißt im Tausch für die eigenen Haare, vergrößerte ich meine Sammlung der Haare der Eingeborenen bedeutend. Doch eines schönen Tages sagte mir Olson, daß ich die ganze linke Seite meines Kopfes abgeschoren hätte. Die Ursache war, daß es mir leichter fiel, die Schere mit der rechten Hand zu halten und die Haare auf der linken Seite des Kopfes abzuschneiden. Daraufhin begann ich die Haare von der anderen Seite zu nehmen.

Als ich einmal im Wald spazierenging, geriet ich so weit hinein, daß ich mich beinahe verirrt hätte; doch zum Glück stieß ich schließlich auf einen

Pfad, der mich zum Meer führte, wo ich mich sofort orientieren konnte. Das ereignete sich in der Nähe des Dorfes Male; ich ging nicht dorthin, sondern wandte mich, indem ich den Weg nach Hause einschlug, gen Bongu. Doch es gelang mir nicht, an diesem Tag bis nach Bongu zu kommen.

Es war schon fast dunkel, als ich Gorendu erreichte, wo ich zum großen Erstaunen der Eingeborenen zu übernachten beschloß. Als ich auf dem Dorfplatz ankam, begab ich mich direkt in die große „buamramra"[1] Tuis, um die Eingeborenen möglichst wenig zu stören, weil es mir ja sehr gut bekannt war, daß mein Besuch alle Dorfbewohner in Aufregung versetzen würde. In der Tat, es ließen sich Rufe der Frauen und Kinderweinen vernehmen. Dem herbeigeeilten Tui erklärte ich, daß ich bei ihm schlafen möchte. Er redete viel auf mich ein, wollte mich, wie es mir vorkam, bei Fackelbeleuchtung nach Garagassi begleiten und sprach irgend etwas von Frauen und Kindern. Ich habe ihn so gut wie nicht verstanden; um ihn aber loszuwerden, legte ich mich auf die Barla – das ist eine lange Pritsche mit großen Bambushölzern an Stelle von Kissen –, schloß die Augen und wiederholte: „Nauar, nauar" (schlafen, schlafen). Es war noch nicht spät; doch von dem mehrstündigen Spaziergang ermüdet, schlummerte ich bald ein und fiel in tiefen Schlaf.

Ich bin wahrscheinlich von der Kälte aufgewacht, da ich ohne irgendeine Decke geschlafen hatte, und der Nachtwind bläst hier frei hindurch, weil diese Hütten hinten und vorn keine Wände haben.

Da ich seit 11 Uhr morgens nichts gegessen hatte, verspürte ich großen Appetit. In der Buamramra, wo Halbdunkel herrschte, war ich allein. Ich stand auf und ging auf den Platz ans Lagerfeuer, um das herum einige Eingeborene saßen. Unter ihnen war auch Tui. Ich wandte mich an ihn, und auf den Mund zeigend, wiederholte ich das Wort „uja" (essen), das er sofort verstand und mir einen kleinen „tabir" (eine ovale, flache Schüssel) mit kaltem Taro und gekochten Bananen brachte. Ungeachtet dessen, daß die Speisen nicht ausreichend gesalzen waren, aß ich einige Stücke Taro mit Vergnügen. Die Bananen hatte ich auch probiert, doch schienen sie mir ohne Geschmack zu sein.

Ich fühlte mich durch den halbstündigen Schlummer so erfrischt und durch das Essen so gestärkt, daß ich zwei jungen Eingeborenen vorschlug, mich mit Fackeln bis Garagassi zu begleiten. In der nächtlichen Dunkelheit war es völlig unmöglich, ohne Licht nach Hause zu gelangen. Die Eingeborenen hatten meinen Wunsch verstanden und waren anscheinend sogar zufrieden, daß ich nicht über Nacht blieb.

---

[1] Buamramra oder „bodo" ist eine große offene Hütte ohne Vorder- und Hinterwand; nach dem Eingeborenenbrauch haben nur Männer das Recht, die Buamramra zu benutzen; sie dient als Schlafraum für junge Männer; hier übernachten auch die Gäste aus andern Dörfern

Im Nu hatten sie einige Fackeln aus trockenen Palmblättern, die auf besondere Art zusammengebunden werden, gebracht. Jeder von ihnen nahm einen Speer, und wir marschierten los.

Der Wald, der vom grellen Schein der brennenden trockenen Blätter erhellt wurde, war noch schöner und phantastischer als am Tag. Ich freute mich über meine Begleiter und bewunderte ihre schnellen und geschickten Bewegungen. Sie hielten die Fackel über dem Kopf und räumten mit dem Speer die herabhängenden Lianenzweige, die uns mancherorts den Weg versperrten, zur Seite. Einer der Eingeborenen ging hinter mir. Als ich mich zu ihm wandte, dachte ich unwillkürlich daran, wie leicht es für ihn gewesen wäre, mich von hinten mit dem Speer zu durchbohren. Ich war wie gewöhnlich nicht bewaffnet, und den Eingeborenen war dieser Umstand wohl bekannt.

Ich erreichte Garagassi aber heil und unversehrt. Dort wurde ich von dem in hellster Aufregung befindlichen Olson empfangen, der schon beinahe die Hoffnung verloren hatte, mich lebend wiederzusehen.

22. November Neulich erlegte ich eine Taube direkt neben der Hütte, und da ich ein ähnliches Exemplar noch niemals gesehen hatte, präparierte ich sorgfältig das Skelett und hängte es ziemlich hoch in dem Baum zum Trocknen auf. Keine zwei Stunden vergingen, und das Skelett war am hellichten Tag vom Baum, 3 Schritt vom Haus entfernt, verschwunden. Ich saß auf der Veranda bei irgendeiner Beschäftigung und sah flüchtig einen sich schnell in den Sträuchern versteckenden Hund, doch mir fiel es nicht ein, daß er das Skelett, woran ich etwa eine Stunde lang gearbeitet hatte, forttrug.

Heute früh gelang es mir, eine andere Taube zu erlegen, die aber ins Meer fiel. Da ich zum Baden keine Lust verspürte und da ich Olson, der mit der Zubereitung des Tees beschäftigt war, nicht stören wollte, begann ich darauf zu warten, daß mir die einsetzende Flut meine Beute an den Strand spülte. Ich saß also beim Tee auf der Veranda und beobachtete die langsamen Bewegungen des erlegten Vogels, den die Wellen an den Strand trieben. Lange dauerte es jedoch nicht, da blitzte eine Flosse, danach eine andere, und der Körper des Vogels verschwand plötzlich im Wasser und ließ nur einige Kreise hinter sich. In einiger Entfernung tauchten für eine Sekunde weitere Flossen auf: Wahrscheinlich kämpften dort Haifische um die Beute.

Gestern abend wollte mir Tui sein Vertrauen zum Ausdruck bringen und bat um die Erlaubnis, bei mir zu übernachten. Ich willigte ein. Im Fortgehen sagte er, daß er später wiederkommen würde. In der Annahme, daß er doch nicht zurückkehren werde, hatte ich mich bereits auf das Bett gelegt, als ich seine Stimme, die nach mir rief, vernahm. Ich ging hinaus; tatsächlich, es war Tui. Sein Äußeres war beim Mondschein sehr charakteristisch und sogar effektvoll: Der dunkle, doch gutgebaute Körper zeichnete sich hübsch gegen den noch dunkleren Hintergrund des Grüns ab; mit der einen Hand stützte er sich auf den Speer, in der andern, in der herabhängenden, hielt er ein verglimmendes Scheit, das ihn von der einen Seite mit rötlichem Schein anstrahlte; der Umhang oder Überwurf aus grober „tapa"[1] reichte von den Schultern bis zur Erde.

Er fragte, wo er sich hinlegen sollte. Ich zeigte auf die Veranda und gab ihm eine Bastmatte und eine Decke, über die er sich sehr freute. Tui legte sich schlafen. Das war gegen 10 Uhr.

Um $^1/_2$ 12 Uhr stand ich auf, um auf das Thermometer zu sehen. Der Mond schien noch hell; ich blickte auf die Veranda, doch Tui war nicht mehr dort, und an seinem Platz lagen nur die zusammengerollte Bastmatte und die Decke. Vielleicht war die kahle Pritsche seiner Hütte mehr nach seinem Geschmack als meine Veranda mit der Bastmatte und der Decke.

23. November   Ich hatte einen der kleinen Vögel geschossen, die auf den hohen Bäumen am Hause so sehr schreien. Ihr Name in der Eingeborenensprache ist „koko". Dieser Name ist nichts anderes als eine Lautnachahmung seines Schreies „kokoniukej". Wenn er schreit, so hört man die Silben „koko" sehr deutlich heraus.

Heute hatte ich eine überraschende, aber sehr unangenehme Entdeckung gemacht: Alle von mir gesammelten Schmetterlinge sind von Ameisen angefressen worden; in der Schachtel blieben nur Reste von Flügeln zurück.

Olson hat schon wieder Fieber; wiederum mußte ich Holz hacken, ein Bohnengericht zubereiten und Wasser für den Tee kochen.

Den Abend verbringe ich manchmal mit dem Anfertigen von Ohrringen, die ich für die Eingeborenen aus dem Blech der Konservenkisten schneide. Ich ahme die Form der Schildpattohrringe, die die Eingeborenen tragen, nach. Das erste Paar machte ich spaßeshalber und schenkte es Tui, worauf sehr viele Eingeborene zu mir kamen und mich baten, ihnen ebensolche Ohrringe zu fertigen. Die Ohrringe aus Blech sind geradezu in Mode gekommen, und die Nachfrage nach ihnen wächst.

24. November   Ich habe einen weißen Kakadu geschossen, der dann vom Baum ins Meer gefallen ist. Gerade vorher war ich aufgestanden und im Begriff, zum Bach zu gehen, um mich zu waschen. Deshalb habe ich mich sofort ausgezogen und stieg ins Wasser, um den Vogel zu holen und ein Bad zu nehmen. Durch die Ebbe war er vom Ufer abgetrieben, doch begab ich mich

---

[1] eine Art Stoff aus der Rinde des jungen Brotfruchtbaums; man nimmt von der Rinde die obere Schicht, breitet sie über glatte Steine und schlägt darauf so lange mit Holzklötzen ein, bis die Rinde weich und biegsam wird

ungeachtet der Tiefe zu ihm und war bereits bis auf 2 Sashen heran, als plötzlich ein großer Haifisch den Vogel packte. Die Nähe solcher Nachbarn ist, wenn man badet, nicht besonders angenehm.

Olson ist bettlägerig; er hat wieder Fieber, und sogar noch heftiger als beim vergangenen Mal. Die Augenlider, die Lippen und die Zunge sind stark geschwollen. Ich bin von neuem gezwungen, allen häuslichen Verpflichtungen selbst nachzukommen.

25. November Trotz einer bedeutenden Dosis Chinin ist Olson wieder krank: ein sehr starker Anfall mit Fieberphantasien und Anschwellen nicht nur des Gesichts, sondern auch der Hände. Wiederum muß ich Holz hacken und das Essen zubereiten, Olson gut zureden und ihn bändigen, wenn er plötzlich aufspringt, baden gehen will und so weiter. Der Kocherei bin ich ganz besonders überdrüssig. Wenn ich täglich für mich selbst kochen müßte, würde ich es vorziehen, ins Dorf zu gehen, und würde es den Eingeborenen überlassen, für mich Taro und Yams[1] zu kochen.

Die Tage vergehen, doch das Erlernen der Eingeborenensprache schreitet bei mir nur mühsam voran. Die gebräuchlichsten Wörter bleiben mir unbekannt. Ich weiß nicht einmal, was in der Papuasprache heißt: „ja", „nein", „schlecht", „ich will", „kalt", „Vater", „Mutter" ... Das ist einfach zum Lachen. Doch daß ich es nicht zuwege bringe, diese Wörter zu erfahren – das bleibt eine Tatsache. Wenn man anfängt, zu fragen und zu erklären – so verstehen sie es nicht oder wollen es nicht verstehen. Alles, worauf man nicht mit dem Finger zeigen kann, bleibt mir unbekannt, ausgenommen dieses oder jenes Wort, das man rein zufällig erfährt. So habe ich von Tui, der nach Garagassi gekommen war, um auszuruhen, unter anderen Wörtern rein zufällig die Bezeichnung für Stern: „niri", erfahren. Originell ist folgendes: Die Papuas nennen die Sonne manchmal nicht einfach „sing", sondern „sing-niri"; den Mond – „kaaram-niri", das heißt Sonnenstern, Mondstern.

27. November Olson erklärte mir am Morgen, daß er wahrscheinlich nicht mehr aufstehen werde; seine Augenlider waren derart angeschwollen, daß er die Augen kaum öffnen konnte; die Zunge, die nach seinen Worten doppelt so dick wie gewöhnlich war, bewegte sich kaum. Auf seine Reden über den Tod erwiderte ich, daß er sich schämen sollte, Angst zu haben, und daß er wahrscheinlich morgen früh aufstehen werde; danach ließ ich ihn eine Lösung von etwa 1 Gramm Chinin in einer angesäuerten Flüssigkeit einnehmen, worauf er einige Schluck starken Tee nachtrank.

[1] in der Eingeborenensprache „ajan", eine Schlingpflanze mit einem knolligen Wurzelstock, die die Eingeborenen auf ihren Plantagen im Überfluß ziehen; die Yamsknollen sind in den Tropen eine ebenso verbreitete Nahrung wie bei uns die Kartoffeln

Diese Dosis habe ich etwa vier Stunden nach der ersten wiederholt. Obgleich er beim Schlucken der schlecht schmeckenden Arznei sehr murrte, blieb er heute dafür vom Fieber verschont, und abends stand er auf, zwar ein wenig taub, doch mit außergewöhnlich starkem Appetit.

Dafür hatte ich nachts einen heftigen Fieberanfall; es schüttelte mich tüchtig, die Zähne schlugen aufeinander, und ich konnte nicht warm werden. Nach dem Schweißausbruch schlief ich für etwa zwei Stunden ein. Morgens beim Aufstehen vermochte ich die Füße kaum zu bewegen, dennoch stand ich auf und bin sogar in den Wald gegangen, da es in der Küche fast kein trockenes Holz mehr gab.

Als ich mir den Weg durch das Dickicht bahnte, wurde ich an einer Stelle von Wespen überfallen. Ich ergriff die Flucht und ließ das Holz und sogar das Beil zurück. Der Schmerz von den Stichen war sehr heftig. Als ich zu Hause angelangt war, betupfte ich schnell die gestochenen Stellen an den Händen, auf der Brust und im Gesicht mit Salmiakgeist, und der Schmerz ließ sofort nach.

Heute ist Vollmond, und zwei von den jungen Leuten aus Gorendu-Assol und Wuanwum sind soeben (gegen 9 Uhr abends) hier angekommen; sie waren mit roter und weißer Farbe bemalt, mit Blättern und Blüten geschmückt und befanden sich auf dem Weg nach Gumbu, wo sie die Nacht verbringen wollen.

Bei den Eingeborenen sind, wie ich bemerkt habe, mit dem Vollmond besondere Zusammenkünfte verbunden. Sie machen sich gegenseitig Visiten, das heißt, die Bewohner des einen Dorfes besuchen die Bewohner des andern, sind dabei reicher geschmückt als gewöhnlich, und ihre Lieder, ein durchdringendes und gedehntes Heulen, klingen bis Garagassi herüber.

So war es auch in der vergangenen Nacht. Ich wurde von Olson aufgeweckt; er fragte mich, ob ich die Schreie gehört hätte und ob alle meine Gewehre geladen seien. Ich hatte kaum Zeit gefunden zu antworten, als aus dem Wald der Seite Gorendus her ein lauter, durchdringender Schrei, in dem man dennoch eine menschliche Stimme wiedererkennen konnte, erklang. Der Schrei war sehr seltsam; es schrien vermutlich viele Stimmen.

Olson sagte mir, daß er in den letzten fünf Minuten schon mehrere ähnliche Töne gehört hätte. Der erste war so laut und durchdringend und kam ihm so schrecklich vor, daß er sich entschloß, mich zu wecken, in der Meinung, daß es vielleicht ein Signal zum Überfall war.

Ich stand auf und ging auf den Vorplatz hinaus. Aus vielen Dörfern tönten einförmige Barumschläge herüber. Der Vollmond zeigte sich soeben majestätisch hinter den Bäumen, und es wurde mir sogleich klar, daß die lauten Schreie zu Ehren des Mondaufgangs ausgestoßen wurden. Ich habe schon bemerkt, daß die Eingeborenen beim Erscheinen des Mondes immer in

Wasserfall

irgendeiner besonderen Weise aufschrien, als begrüßten sie seinen Aufgang. Die Erklärung stellte mich vollauf zufrieden; ich riet Olson, auf den Überfall nicht zu warten, sondern weiterzuschlafen, und ich selbst schlief unverzüglich ein.

30. November Sonnenschein wird bei uns zu einer Seltenheit; nur für kurze Zeit lugt die Sonne hinter den Wolken hervor.

In meinem Leben hier, an diesem entlegenen Ort, gibt es eine große Bequemlichkeit: Man kann alles am Haus liegen- und stehenlassen und sicher sein, daß nichts verschwindet, nichts, außer Eßbarem, da man auf die Hunde schlecht aufpassen kann.

Die Eingeborenen haben bisher noch nichts angerührt. In zivilisierten Gegenden ist diese Annehmlichkeit undenkbar: Dort erweisen sich häufig sogar Schlösser und Polizei als nicht ausreichend.

Dezember

3. Dezember Ich ging in das Dorf Gorendu nach Kokosnüssen. Gewohnheitsmäßig machte ich durch einen langen Pfiff darauf aufmerksam, daß ich mich nähere, um den Frauen Zeit zu lassen, sich zu verstecken. Dieses Dorf macht auf mich stets einen angenehmen Eindruck: In ihm ist alles so sauber, grün und gemütlich. Es hat nicht viel Einwohner; sie schreien nicht und empfangen mich jetzt ohne allerlei geräuschvolle Demonstrationen, wie das früher üblich war.

Nur die Vögel, die von Baum zu Baum fliegen oder schnell zwischen ihnen hindurchflattern, stören die wohltuende Ruhe.

Auf hohen Barlas kauern würdevoll zwei oder drei Eingeborene, die ab und zu miteinander ein paar Worte wechseln, sonst aber schweigend eine Kokosnuß zerkauen oder heiße „degarguli" (Süßkartoffel) schälen; manche sind in ihren Hütten beschäftigt, andere neben den Hütten; viele tun nichts und wärmen sich in der Sonne oder rupfen sich Haare aus.

Als ich nach Gorendu kam, setzte ich mich auf die Barla und beschäftigte mich ebenfalls mit frisch gebackenen „degarguli".

Bald versammelten sich etwa acht Mann neben der Barla, auf der ich saß, und begannen nacheinander ihre Wünsche vorzutragen: Der eine wollte einen großen Nagel haben, der andere ein Stück rotes Tuch, dem dritten tat der Fuß weh, und er bat um ein Pflaster und einen Schuh.

Ich hörte schweigend zu. Als sie geendet hatten, sagte ich, daß ich einige grüne Kokosnüsse haben möchte. Zwei Jungen warfen sich eine Schlinge um die Füße, kletterten schnell auf eine Kokospalme hinauf und begannen

Nüsse herunterzuwerfen. Ich zeigte mit den Fingern, wieviel Kokosnüsse ich haben möchte, und äußerte den Wunsch, sie in das „tal Maclay", das heißt in das Haus Maclays, zu tragen, was auch geschah.

Zufrieden mit meinen Geschenken, gingen sie nach einer halben Stunde fort. Von zwei Eingeborenen habe ich mehr oder weniger geglückte Porträts angefertigt. Abends gab es wieder Regen, Donner und Blitz. Der Wind hatte mir viele Male die Lampe ausgeblasen.

Manchmal muß man notgedrungen schlafen gehen. Der Wind, der die Lampe immer wieder ausbläst, läßt einen nicht im Tagebuch schreiben oder die Notizen in Ordnung bringen. In meinem Wohnraum gibt es so viel Spalten, Ritzen und Öffnungen aller Art, daß an einen Schutz vor dem Windzug gar nicht zu denken ist.

Heute regnet es von 8 oder 9 Uhr abends an; der Regen begann bei Sonnenuntergang und wird wahrscheinlich bis etwa 3 oder 4 Uhr morgens andauern.

Im Oktober war es noch einigermaßen erträglich, doch im November regnete es schon häufiger. Im Dezember scheint die Tendenz dahin zu gehen, daß es täglich regnet. Der Regen trommelt auf das Dach, das Dach ist an vielen Stellen undicht, und das Regenwasser fließt sogar auf den Tisch und auf das Bett herab; doch da ich über die Decke noch einen wasserdichten Mantel gelegt habe, kann mir der Regen zur Nachtzeit nicht viel anhaben. Ich bin überzeugt, daß ich bequemer leben könnte, wenn ich völlig allein, ohne Diener, wohnte, für die ich bisher mehr sorgte und die ich mehr pflegte als sie mich. Von Boy will ich schon gar nicht reden: Bereits den zweiten Monat liegt er, ohne aufzustehen, doch auch Olson ist dreimal so oft krank wie ich; hinzu kommt noch, daß Olson auch dann, wenn er das geringste Unwohlsein verspürt, bereit ist, den ganzen Tag auf der faulen Haut zu liegen. So hat er zum Beispiel heute den ganzen Tag herumgelegen, und abends mußte ich den Tee für uns drei zubereiten, da ich ihm wegen des Regens nicht erlaubte, die Hütte zu verlassen.

In solchen dunkeln, regnerischen Nächten wie heute ist es in Garagassi nicht so einfach, Tee zuzubereiten. Ich mußte bei starkem Regen in die Laubhütte hinübergehen, dort nach Möglichkeit trockene Zweige aufsammeln, sie klein hacken, das durch den Regen erloschene Feuer wieder anzünden und es lange anfachen. Dann mußte ich, da in der Teekanne nicht genügend Wasser war, im Dunkeln und bei Regen zum Bach hinuntergehen. Es war so dunkel, daß ich vom Weg abgekommen war, obwohl ich ihn ganz genau kannte, und zweimal beinahe abgestürzt wäre. Um wieder auf den bekannten Pfad zu geraten, mußte ich jedesmal einen Blitz abwarten (bei solchem Regen und derartigen Windstößen war es völlig nutzlos, eine Laterne zu nehmen).

Als ich, bis auf die Haut durchnäßt, zurückgekehrt war, kam mir mein winziger Raum sehr bequem vor. Ich zog mich schnell um und schreibe diese Zeilen, den Tee, der mir gerade heute sehr schmackhaft vorkommt, in vollen Zügen genießend. Es muß erwähnt werden, daß wir bereits den zweiten Monat keinen Zucker haben und daß es schon fünf Wochen her ist, seitdem der Rest des Zwiebacks, den die Würmer an unserer Statt aufgefressen haben, weggeworfen wurde. Wir hatten lange mit ihnen gekämpft; wir bemühten uns, den Zwieback zu trocknen, zuerst in der Sonne und dann auf dem Feuer, aber die Würmer haben das alles überstanden und blieben am Leben.

Ich nehme an Stelle von Zwieback gebackene Bananen oder, wenn es keine Bananen gibt, Schnitten gebackener Taroknollen. Dieser Wechsel stört mich wirklich nicht im geringsten, obwohl Olson und sogar Boy murrten, als der Zucker zu Ende gegangen war. Unsere übrige Kost ist die gleiche wie früher: gekochter Reis mit Curry und Bohnen mit Salz. Aber genug vom Essen. Es ist einfach, und seine Einförmigkeit gefällt mir sogar; außerdem werden alle diese kleinen Unbequemlichkeiten durch mancherlei wissenschaftliche Beobachtungen, durch Freude an der Natur, die hier so reizvoll ist, aufgewogen ... Ja, übrigens ist sie überall voller Reize, wenn man sich an ihr überhaupt zu erfreuen versteht.

Hier ist ein Beispiel. Vor einer halben Stunde, als ich zum Bach nach Wasser gehen mußte, war ich in der allergräßlichsten Stimmung, da mich das zehn Minuten lang währende Anfachen des Feuers, dessen Rauch meine Augen bis zu Tränen reizte, ermüdet hatte. Als das Feuer endlich zu brennen begann, stellte es sich heraus, daß in der Teekanne nicht genug Wasser war. Ich gehe zum Bach. Es ist absolut dunkel, naß, die Füße gleiten aus; fortwährend stolpert man. Der Regen, der bereits durch zwei Flanellhemden gedrungen ist, läuft den Rücken hinunter; es wird kalt. Man stolpert wieder, hält sich am Strauch fest und sticht sich. Plötzlich leuchtet ein greller Blitz auf und erhellt mit seinem bläulichen Schein sowohl den fernen Horizont als auch die weiße Brandung, die Regentropfen, den ganzen Wald, jedes Blatt, sogar den Dorn, an dem man sich eben in die Hand gestochen hat; nur eine Sekunde lang, und wiederum ist alles schwarz, naß und unangenehm; doch diese Sekunde genügt, mir durch die Schönheit der Umwelt meine gute Stimmung wiederzugeben, eine Stimmung, die mich selten verläßt, wenn ich mich in einer schönen Gegend befinde und wenn mir keine Menschen lästig fallen.

Allein, es ist schon 9 Uhr. Die Lampe brennt nieder. Der Tee ist ausgetrunken, und von dem überall heruntertropfenden Wasser wird es in meiner Zelle feucht – man muß sich schnell in eine Decke wickeln und die nächsten Stunden seines Daseins im Schlaf verbringen.

5. Dezember   Nach dem Regen hatte ich eine Unmenge Insekten gesammelt und einen sehr hübschen und eigenartigen Pilz gefunden.

Boy ist so schwach, daß er sich kaum auf den Beinen halten kann. Heute ist der arme Kerl beim Hinuntersteigen von der Treppe gestürzt. Olson lag und ächzte; er hatte sich die Decke über den Kopf gezogen. Als ich den herabgestürzten Boy an der Treppe bemerkte, schleppte ich ihn mit vieler Mühe in das Zimmer zurück. Er war bewußtlos und erkannte mich nicht.

Heute regnet es wieder von 4 Uhr ab. Überall ist es feucht.

6. Dezember   Boy leidet sehr. Ich glaube nicht, daß er noch lange leben wird. Der andere Invalide sitzt und läßt ebenfalls den Kopf hängen.

Tui war bei mir zu Besuch. Er hockte auf meiner Veranda und teilte mir unter anderem mit sehr ernstem Gesichtsausdruck mit, daß Boy bald sterben wird, daß Wil (so nennen die Eingeborenen Olson) krank ist und daß Maclay allein zurückbleiben wird. Hierbei erhob er den Finger und fuhr danach, indem er nach beiden Seiten zeigte, fort:

„Es werden die Leute aus Bongu und Gumbu kommen (er zeigte auf alle seine Finger und alle seine Zehen und wollte damit zum Ausdruck bringen, daß viele Menschen kommen würden) – sie werden kommen und Maclay erschlagen."

Hier zeigte er sogar, wie man mir mit dem Speer den Hals, die Brust und den Bauch durchbohren wird, und sprach in singendem Ton kummervoll aus: „O Maclay! O Maclay!"

Ich tat so, als ob ich diese Worte für einen Scherz hielte (ich war aber selbst von der Möglichkeit solch eines Vorgangs überzeugt), und sagte, daß weder Boy noch Wil, noch Maclay sterben werden, worauf mich Tui etwas ungläubig anschaute und fortfuhr, mit einer Klagestimme gedehnt zu sprechen: „O Maclay! O Maclay!"

Diese Unterhaltung ist, wie mir scheint, um so interessanter, weil es erstens wirklich eintreten kann, zweitens aber, weil meine Nachbarn aller Wahrscheinlichkeit nach neulich darüber gesprochen haben, denn sonst würde Tui die alte Frage, ob ich erschlagen werden könnte, nicht angeschnitten haben.

Es ist bedauerlich, daß man ewig auf der Hut sein muß; übrigens wird es den Schlaf nicht stören.

Es kamen etwa acht Eingeborene aus Gorendu und Male. Ich war in guter Stimmung und gab jedem Gast aus Male ein Geschenk, obwohl sie selbst nichts mitgebracht hatten.

Tui und Lali fragten mich plötzlich:

„Wird die Korvette einmal wiederkommen?" Eine bestimmte Antwort vermochte ich natürlich nicht zu geben. Aber ich konnte in der Eingeborenensprache nicht sagen: „Sie wird kommen, doch wann, das weiß ich nicht." Ich bin ebensowenig in der Lage, eine große Zahl in der Papuasprache auszudrücken ... In dem Glauben, daß ich Gelegenheit hätte, zu beobachten, wie meine Nachbarn rechnen, nahm ich einige Papierstreifen und begann sie quer durchzuschneiden. Ich weiß selbst nicht, wieviel ich davon geschnitten habe; ich übergab eine ganze Handvoll einem Eingeborenen aus Male und sagte, daß jedes Stück Papier zwei Tage bedeute. Sofort umringte ihn die ganze Schar. Mein Papua begann an den Fingern abzuzählen – doch da schien etwas nicht in Ordnung zu sein; zum mindesten meinten die Papuas, daß er nicht zu zählen verstehe, und die Papierschnipsel wurden einem andern übergeben.

Dieser setzte sich wichtig hin, rief noch einen zu Hilfe, und sie begannen zu zählen. Der erste, der die Papierstückchen auf den Knien ausbreitete, wiederholte bei jedem Schnipsel: „Nare, nare" (eins); der andere wiederholte das Wort „nare" und bog dabei einen Finger ein. Als der Eingeborene bis zehn gezählt und alle Finger der beiden Hände eingebogen hatte, ließ er die beiden Fäuste auf die Knie sinken und sagte: „Zwei Hände", worauf ein dritter Papua einen Finger einbog. Mit dem zweiten Zehner verfuhr man ebenso, wobei der dritte Papua den zweiten Finger einbog; desgleichen mit dem dritten Zehner, die übriggebliebenen Papierschnipsel machten keinen vierten Zehner aus, und deshalb ließ man sie unberücksichtigt. Alle waren anscheinend zufrieden. Allein, ich mußte sie wiederum in Verlegenheit bringen; indem ich einen dieser Abschnitte aufnahm, zeigte ich zwei Finger und fügte hinzu: „Bum, bum" (Tag, Tag). Wieder begann das Gerede; man entschied sich schließlich dafür, die Papierschnipsel in ein Blatt eines Brotfruchtbaums zu wickeln und sie sorgfältig zu umschnüren, vermutlich, um die Schnipsel im Dorf noch einmal nachzuzählen.

Diese ganze Prozedur erschien mir sehr interessant.

Das Mißtrauen der Papuas und irgendwelche Furcht vor mir sind natürlich sehr unangenehm. Solange sie mir nicht trauen, werde ich bei ihnen nichts erreichen. Boy wird kaum noch viele Tage zu leben haben. Olson ist solch ein Feigling, daß die Eingeborenen in seiner Gegenwart das Haus plündern und niederbrennen könnten. Doch sobald ich die Eingeborenensprache besser erlernt habe, werde ich nicht mehr zu Hause sitzen. Einige Instrumente und Schreibutensilien werde ich eingraben; ich denke, daß sie in der Erde besser aufgehoben sind als zu Hause unter Olsons Schutz.

8. Dezember   Gestern abend sind an meiner kleinen Landzunge zwei Pirogen, die brennende Fackeln an Bord mitführten, vorübergefahren. Die Nacht war still und sehr dunkel. Ich hatte den Einfall, ein bengalisches Signalfeuer anzuzünden. Die Wirkung war außerordentlich; es hatte auf meine

Papuas offenbar einen starken Eindruck gemacht: Alle Fackeln wurden ins Wasser geworfen, und als nach einer halben Stunde das Signalfeuer erloschen war, waren die Pirogen spurlos verschwunden.

Es besuchte mich Lali aus Bili-Bili, ein Mann von sehr charakteristischem Aussehen; er hatte eine Hakennase und sehr schlecht entwickelte Waden. Es wäre allerdings falsch, diesem Umstand die Bedeutung eines Rassenmerkmals beizumessen. Beim Bruder dieses Mannes ist die Nase keineswegs hakenförmig, sie ist den Nasen der andern Eingeborenen sehr ähnlich; daß aber die Beine Lalis so dürr sind, ist nicht verwunderlich: Er lebt ja auf einer kleinen Insel und bringt die meiste Zeit in der Piroge mit Fahrten nach den verschiedenen Dörfern zu. Dafür sind die Waden bei den Bergbewohnern, wie ich bemerken konnte, als ich die zu mir kommenden Gebirgseingeborenen beobachtete, ausgezeichnet entwickelt. Danach kam eine Schar von Bongu-Leuten mit zwei Knaben von sieben oder acht Jahren unvermutet zu mir. Bei diesen Kindern ist der afrikanische Typus sehr deutlich bemerkbar: breite Nase, großer, ein wenig vortretender Mund mit dicken Lippen, krause schwarze Haare. Die Bäuche treten bei ihnen stark hervor und sehen aus, als wenn sie fest vollgestopft wären. Unter den Kindern trifft man solche negerähnliche Individuen bedeutend häufiger an als unter den Erwachsenen.

Boy geht es sehr schlecht. Olson beginnt davon zu reden, daß es gut wäre, hier herauszukommen, und ich antworte ihm, daß ich ihn nicht gebeten habe, mit mir nach Neuguinea zu fahren, und daß ich ihm sogar am Tag der Abfahrt der „Witjas" vorgeschlagen habe, auf die Korvette zurückzukehren. Er wartet jede Nacht darauf, daß die Eingeborenen kommen und uns alle erschlagen; er haßt Tui, den er für einen Spion hält.

Neulich, bei Anbruch der Nacht, so etwa gegen 12 Uhr, wurde ich von vielen Stimmen und danach durch grelles Licht an der Böschung, die vom Vorplatz zum Meer führt, aus dem tiefsten Schlaf geweckt. Wahrscheinlich näherten sich uns einige Pirogen, oder sie hatten sich uns bereits genähert.

Olson begann zu jammern: „Sie kommen, sie kommen!"

Ich trat auf die Veranda hinaus und wurde von sechs in hellem Fackelschein stehenden Eingeborenen, die mit Pfeilen und Speeren bewaffnet waren und mich unaufhörlich beim Namen riefen, empfangen. Ich rührte mich nicht von der Stelle, da ich nicht fassen konnte, was sie von mir wollten. Olson aber, bewaffnet mit einem Gewehr, steckte mir, von hinten herantretend, die Doppelflinte zu und sagte dabei: „Lassen Sie sie nicht weitergehen." Mir war es klar, daß der Schuß aus einem Lauf, der mit Schrot geladen war, die große Schar der Eingeborenen, die die Wirkung der Feuerwaffen[1] noch nicht

---

[1] Bis jetzt habe ich mit dem Gewehr oder dem Revolver in Anwesenheit der Eingeborenen nicht geschossen; die Schüsse, die im Wald krachen, wenn ich Vögel jage, verbinden sich nicht mit dem Begriff einer todbringenden Waffe. – Anmerkung Mikloucho-Maclays

kannten, in die Flucht jagen würde, und deshalb wartete ich ruhig ab, um so mehr, als ich bekannte Stimmen zu erkennen glaubte.

Und wirklich, als sie nach dem Wort „gina" (komm her), mit dem ich sie empfangen hatte, auf dem Platz vor der Veranda zusammenliefen, streckte mir jeder von ihnen, in der linken Hand die Waffe und die Fackel haltend und „Niki, niki!" schreiend, die rechte Hand mit einigen kleinen Fischen entgegen. Ich befahl dem etwas beschämten Olson, die Fische, die er schon lange kosten wollte, einzusammeln.

Die Schar der bewaffneten Wilden im Schein helleuchtender Fackeln ließ mich bedauern, daß ich kein Künstler bin, so malerisch war sie. Als die Wilden zu ihren Pirogen hinuntergingen, schrien sie mir zum Abschied noch lange „Eh mem, eh mem!" zu und verschwanden dann schnell hinter der Landzunge.

Der Fisch war sehr schmackhaft.

13. Dezember   Ungeachtet dessen, daß ich sehr müde bin, möchte ich die Ereignisse des Tages noch heute aufschreiben: Die Erzählung ist wahrheitsgetreu geraten, solange die Empfindungen noch nicht durch einige Stunden Schlaf verwischt sind.

Jetzt ist es genau 11 Uhr 50 Minuten abends; ich sitze bequem in einem grünen Sessel und schreibe im Schein einer flackernden Lampe die heutigen Ereignisse.

Als ich morgens aufgestanden war, hielt ich es in meiner gegenwärtigen Lage für angemessen, alles vorzubereiten, um bei der ersten Notwendigkeit meine Papiere – nicht nur die Tagebücher, das meteorologische Journal, die Notizen und die Zeichnungen, sondern auch das unbeschriebene Papier – für den Fall, daß ich am Leben bleibe, die Hütte aber von den Eingeborenen demoliert oder niedergebrannt wird, in der Erde zu vergraben. Tui kam mir heute wirklich wieder verdächtig vor. Sein Verhalten erinnerte irgendwie an Spionage. Er ging um unsere Hütte herum, blickte aufmerksam ringsum, schaute mit großem Interesse in das Zimmer Olsons hinein, wobei er einige Male wiederholte: „O Boy, o Boy!" Danach trat er an mich heran und bat zudringlich, daß ich Boy nach Gumbu bringen lassen sollte, womit er mir so auf die Nerven fiel, daß ich in das Zimmer hineinging und ihn dadurch zwang fortzugehen.

Zu Mittag spürte ich einen leichten Fieberanfall, der sich in einer quälenden Gähnsucht, einem Kältegefühl und einem Zucken im ganzen Körper äußerte. Ich war den ganzen Morgen auf den Beinen und hielt es für vernünftiger, mich nur im Fall äußerster Notwendigkeit hinzulegen.

Es besuchten mich drei Eingeborene aus Gorendu. Einer von ihnen, der in das Zimmer Olsons hineinschaute, das Stöhnen Boys aber nicht hörte, fragte, ob er noch am Leben sei, worauf ich ihm bejahend antwortete. Die Eingeborenen kamen wieder mit dem Vorschlag, Boy mitzunehmen. Wozu sie ihn brauchen, kann ich mir gar nicht vorstellen: Ihn als Feind zu fürchten haben sie nicht nötig; vielleicht möchten sie in ihm einen Verbündeten gewinnen? Jetzt war es aber dafür doch zu spät.

Nachdem ich in Ruhe zu Mittag gegessen hatte, machte ich Olson auf den gewaltigen Baumstamm aufmerksam, der von der Flut herangespült wurde und unsere Schaluppe bedrohte; ich schickte ihn hin, damit er irgendwie verhindern sollte, daß der Stamm die Schaluppe beschädigt. Ich ging ins Haus, um mich mit schriftlichen Arbeiten zu beschäftigen; doch das Stöhnen Boys veranlaßte mich, in sein Zimmer hineinzuschauen. Der Unglückliche wälzte sich, vor Schmerzen gekrümmt, auf dem Fußboden. Ich eilte zu ihm, nahm ihn wie ein Kind in die Arme – er war in der letzten Woche sehr abgemagert – und legte ihn in die Koje. Die kalten, schweißnassen, knochigen Hände, die meinen Hals umschlungen hielten, der völlig kalte Atem, die eingefallenen Augen, Lippen und die Nase, die sehr blaß geworden waren, überzeugten mich davon, daß ihm nicht mehr viel Zeit zum Stöhnen bleiben werde. Der Schmerz in der Bauchhöhle, der sich sehr verstärkte, bestätigte meine Annahme, daß zu allen andern Übeln noch eine Bauchfellentzündung hinzugekommen war.

Ich kehrte zu meiner Beschäftigung zurück.

Zum zweitenmal stürzte etwas auf den Fußboden, und es ließ sich ein Stöhnen vernehmen. Ich hob Boy wieder auf das Bett; seine kalten Hände hielten die meinen fest, als wollte er mir etwas sagen und könnte es nicht. Der Puls war schwach, setzte manchmal aus, und die Gliedmaßen wurden merklich kalt.

Nachdem ich ihn aufs neue gebettet hatte, ging ich zum Strand hinunter, wo Olson sich mit der Schaluppe zu schaffen machte, und sagte ihm, daß Boy in etwa anderthalb bis zwei Stunden sterben werde. Obwohl wir diesen Tod bereits zwei Wochen lang erwartet und schon häufig davon gesprochen hatten, machte diese Nachricht auf Olson doch starken Eindruck. Wir gingen zusammen ins Zimmer. Boy wälzte sich auf dem Boden und rang die Hände. Es jammerte einen, ihn anzuschauen, so sehr litt er. Ich nahm aus der Apotheke eine Flasche mit Chloroform und träufelte einige Tropfen auf Watte, die ich an die Nase des Sterbenden hielt.

Nach etwa fünf Minuten begann er sich zu beruhigen; er murmelte noch etwas und war offenbar erleichtert. Ich nahm die Watte fort. Olson stand völlig fassungslos da und fragte, was man jetzt tun solle. Ich erklärte ihm kurz, daß wir den Leichnam heute nacht ins Meer werfen würden, jetzt aber müsse er einige Steine sammeln und sie in die Schaluppe legen, und zwar möglichst große Steine, damit der Körper sofort auf den Grund hinabsinkt.

Olson gefiel dieser Auftrag nicht besonders, und ich mußte einige Gründe anführen, daß wir uns unmöglich mit dem verwesenden Leichnam abgeben könnten, da der Fäulnisprozeß in diesem Klima sofort nach dem Tod einsetzen würde, daß ich nicht die Absicht hätte, ihn am Tag vor den Augen der Eingeborenen zu bestatten, und daß es zu schwierig sei, eine tiefe Grube im Korallengrund auszuheben, ein ungenügend tiefes Grab aber von den Hunden der Eingeborenen ausfindig gemacht und aufgescharrt werde. Die beiden letzten Argumente haben den sinkenden Mut Olsons ein wenig aufgerichtet. Um sicher zu sein, daß alles getan werde und hauptsächlich genügend Steine bereitgelegt würden, ging ich selbst zur Schaluppe.

Danach stieg ich wieder zum Haus hinauf zu Boy, um nachzuschauen, wie es ihm ginge. Im Zimmer war es völlig dunkel; Stöhnen war nicht zu hören. Tastend ging ich bis an die Hand des Sterbenden heran. Der Puls war nicht mehr zu spüren. Mich niederbeugend legte ich die eine Hand an das Herz, die andere an den Mund; ich fühlte weder das Schlagen des Herzens noch einen Atemzug. Während wir zu dem Bach nach Steinen gegangen waren, starb er ebenso schweigend, wie er während seiner ganzen Krankheit dagelegen hatte.

Ich zündete eine Kerze an und blickte auf den Leichnam. Er befand sich in derselben Lage, in der Boy gewöhnlich schlief und saß: die Beine angezogen und die Arme verschränkt. Als Boy noch am Leben war, hatte Olson ständig mit ihm gescholten und schlecht von ihm gesprochen; jetzt war er aber sehr gerührt und begann von Gott und der Erfüllung seines Willens zu sprechen. Ohne dafür den geringsten Grund zu haben, sprachen wir beide sehr leise, als wenn wir Angst hätten, den Toten aufzuwecken.

Als ich Olson gegenüber meine lang gehegte Absicht zum Ausdruck brachte, nämlich den Schädel Boys auseinanderzusägen und sein Gehirn zu Forschungszwecken aufzubewahren, bekam Olson einen stieren Blick und flehte mich in rührender Weise an, das nicht zu tun. Zu meinem Ärger stellte sich heraus, daß ich für ein ganzes Gehirn kein genügend großes Glasgefäß besaß.

In der Erwartung, daß die Eingeborenen jeden Augenblick und womöglich mit unfreundlichen Absichten kommen könnten, habe ich von dem Wunsch, das Gehirn des Polynesiers aufzubewahren, nicht ohne Bedauern Abstand genommen.

Es war Zeit, die Leiche Boys ihrem nassen Grab zu übergeben, doch das mußte mit großer Vorsicht geschehen, und zwar so, daß unsere Nachbarn nichts bemerkten.

Ich will nicht im einzelnen beschreiben, wie wir den Verstorbenen in zwei große Säcke hineinlegten; wie wir sie zusammenschnürten, wobei wir für die Steine eine Öffnung frei ließen; wie wir ihn in der Dunkelheit zur Schaluppe hinuntertrugen; wie auf dem Weg zum Meer Olson infolge der Dunkelheit stolperte und hinfiel, der Leichnam auf ihn, und dem Leichnam nachfolgend auch ich; wie wir unsere Last nicht sofort wiederfinden konnten, weil sie günstiger hinabgerollt war als wir beide, und zwar direkt auf den Sand. Als wir die Leiche wiedergefunden hatten, luden wir sie endlich in die Schaluppe und legten in den Sack etwa 2 Pud Steine. All das in der Dunkelheit zu machen war sehr unbequem. Wie zum Trotz war gerade Ebbe. Es kostete uns große Anstrengung, die schwere Schaluppe über die Steine zum Wasser hinunterzuschleppen.

Wir hatten noch nicht einmal zu rudern begonnen, als vor uns, in einer Entfernung von 1 Viertelmeile, hinter dem Kap Gabina hervorkommend, ein Licht auftauchte, danach ein zweites, ein drittes ..., ein zehntes Licht. Es waren elf Pirogen, die sich auf uns zu bewegten. Die Eingeborenen würden uns unbedingt an Land besuchen oder, wenn sie die Schaluppe erspähten, nahe an uns herankommen. Ihre hellbrennenden Fackeln würden den langen Sack beleuchten, der ihre Neugier wecken mußte. Mit einem Wort, es sollte das, was ich nicht wünschte, das heißt, daß die Eingeborenen etwas von dem Tod Boys erfuhren, wie es den Anschein hatte, sofort eintreten.

„Kann man denn Boy nicht im Wald verstecken?" schlug Olson vor. Doch jetzt war der Sack mit den Steinen und dem Körper zu schwer dafür, ihn zwischen den Bäumen herumzuschleppen, und übrigens mußten die Eingeborenen bald hier sein.

„Wir werden kräftiger rudern", sagte ich, „vielleicht entwischen wir dann."

Es folgten zwei oder drei kräftige Ruderschläge – doch was war das? Die Schaluppe rührte sich nicht von der Stelle: Wir sind auf ein Riff oder auf eine Sandbank aufgefahren. Die Papuas nähern sich immer mehr.

Mit allen Kräften begannen wir uns mit den Riemen abzustoßen, doch erfolglos. Unsere dumme Situation war für mich sehr peinlich; ich war trotz der zahlreichen Haifische schon bereit, ins Wasser zu gehen, um die Schaluppe von der Sandbank herunterzustoßen. Schließlich kam mir die glückliche Idee, unsere Bordwand zu untersuchen; dabei stieß meine Hand plötzlich auf ein Hindernis. Es stellte sich heraus, daß sich das losgebundene, jedoch nicht hereingenommene Seilende, mit dem die Schaluppe vom Heck aus am Strand festgemacht war, bei unserer Eile und in der Dunkelheit zwischen den Steinen festgeklemmt und in den Ästen, die dort herumlagen, verfangen hatte und daß dieses Seil uns eben nicht fortließ. Mit großer Erleichterung griff ich nach dem Messer, schnitt das Seil durch, und die Schaluppe war wieder flott. Wir legten uns von neuem in die Riemen und begannen kräftig zu rudern. Die Eingeborenen waren genau wie gestern auf Fischfang ausgefahren; ihre Feuer leuchteten immer näher und näher. Man konnte bereits die Stimmen deutlich hören.

Ich steuerte die Schaluppe quer zu ihrer Fahrtrichtung, und wir bemühten uns, die Riemen so leise wie möglich ins Wasser zu tauchen, um nicht von den Eingeborenen bemerkt zu werden.

„Wenn sie Boy sehen, werden sie sagen, daß wir ihn erschlagen haben, und werden uns am Ende gar noch töten", bemerkte Olson.

Die Meinung Olsons teilte ich nicht ganz, aber ich wollte jedenfalls den Eingeborenen in diesem Augenblick nicht begegnen. In den Pirogen waren insgesamt dreiunddreißig Papuas, je drei Mann in einer Piroge. Sie waren gut mit Pfeilen und Speeren bewaffnet, und im Bewußtsein der Überlegenheit ihrer Kräfte hätten sie sich die Umstände vortrefflich zunutze machen können. Doch auch wir hatten Chancen: Zwei Revolver konnten die ganze Schar in die Flucht jagen.

Wir ruderten, und da wir kein Licht auf der Schaluppe hatten, wurden wir nicht bemerkt, da die Fackeln auf den Pirogen nur die ihnen nahe gelegenen Gegenstände hell beleuchteten. Die Eingeborenen waren eifrig mit Fischfang beschäftigt. Die Nacht war still und sehr dunkel. Von dem Licht auf den Pirogen hatten sich lange Säulen auf die ruhige Oberfläche des Meeres gelegt. Bei jedem Ruderschlag funkelte das Wasser auf – mit Tausenden von glitzernden Tropfen.

Wenn das Meer still ist, sind seine Oberschichten voll reichen und mannigfaltigen Lebens. Ich bedauerte, daß ich nichts bei mir hatte, womit ich hätte Wasser schöpfen können, um morgen zu sehen, ob unter diesen Tieren nicht etwas Neues zu finden war; darüber hatte ich die Anwesenheit des Toten in der Schaluppe und die Notwendigkeit, ihn zu bestatten, ganz und gar vergessen.

Ich freute mich des Bildes und dachte, wie schnell doch im Menschen ein Gefühl von einem ganz anderen abgelöst wird.

Olson unterbrach meine Gedanken, indem er freudig feststellte, daß die Pirogen sich entfernten und daß uns keiner gesehen hatte.

Ruhig setzten wir unseren Weg fort, und nachdem wir uns schließlich auf ungefähr 1 Meile von der kleinen Landzunge Gabina entfernt hatten, ließen wir den Sack mit der Leiche über Bord gleiten. Sie ging schnell unter, doch ich bin überzeugt, daß Dutzende von Haifischen sie wahrscheinlich schon in dieser Nacht vertilgen werden.

Wir kehrten nach Hause zurück, nunmehr sehr langsam rudernd. Wegen der Dunkelheit und der Ebbe hatten wir mit der Schalupppe wieder viel Mühe.

In der Laubhütte, die uns als Küche dient, hatte sich noch Feuer vorgefunden, und Olson ging daran, den Tee zuzubereiten, der jetzt, wie es scheint, fertig ist und den ich, wenn ich diese letzten Worte zu Ende geschrieben habe, mit Wohlbehagen trinken werde.

14. Dezember Als ich aufgestanden war, befahl ich Olson, in seinem Teil der Hütte alles so zu lassen, wie es gewesen war, als Boy noch lebte, und im Fall eines Besuchs der Eingeborenen dessen Tod mit keinem Wort zu erwähnen. Tui erschien auch bald mit zwei andern, die ich nicht kannte. Einer von ihnen kam auf den Gedanken, sich auf die erste Stufe der Treppe zu stellen, doch als ich ihn darauf hingewiesen hatte, daß sein Platz vor dem Hause sei

Papuas aus dem Südosten Neuguineas

und nicht auf der Treppe, sprang er schnell hinunter und ließ sich auf dem Vorplatz nieder.

Tui fing wiederum an, von Boy zu sprechen, und begann mit Eifer auseinanderzusetzen, daß jener Mann, der mit ihm gekommen sei, Boy unbedingt heilen würde, wenn ich den Kranken nach Gumbu ließe. Ich gab eine ablehnende Antwort.

Um ihre Gedanken von Boy abzulenken, kam ich auf den Einfall, ein Experiment mit ihrer Empfänglichkeit für überraschende Eindrücke zu machen. Ich nahm die Untertasse, auf der mein Tee gestanden hatte, wischte sie trocken, goß ein wenig Spiritus hinein, stellte die Untertasse auf die Veranda und rief meine Gäste.

Danach nahm ich ein Glas Wasser, trank selbst ein wenig davon ab und gab es einem der Eingeborenen, damit er sich überzeugen konnte, daß es Wasser war.

Die Anwesenden folgten jeder meiner Bewegungen mit größtem Interesse.

Nun goß ich zu dem Spiritus auf der Untertasse einige Tropfen Wasser hinzu und zündete den Spiritus an. Die Eingeborenen standen mit halboffenem Munde da und atmeten pfeifend die Luft ein, hoben die Brauen und traten zwei Schritte zurück. Ich verspritzte danach den brennenden Spiritus auf die Treppe und auf die Erde. Die Eingeborenen sprangen zurück, voller Furcht, daß ich auch auf sie Feuer spritzen würde, und waren anscheinend so verblüfft, daß sie sich unverzüglich aus dem Staub machten, als fürchteten sie, etwas noch Schrecklicheres sehen zu müssen.

Doch nach etwa zehn Minuten erschienen sie wieder, dieses Mal aber schon in großer Anzahl. Das waren die Bewohner von Bongu, Bili-Bili und der Insel Karkar. Die versammelte Menge, sie bestand aus Männern aller Altersstufen, war sehr interessant. Alle waren festlich geputzt und trugen reichen Schmuck, der aus diesem oder jenem Material, je nach ihrem Wohnsitz, angefertigt war. So hatten sich meine Nachbarn, die wenig Fischfang treiben, vorzugsweise mit Blumen, Blättern und Samen geschmückt, aber die Bewohner von Bili-Bili und Karkar, die am offenen Meer leben und sich mit dem Fang von Meerestieren beschäftigen, mit Schmuck aus Muscheln, Fischknochen, Schildpatt und anderem mehr behängt.

Die Einwohner von Karkar wiesen noch eine Besonderheit auf: Ihr ganzer Körper, vor allem der Kopf, war mit schwarzer Erde derart gründlich beschmiert, daß man auf den ersten Blick denken konnte, die Farbe ihrer Haut sei tatsächlich schwarz; allein beim Anblick jener, bei denen nur der Kopf gefärbt ist, kann man sich leicht davon überzeugen, daß auch bei den andern die schwarze Farbe künstlich ist und daß die Körper der Bewohner von Karkar in Wirklichkeit nur etwas dunkler sind als die der Küstenbevölkerung.

Die Einwohner von Bongu sind heute, wie zum Kontrast zu ihren schwarzen Gästen, mit rotem Ocker bemalt; obwohl in den Haaren als auch hinter den Reifen an den Oberarmen und unterhalb der Knie stecken bei ihnen rote Blüten der chinesischen Rose. Alles in allem waren es nicht weniger als vierzig Gäste, und drei oder vier unter ihnen zeichneten sich durch ausgesprochen schöne Gesichter aus. Die Frisur eines jeden unterschied sich irgendwie von der der anderen. Die Haare waren in der verschiedensten Weise gefärbt – bald mit schwarzer, bald mit roter Farbe –, und in sie hinein waren Kämme gesteckt, die mit farbigen Federn von Papageien, Kasuaren, Tauben und weißen Hähnen geschmückt waren. Bei vielen Gästen aus Karkar war das Ohrläppchen in der Form einer großen Öse, wie auf den Neuen Hebriden und den Salomoninseln, ausgeweitet.

Die Gäste blieben länger als zwei Stunden bei mir. Die Ankömmlinge hatten von dem brennenden Wasser durch Tui erfahren, und sie alle wollten es sehen. Tui bat mich, allen zu zeigen, „wie Wasser brennt".

Als ich diese Bitte erfüllt hatte, war die Wirkung unbeschreiblich. Die meisten liefen in wilder Flucht davon und baten mich, „das Meer nicht anzuzünden". Viele blieben auf der Stelle, derart verwundert und, wie es schien, erschreckt, daß man meinen mußte, die Beine würden ihnen den Dienst versagen, wenn sie sich vom Fleck rühren wollten. Sie standen wie angewurzelt da und blickten mit dem Ausdruck äußersten Erstaunens um sich.

Als sie fortgingen, luden mich alle, miteinander wetteifernd, zu sich ein, die einen nach Karkar, die andern nach Segu, nach Rio und nach Bili-Bili – und wir trennten uns als Freunde.

Nur einige Eingeborene aus Karkar und aus Bili-Bili waren nicht fortgegangen; sie baten um „gare" (Leder), um ihre Wunden, deren Eiter ganze Fliegenschwärme anlockte, zu bedecken; die Fliegen flogen hinter ihnen her, fielen ihnen natürlich lästig und quälten sie, indem sie die Wunden umschwärmten, sobald der Patient aufhörte, sie fortzujagen. Ich konnte ihnen nicht ernstlich helfen, doch immerhin erleichterte ich ihre Qualen, indem ich ihre Wunden mit Karbolwasser benetzte, sie verband und sie damit, wenn auch nur vorübergehend, von den Fliegen befreite. Aus einer Wunde hatte ich Hunderte von Larven herausgezogen, und dieser Eingeborene hat selbstverständlich Veranlassung gehabt, mir dankbar zu sein.

Besonders sorgfältig hatte ich die Wunde am Fuß eines Kindes von etwa fünf Jahren, das der Vater mitgebracht hatte, gewaschen und verbunden. Der Vater war so gerührt, daß er, in dem Wunsch, mir seine Dankbarkeit zum Ausdruck zu bringen, seine Muschelkette vom Hals nahm und sie mir unbedingt umhängen wollte.

15. Dezember Es kamen wiederum Kranke aus Bili-Bili. Einer leidet an starkem Fieber. Ich wollte ihm Chinin geben, aber natürlich nicht während des Anfalls, und gab ihm zu verstehen, daß ich später kommen würde, um ihm „onim" (das heißt Arznei) zu trinken zu geben; doch er schüttelte heftig den Kopf und sprach vor sich hin, daß er von meiner Arznei sterben würde. Die Eingeborenen haben Angst, etwas einzunehmen, während sie Mittel, die äußerlich angewendet werden, schätzen.

Boy hinterließ eine Flasche mit Kokosnußöl, das man mit irgendwelchen duftenden Kräutern vermengt hatte. Ein Eingeborener aus Bili-Bili klagte sehr über Schmerzen im Rücken und in den Schultern (vermutlich Rheumatismus). Ich habe ihm diese Flasche mit Öl angeboten und erklärte ihm, wie man sich damit einreiben muß, was er denn auch sofort tat. Zunächst rieb er sich mit dem Öl mit sichtlichem Wohlbehagen ein. Doch plötzlich hielt er inne, als überlegte er etwas; danach aber, wahrscheinlich nach dem Gedanken, daß er ein unbekanntes Onim benutzte und am Ende sterben würde, geriet er in große Erregung, stürzte sich auf seinen Nachbarn und begann em-

Papua-Dorf

sig dessen Rücken zu reiben; dann sprang er wie ein Irrsinniger auf, begann von einem zum andern zu laufen und bemühte sich, auch sie ein wenig mit Öl einzureiben. Wahrscheinlich hatte er beschlossen, daß, falls ihn ein Übel träfe, das gleiche auch den übrigen geschehen sollte. Seine Kameraden, die über sein Verhalten sehr bestürzt waren, wußten nicht, sollten sie böse sein oder lachen.

Heute habe ich mich davon überzeugt, daß sich die Mundart von Bili-Bili von dem hiesigen Dialekt (Bongu, Gorendu und Gumbu) unterscheidet; ich habe sogar einige Wörter aufgeschrieben, die dem Dialekt von Bongu nicht im geringsten ähneln.

Es kam wieder ein Vater mit Kindern, die mir nicht dunkler als die Bewohner Samoas erschienen.

18. Dezember Eingeborene sind nicht zu sehen. Sehr häufig denke ich, wie gut ich getan hatte, mich so einzurichten, daß ich nicht allzu nahe Nachbarn habe.

Heute war ich rein zufällig auf den Zustand meiner Wäsche aufmerksam geworden, die in einem der Körbe, die mir als Ruhebett dienen, eingepackt ist. Die Wäsche war an vielen Stellen mit schwarzen Flecken bedeckt, und die Stellen, wo diese Flecke waren, konnte man ohne Schwierigkeit mit dem Finger durchstoßen. Das ist natürlich meine Schuld: Ich hatte nicht ein einziges Mal im Verlauf von drei Monaten daran gedacht, die Wäsche zu lüften. Ich beauftrage Olson, alles in die Sonne hinauszuhängen. Es stellte sich heraus, daß vieles nicht mehr zu gebrauchen war.

Heute haben mich die Eingeborenen gefragt, wo Boy ist. Ich gab ihnen zur Antwort:

„Boy aren" (Boy ist nicht da).

„Wo ist er denn?" war die nächste Frage.

Da ich nicht die Unwahrheit sagen wollte und ebensowenig auf die Erde oder auf das Meer zeigen mochte, machte ich nur eine abweisende Handbewegung und ging fort.

Sie müssen wohl daraus geschlossen haben, daß ich auf den Horizont zeigte, wo sich in weiter Ferne Rußland befindet. Sie begannen Erwägungen anzustellen und kamen zu guter Letzt, wie es scheint, zu dem Schluß, daß Boy nach Rußland fortgeflogen sei. Doch was sie in Wirklichkeit denken und was sie unter dem Wort „fortgeflogen" verstehen, danach zu fragen, habe ich keine Möglichkeit, da ich die Eingeborenensprache nicht genügend beherrsche.

Ich machte heute eine interessante Erwerbung: Ich tauschte einige Geräte aus Knochen ein, die die Eingeborenen beim Essen verwenden – etwas in der Art eines Messers und zweier Löffel. Das Messer, das die Eingeborenen

„dongan"[1] nennen, ist aus einem zugespitzten Schweineknochen, „scheliupa"[2] indessen aus einem Känguruhknochen gearbeitet. Er ist so geschliffen, daß ein Ende von ihm verbreitert und dünn ist.

20. Dezember   Unsere Hütte hat ein wohnliches Aussehen angenommen, und ihre Einrichtung ist bei gutem Wetter bequem. Doch wenn der Regen strömt, tropft es an verschiedenen Stellen durch das Dach.

Es kamen Eingeborene aus Bongu. Sie glauben anscheinend im Ernst daran, daß ich Boy nach Rußland geschickt habe und daß ich ihm die Möglichkeit gab, dorthin zu fliegen. Mir kommt der Gedanke, daß die Eingeborenen mich und in gewissem Grad auch Olson für übernatürliche Wesen halten.

25. Dezember   Drei Tage Fieber. Ich legte mich nur für einige Stunden an jedem Tag ins Bett, wenn ich mich schon gar nicht mehr auf den Beinen halten konnte. Chinin wird von mir förmlich vertilgt; wohl 1 Gramm je Tag. Heute ist es besser, ein Fieberanfall hatte sich nicht eingestellt; ich verspürte aber dennoch große Schwäche. Die Beine sind wie mit Blei ausgegossen; mich überkommt häufig ein Schwindelgefühl.

Olson langweilt sich sehr. Er empfindet das Alleinsein besonders stark; er liebt es, zu sprechen. Er ist jetzt darauf gekommen, mit sich selbst zu sprechen, doch das scheint ihm nicht zu genügen.

Merkwürdig ist, wie verschieden das Alleinsein auf die Menschen wirkt. Ich ruhe völlig aus und bin nur dann zufrieden, wenn ich allein bin; inmitten dieser prachtvollen Natur fühle ich mich in jeder Beziehung sehr wohl, außer an den Tagen, wenn ich Fieber habe. Ich bedaure nur, wenn ich auf Fragen stoße, auf die ich keine Antwort finden kann, weil meine Kenntnisse nicht ausreichen. Der arme Olson ist ganz mutlos: Er bläst Trübsal und seufzt unablässig; er murrt, daß es hier keine Menschen gibt und daß man hier nichts auftreiben kann. Aus dem dienstbeflissenen und lustigen Olson ist ein reizbarer und griesgrämiger Mensch geworden; um die Arbeit kümmert er sich wenig; er schläft etwa elf Stunden in der Nacht, noch eine Stunde oder anderthalb nach dem Frühstück und findet trotzdem „das Leben sehr miserabel".

Woran ich allerdings einen wirklichen Mangel zu verspüren beginne, das ist die Fleischkost. Drei Monate bereits ernähren wir uns ausschließlich von pflanzlicher Nahrung, und ich bemerke, daß meine Kräfte nachlassen. Teil-

---

[1] Dongan oder „dona" ist der spitze Knochen eines Kasuars oder ein Menschenknochen, der wie ein Dolch geschliffen ist; manchmal ist es ein flacher Knochen vom Schwein oder vom Hund, der wie ein Stechbeitel geschliffen wurde; mit diesen Donganen schneiden die Eingeborenen geschickt rohe und gekochte Früchte
[2] gleichzeitig als Messer und als Löffel verwendet

weise ist es gewiß auf das Fieber zurückzuführen, doch in der Hauptsache auf den Mangel an Fleisch. Die ganze Zeit nur Konserven essen zu müssen ist mir so widerlich, daß ich gar nicht daran denken mag. Sobald ich nur mit den Eingeborenen in besseren Beziehungen stehe, werde ich mich mit der Jagd befassen, um ein wenig Abwechslung in die Kost zu bringen. Schweinefleisch, das ich hier im Überfluß haben könnte, kann ich nicht ausstehen. Gestern brachte Tui für mich und Olson je eine ansehnliche Portion Schweinefleisch. Den mir zustehenden Teil habe ich natürlich Olson gegeben, der sich sofort über das Fleisch hermachte und beide Portionen aufaß, ohne eine Pause zu machen. Er hatte nicht nur die Knochen abgenagt, sondern auch die ganze Schwarte (das Schwein war alt) aufgegessen. Als ich ihn anblickte und bemerkte, mit welchem Wohlbehagen er ißt, dachte ich: Irren kann man sich da nicht, der Mensch ist ein fleischfressendes Tier.

Mit der Schaluppe haben wir viel Arbeit, da der Ankerplatz hier sehr schlecht ist.

Beim Zeichnen kleiner Objekte gehorchen meine Hände, die bereits an die Arbeit mit dem Beil – an die Anspannung großer Muskelsysteme – gewöhnt sind, schlecht, besonders wenn von ihnen Bewegungen einzelner Muskeln verlangt werden. Überhaupt kommen bei meinem gegenwärtigen Leben die Hände sehr schlecht weg; so ist das, wenn man häufig sowohl Holzhacker als auch Koch und Zimmermann oder manchmal auch Waschfrau und Matrose sein muß und nicht nur einen sich mit Naturwissenschaften beschäftigenden Herrn spielen kann. Nicht die Haut ist grob geworden, sondern die Hände selbst sind jetzt größer, besonders die rechte. Natürlich sind nicht die Knochen der Hand größer geworden, sondern deren Muskulatur, wodurch die Finger stärker wurden und die Hand breiter.

Meine Hände haben sich schon früher nicht durch besondere Zartheit ausgezeichnet, doch jetzt sind sie gänzlich mit Schwielen, Schnitt- und Brandwunden bedeckt; jeden Tag heilen die alten ab, und neue kommen hinzu. Ich habe auch bemerkt, daß sich die Nägel, die für meine gewöhnlichen Beschäftigungen immer ausreichend kräftig waren, jetzt als zu schwach erweisen und umknicken. Neulich habe ich sie mit den Nägeln meiner Nachbarn – der Papuas – verglichen, die mit den Händen bedeutend mehr als ich arbeiten müssen, da sie verschiedene Hilfsinstrumente nicht besitzen. Es stellte sich heraus, daß sie ausgezeichnete Nägel haben: mindestens dreimal so stark wie die meinen (ich hatte ein Stück Nagel von ihnen und von mir zum Vergleich abgeschnitten). Besonders stark sind bei ihnen die Nägel der Daumen, wobei der mittlere Teil des Nagels dicker ist als die Seiten. Infolgedessen brechen die Nägel an den Seiten leichter ab als in der Mitte, und häufig kann man bei den Eingeborenen Nägel beobachten, die Krallen gleich sind.

27. Dezember Während die Eingeborenen in den von mir ausgebetenen Spiegeln ihre Physiognomie betrachten und sich die ihrer Meinung nach überflüssigen Haare ausrupfen, besichtige ich den Inhalt einer der Taschen („gun"), die ihnen unter dem Arm zu baumeln pflegen. Die Männer tragen sie an einem Riemen über der linken Schulter.

In dem Beutel habe ich viel Interessantes gefunden. Außer zwei großen Donganen gab es Knochen, die an den Enden geschliffen und geschärft waren und als Hebel oder als Messer dienten. In einem kleinen Bambusfutteral fand ich vier zugespitzte Knochen, augenscheinlich Instrumente, die geeignet sind, die Rolle einer Lanzette, einer Nadel oder einer Ahle zu spielen; außerdem einen „jaru", das ist eine Muschel, die eine gezahnte untere Kante hat und den Eingeborenen zum Ausschaben der Kokosnüsse dient.

Es gab auch ein längliches Stück von der Schale einer jungen Kokosnuß, das einen Löffel ersetzte; schließlich war da ein von mir stammender großer Nagel, sorgfältig auf einem Stein geschliffen und mit Rinde sehr akkurat fest umwickelt; in diesem Zustand konnte er als handliche Ahle dienen. Alle diese Instrumente waren für ihre Zwecke sehr gut geeignet.

Die Eingeborenen flechten kunstvoll verschiedenen Schmuck, wie zum Beispiel Armbänder („sagiu") oder Binden („diu") aus verschiedenen Pflanzenfasern zum Zusammenhalten der Haare. Doch sonderbar – sie flechten keine Matten, für die sie Material (Pandanusblätter) im Überfluß haben. Ich weiß nicht, wie das kommt: aus mangelndem Bedarf an Bastmatten oder aus Mangel an Geduld.

Die Körbe, die aus Blättern der Kokospalme geflochten sind, sind den polynesischen außerordentlich ähnlich. Die Eingeborenen gehen mit ihnen sehr schonend um; denn in der Tat, mit ihren primitiven Werkzeugen aus Steinen und Knochen ist keine Arbeit sehr leicht; so müssen zum Beispiel an einem Bäumchen von etwa 14 Zentimeter Durchmesser zwei Papuas mit ihren Steinäxten nicht weniger als eine halbe Stunde arbeiten, wenn sie den Baum sachgemäß fällen wollen. All ihren Schmuck fertigen sie unter Zuhilfenahme eines Steins an, der in der Form eines Beils geschliffen ist, oder mit Knochen, die ebenfalls mit Hilfe von Scherben der Muschelschalen oder von Feuerstein geschliffen sind; man muß sich nur wundern, wie sie mit solchen urzeitlichen Instrumenten recht gute Hütten und Pirogen bauen, denen manchmal sogar ein hübsches Ornament nicht fehlt.

Als ich die Originalität und die Mannigfaltigkeit der Ornamente bemerkte, beschloß ich, alle Arten davon, die an den Erzeugnissen der Eingeborenen vorkommen, abzuzeichnen.

28. Dezember Ich hielt eine vorüberfahrende Piroge aus Gorendu an, da ich den auf der Plattform stehenden Bonem, den ältesten Sohn Tuis, erkannt hatte. Er war an diesem Morgen besonders geschmückt. In die große Mütze der hochgekämmten Haare hatte er eine Unmenge von Federn und purpurroten Blüten der chinesischen Rose gesteckt.

Er war tatsächlich sehr hübsch, wie er so auf der Plattform der Piroge mit einem großen Bogen und Pfeilen in den Händen stand, jede Minute bereit, die Bogensehne zu spannen und den Pfeil abzuschießen, und, bei den Bewegungen der kleinen Piroge graziös balancierend, aufmerksam nach den Fischen Ausschau hielt. Die langen grünen und roten Blätter, die hinter den Reifen an den Armen und an den Knien und ebenso seitlich hinter den Gürtel gesteckt waren (der Gürtel war heute neu, frisch bemalt und deshalb leuchtendrot), gaben Bonem ein besonderes, festliches Aussehen.

Mit sichtlicher Freude nahmen die Eingeborenen meine Einladung an, die ich ausgesprochen hatte, um nicht die Gelegenheit zu versäumen, den hübschen Haarschmuck des jungen Papuas abzuzeichnen. Er bestand aus einer Girlande oder einem Halbkranz purpurroter Blüten der chinesischen Rose; vorn hielten drei kleine Kämme, je mit einer Feder, die Girlanden und das sorgfältig geschwärzte Haar; der vierte, große Kamm, ebenfalls mit zwei Blüten der chinesischen Rose, hielt eine lange weiße Hahnenfeder, die sich hakenförmig nach hinten bog. Damit die beiden andern Eingeborenen mich nicht störten, gab ich ihnen Tabak und schickte sie zum Rauchen in die Küche, in die Laubhütte; als ich die Zeichnung beendet hatte, erfüllte ich ihren Wunsch nach einem Spiegel, worauf sie nacheinander begannen, ihre Frisuren aufzufrischen.

Bonem zog alle Kämme und Blüten heraus und begann mit einem großen Kamm die an einigen Stellen wie Filz zusammengepreßten Haare hochzukämmen. Dadurch hat sich seine Haarmütze etwa um das Dreifache gegenüber dem, wie sie vorher war, vergrößert; er zupfte an den Locken im Genick („gate-si"), die ebenfalls länger wurden. Danach steckte er die Blüten und die Kämme wieder in seine schwarze „Perücke", blickte in den Spiegel, lächelte vergnügt und übergab den Spiegel seinem Nachbar, der sich auch mit seiner Frisur zu beschäftigen begann. (Ich erzähle diese Kleinigkeiten deshalb, weil sie veranschaulichen, nach welchen Manipulationen die Haare der Papuas jenes Aussehen annehmen, das die Forschungsreisenden, die die verschiedenen Gegenden Neuguineas für eine sehr kurze Zeit besucht hatten, bewog, durch ihre Mitteilungen den Anlaß zu der bedeutenden Uneinigkeit zu geben, die in den verschiedenen Lehrbüchern über die Anthropologie angetroffen wird.) Die fest am Kopf anliegende, feingekräuselte Haartracht der Eingeborenen verwandelte sich nach fünf Minuten des Auseinanderzupfens und Hochkämmens in eine elastische Haarmütze, die die Forschungsreisenden so oft beschrieben haben und in der sie etwas Charakteristisches für einige „Abarten" der Papuas gesehen haben.

Nachdem sich meine Gäste an ihren Physiognomien und Frisuren genügend ergötzt hatten, gingen sie, mir „Eh mem!" zurufend, zu der Piroge zurück. (Ich weiß noch immer nicht, was dieses Wort bedeutet.)

Olson hat heute Fieber. Kaum habe ich mich ein wenig erholt, da wird er schon wieder krank.

29. Dezember   Ich ging nach Gorendu, um die Eingeborenen daran zu erinnern, daß sie mir schon lange keine frischen Kokosnüsse gebracht haben.

„Wir haben sie deshalb nicht gebracht", erwiderten die Papuas im Chor, „weil ‚tamo russ' (die russischen Menschen, die Matrosen der ‚Witjas') viel Kokospalmen gefällt haben und es jetzt wenig Nüsse gibt."

In der Annahme, daß sie übertreiben, und sollte es auch wirklich vorgekommen sein, so doch nur ausnahmsweise, schlug ich vor, mir zu zeigen, wo die gefällten Bäume liegen. Die Eingeborenen sprangen auf und liefen zu den gefällten Stämmen der Kokospalmen, die direkt am Dorf lagen. Auf die Stämme weisend, sprachen sie vor sich hin:

„Kokosnüsse darf man essen, doch die Bäume fällen ist nicht gut."

Sie hatten recht, und ich mußte schweigen.

DAS JAHR 1872

Januar

1. Januar Nachts war ein heftiges Gewitter. Platzregen ergoß sich einige Male nachts und am Tag. Der Wind war stark. Die Lianen, deren Wurzeln man beim Säubern des Vorplatzes abgehackt hatte und die an vielen Stellen über dem Dach hingen, fielen herunter; eine von ihnen, die mit großem Gepolter herabgestürzt war, hatte das Dach durchschlagen und ein Thermometer, mit dem ich die Wassertemperatur zu messen pflegte, zerbrochen.

2. Januar Nachts stürzte mit Gepolter der an den Wurzeln angehauene Baum um und legte sich quer über den Bach. Es war viel Arbeit nötig, um den Bach von Ästen und Blättern zu säubern.

3. Januar Von der Plantage zurückkehrend, brachte mir Tui heute ein kleines Ferkel; ein Hund hatte es totgebissen, aber nicht aufgefressen. Die Seltenheit der Fleischkost und das beständige Geflenne Olsons nach einem Stück Fleisch bestimmten mich, das Geschenk Tuis anzunehmen.

Das kleine magere Tier war für mich interessant, es war eine gestreifte Abart des Schweins. Die dunkelbraunen Streifen wurden von hellrötlichen abgelöst; die Brust, der Bauch und die Läufe waren weiß.

Ich präparierte den Kopf, fertigte eine Skizze an und übergab das Ferkel danach Olson, der sich daranmachte, es zu säubern, zu schaben und zu kochen.

Wenn man auf Olson blickte, der mit der Zubereitung und danach mit dem Essen beschäftigt war, konnte man sehen, wieweit die Menschen fleischfressende Tiere sind. Ja, ein Stück Fleisch ist schon eine wichtige Sache!

Als ich vor zwei, drei Tagen mit dem Betrachten meiner Sammlung von Papuahaaren beschäftigt war, konstatierte ich einige interessante Tatsachen. Eine ungewöhnliche Verteilung der Haare auf dem Kopf wird für eine spezielle Eigenheit der Papuas gehalten. Schon lange schien mir die Behauptung, daß die Haare auf dem Körper der Papuas in Büscheln oder in Gruppen wachsen, unwahrscheinlich, doch die riesige „Perücke" meiner Nachbarn erlaubte es nicht, sich mit eigenen Augen davon zu überzeugen, wie die Haare wirklich verteilt sind. Als ich die Verteilung der Haare an den Schläfen, im Genick und an dem oberen Teil des Halses bei Erwachsenen genauer betrachtete, konnte ich bereits bemerken, daß eine besondere Gruppierung der Haare in Büscheln nicht existiert; bisher hatte ich aber keine Gelegenheit gehabt, den kurzgeschorenen Kopf eines Eingeborenen zu sehen.

Nach dem Frühstück schlief ich, in meiner Hängematte liegend, sehr schnell ein. Der frische Wind schaukelte meine Koje. Im Halbschlaf hörte ich eine Stimme, die mich rief, und als ich den Rufenden erblickt hatte, sprang ich sofort hoch. Das war Kolle aus Bongu mit Syroi, einem Knaben von etwa neun Jahren, dessen Haare sehr kurz geschoren waren.

Mit großem Interesse besah ich den Kopf des Knaben und zeichnete alles ab, was mir wichtig vorkam. Ich hatte die Verteilung der Haare auf dem Kopf Syrois so lange und aufmerksam studiert, daß es meinen Papuas unheimlich wurde; sie beeilten sich, mir zu erklären, daß sie nun gehen müßten.

Wie ich mich überzeugt habe, wachsen die Haare bei den Papuas nicht in Gruppen oder Büscheln, sondern genauso wie bei uns. Diese, nach Ansicht vieler, vielleicht unbedeutende Beobachtung hatte meine Müdigkeit vertrieben und mich in eine angenehme Stimmung versetzt.

Einige Männer, die von Gorendu gekommen waren, gaben mir von neuem zu Beobachtungen Anlaß. Lialu bat mich um einen Spiegel, und nachdem er ihn bekommen hatte, begann er sich Haare aus dem Schnurrbart – jene, die nahe an der Lippe wuchsen – und ebenso alle Haare aus den Augenbrauen herauszurupfen; besonders sorgfältig zupfte er sich die grauen Haare aus.

Da ich den Wunsch hatte, meine Sammlung zu vervollständigen, brachte ich eine kleine Zange und bot ihm meine Dienste an, womit er sofort einverstanden war. Ich begann die Härchen einzeln auszurupfen, um ihre Wurzeln zu sehen. Ich möchte hier bemerken, daß die Haare der Papuas bedeutend dünner als die der Europäer sind und sehr kleine Wurzeln haben.

4. Januar Die letzten zwei Wochen wehten ziemlich frische Winde – hauptsächlich von 10 Uhr morgens bis 5 Uhr nachmittags. Im Oktober und November sind sie hier eine Seltenheit, und deshalb ist es jetzt am Tag bedeutend frischer.

Olson hatte mich überredet, zum Angeln zu fahren; doch wie ich es erwartet hatte, haben wir nichts gefangen. Die Einwohner von Gorendu und Bongu waren ebenfalls auf dem Fischfang. Ich steuerte meine Schaluppe zu den nächsten drei Lichtern, um zu sehen, wie sie es anstellten. Als ich ziemlich nahe herangefahren war, rief ich sie an; auf den Pirogen entstand Verwirrung. Die Lichter erloschen sofort, und die Pirogen verschwanden in der Dunkelheit – in der Richtung auf den Strand zu.

Die Ursache der Flucht der Eingeborenen und der plötzlichen Dunkelheit war die Anwesenheit von Frauen auf den Pirogen, die man bei meinem Erscheinen eiligst an Land brachte. Ich konnte das aus den herüberklingenden Frauenstimmen schließen.

Die Pirogen aber sind zurückgekehrt. Nach etwa zwei Minuten war die Schaluppe von einem Dutzend Pirogen umringt, und fast jeder der Eingeborenen überreichte mir einen oder zwei Fische. Danach entfernten sie sich und setzten ihren Fang fort.

Papua im Festschmuck

Auf der Plattform einer jeden Piroge lag ein ganzer Haufen zu Bündeln zusammengebundenen langen, trockenen Grases. Der am Bug der Piroge stehende Eingeborene zündet diese Bündel eins nach dem andern an und beleuchtet damit die Oberfläche des Wassers. Auf der Plattform stand ein anderer Eingeborener mit einem „jur" (Harpune) von 8 oder 9 Fuß Länge, den er in das Wasser schleuderte, worauf er fast jedesmal von dem Jur zwei oder drei Fische mit dem Fuß abstreifte. Oft mußte er den Jur aus den Händen lassen, und dann fuhr die Piroge an den Jur heran, der stehend schwamm, nur zu einem Viertel im Wasseer. (Der Jur ist so eingerichtet, daß er, nachdem er ins Wasser eingetaucht ist und die Beute getroffen hat, aus dem Wasser von selbst auftaucht und, sich fast senkrecht haltend, schwimmt, während die Fische zwischen den Zinken bleiben.) Der dritte Papua saß am Heck und steuerte die Piroge.

7. *Januar*   Den ganzen Tag war es kalt, und es goß in Strömen. Wieder beginnt bei mir ein Fieberanfall, schon der zweite an diesem Tag. Alle fünf Minuten wird das Zittern heftiger. Ungeachtet dessen, daß ich sehr warm an-

gezogen bin (ich habe zwei Flanellhemden und zwei Flanellhosen an und über den Knien und um die Schultern eine Decke), ist mir kalt, und es wird mir mit jeder Stunde kälter; mich überkommt starkes Schwindelgefühl. Ich kann nur schreiben, wenn ich die Stirn mit der linken Hand kräftig zusammenpresse.

Den ganzen gestrigen Tag und heute bis 6 Uhr nachmittags war ich zu nichts fähig; ich konnte nur mit schrecklichen Kopfschmerzen liegen und still abwarten, bis der Anfall vorüberging. Gegen 6 Uhr wurde mir besser, doch jetzt, nach einer weiteren halben Stunde, spüre ich die Symptome eines neuen Anfalls. Da ich im Verlauf von vierunddreißig Stunden drei heftige Fieberanfälle gehabt habe, schluckte ich 4 Gran Chinin (0,5 je Dosis). In Wirklichkeit sind nicht die Eingeborenen, nicht die tropische Hitze und nicht der dichte Wald die wahren Wächter Neuguineas. Der mächtigste Verbündete der eingeborenen Bevölkerung bei der Verteidigung vor fremden Eroberern ist der blasse, kalte Schauer und danach das glühende Fieber. Es erwartet die neuen Ankömmlinge in den ersten Sonnenstrahlen und in der feurigen Glut des Mittags, es lauert auf die Unvorsichtigen in den letzten Schatten des Tages; die kalten, stürmischen Nächte sind ihm genauso recht wie die stillen Mondabende. Sogar der Allervorsichtigste wird ihnen kaum entgehen. Zunächst wird er seine Anwesenheit nicht spüren. Doch bald wird es sich zeigen, daß seine Beine wie mit Blei gefüllt sind, daß die Gedanken durch Schwindelanfälle unterbrochen werden, daß kalter Schauer über Arme und Beine läuft, daß die Augen gegen das Licht empfindlich werden, während die Augenlider kraftlos zufallen. Gesichte, irgendwelche riesigen Ungeheuer, schwimmen langsam und traurig an seinen Augen vorüber. Allmählich geht der kalte Schauer in Hitze über, in eine trockene, fortwährende Hitze, und die Gesichte beginnen ihren phantastischen Tanz.

Mein Kopf ist schwer, meine Hand zittert zu sehr, als daß ich weiterschreiben könnte, jetzt ist es erst 9 Uhr, doch ich fühle, daß das Beste, was ich tun kann, ist – mich ins Bett zu legen.

8. Januar   Fieber.

9. Januar   Fieber.

10. Januar   Fieber.

11. Januar   Ganze fünf Tage hintereinander quält mich das Fieber. Gestern und heute hatte ich nur noch je einen Anfall am Tag, und der heutige Anfall am Morgen war leicht. Ich fühle mich bedeutend besser, doch die Knie zittern immer noch. Ich will nicht meinen Zustand genau beschreiben, doch einiges darüber zu wissen gereicht jedem zum Nutzen, dem es einfallen sollte, hierher vorzudringen. Ich will also nur sagen, daß ich diese ganze Zeit unerträgliche Kopfschmerzen hatte und einen absoluten Widerwillen gegen Speisen oder, genauer gesagt, einen Widerwillen den Speisen gegenüber verspürte, die ich hätte bekommen können. Ich nahm nichts zu mir (mit Ausnahme von Tee und kaltem Taro, der mir das Brot ersetzte) und bin vom Hunger sehr geschwächt. Und trotzdem ließ ich mich, da ich Olson nicht rufen mochte, selbst vorsichtig vom Bett auf den Fußboden hinunter. Wenn ich mich geradegerichtet, mich auf die Füße gestellt hätte, wäre ich unbedingt hingefallen. Erst als ich die beiden Hände mit benutzte, konnte ich auf die Veranda hinauskriechen, um dreimal am Tag die meteorologischen Beobachtungen aufzuschreiben.

Diese ganzen Tage befand ich mich anscheinend in irgendeinem Dämmerzustand, weshalb ich auch nicht zur richtigen Zeit Chinin eingenommen habe. Das war die Hauptursache dafür, daß das Fieber so lange andauerte.

Um beim Einnehmen der Arznei den Löffel wohlbehalten bis an den Mund heranzuführen, mußte ich mit der einen Hand die andere unterstützen – so schrecklich zitterten meine Hände. Gestern war mir so schwindlig, daß ich nicht die Kraft hatte, auf dem Stuhl zu sitzen; die Augenlider und die Stirn aber schwollen während des Paroxysmus merklich an. Heute kann ich mich schon bewegen, und die Geschwulst an Stirn und Augen ist sehr zurückgegangen.

Im Lauf dieser Tage kamen die Eingeborenen häufig zu mir. Da ich nicht wollte, daß sie etwas von meiner Krankheit erfahren, erschien ich trotzdem an der Tür; doch um ihren Besuch abzukürzen, machte ich ein ernstes Gesicht und warf ihnen etwas Tabak zu.

Während dieser Tage reizte mich sehr Olsons beständiges Klagen über unsere erbärmliche Lage. Unaufhörlich fiel er mir mit der Frage auf die Nerven, was aus uns würde, wenn meine Krankheit lange dauern sollte. Wenn ich krank bin, bringt mir Olson nicht den geringsten Nutzen. Ich selbst liebe es zwar nicht, wenn man mich pflegt und wartet, und ziehe es vor, daß man mich während der Krankheit allein läßt; doch Olson geht in dieser Beziehung schon zu weit. Während der letzten fünf Tage hatte er mich nicht ein einziges Mal gefragt, ob ich essen möchte, und ich selbst mußte ihm befehlen, für mich Tee aufzubrühen.

Gegen 12 Uhr erschienen einige Leute aus Bongu und luden mich ein, zu ihnen zu kommen. Einer von den Besuchern sagte mir, daß er essen möchte. Ich gab ihm dieselbe Kokosnuß, die er mir als Geschenk mitgebracht hatte.

Zunächst trennte er die grüne Schale der Nuß mit dem Beil und danach mit dem Dongan ab; dann bat er sich von mir einen Tabir (eine hölzerne Schüssel) aus. Einen Tabir besitze ich nicht, und ich brachte ihm einen tie-

Inneres eines Papua-Hauses

fen Teller. Er hielt die Kokosnuß in der linken Hand und schlug mit einem Stein darauf, wodurch die Nuß gerade in der Mitte aufplatzte. Er zerbrach die Nuß, die er über dem Teller hielt, in zwei fast gleiche Teile, und die Milch ergoß sich in den Teller. Zu ihm setzte sich sein Kamerad, und die beiden, die aus ihren Säcken jeder einen Jarur (eine Muschel) hervorholten, begannen den frischen Kern der Nuß mit dem Jarur auszuschaben und die sich in langen Bändern ziehende Masse in die Kokosmilch zu tauchen. In kurzer Zeit hatte sich der Teller mit einem weißen Brei gefüllt; die sauber ausgeschabten Hälften der Schale verwandelten sich in Tassen und die Jarur in Löffel. Das Essen war so reinlich zubereitet, und die Geräte waren so einfach und zweckmäßig, daß ich dieser Methode der Öffnung und Zubereitung einer Kokosnuß den Vorzug allen andern gegenüber, die ich gesehen hatte, geben mußte. Die Eingeborenen nennen dieses Essen „mongilia", und es spielt beim Festschmaus eine bedeutsame Rolle.

Obgleich es zu regnen begann, nahm ich die Einladung der Eingeborenen von Bongu, sie zu besuchen, an. Ich rechnete damit, das Dorf möglichst gründlich besichtigen zu können, und hoffte, daß meine Sprachkenntnisse schon weit genug fortgeschritten wären, so daß ich die Erklärung vieler Dinge, die mir bisher unverständlich blieben, verstehen würde.

Ich zog es vor, in der Schaluppe nach Bongu zu fahren. Die Küste dort ist völlig offen. Bei beträchtlicher Brandung war es riskant, die Schaluppe nicht an Land zu ziehen; da jetzt Flut war, wäre sie unverzüglich ans Ufer geschleudert worden. Wir fanden aber einen großen, über das Wasser herabgeneigten Baum, von den Eingeborenen „subari" genannt, und befestigten an ihm unsere Schaluppe. Ich fuhr an den Baum heran und warf vom Heck einen großen Stein, der uns als Anker diente, hinunter; nachdem ich die Schaluppe vorn am Baum festgebunden hatte und sich das Boot in Sicherheit befand, konnte ich ruhig den Weg in das Dorf antreten.

Einige Eingeborene, die neben dem Boot bis an den Gürtel im Wasser standen, erwarteten mich, um mich an den Strand hinüberzutragen. Als ich zum Abmarsch ins Dorf fertig war, lief einer von den Knaben voraus, um anzukündigen, daß ich mich nähere. Mir folgten ungefähr fünfundzwanzig Eingeborene. Von dem sandigen Strand führte ein festgetretener Pfad zum Dorf, das vom Meer aus nicht zu sehen war. Etwa fünf Schritt vor den ersten Hütten waren Anzeichen einer bewohnten Ortschaft weder zu sehen noch zu hören, und erst nach einer scharfen Biegung erblickte ich das Dach der ersten Hütte, die direkt am Weg stand. Als ich sie passiert hatte, kam ich auf einen kleinen Platz, der von einem Dutzend Hütten umgeben war.

Am Anfang des Tagebuchs hatte ich schon die Hütten der Papuas in allgemeinen Zügen beschrieben. Sie bestehen fast ausschließlich aus einem Dach; sie haben sehr niedrige Wände und kleine Türen. Da sie keine Fenster haben, ist es im Innern dunkel. Ihr einziges Mobiliar sind Pritschen. Doch außer den privaten Wohnhütten, in denen einzelne Familien wohnen, gibt es in den Dörfern auch noch andere Bauten – für Gemeinschaftszwecke. Das sind große scheunenartige Gebäude, bedeutend größer und höher als die andern.[1] Sie haben gewöhnlich keine Vorder- und Hinterwand und manchmal auch keine Seitenwände; nicht selten bestehen sie nur aus einem hohen Dach, das auf Pfählen ruht und fast bis an die Erde herabreicht. Unter diesem Dach sind auf der einen Seite Pritschen zum Sitzen oder Liegen angebracht. Ebenso wird hier auch das Geschirr für die gemeinschaftlichen Feste aufbewahrt.[2]

Von solchen Gemeinschaftshäusern – so etwa in der Art von Klubs, die einzig und allein Männern zugänglich sind, wie ich später erfahren habe – gibt es in Bongu fünf oder sechs, fast auf jedem Platz eins.

Zunächst führte man mich zu dem ersten von ihnen und danach zu allen andern. In jedem dieser Häuser erwartete mich eine Gruppe Papuas, und in jedem ließ ich einige Stücke Tabak und ein paar Nägel für die Männer zurück und Streifen roten Baumwollstoffs für die Frauen, die die Eingeborenen auch heute irgendwo versteckt haben: Jedenfalls hatte ich keine einzige Frau gesehen.

Das Dorf Bongu ist bedeutender als Gorendu, mindestens dreimal so groß. Wie in Gorendu stehen die Hütten auch hier unter Kokospalmen und Bananen und sind um kleine Plätze gruppiert, die untereinander durch kurze Pfade verbunden sind.

Nachdem ich endlich das ganze Dorf besichtigt und alle meine Geschenke verteilt hatte, nahm ich auf der Pritsche der großen Barla[3] Platz; um mich herum versammelten sich etwa vierzig Eingeborene. Das Dach reicht bis auf 1 Fuß über die Erde herunter und wird in der Mitte von drei kräftigen Pfosten gestützt. An den Seiten sind ebenfalls Pfosten eingegraben, an denen das Dach festgemacht ist und auf die sich die Dachsparren stützen. Das Dach ist ein wenig nach außen gewölbt; es ist solid gearbeitet und stellt, von innen her gesehen, ein dichtes, sorgfältig verbundenes Geflecht dar. Man kann sicher sein, daß es jedem Platzregen standhalten und ein Jahrzehnt überdauern wird. Über der Pritsche sind verschiedene Waffen aufgehängt, Geschirr aus Ton und Holz steht auf Wandbrettern; alte Kokosnüsse sind unter der Pritsche aufgehäuft. Alles scheint solid und bequem zu sein.

[1] sogenannte Buamramren
[2] in den Buamramren werden auch die Musikinstrumente – „ai" – aufbewahrt; längs der Wände sind die Kinnladen von Schweinen und Fischköpfen aufgehängt – zur Erinnerung an jenen Festschmaus, bei dem diese Schweine und Fische verspeist wurden
[3] hier verwendet Mikloucho-Maclay dieses Wort, das gewöhnlich „Gerüst" bedeutet, im Sinne des Wortes „Hütte"

Nachdem ich mich ein wenig ausgeruht, alles ringsumher angeschaut und, soweit ich konnte, nach dem, was ich nicht verstand, gefragt hatte, ging ich weiter, um zu sehen, ob ich nicht etwas Interessantes fände.

Ich ließ Olson und einen von den Papuas zurück, die Geschenke der Eingeborenen, die sie allmählich aus ihren Hütten in die Barla hinübertrugen, für mich entgegenzunehmen. Das waren: süße Kartoffeln, Bananen, Kokos-

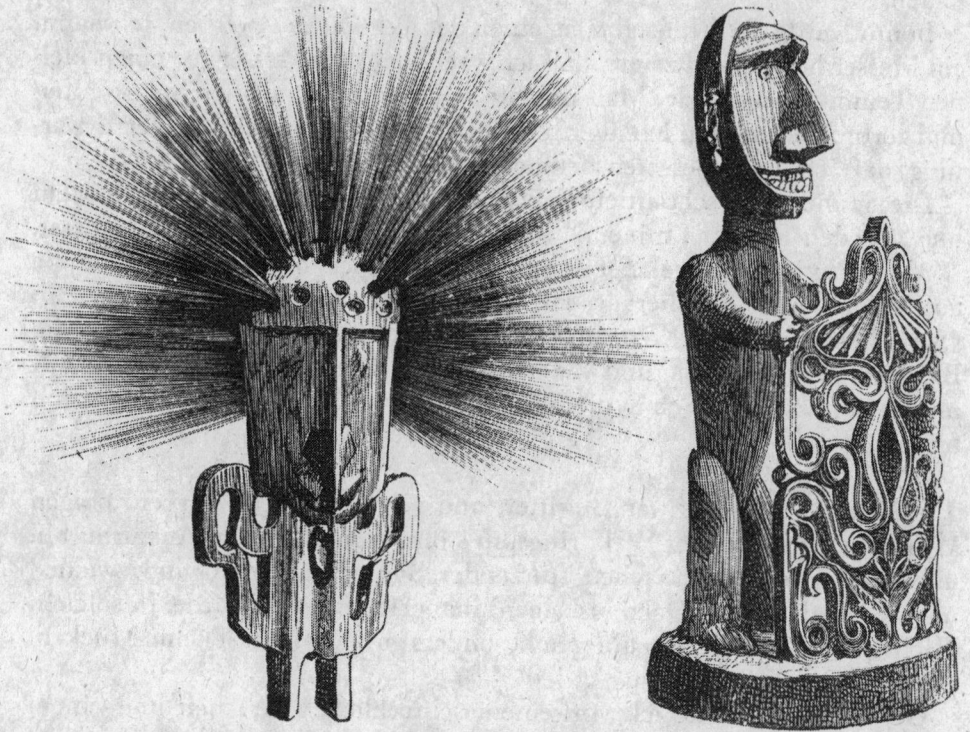

Kultfiguren der Papuas

nüsse, gebackener und geräucherter Fisch, Zuckerrohr und anderes mehr.

Bei der einen Barla war der obere Teil der hinteren Wand, die aus irgendeiner Rinde gefertigt war, mit weißer, schwarzer und roter Farbe ausgemalt. Zum Unglück regnete es, und ich konnte diese urtümlichen Darstellungen von Fischen, von der Sonne, den Sternen und anscheinend auch von Menschen nicht abzeichnen.

In einer Barla fand ich endlich das, was ich schon lange suchte, und zwar einige aus Holz geschnitzte Figuren; die größte von ihnen (über 2 Meter hoch) stand in der Mitte der Barla neben der Pritsche, die andere (ungefähr $1^{1}/_{2}$ Meter) neben dem Eingang, die dritte, eine sehr alte, die nichts mehr taugte, lag auf der Erde. Ich setzte mich nieder und zeichnete alle drei ab, wobei ich mich mit den Eingeborenen unterhielt, die mich ausfragten, ob es solche „telume"[1] in Rußland gäbe und wie sie dort genannt würden.

In der andern Barla hing ein Balken, der in der Form einer Reihe menschenähnlicher Figuren geschnitzt war. Er war ziemlich hoch befestigt, so daß ich ihn nicht näher ansehen konnte. Diese Barla glich den andern, und außer den Telumen bot nichts in ihr Anlaß, den Bau für einen Tempel zu halten.

In mir wurde der Wunsch rege, einen der Telume zu erwerben. Ich nahm ein Messer heraus und zeigte, daß ich zwei oder drei Messer für einen kleinen Telum geben werde. Man brachte mir sofort irgendeinen angekohlten und zerbrochenen, den ich allerdings nicht genommen habe, in der Erwartung, daß ich einen besseren bekommen werde.

Die Sonne stand schon tief, als ich, nach gegenseitigem Händeschütteln und von den Rufen „Eh mem!" begleitet, den Weg zur Schaluppe antrat.

Als wir zu Hause angelangt waren und alle Geschenke aus der Schaluppe ausluden, stellte es sich heraus, daß Olson von der Fahrt sehr enttäuscht war. „Sie geben wenig: Die Kokosnüsse sind alt, der Fisch ist hart wie Holz, die Bananen sind unreif, ja, und wir haben noch keine einzige Frau gesehen", murrte er und begab sich in die Küche, um die Bohnen für das Mittagessen fertigzukochen.

15. *Januar* Nachts war Gewitter, und wir hatten sehr starken, böigen Wind aus Südwest. Der Wald ringsum stöhnte unter seinem Ansturm; hin und wieder war das Krachen stürzender Bäume zu hören, und zweimal meinte ich, daß unser Dach ins Meer hinabgefegt werden würde. In solchen Nächten schläft es sich im übrigen besonders gut: Es gibt fast keine Mücken, und man spürt die Frische.

Gegen 1 Uhr wurde ich von einem schrecklichen Krachen und einem schweren Fall aufgeweckt, wonach irgend etwas auf unser Dach herabrieselte. Ich blickte zur Tür hinaus, doch es war stockfinster, so daß man gar nichts erkennen konnte; ich legte mich wieder hin und schlief bald ein. Aber das Geräusch der starken Brandung weckte mich früh auf.

Es war 5 Uhr. Es begann eben erst zu tagen, und im Halbdunkel erkannte

---

[1] eine aus Holz geschnitzte oder aus Lehm geformte Darstellung des Menschen; Mikloucho-Maclay hatte eine große Sammlung neuguinesischer Telume zusammengetragen und sie der Akademie der Wissenschaften zum Geschenk gemacht. „Die Bedeutung der hölzernen Statuen konnte ich nicht völlig aufklären", schrieb er in einer seiner wissenschaftlichen Arbeiten. „Wahrscheinlich stehen sie in einer gewissen Verbindung mit den religiösen Vorstellungen der Papuas." Der Forschungsreisende war der Meinung, daß die Telume Götzenbilder der Papuas seien; er irrte, doch er war von der Wahrheit nicht weit entfernt: Die Telume stellen, nach neuerer wissenschaftlicher Erkenntnis, keine Götter, sondern verstorbene Mitglieder der Sippe dar; der Ahnenkult spielt aber in der Religion der Papuas eine sehr große Rolle

ich, daß der Platz vor der Treppe von einer schwarzen übermannshohen Masse bedeckt war; es stellte sich heraus, daß der große Baum nachts vom Wind umgebrochen worden und direkt vor die Hütte gefallen war. Wenn hier ein Baum stürzt, fällt er nicht allein, sondern zieht eine Masse von Lianen und andern Schmarotzerpflanzen nach sich, reißt manchmal die umstehenden Bäume nieder oder bricht wenigstens deren Äste, die von den Lianen des umstürzenden Baumes umrankt sind. Um zum Bach zu gelangen, mußte man sich mit dem Beil einen Weg durch das Grün bahnen.

Der ganze Tag verging in nichtigen, jedoch notwendigen Arbeiten: Olson hatte Fieber und konnte nicht aufstehen. Ich mußte daher selbst nach Wasser gehen, Feuer anzünden und Tee kochen, danach den Vorplatz etwas von den abgebrochenen Zweigen säubern, damit man sich am Haus ungehindert bewegen konnte.

Nachdem ich die meteorologischen Beobachtungen aufgeschrieben und Olson Arznei verabfolgt hatte, war ich für etwa zwei Stunden frei und konnte mich an einige anatomische Arbeiten machen. Gegen 10 Uhr mußte ich damit wieder aufhören, da mir eingefallen war, daß für die Zubereitung des Frühstücks und des Mittagessens Holz fehlte.

Nachdem ich genügend Holz gehackt hatte, ging ich zum Bach, um Reis zu waschen, den ich dann kochte; zugleich buk ich in der Asche süße Kartoffeln.

Nach dem Frühstück legte ich mich zur Ruhe, doch meine Siesta wurde durch die Ankunft einiger Eingeborener gestört, die bis gegen 3 Uhr nicht von meiner Seite wichen. Einer von ihnen wies auf die im Wasser liegende Schaluppe hin; sie war bis oben mit Wasser gefüllt – vollgeregnet. Man darf sie nicht bis zum nächsten Tag in dieser Lage lassen, da es nachts von neuem regnen kann und die Schaluppe dann untergehen würde. Ärgerlich zog ich mich halb aus, ging zur Schaluppe und schöpfte nicht weniger als dreiundzwanzig Eimer Wasser aus – diese Beschäftigung war für mich sehr ermüdend, da ich sie nicht gewohnt bin.

Nachdem ich die nassen Kleider abgelegt hatte, blickte ich nach der Zeit. Es war etwa 5 Uhr. Es blieb nichts anderes übrig, als wieder in die Küche zu gehen und Mittagessen zuzubereiten; es ist mir selbstverständlich nicht eingefallen, Bohnen zu kochen, da dafür etwa vier Stunden nötig sind. Ich kochte abermals Reis, bereitete Curry, buk Kartoffeln und brühte Tee auf. Mit dieser Kocherei, die mich trübsinnig macht, hatte ich mich bis 6 Uhr abgeplagt. Ich aß zu Mittag, aber auch dabei wurde ich gestört: Ich mußte, da es zu regnen begann, die zum Trocknen aufgehängte Wäsche abnehmen, die Lampe fertigmachen und so weiter.

Sogar das Teetrinken geht nicht ohne Umstände. Zucker haben wir schon einige Monate nicht, doch ohne ihn schmeckt mir der Tee nicht; ich bin darauf gekommen, ihn mit Zuckerrohr zu trinken. Mit einem Messer spalte ich die Rinde des Rohrs ab, schneide es in Plättchen, kaue sie, sauge allmählich den süßen Saft aus und trinke Tee hinterher.

Gegen 8 Uhr machte ich mich an das Tagebuch. Um 9 Uhr werde ich die Lufttemperatur aufschreiben, zum Meer hinuntergehen, die Temperatur des Wassers im Bach und im Meer notieren, mich von der Höhe der Flut überzeugen, die Windrichtung vermerken, all das in das Journal eintragen und mit Wohlbehagen einschlafen.

Den heutigen Tag habe ich als ein Beispiel vieler anderer für den Fall beschrieben, daß ich, sollte ich die Einzelheiten meines hiesigen Lebens vergessen, dann zu meinem Verdruß meinen könnte, daß ich in wissenschaftlicher Beziehung auf Neuguinea wenig getan habe.

17. Januar Ich kam auf den Gedanken, nach Bongu zu gehen, um dort die Zeichnung der Telume und der Darstellungen an der Wand einer Barla zu beenden. Ich begegnete Tui, der auf dem Weg zu mir war, und machte ihm den Vorschlag, mit mir zu gehen. Er willigte ein. Als wir durch Gorendu gingen, gesellten sich Bonem und Digu zu uns.

Wir traten aus dem Wald an das Meer hinaus und gingen über einen sanft geneigten Sandstrand. Es war Flut, und die Wellen rollten über die Flutlinie hinaus gegen den Strand, wo der Wald eine dichte grüne Mauer bildete. Da ich das Schuhwerk nicht naß machen wollte, mußte ich die Augenblicke wählen, wenn die Welle zurückrollte, und von der einen Stelle zur andern hinüberlaufen.

Die Eingeborenen waren über die Gelegenheit, laufen zu können, sehr erfreut; vielleicht wünschten sie auch zu erfahren, ob ich laufen kann, und jagten mir nun nach. Da ich selbst unsere Kräfte messen wollte, stellte ich mich neben sie auf, und wir rannten los. Die Eingeborenen hatten sofort begriffen, worum es sich handelte, und blieben nur wenig zurück, doch zu meinem Erstaunen erwiesen sich meine Beine als die kräftigeren – ich hatte sie alle überholt. Es waren ihrer fünf; alle waren sie gesund, jung und, wenn man vom Gurt absieht, völlig nackt. Ich hatte aber außer der gewöhnlichen Kleidung Schuhe und Gummiüberschuhe an.

In Bongu angekommen, ging ich direkt in die Barla, um die Muster, die sich auf dem Giebel befanden, abzuzeichnen. Als ich mit dem Zeichnen fertig war, verteilte ich an die Eingeborenen einige Stücke Tabak, an dem sie mehr und mehr Gefallen finden, und ging durch das Dorf. Obwohl meine Anwesenheit dem ganzen Dorf bekannt war, sind doch diesmal (es scheint zum erstenmal) die Frauen nicht in den Wald fortgelaufen; sie haben sich bei meiner Annäherung nur in den Hütten versteckt. Ihre Gesichter konnte ich nicht erkennen. Ihre Figur aber ähnelt der der Männer. Ihre Kleidung unterscheidet sich von der Kleidung der Männer dadurch, daß bei ihnen anstatt eines Gürtels vorn und hinten irgendwelche Schurze baumeln.

Als ich mich anschickte fortzugehen, brachte man mir einige Bananen und zwei Stücke Fleisch, die wahrscheinlich auf Kohlen gebacken und akkurat zwischen gespaltenen Stäbchen eingeklemmt waren; es stellte sich heraus, daß eins dieser Stücke, das man mir zugedacht hatte, Schweinefleisch war, das andere aber – Hundefleisch, das man Olson zu übergeben bat.

Als ich nach Hause zurückgekehrt war, verspürte ich einen guten Appetit. Ich gab das Schweinefleisch Olson und machte mich selbst über das Hundefleisch her, nachdem ich Olson auch davon die Hälfte überlassen hatte. Das Hundefleisch war sehr dunkel, faserig, jedoch eßbar. Olson war zunächst entsetzt, als ich ihm das Hundefleisch anbot, doch zu guter Letzt hat er es ebenfalls aufgegessen. Neuguinesische Hunde sind anscheinend nicht so schmackhaft wie die polynesischen, von denen Cook bezeugt, daß ihr Fleisch besser als Schweinefleisch ist.

25. Januar   Sechs Tage litt ich an Fieber; ein Anfall löste den andern ab. Es regnete häufig.

Ich ging nach Gorendu, um Zuckerrohr zu holen. Während die Eingeborenen nach dem Zuckerrohr auf die Felder gingen, machte ich einige Zeichnungen von den Hütten und beobachtete zum erstenmal, wie die Eingeborenen Wasser aufbewahren, nämlich in großen Bambusröhren wie in vielen Gegenden des Malaiischen Archipels.

Erst heute, das heißt im fünften Monat meines hiesigen Aufenthalts, habe ich die Wörter der Papuasprache kennengelernt, die „Morgen" und „Abend" bedeuten; das Wort „Nacht" zu ermitteln ist mir bisher nicht gelungen. Es ist lächerlich und ärgerlich, einzugestehen, daß es mir erst heute geglückt ist, zu erfahren, wie das Wort „gut" oder „Gutes" in der Papuasprache heißt. Bisher habe ich mich schon zweimal geirrt, in der Annahme, ich wüßte dieses Wort – worauf ich es natürlich auch anwendete. Aber anscheinend verstanden die Papuas nicht, daß ich mit diesem Wort „gut" sagen wollte. Sehr schwer ist es, sie so weit zu bringen, daß sie einen verstehen, wenn das Wort, das man sagen will, nicht einfach die Bezeichnung eines Gegenstands ist. Wie soll man zum Beispiel erklären, daß man den Wunsch hat, das Wort „gut" zu wissen?

Der Eingeborene, der vor dir steht, begreift, daß du irgendein Wort wissen willst. Du nimmst einen Gegenstand, von dem dir bekannt ist, daß er dem Eingeborenen gefällt, und danach nimmst du in die andere Hand einen, der deiner Meinung nach für ihn gar keinen Wert hat. Danach zeigst du ihm den ersten Gegenstand, sagst „gut" und bemühst dich dabei, ein zufriedenes Gesicht zu machen. Der Eingeborene weiß, daß, nachdem er das Wort in deiner

Sprache gehört hat, er das seine sagen muß, und sagt auch irgendeins. Dann zeigst du einen andern Gegenstand, machst eine saure Miene und wirfst ihn verächtlich fort. Zu dem Wort „schlecht" sagt der Eingeborene auch ein Wort. Versuchst du das aber einige Male mit verschiedenen Eingeborenen, so kommen verschiedene Wörter heraus.

Schließlich begegnete mir nach vielen Versuchen und Zweifeln ein Eingeborener, der, wie ich überzeugt war, mich verstanden hatte. Ich glaubte nun, daß das Wort „gut" in der Papuasprache „kasi" heißt. Ich hatte es aufgeschrieben, es mir eingeprägt und es etwa zwei Monate lang gebraucht; bezeichnete ich irgend etwas mit „kasi", so hatte ich die Freude, zu sehen, wie die Eingeborenen, wenn sie dieses Wort hörten, ein zufriedenes Gesicht machten und sagten: „Kasi, kasi."

Ich merkte indessen, daß mich nicht alle verstanden, wenn ich „gut" meinte. Das war im dritten Monat. Dann begann ich eine Gelegenheit zu suchen, um dieses Wort zu überprüfen. In Bongu begegnete mir ein Mann, der, wie es mir schien, ein sehr heller Kopf war und mir bereits viele schwierige Wörter mitgeteilt hatte. Vor uns stand neben der Hütte ein guter Topf, und unweit davon lagen auf der Erde die Scherben eines andern herum. Ich nahm den Topf und die Scherben und wiederholte die oben beschriebene Prozedur. Der Eingeborene hatte mich anscheinend verstanden, dachte ein wenig nach und sagte zwei Wörter. Ich begann nachzuprüfen, indem ich auf verschiedene Gegenstände hinwies: auf einen ganzen und eine zerrissenen Schuh, auf eine Frucht, die zum Essen geeignet, und auf eine andere, die ungenießbar war, und fragte: „Wab?" (das Wort, das er mir gesagt hatte). Jedesmal wiederholte er „wab". Endlich, so meinte ich, habe ich es herausbekommen. Wiederum wandte ich das Wort „wab" einen Monat lang an und mußte wieder bemerken, daß dieses Wort nichts taugt; ich habe sogar entdeckt, daß „kasi" die Bezeichnung der Eingeborenen für Tabak ist und daß „wab" – „großer Topf" bedeutet... Zudem haben die Wilden überhaupt die Gewohnheit, die Wörter der Fremden zu wiederholen. Sagt ihr zum Beispiel, auf einen guten Gegenstand zeigend, „kasi" – so wird der Eingeborene euch nachsprechen „kasi". Und ihr denkt, daß er euch verstanden hat, während die Papuas ihrerseits glauben, daß ihr in der eigenen Sprache sprecht, und sich nun bemühen, im Gedächtnis zu behalten, daß ihr einen solchen Gegenstand „kasi" nennt.

Das mir jetzt anscheinend richtig bekannt gewordene Wort für „gut" – „aue" – habe ich auf Umwegen erfahren, wofür ich genau zehn Tage brauchte. Da ich gesehen habe, daß die erste Methode der Kritik nicht standhält, fing ich an, den Gesprächen der Papuas zuzuhören, die sie miteinander führten. Um das Wort „gut" zu erfahren, bemühte ich mich, die Bedeutung von „schlecht" kennenzulernen, da ich wußte, daß der Mensch geneigt ist, das Wort „schlecht" häufiger als das Wort „gut" anzuwenden. Das ist mir gelungen. Dennoch war ich nicht ganz von meinem Erfolg überzeugt und nahm zu einer List Zuflucht, die mir auch half: Ich gab den Eingeborenen verschiedene salzige, bittere und saure Stoffe zum Probieren und hörte aufmerksam dem zu, was diejenigen, die probierten, zu ihren Kameraden sagten. Auf diese Weise habe ich in Erfahrung gebracht, daß „schlecht", „garstig", alles, was „nicht gut" ist, durch das Wort „borle" ausgedrückt wird. Mit Hilfe des Wortes „borle", das sich für alle als verständlich erwies, gelang es mir, von Tui die Bedeutung des Gegenteils, das „aue" heißt, zu erfahren.

Noch komischer ist die Geschichte des Wortes „kiringa". Die Eingeborenen hatten es im Gespräch mit mir sehr oft angewandt, und ich nahm an, daß es „Frau" bedeutet. Erst vor kurzem, das heißt nach Ablauf von vier Monaten, habe ich erfahren, daß dieses Wort kein Papuawort ist; Tui und die andern Eingeborenen aber haben sich davon überzeugt, daß es kein russisches Wort war, wofür sie es hielten. Wie es aufgekommen und in welcher Weise dieses Mißverständnis entstanden ist, kann ich nicht sagen.

Deshalb also wächst mein Wortschatz der Papuasprache so langsam, und er wird wohl niemals bedeutend werden.

Vom Kauen und Saugen des Zuckerrohrs fangen die Zähne an zu schmerzen, doch ohne das Zuckerrohr schmeckt der Tee nicht. Seltsam: Von Zeit zu Zeit verspüre ich ein gewisses Bedürfnis, irgend etwas Süßes zu essen.

Februar

7. Februar Wie wir verabredet hatten, kam Tui gegen 6 Uhr zu mir, um zusammen mit mir nach Bongu zu gehen. Tui hatte sich heute dazu herbeigelassen, einen Teller gekochten Reis zu essen, und dann machten wir uns auf den Weg.

Von Gorendu nach Bongu muß man direkt am Strand entlanggehen, und zur Zeit der Flut umspült, wie ich bereits erwähnt hatte, das Wasser die Füße.

In Bongu entdeckte ich noch einen großen Telum, den ich sofort abzeichnete. In der linken Hand hielt der große einen kleinen – einen, der aus Lehm gemacht war und eine sehr geschickte Arbeit darstellte. Ich hatte ihn für drei Stück Tabak erworben.

Ich suchte zu erreichen, daß man mir einen Totenschädel besorgt, doch die Eingeborenen beteuerten, daß die Russen alle mitgenommen hätten, wobei sie verschiedenen Plunder zeigten, den sie im Tausch erhalten hatten. Einer der Eingeborenen wies mir schließlich einen Strauch, unter dem sich ein Totenschädel befinden sollte. Doch weder er noch irgendein anderer der

Eingeborenen wollte ihn herausholen. Da ging ich selbst zu dem Strauch und suchte den Totenschädel hervor, der auf der Erde inmitten von Schweine- und Hundeknochen lag. Die Eingeborenen traten einige Schritte zurück und sagten, daß das nicht gut wäre und daß ich ihn wegwerfen sollte. Dieser Vorfall sowie der Umstand, daß die Eingeborenen für verschiedene Kleinigkeiten bereit sind, sich von den Totenschädeln ihrer Landsleute zu trennen, zeigte mir, daß die Schädel bei ihnen nicht hoch in Ehren stehen. Die Vermutung lag nahe, daß der von mir erworbene Schädel irgendeinem Feind gehört hatte und man ihn deshalb so wenig achtete; doch als ich die Eingeborenen danach fragte, hörte ich mit Erstaunen die Antwort, daß dieser Schädel der eines „tamo Bongu"[1] sei.

Dann ging ich zum Einkauf von Proviant über. Fisch habe ich viel bekommen. Danach tauschte ich eine Traube noch nicht ganz reifer Bananen ein, die ich mir auf die Schulter lud. Mit den beiden Telumen in den Taschen und dem Schädel in der Hand trat ich endlich den Heimweg an. Von der Last und dem schnellen Gehen wurde mir sehr heiß; doch als dann die Flut begann, die Füße, die schon vorher naß geworden waren, zu umspülen, spürte ich starke Kälte, Zittern und Schwindel.

In Gorendu machte ich Digu den Vorschlag, die Bananen und einige Kokosnüsse zu mir in die Hütte zu tragen.

Kaum war ich zu Hause angelangt und hatte die durchnäßte Kleidung abgelegt, als ich gezwungen war, mich hinzulegen, da der Paroxysmus heute sehr stark war. Meine Kinnbacken zitterten derart, und die Zähne klapperten so aufeinander, daß ich Olson nicht ein Wort sagen konnte; Olson, der sich einbildete, ich läge im Sterben, bekam solch einen Schreck, daß er sich vor das Bett warf, schluchzte und über sein Los jammerte, falls ich sterben sollte. An einen ähnlichen Paroxysmus und an eine so hohe Temperatur, die fast sechs Stunden lang anhielt, kann ich mich nicht erinnern.

Hierbei war ich nicht wenig über eine seltsame Empfindung erstaunt: Beim Übergang vom Schüttelfrost zur Fieberhitze hatte ich auf einmal eine sehr seltsame Sinnestäuschung. Ich spürte deutlich, wie mein Körper wuchs, wie der Kopf immer größer und größer wurde, ja, fast bis zur Decke reichte, wie die Arme sich ins Riesenhafte auswuchsen, die Finger dick und groß wie die Arme wurden und so weiter. Ich fühlte die gewaltige Schwere des immer mehr und mehr wachsenden Körpers. Es ist sonderbar, daß ich dabei nicht schlief, das war keine Fieberphantasie, sondern eine deutliche Empfindung, die etwa eine Stunde lang dauerte und mich sehr ermüdete. Der Paroxysmus war so stark, und die Empfindungen waren so seltsam, daß ich sie lange nicht vergessen werde.

---

[1] ein Mensch aus dem Dorf Bongu

Das kam davon, daß ich nasse Füße bekommen hatte und während des Morgenspaziergangs ganz durchfroren war.

8. Februar   Ich nahm nachts 0,8 Gramm Chinin ein und die gleiche Dosis vor dem Frühstück; ich hatte zwar schreckliches Ohrensausen und war für den ganzen Tag taub, aber es trat kein Paroxysmus ein.

Heute war das Wetter besonders angenehm: leicht trübe, warm (29 Grad Celsius), völlig windstill. Die Stille wurde von dem Vogelgeschrei und dem fast unaufhörlichen Lied der Zikaden unterbrochen. Von Zeit zu Zeit blickte ein Sonnenstrahl hindurch. Das von dem nächtlichen Regen erfrischte Grün schimmerte in solchen Augenblicken und belebte die Wände meines Palazzo. Die fernen Berge schienen blauer zu sein, und das silberne Meer glitzerte verlockend in einem grünen Rahmen. Dann beruhigte sich und verblaßte alles allmählich wieder. Das Auge ruhte aus. Kurz gesagt, es war still und schön ...

Gesprächige Menschen haben mich heute auch nicht gestört: Ich hatte keinen Besuch. Ich dachte, daß sich der Mensch in dem Zustand großer Ruhe (wahrhaft einem schwer erreichbaren) vollkommen glücklich fühlen kann. Das gleiche denken wahrscheinlich Millionen von Menschen, während Millionen andere ihr Glück in dem Gegenteil suchen.

Ich bin in meiner Einsamkeit so zufrieden! Die Begegnung mit Menschen ist keine Last, doch die Menschen sind für mich fast unnötig; sogar die Gesellschaft Olsons (wenn man das als Gesellschaft bezeichnen kann) fällt mir häufig auf die Nerven, und ich habe die gemeinsamen Mahlzeiten aufgegeben. Jeder von uns ißt in seinem Raum. Es will mir scheinen, daß ich, wenn es kein Fieber gäbe, nicht abgeneigt wäre, hier für immer zu bleiben, das heißt, niemals nach Europa zurückzukehren.

Während ich zwischen den Sträuchern spazierenging, wurde ich auf einen Baum aufmerksam, an dem fast alle Blätter von Insekten zerfressen und mit verschiedenen Schwämmen bedeckt waren. In Ländern mit gemäßigtem Klima habe ich Blätter so verschiedener Formen an ein und demselben Baum nie gesehen. Wenn man sie betrachtet, ist es schwer, zu glauben, daß sie alle an einem Zweig gewachsen sind.

Die hiesige Pflanzenwelt unterscheidet sich von der Pflanzenwelt der gemäßigten Zone durch die gewaltige Mannigfaltigkeit der Schmarotzerpflanzen und Lianen, die die Stämme und die Zweige der Bäume umwinden; wenn man alle diese Schmarotzer entfernt, verlieren die Bäume ihr wundervolles Aussehen und kommen uns recht erbärmlich vor. Doch das ist nur im Wald der Fall. Jene Bäume, die frei wachsen, einzeln, wie zum Beispiel am Meeresstrand, sind oft Prachtstücke der Pflanzenwelt.

Jeden Tag beobachte ich die Bewegung der Blätter, die wahrlich merkwürdig ist. Bei einer Pflanze aus der Familie der Lilien heben sich die Blätter morgens und nach jedem Regen stolz in die Höhe, an heißen Sonnentagen hängen sie aber schlaff am Stamm herunter bis zur Erde.

Man bedauert, daß die Augen nicht ausreichen, alles ringsumher zu bemerken und zu bewundern, und daß unser Gehirn nicht umfassend genug ist, alles zu begreifen ...

9. Februar   Morgens hatte ich mich recht weit verirrt. Aus dem Wald kam ich auf einen Pfad hinaus; er führte mich zu einem Zaun, hinter dem ich einige mir bekannte Einwohner Gorendus sah. Unter ihnen befanden sich auch Frauen. Sie arbeiteten; unnötige Kleidungsstücke hatten sie abgelegt: An Stelle von langen Schurzen aus Fransen, die sonst vorn und hinten getragen werden, hatten sie, ebenso wie die Männer, nur einen Gürtel um, der aber schmaler als bei den Männern war; eine an ihm befestigte Schärpe ging zwischen den Beinen hindurch. Sobald ich mich nur zeigte, versteckten sie sich unverzüglich hinter den Stämmen des Zuckerrohrs und kamen, solange ich auf der Pflanzung war, nicht wieder zum Vorschein.

Die Pflanzung war erst vor kurzem angelegt worden. Der Zaun von Mannshöhe ist neu und sehr fest gebaut. Er besteht aus Knüppeln, die sehr

Pandanus-Wald

nahe aneinander in die Erde getrieben sind – Stämme des Zuckerrohrs –, sie sind in zwei Reihen mit 20 Zentimeter Abstand gesetzt. Der Zwischenraum ist mit Bruchstücken von Ästen, von Stämmen des Zuckerrohrs und mit Stücken aufgespaltener Bäume angefüllt; diese ganze Masse von Reisig wird von Schilfrohr gehalten, dessen Stengel, die sich an beiden Seiten gegenüberstehen, zusammengebunden sind. Die Festigkeit wird dem Zaun in der Hauptsache dadurch verliehen, daß das Schilfrohr wieder Wurzeln treibt, daß es wächst und mit jedem Monat und jedem Jahr kräftiger wird.

Die Pforte oder das Tor ist durch einen Ausschnitt im Zaun ersetzt, so daß man eine Schwelle von etwa 2 Fuß Höhe überschreiten muß. Diese Vorsichtsmaßnahme ist gegen Wildschweine gerichtet, die sonst in die Pflanzung eindringen könnten.

Einige über Kreuz angelegte Wege teilen den großen umzäunten Raum in Parzellen, auf denen sich recht hohe, halbrunde Beete erheben. Die Erde ist sorgfältig zerkleinert. Auf jedem Beet sind verschiedene Pflanzen eingesetzt: süße Kartoffeln, Zuckerrohr, Tabak und viele andere Gewächse, die ich nicht kenne. Die außergewöhnlich gute Bearbeitung des Bodens ließ mich meine Aufmerksamkeit auf die dazu benutzten Geräte richten; doch außer einfachen langen Pfählen und schmalen, kurzen Schaufeln konnte ich nichts entdecken. Am Zaun qualmte ein kleines Lagerfeuer, das den Eingeborenen hauptsächlich zum Anrauchen ihrer Zigarren diente.

Bis jetzt konnte ich bei den Papuas keine Methode entdecken, mit der sie das Feuer gewinnen; ich sehe immer, daß sie Feuer mit sich herumtragen, und wenn sie an Ort und Stelle ankommen, legen sie ein kleines Lagerfeuer an, damit die Flamme nicht erlischt.

Abends hatte ich von Tui viele Wörter erfahren, doch das Wort für „sprechen" konnte ich aus ihm nicht herausbekommen.

Tui beginnt sich für Geographie zu interessieren: Er sprach mir die Namen der Erdteile und Länder nach, die ich ihm auf der Karte zeigte. Vermutlich hält er aber Rußland nur für wenig größer als Bongu oder Bili-Bili.

12. Februar   Heute habe ich einen glücklichen Tag. Ich habe sechs gutherhaltene Papuaschädel aufgetrieben, und zwar auf folgende Weise: Als ich zufällig erfuhr, daß es in Gumbu viele Schädel gibt, machte ich mich dahin auf den Weg und begann sofort mit dem Zeichnen der Telume, was sich aber als unbequem erwies, da es in der Hütte dunkel war. In andern Hütten fanden sich übrigens ebenfalls Telume, die auf den Platz hinausgetragen wurden, wo ich sie zeichnete. Dann öffnete ich das Bündel mit den Geschenken – Nägeln, Tabak und Streifen roten Stoffs – und erklärte, daß ich „tamo gate"[1] haben möchte.

[1] Menschenschädel

Man sagte mir, daß es keine Schädel mehr gäbe, die Russen hätten alles mitgenommen. Ich bestand auf meinem Wunsch und wies noch einmal auf ein Stück Tabak, drei große Nägel und einen langen Streifen roten Kattuns hin: Das war die von mir angebotene Bezahlung für jeden Schädel.

Bald brachte man mir einen Schädel, etwas später zwei andere, danach noch drei. Mit großem Vergnügen verteilte ich an die Eingeborenen das Versprochene und gab noch jedem anstatt eines – zwei Streifen roten Stoffs. Ich band die erworbenen Schädel zusammen, befestigte sie an einem Stock und lud mir die Beute ungeachtet der wimmelnden Ameisen auf die Schulter.

Ich bedaure sehr, daß kein Schädel einen Unterkiefer hat, die Eingeborenen bewahren ihn bei sich auf und trennen sich ungern von ihm. Er dient ihnen als Andenken an den Toten.

14. Februar Heute hatte mir Tui zum erstenmal gebackene Taroknollen mitgebracht. Kaum hatte ich mich zurechtgesetzt, um den fünften Schädel zu zeichnen, als Gäste aus einem weit entfernten Bergdorf erschienen. Von meinen Nachbarn unterscheiden sie sich weder durch die Physiognomie noch durch die Farbe der Haut oder den Schmuck.

Als ich sie in den Spiegel blicken ließ, waren ihre einfältig erstaunten und bestürzten Gesichter sehenswert. Einige wandten sich ab und blickten danach aufs neue vorsichtig in den Spiegel hinein; zum Schluß aber hatte ihnen das fremde Ding so gefallen, daß sie es sich gegenseitig fast aus den Händen rissen.

Für einige Kleinigkeiten aus Eisen hatte ich bei einem der Gäste einen Behälter zur Aufbewahrung von Kalk mit einem sehr originellen Ornament eingetauscht.

Nachdem die Gäste fortgegangen waren, bemerkte Olson, daß aus unserer Küche ein Messer verschwunden war, und sagte, er habe einen von den Einwohnern Gorendus, die zu Besuch waren, im Verdacht. Das ist der erste Diebstahl, der von den Eingeborenen begangen wurde, und gerade deshalb kann ich ihn nicht unbeachtet lassen und muß Maßnahmen gegen die Wiederholung ähnlicher Fälle ergreifen.

Heute konnte ich allerdings nicht ins Dorf gehen, um den Dieb zu überführen. Man mußte sich um die Schaluppe kümmern, die stark zu lecken begann: An vielen Stellen zeigten sich Bohrlöcher von Würmern. Ich beschloß, den unteren Teil der Schaluppe zu reinigen und ihn mit einer dünnen Teerschicht zu überziehen. Dazu mußte man die Schaluppe mit dem Kiel nach oben drehen oder sie auf die Seite legen, was für zwei Mann eine ziemlich schwere Arbeit war. Wir haben sie aber dennoch bewältigt.

16. Februar Ich war mit der Schaluppe beschäftigt, als einer der Eingeborenen Gorendus atemlos ankam und erklärte, daß ihn Tui schicke, auf den ein Baum gestürzt sei. Beim Fällen eines Baums wäre er schwer am Kopf verletzt worden; jetzt läge er da und stürbe.

Ich nahm alles Notwendige zum Verbinden mit und eilte ins Dorf; der Verletzte ruhte, halb liegend, auf der Bastmatte und war über mein Kommen anscheinend sehr erfreut. Als er sah, daß ich verschiedene Sachen zum Verbinden mitgebracht hatte, nahm er willig den Verband, der aus Kräutern und Blättern bestand, von seinem Kopf. Die Wunde lag etwas über der Schläfe; sie hatte ziemlich lange zerfetzte Ränder.

Ich hatte vergessen, eine gebogene Schere mitzunehmen, die nötig war, die Haare neben der Wunde abzuschneiden; mit der großen, die ich bei mir hatte, habe ich die Wunde nur gereizt. Die feingekräuselten Haare, die vom Blut zusammengeklebt waren, hatten sich in eine feste Kruste verwandelt.

Nachdem ich alles getan hatte, was ich konnte, erzählte ich Tui und dem alten Bua, der gekommen war, sich den Verband anzusehen, von dem gestrigen Diebstahl und sagte, daß ich einen der Einwohner Gorendus im Verdacht hätte. Beide begannen nun voller Eifer zu reden, daß es schlecht wäre, doch daß der im Verdacht stehende Mann das Messer zurückgeben würde.

Zum Frühstück ging ich nach Garagassi, dieses Mal dachte ich an Schere, Scharpie und so weiter und kehrte damit nach Gorendu zurück. Neben mir und Tui, dem ich die Wunde auswusch, versammelte sich eine ganze Gesellschaft. Darunter befand sich ebenfalls der vermutete Dieb. Als ich mit dem Verbinden fertig war, wandte ich mich direkt an diesen Menschen und sagte:

„Bring mir mein Messer!"

Er zog das Messer ganz ruhig, als wenn nichts geschehen wäre, heraus und reichte es mir. Später erfuhr ich, daß dies auf das Verlangen aller Einwohner von Gorendu hin geschah.

Tui erklärte ich, daß er liegen müsse, nicht in die Sonne gehen und seinen Verband nicht abnehmen dürfe. Ungeachtet seiner dunkeln Gesichtsfarbe war eine Blässe zu sehen, die sich in einem kälteren Ton der Hautfarbe ausprägte.

Als ich fortging, zeigte Tui auf ein großes Bündel „aus"[1] und Zuckerrohr hin, das für mich vorbereitet war: Das war wahrscheinlich das Honorar für die ärztliche Behandlung. Tui wollte Tabak im Tausch für sein Bündel nicht nehmen, doch ich habe ihm trotzdem den Tabak dagelassen. Ich wollte nicht, daß er denken sollte, ich hätte ihm nur geholfen, weil ich auf ein Honorar rechnete.

Viele Einwohner von Gorendu, die abends zu mir kamen, zeigten auf die

---

[1] eine Schlingpflanze, die in den Pflanzungen der Eingeborenen im Januar und Februar reift; den Blütenstand dieses Schilfrohrs (die Rispe) essen die Eingeborenen in gedämpftem oder gebackenem Zustand als Gemüse, den süßen Stengel aber kauen sie roh

um mein Haus herumstehenden Bäume, die zu stürzen drohen, und fügten hinzu, daß das Dach nicht gut wäre, daß es undicht sei. Sie schlugen mir vor, zu ihnen nach Gorendu überzusiedeln, und beteuerten, daß die Gorendu-Leute mir sehr bald ein Haus bauen würden.

Daß das Dach schlecht ist, trifft zu: An zwei Stellen kann ich den Mond zwischen den Blättern hindurchscheinen sehen.

17. Februar Ich war in Gorendu. Ich wollte die Wunde Tuis verbinden, doch hatte ich in dem ganzen Dorf, mit Ausnahme von drei oder vier Hunden, niemanden gefunden; alle Leute waren zur Arbeit oder in den Wald gegangen; Tui, der sich vermutlich besser fühlte, war ebenfalls fort.

18. Februar Als ich morgens nach Gorendu kam, fand ich Tui in einem bedeutend schlechteren Zustand als vorgestern: Die Wunde eiterte stark; über dem Auge und sogar unter ihm hatte sich eine beträchtliche Geschwulst ausgebreitet. Nachdem ich den Verletzten für seinen leichtsinnigen Spaziergang am gestrigen Tag ausgescholten hatte, verband ich die Wunde, wobei ich ihm sagte, daß er sterben müsse, wenn er sich in der Sonne aufhielte, und fügte hinzu, daß ich ihn am Abend nochmals besuchen würde.

Kaum hatte ich mich zum Mittagessen zurechtgesetzt, als Lialai, der jüngste Sohn Tuis, angelaufen kam, um mich im Namen seines Vaters zum Mittagessen nach Gorendu einzuladen; er sagte, daß für mich Fisch, Taro, Aus, Kokosnüsse und Zuckerrohr zubereitet seien.

Ich habe dennoch zu Hause zu Mittag gegessen und ging danach mit Lialai und Lialu ins Dorf. Als ich den Bach überquert hatte, hörte ich plötzlich einen Schrei Lialus. Ich wandte mich um und fragte, was geschehen sei; nun erfuhr ich, daß Lialu auf eine Schlange, eine sehr „borle" (schlechte), an deren Biß der Mensch stirbt, getreten war.

Ich kehrte um, und Lialu zeigte auf die Schlange hin, die quer über dem Pfad ruhig dalag. Als die beiden Eingeborenen sahen, daß ich mich der Schlange näherte, erhoben sie ein Geschrei:

„Borle, borle, aka, Maclay moen!" (Schlecht, schlecht, nicht gut, Maclay wird sterben!)

Um mich des Tiers zu bemächtigen, mußte ich den Kopf mit dem Messer beinahe abtrennen. Danach hob ich die Schlange am Schwanz hoch und rief Olson herbei und schickte meine Beute nach Hause. Ich selbst aber ging schnellen Schrittes (die Sonne neigte sich bereits dem Horizont entgegen) ins Dorf.

Gewohnheitsmäßig bereitete ich die Einwohner Gorendus auf mein Kommen durch einen Pfiff vor. Ich pfiff, damit die Frauen Zeit haben sollten, sich zu verstecken, denn meine Nachbarn mögen sie mir nicht zeigen. Ich hatte häufig gemerkt, daß meine Handlungsweise den Eingeborenen recht war. Sie gewinnen die Überzeugung, daß ich mich ihnen gegenüber offen verhalte und nicht mehr zu sehen wünsche, als sie selbst mir zeigen wollen. Bei meinem Pfiff verstecken sich immer alle Frauen, alt und jung, in den Büschen oder in den Hütten. Heute war es ebenso.

Beim Licht der letzten Sonnenstrahlen verband ich Tuis Wunde und legte mich neben den Kranken hin, um den herum sich bereits eine große Gesellschaft meiner Nachbarn und ebenso der Einwohner Bongus und Gumbus versammelte.

Tui sagte, daß bei meinem „Kin-kan-kan" (diese Bezeichnung hatte er sich für meinen Pfiff ausgedacht) alle „nangeli" (Frauen) fortgelaufen seien, doch daß dies sehr schlecht wäre, weil Maclay „tamo bilen" (ein guter Mensch) sei. Zugleich hörte ich hinter mir eine Frauenstimme; ich wandte mich um und erblickte eine alte Frau, die gutmütig lächelte – das war Tuis Ehefrau, eine alte, sehr häßliche Frau mit schlaffen, flachen und langen Brüsten sowie einem runzligen Körper; bekleidet war sie mit einem Rock aus irgendwelchen schmutzigen gelbgrauen Fasern, der sie vom Gürtel bis zu den Knien verhüllte. Die Haare hingen ihr in eingefetteten Büscheln um den Kopf und fielen ihr in die Stirn herab. Sie lächelte so gutmütig, daß ich an sie herantrat und ihr die Hand drückte; sowohl ihr als auch allen Umstehenden hat das sehr gefallen. Hinter der Hütte und den Sträuchern kamen Frauen verschiedenen Alters und Mädchen hervor. Jeder Mann stellte mir seine Frau vor, und sie streckte mit ihre Hand entgegen. Nur die jungen Mädchen – in sehr kurzen Kostümen – kicherten, stießen einander an und versteckten sich. Jede Frau brachte mir Zuckerrohr und je ein Bündel Aus. Alle waren mit der zustande gekommenen Bekanntschaft anscheinend zufrieden, vielleicht aber auch damit, daß sie sich von der Verpflichtung, die Frauen bei meinem Kommen zu verstecken, endlich befreit hatten.

Die Männer saßen im Kreis um den liegenden Tui, rauchten und unterhielten sich, wobei sie sich beständig an mich wandten (jetzt verstehe ich schon vieles, obwohl ich noch wenig spreche). Die Frauen lagerten sich in einiger Entfernung von uns neben der Frau Tuis, die mit dem Schälen von Taro beschäftigt war. Viele der jungen Frauen, wie zum Beispiel die Frau Bonems, des ältesten Sohnes von Tui, sahen ganz hübsch aus.

Bei den jungen Mädchen waren die langen Röcke aus Fransen durch zwei Schurze ersetzt, von denen einer den hinteren und der andere den vorderen Teil des Unterkörpers verdeckt. An den Seiten bleiben die oberen Teile der Beine vom Gürtel ab unbedeckt. Der vordere Schurz ist kürzer als der hintere. Bei den Mädchen unter zwölf Jahren haben die Schurze das Aussehen von kleinen Quasten, von denen die hintere länger ist als die vordere und einem Schwänzchen ähnlich sieht.

An Geschenken hatte ich von den Frauen so viel erhalten, daß zwei Eingeborene sie mir nach Garagassi bringen mußten, wohin ich eilends ging, da die Dunkelheit bereits hereingebrochen war. Kurz bevor ich zu Hause anlangte, überraschte mich noch ein Regenguß.

19. Februar   Tuis Wunde befand sich in einem schlechteren Zustand, weil er nicht ruhig an einer Stelle sitzenbleiben kann und viel in der Sonne umhergeht.

Er wollte mich mit Taro bewirten, doch das Feuer in seiner Hütte war ausgegangen. Lialai wurde nach Feuer geschickt; er kehrte nach etwa zehn Minuten zurück und erklärte dem Vater, daß es nirgends Feuer gäbe. Da im Dorf keiner außer uns dreien anwesend war und die Hütten alle fest mit Bambus verstellt waren, hatte Tui seinem Sohn befohlen, alle Hütten selbst zu untersuchen, ob nicht irgendwo Feuer zu finden sei.

Es kamen einige Mädchen gelaufen, und zusammen mit Lialai begannen sie die Hütten zu durchsuchen; Feuer war aber nicht zu finden. Tui war sehr verdrießlich, da er nun keinen Taro kochen, ebensowenig aber auch rauchen konnte. Er tröstete sich damit, daß die andern, wenn sie vom Feld zurückkehrten, bald Feuer bringen würden. So habe ich mich davon überzeugt, daß meine Nachbarn bisher noch kein Mittel kennen, Feuer zu machen.

Die angekommenen Frauen lagerten sich neben uns und betrachteten mich und meinen Anzug mit großer Neugier. Diese Neugier war durchaus natürlich, da sie mich bisher niemals in der Nähe gesehen hatten. Ich selbst betrachtete sie aber auch aufmerksam. Bei einigen Mädchen sind die Haare ganz abgeschoren, bei vielen mit Asche oder Kalk eingeschmiert: mit Asche – zur Vernichtung der Insekten, mit Kalk – um die Haare hell zu machen. Die alten Frauen tragen lange Haare; ihre „gate-si" (Locken im Genick), die stark mit schwarzer Erde eingeschmiert sind, hängen um den ganzen Kopf herum. Die von der Plantage gekommenen Frauen und Mädchen trugen auf dem Rücken große Säcke, deren Gurte um den oberen Teil der Stirn gelegt waren. War der Sack voll und schwer, beugten sie sich stark vor, um das Gleichgewicht zu wahren.

Die Nasenscheidewand ist bei den Frauen genau wie bei den Männern durchbohrt. In den Ohren haben sie außer den gewöhnlichen Löchern für große Ohrringe noch andere, die weiter oben angebracht sind. Durch das obere Loch geht eine Schnur, deren mittlerer Teil den Kopf von einem Ohr zum andern umspannt; an den beiden freien Enden, die bis zu den Schultern herabhängen, sind Eckzähne von Hunden paarweise aufgereiht.

Unter dem Dach, über dem Eingang einer Hütte, bemerkte ich einen großen Käfer, der sich energisch bemühte, sich aus einer Schlinge, die ihn quer zusammenschnürte, zu befreien. Lialai, der siebenjährige Sohn Tuis, erklärte, daß das sein Käfer sei, den er mitgebracht habe, um ihn aufzuessen; doch wenn ich ihn haben möchte, könnte ich ihn nehmen. Es stellte sich heraus, daß der Käfer, der völlig unbeschädigt war, zu einer bisher unbekannten Gattung gehörte, weshalb ich auf das Angebot des Jungen einging.

Während ich den Käfer abband, wies Tui auf eine große Spinne hin und sagte, daß die Bewohner Gorendus, Bongus und Gumbus ebenfalls „kubum" (Spinnen) essen. Somit muß man zu der Fleischkost der Papuas Käfer, Spinnen, Raupen und anderes mehr hinzurechnen.

20. Februar   Als ich mich am Morgen Tuis Hütte näherte, sah ich schon von weitem eine ganze Versammlung von Männern und Frauen. Die Anwesenheit von Frauen hat mich besonders verwundert, da gewöhnlich zu dieser Stunde alle Frauen bereits auf den Feldern arbeiten.

Als ich an Tui herangetreten war, erriet ich den Grund: Seine Stirn, die Wangen und der obere Teil des Halses bildeten ein einziges Polster; die Lider waren so geschwollen, daß er die Augen fast gar nicht öffnen konnte. Tui vermochte kaum zu sprechen. Die Eingeborenen liefen aufgeregt hin und her, da sie glaubten, daß er sterben müsse.

Ich untersuchte den Kranken und fand, daß die ganze Geschwulst fluktuierte[1]; deshalb beschloß ich, nach Garagassi zu gehen, um alle Nötige zum Anlegen von heißen Umschlägen zu holen.

Ich nahm auch eine Lanzette mit und kehrte so nach Gorendu zurück, wo ich von allen mit dem Ausdruck der Freude empfangen wurde. Nachdem ich die heißen Umschläge aus Leinsamen vorbereitet hatte, begann ich, sie fleißig an die Geschwulst anzulegen, so daß sich bald eine beträchtliche Menge der Flüssigkeit, ohne jeden Schnitt, durch die Wunde an der Schläfe ergoß. Ich legte die heißen Umschläge einige Stunden lang an, wobei ich sie sehr gewissenhaft wechselte. Eine große Gesellschaft umringte uns in respektvollem Abstand: Alle lagerten sich sitzend oder liegend in den verschiedenartigsten Posen, die zu beschreiben beim besten Willen nicht leicht wäre; das hätte von ihnen gewiß keine genügende Vorstellung vermittelt.

Ich verteilte heute an die Frauen Streifen roten Stoffs und Glasperlen, die ich mit einem Teelöffel abmaß, so daß ich jeder zwei Löffel voll gab. Die Verteilung der Geschenke an die Frauen ging bedeutend ruhiger vor sich als die Verteilung an die Männer. Jede bekam das ihre und ging fort, ohne um eine Zugabe zu bitten, wobei sie nur durch ein Lächeln oder ein Kichern ihre Freude zum Ausdruck brachten. Der Tabak scheint den Frauen mehr als alles andere gefallen zu haben.

---

[1] das heißt, sie schwankte und ließ sich hin und her bewegen; die Fluktuation ist für den Arzt, der eine Geschwulst untersucht, ein sicheres Symptom dafür, daß sich unter der Haut ein Hohlraum, der mit Flüssigkeit gefüllt ist, befindet

Tui ist noch krank, deshalb haben seine Frau und die Frau seines Sohnes für die Familie und für mich Abendbrot zubereitet.[1] Aufmerksam folgte ich der Zubereitung, der Verteilung und der Vertilgung der Speisen und wunderte mich, wieviel die Eingeborenen essen. Indessen ist es aber nicht die Gier, sondern die Notwendigkeit, die die Leute in Ländern mit ungenügender tierischer Kost so viel zu essen zwingt. Die Eingeborenen essen sich so voll, daß es ihnen nachher in der Tat schwerfällt, sich zu bewegen.

21. Februar Ich fühlte mich sehr schlecht, doch die Besorgnis um die Gesundheit Tuis zwang mich, nach Gorendu zu gehen. Nach den gestrigen heißen Umschlägen ist die Geschwulst kleiner geworden, und sie ging noch weiter zurück, als ich sie mit den Fingern ausdrückte, wobei aus der Wunde eine große Menge Flüssigkeit herauslief.

Als ich heute nach Gorendu kam, waren die Frauen nicht da. Nachdem sie sich davon überzeugt hatten, daß es Tui besser ging, begaben sie sich an ihre Arbeit auf der Pflanzung, wohin sie meistens für den ganzen Tag gingen.

Für die Wilden sind die Frauen noch nützlicher als in unserer zivilisierten Welt. Bei den Wilden arbeiten die Frauen für die Männer, nicht umgekehrt; deshalb bleibt bei den Wilden keine Frau unverheiratet. Hier weiß jedes junge Mädchen, daß es einen Mann bekommen wird, und kümmert sich verhältnismäßig wenig um sein Äußeres.

22. Februar Heute habe ich eine interessante Entdeckung gemacht. Als ich an der Hütte eines Eingeborenen vorüberging, richtete ich mein Augenmerk darauf, womit dieser Mann beschäftigt war. Vor ihm standen Schalen, die aus einer großen Kokosnuß angefertigt waren; der Boden einer Schale, die ein Loch in der Mitte hatte, war mit einer Schicht feinen Grases bedeckt.

Nachdem der Eingeborene die eine Schale auf die andere gestellt hatte, goß er in sie aus einer dritten Schale irgendeine dunkelgrüne dicke Flüssigkeit, die so durch das Gras in die untere Schale filtriert wurde. Als ich fragte, was das wäre, antwortete er, indem er mir ein Stück Wurzel reichte, „keu!" – und zeigte, daß er einschlafen wird, wenn er diese Flüssigkeit trinkt.

Obwohl ich die Blätter dieses Keu[2] nicht gesehen habe, glaube ich doch,

---

[1] wenn die Papuas Gäste empfangen, werden für diese die Speisen gewöhnlich von den Männern und nicht von den Frauen zubereitet

[2] ein berauschendes Getränk, das aus den Blättern, dem Stengel und der Wurzel eines Pfeffergewächses zubereitet wird; später hatte Mikloucho-Maclay festgestellt, daß die Papuas Keu folgendermaßen zubereiten: Sie mahlen die Wurzeln mit Steinen und zerkauen sie (zum Zerkauen laden sie sich nicht selten Jünglinge ein, denen das Trinken von Keu noch verboten ist); danach filtrieren sie die zerkaute Masse, verdünnen sie mit Wasser und trinken sie; jeder erwachsene Eingeborene besitzt eine besondere, mit Schnitzereien geschmückte Schale, die speziell für Keu bestimmt ist; man wäscht sie niemals aus, und deshalb ist sie innen mit einem grünlichgrauen Anflug bedeckt

Kulthaus in Neuguinea

daß es nichts anderes ist als der polynesische Kawapfeffer. Soweit ich informiert bin, war die Verwendung von Kawapfeffer durch die Eingeborenen Neuguineas bis jetzt unbekannt.

24. Februar Da ich Tui in Gorendu nicht gefunden hatte, machte ich mich auf den Weg nach den Pflanzungen, in der Annahme, ihn dort anzutreffen – und ich hatte mich nicht geirrt. Er saß trotz der sengenden Sonne neben den arbeitenden Familienmitgliedern.

Nachdem ich ihn in das Dorf zurückgeschickt hatte, blieb ich einige Zeit auf der Pflanzung, um mir die Methode der Bodenbearbeitung anzusehen.

Ich erwähnte schon, daß die Felder der Papuas sehr gut bearbeitet sind und daß die halbrunden, hohen Beete aus sorgfältig zerkleinerter Erde bestehen. All das wird, wie ich gesehen habe, sehr einfach, doch mit großer Mühe, mit Hilfe zweier primitivster Geräte erreicht: eines einfachen zugespitzten Pfahls von mehr als 2 Meter Länge, den die Eingeborenen „uda" nennen, und einer schmalen Schaufel von 1 Meter Länge.

Der Bearbeitungsprozeß besteht in folgendem: Zwei, drei oder mehr Männer stellen sich in einer Reihe auf und stoßen ihre Pfähle alle zugleich möglichst tief in die Erde hinein; danach heben sie, ebenfalls alle zugleich, eine längliche Erdscholle hoch, dann gehen sie weiter und wenden ganze Reihen solcher Schollen um. Einige Männer zerschlagen sie, gleichfalls mit Hilfe von Pfählen, in kleinere Schollen; ihnen folgen Frauen, die mit schmalen Spaten („uda-sab") bewaffnet sind; sie zerschlagen die großen Erdklumpen, machen die Beete und zerreiben die Erde sogar mit den Händen.

26. Februar In Gumbu hatte ich noch einen Schädel erworben – dieses Mal einen mit Unterkiefer.

Ich hatte einige Einwohner von Koliku-Mana gesehen, die mich einluden, zu ihnen zu kommen; sie hatten eine junge Frau bei sich, die, verglichen mit den andern, sehr hübsch war.

27. Februar Ich stand auf, bevor es hell wurde. Ich versorgte mich mit Proviant – gekochten Bohnen und Taro – für den ganzen Tag und machte mich auf den Weg nach Gorendu, wo ich Bonem und Digu, die mich zu begleiten bereit waren, verabredungsgemäß treffen sollte.

Nachdem ich die Wunde von Tui, dem es bedeutend besser geht, verbunden hatte, fragte ich, wo Bonem wäre. Die Antwort lautete: „Er ist nach Tengum-Mana gegangen."

„Wo ist Digu?"

„Er ist mit Bonem fortgegangen."

„Tamo borle", sagte ich.

Ich war um so ärgerlicher, da ich den Weg nach Koliku-Mana nicht kannte. Die Richtung dem Kompaß nach war mir bekannt, doch die Pfade sind hier so launenhaft: Will man nach Süden gelangen, geht man zuweilen gen Norden, und erst später, wenn man in Windungen bald nach Westen, bald nach Osten gelaufen ist, findet man schließlich den richtigen Weg. Es gibt aber auch folgende Fälle: Der Pfad endet plötzlich, vor dir öffnet sich eine schmale, doch tiefe Schlucht, unten ist ein Bach, auf der andern Seite eine zusammenhängende grüne Mauer aus Pflanzen. Wohin soll man sich wenden, um auf den Weg hinauszukommen? Der Pfad ist gut ausgetreten, viele Menschen sind auf ihm gegangen, doch hier ist sein Ende. Was ist nun zu tun? Sich am Baum, der über der Schlucht hängt, festhaltend, muß man sich zum Bach hinablassen, dort den andern Baum finden, auf einen Ast, der im grünen Pflanzengewirr fast unauffindbar ist, hinaufklettern, auf einen weiteren Baum hinübergehen und darauf, nachdem man eine bestimmte Biegung passiert hat, auf einen Baumstumpf, bereits auf der andern Seite der Schlucht, wo der Pfad weiterführt, hinunterspringen. Es kommt vor, daß man im Bach stromaufwärts oder stromabwärts im Wasser 100 oder 200 Schritt weit waten muß, um wieder auf einen Pfad hinauszukommen. Solche Rätsel, die einem unterwegs begegnen, steigerten meinen Ärger über die Treulosen.

Da ich aber nicht den Anschein erwecken wollte, daß man mich unsicher machen kann, erklärte ich, daß ich den Weg selbst finden werde, und nahm den Kompaß heraus. Die Eingeborenen traten zwei Schritte zurück, doch sie konnten trotzdem die sich bewegende Nadel bemerken. Ich blickte auf den Kompaß, mehr um eine Wirkung zu erzielen, wählte zur großen Verwunderung der Papuas selbstsicher den Weg und marschierte los. Ich beschloß, nach Bongu zu gehen und mir dort einen Reisegefährten auszusuchen.

Nachdem ich bereits den halben Weg zurückgelegt hatte, hörte ich hinter mir Stimmen von Bekannten, die mich riefen. Die Einwohner von Gorendu hatten sich eines Besseren besonnen; da sie fürchteten, mich zu erzürnen, schickten sie zwei Männer nach. Doch diese Leute kamen weniger deswegen, um mir den Weg nach Koliku-Mana zu zeigen, als vielmehr, um mich zu überreden, nicht dahin zu gehen. Nach einer langen Auseinandersetzung kehrten sie nach Gorendu zurück; ich aber schritt weiter.

Wieder ließen sich Schritte vernehmen. Das war der mit einem Speer und einem Beil bewaffnete Lako; er sagte, daß er mit mir nach Koliku-Mana gehen werde.

Mehr hatte ich mir gar nicht gewünscht und setzte nun fröhlich meinen Weg, dem Pfad folgend, fort. Häufig mußte ich einbiegen. Lako, der hinter mir ging (die Papuas sind sehr mißtrauisch und lassen es nicht zu, daß ich hinter ihnen gehe), zeigte mir den richtigen Pfad. Wäre ich allein gewesen, würde ich schon viele Male vom Weg abgekommen sein.

Aus dem Wald traten wir schließlich an die steile Meeresküste hinaus. Unten, etwa 30 oder 40 Fuß tiefer, bot sich unsern Augen eine schöne kleine Bucht dar. Man mußte hinuntergehen. Wenn ich allein gewesen wäre, würde diese Bucht für mich eine Aufgabe gewesen sein, die denen ähnlich ist, wie ich sie weiter oben beschrieben habe. Der Pfad führte bis an die Steilwand, bog dann ab und ging weiter nach Süden, in die Tiefe des Waldes; ich aber mußte nach Südwesten gehen.

Lako trat an einen Baum heran und winkte mit der Hand, daß ich ihm folgen sollte. Als ich herangekommen war, zeigte er mir die Richtung und begann sich selbst, schnell, jedoch vorsichtig, an den Wurzeln des Baumes zum Meeresstrand hinabzulassen. Ich folgte ihm über diese luftige Leiter, die, obwohl sie halsbrecherisch zu sein schien, in Wirklichkeit doch nicht besonders schwer zu bewältigen war. Man mußte sich natürlich mit den Händen festhalten und, im Raum schwebend, mit den Füßen die nächste Stütze suchen; wenn ich abgestürzt wäre, hätte ich mir vermutlich den Schädel zerschmettert.

Unten betraten wir, nachdem wir etwa fünf Minuten am Strand gegangen waren, aufs neue den Wald. In der Ferne ließen sich wieder Rufe vernehmen. Das waren dieselben Leute aus Gorendu. Wir warteten ein wenig, bis sie uns einholten; sie erklärten nun, daß sie mit mir nach Koliku-Mana gehen würden.

Der Pfad führte immer bergauf und fast die ganze Zeit durch den Wald. Bei dem letzten Baum zeigte mir Lako die ersten Hütten Koliku-Manas. Eine Reihe unbewaldeter Hügel zog sich zu der Hauptkette der Berge hin. Auf den Hügeln konnte man an mehreren Stellen die schwarze Linie des Pfades erkennen, die immer höher und höher hinaufführte. Der Pfad war steil und von den Regengüssen der letzten Tage schlüpfrig. Die Sonne brannte stark, doch die Aussicht nach beiden Seiten war sehr schön.

Unser Weg führte uns am Zaun einer großen Pflanzung, die am Hang eines Hügels angelegt war, entlang. Man konnte den Unternehmungsgeist und die Arbeitsamkeit der Eingeborenen sowie die sorgfältige Bearbeitung des Bodens bewundern.

Am Zaun wuchs Zuckerrohr, und meine Begleiter wollten sich einen Spaß erlauben. Wir machten halt. Die mich begleitenden Eingeborenen riefen etwas hinüber; eine Frauenstimme, die bald näher kam, antwortete ihnen. Dann stellten sich meine Begleiter vor mir auf dem erhöhten Rand des Pfades auf und verdeckten mich so völlig.

Hinter dem Rohr sah ich bald eine junge Frau, die auf uns zuging. Als sie an den Zaun herangekommen war, traten die Eingeborenen schnell auseinander, und nun stand ich vor ihr. Stärkstes Entsetzen spiegelte sich in dem Gesicht der Papuafrau, die noch nie einen Weißen gesehen hatte. Dem halbgeöffneten Mund entströmte ein gedehntes Ausatmen, die Augen öffneten sich weit und begannen dann heftig und konvulsivisch zu blinzeln, die Hände griffen krampfhaft nach dem Rohr, und die Beine versagten den Dienst. Meine Begleiter, die mit der Wirkung ihres Scherzes zufrieden waren, setzten ihr nun auseinander, wer ich war. Ich warf ihr ein Stück roten Stoffs zu und ging dann weiter.

Der Pfad wurde immer steiler. Endlich zeigte sich die erste Kokospalme und danach das Dach einer Eingeborenenhütte. In etwa zwei Minuten befand ich mich auf dem Platz, der von sechs oder sieben Hütten umgeben war. Ich wurde von zwei Männern und einem Jungen, dem sich eine alte, sehr häßliche Frau zugesellte, empfangen. Meine Begleiter sorgten sich sehr darum, daß die Einwohner Koliku-Manas von mir einen guten Eindruck bekämen. Soweit ich verstehen konnte, priesen sie meine Eigenschaften: Sie sprachen von der Heilung Tuis, von den verschiedenen wunderlichen Dingen in meinem Tal und so weiter.

Nachdem ich mich ausgeruht und an die Männer Tabak, an die Frauen aber Lappen verteilt hatte, fing ich an, mir die Umgebung und die Hütten näher anzusehen.

Der Platz, auf dem wir uns befanden, stellte den Gipfel einer der Erhöhungen des Gebirgszugs dar und war von einem dichten Pflanzengewirr und einem Dutzend Kokospalmen umgeben, so daß man nur an zwei oder drei Stellen die Umgebung sehen konnte.

Die Hütten unterschieden sich ihrer Bauart nach von den Hütten der Küstendörfer nicht wesentlich; sie waren allerdings kleiner – vermutlich deshalb, weil der Gipfel wenig Platz bietet und es auch nicht leicht ist, Baumaterial hier hinaufzuschaffen.

Die sich um mich versammelnden Eingeborenen wiesen der Küstenbevölkerung gegenüber keine Unterschiede auf; in ihrem Äußeren unterschieden sie sich nur dadurch, daß sie bedeutend weniger Schmuck trugen.

Alle Eingeborenen waren sehr zuvorkommend, und als ich im Begriff war fortzugehen, brachten die Hausfrauen aus jeder Hütte je einige Ajan heraus, die nun zu meinen Füßen gelegt wurden.

Bevor ich fortging, lud ich die Eingeborenen nach Garagassi ein.

28. *Februar* Ich begab mich nach Gumbu und hoffte, dort noch einige Schädel zu erwerben. Ich ließ mir Zeit, da ich von dem gestrigen Spaziergang noch müde war.

Als ich den Pfad, der in das Dorf führte, erreicht hatte, setzte ich mich ein wenig nieder, um auszuruhen und mich an der Aussicht zu ergötzen. Ich wurde in meinem Nachdenken durch das Erscheinen eines Eingeborenen, der den Strand entlanggelaufen kam, gestört. In der linken Hand hielt er Bogen und Pfeil über dem Kopf, über der Schulter hing ein Steinbeil, und so lief er sehr schnell und machte mit der rechten Hand von Zeit zu Zeit irgendwelche Zeichen. Die mir entgegenkommenden Bewohner des Dorfs begannen beim Anblick des Läufers lebhaft miteinander über irgend etwas zu reden und wurden noch lebhafter, als dem ersten Läufer ein zweiter folgte und danach ein dritter und ein vierter. Alle liefen sie schnell, gleichmäßig, und es hatte den Anschein, daß sie eine wichtige Nachricht überbrachten. Man mußte sich an ihrem Anblick erfreuen: So leicht und frei bewegten sie sich.

Ich saß auf meinem Platz; der erste lief, ohne anzuhalten, an uns vorüber – direkt in das Dorf. Wenn er auch nicht anhielt, so hatte er dennoch Zeit gefunden, uns mit einer ausdrucksvollen Mimik die Nachricht mitzuteilen, die er zu übermitteln hatte. In dem Augenblick, als er an uns vorübereilte, schlug er sich mit der rechten Hand gegen die Brust, warf den Kopf zur Seite, streckte die Zunge ein wenig heraus (eine Geste, mit der die Papuas gewöhnlich den Tod, einen Mord oder irgend etwas Ähnliches zum Ausdruck bringen) und rief uns zu:

„Maragum – Gorendu!"

Der zweite folgte ihm.

Die mich umringenden Eingeborenen liefen nun ebenfalls in das Dorf; ich selbst begab mich auch dorthin.

Noch bevor wir die ersten Hütten erreicht hatten, vernahmen wir beschleunigte Barumschläge; diese Schläge waren von einem anderen Tempo als gewöhnlich.[1]

Aus den Hütten trug man eine große Zahl verschiedener Waffen heraus.

Da ich nicht begriff, worum es sich handelte, jedoch die allgemeine Verwirrung sah, habe ich fast mit Gewalt einen der nach Gumbu laufenden Eingeborenen angehalten und erfuhr nun von ihm folgende Neuigkeit: Die Leute von Maragum haben Gorendu überfallen, einige Bewohner, darunter auch Bonem, erschlagen, sich dann nach Bongu gewandt und werden vermutlich auch nach Gumbu und zum „tal Maclay" kommen.

Maragum-Mana ist ein großes Dorf, zu dem meine Nachbarn schon lange in feindseligen Beziehungen stehen. Ich erinnerte mich, gesehen zu haben, daß in Gorendu bereits einige Wochen lang neben den Hütten viele Pfeile und Speere beständig in Bereitschaft gelegen haben, da die Einwohner den Angriff der Bergbewohner erwarteten.

In Gumbu herrschte eine allgemeine Bestürzung, die unwillkürlich auch auf mich übergriff. Die Männer unterhielten sich laut mit großem Eifer und legten die Waffen bereit; die Frauen und die Kinder schrien, und die Hunde heulten.

Ich begab mich schnell nach Hause und schalt in Gedanken die Aufregung und die dummen Menschen, die mein ruhiges Leben störten. Einige Worte über das Vorgefallene, die ich Olson gegenüber äußerte, hatten ihn tief erschreckt. Er bat, die Schaluppe zurechtmachen zu dürfen, für den Fall, daß die „Maragum-Mana-tamo" sich als zu zahlreich erweisen würden, und fügte hinzu, daß, sollte es uns nicht gelingen, die Hütte zu halten, wir dann nach Bili-Bili übersetzen könnten.

Um ihn zu beruhigen, willigte ich ein, sagte aber, daß es noch zu früh sei, die Sachen in die Schaluppe hinüberzutragen – der erste Schuß wird die Eingeborenen so stutzig machen, daß sie sich wohl kaum in die Nähe wagen werden, um die Wirkung des Schrots an sich zu erproben.

Ich habe meine Gewehre dennoch geladen, beschloß, das Kommen der Eingeborenen abzuwarten, und streckte mich ruhig auf dem Bett aus. Bald war ich eingeschlafen, da ich sehr wohl wußte, daß der stark erregte Olson das Kommen der „Gäste" nicht verschlafen würde. Ich schlief fest ein und hatte einen guten Schlaf. Schreie und Lärm im Wald weckten mich. In diesem Augenblick hörte ich die veränderte Stimme Olsons:

[1] mit Barumschlägen verschiedenen Tempos setzt das eine Papuadorf das andere von irgendeinem wichtigen Ereignis in Kenntnis: vom Angriff des Feindes, vom Tod eines Menschen oder vom Beginn einer Festlichkeit

„Da sind sie! Soll jetzt der Herr befehlen. Ich werde alles tun, was er sagt. Sonst werde ich nicht wissen, was ich tun soll!" sprach er in seinem gebrochenen Schwedisch-Deutsch.

Ich befahl ihm, die Tür mit den Kisten zu verstellen, im Haus zu bleiben und die Gewehre und die Revolver, die ich ihm je nach Bedarf übergeben werde, zu laden – sich hierbei aber Mühe zu geben, daß seine Hände nicht so sehr zittern.

Während wir alles in Verteidigungszustand versetzten, kamen die Schreie und der Lärm im Wald immer näher. Ich ging auf die Veranda hinaus und legte zwei Revolver und ein Gewehr vor mich hin. Die Doppelflinte, die mit feinem Schrot geladen war, hielt ich in den Händen. Zwischen den Bäumen, jenseits des Baches, zeigten sich Köpfe.

Doch was ist das? An Stelle von Speeren und Pfeilen sehe ich Kokosnüsse und Bananen in den Händen der Herannahenden. Das können nicht die Leute aus Maragum sein.

Wahrhaftig, das waren die Einwohner von Bongu, die gekommen waren, mir zu sagen, daß ich mich wegen „Maragum-tamo" nicht zu beunruhigen brauche; sie erzählten mir von der Ursache des Alarms. Heute früh hatten die Frauen Bongus, die zur Arbeit weit hinaus auf das Feld gegangen waren, auf den Hügeln einige unbekannte bewaffnete Leute bemerkt. Es kam ihnen so vor, als wenn sich diese Leute bemühten, sie zu umzingeln, und einige Frauen dünkte es, als ob die bewaffneten Leute auf sie zugingen. Schreiend ergriffen sie die Flucht; jene, die vorn waren und hinter sich die Schritte der Laufenden hörten, dachten, daß jemand hinter ihnen her jage, begannen noch mehr zu schreien und liefen zu der Pflanzung, wo die Männer arbeiteten. Die Männer, die bald erkannt hatten, daß all dies ein blinder Alarm war, begannen ihre Frauen zu schlagen, in der Annahme, sie damit zum Schweigen zu bringen. Doch sie erreichten das Gegenteil. Die Frauen und die Töchter machten solch einen Heidenlärm, daß die Leute aus Gumbu, die in großer Entfernung vorübergingen, nicht mehr zweifeln konnten: Die Maragum-Leute schlagen und morden die Einwohner von Gorendu! Deshalb liefen sie in wilder Flucht nach Gumbu, wo sie die von mir bereits gehörte Erzählung von dem Überfall auf Gorendu, dem Tod Bonems und ähnliches mehr zum besten gaben. Die Eingeborenen fügten allerdings hinzu, daß die Menschen, die die Frauen von Bongu gesehen hatten, tatsächlich Einwohner von Maragum-Mana hätten sein können. Und deshalb befürchteten sie dennoch einen Überfall.

Meinen Nachbarn hat es sehr gefallen, daß auch ich Vorbereitungen dazu getroffen hatte, den Feind, wie es sich gebührt, zu empfangen. Sie baten mich um Erlaubnis, ihre Frauen zu mir zu schicken, damit ich sie unter meinen Schutz nehme, wenn ein Überfall der Bergbewohner zu erwarten sei. Ich dachte, daß dies eine günstige Gelegenheit wäre, sie mit den Feuerwaffen bekannt zu machen. Bisher hatte ich es nicht getan, da ich das Mißtrauen und den Argwohn der Eingeborenen nicht noch mehr wachrufen wollte. Jetzt aber konnte ich ihnen zeigen, daß ich imstande bin, sowohl mich selbst als auch jene, die ich unter meinen Schutz nehmen würde, wirksam zu beschützen.

Ich befahl Olson, das Gewehr zu bringen, und gab einen Schuß ab. Die Eingeborenen, betäubt von dem Schuß, faßten sich an die Ohren und wollten schon in wilder Flucht davonlaufen; sie blieben jedoch stehen und baten mich, das Gewehr schnell im Haus zu verstecken und nur dann zu schießen, wenn die „Maragum-tamo" kommen würden.

Das Gewehr bekam heute von den Eingeborenen den Namen „tabu", wahrscheinlich deshalb, weil ich seit dem ersten Tag meiner Anwesenheit alles Verbotene, alles, was die Eingeborenen nicht berühren sollten, „tabu" nannte – ein polynesisches Wort, das auf diese Weise hier eingeführt wurde.

März

1. März   Es kamen die Gumbu-Leute, um mich zu bitten, mit ihnen und den Einwohnern von Gorendu und Bongu gen Maragum zu ziehen; sie sagten, daß sie alles tun würden, was ich befehle. „Wenn sie vom Herannahen Maclays hören", fügten sie hinzu, „werden die Einwohner des Dorfes Maragum in die Berge davonlaufen."

Es kamen ebenfalls die Leute aus Koliku-Mana und mit ihnen Tui und Lialu. Alle sprachen von Maragum und fügten hinzu, daß es nunmehr, wenn Maclay mit ihnen ist, den „Maragum-tamo" schlecht ergehen wird.

Die hohe Meinung von meiner Macht, die sich unter den Eingeborenen verbreitet hat, ist mir nicht nur nicht schmeichelhaft, sondern im höchsten Grad unangenehm.

Am Ende wird man sich in fremde Angelegenheiten einmischen müssen; hinzu kommt noch, daß solche Dinge mein ruhiges Leben durch unnötigen Lärm und Aufregung stören.

Der Regen, der am Abend in Strömen heruntergekommen war, zwang mich wiederum, die Fahrt nach Bili-Bili aufzuschieben.

Ich saß in der Laubhütte am Feuer und beschäftigte mich mit dem Backen von Aus und Bananen auf Kohlen für mein Abendbrot und genoß die Stille der Nacht, als plötzlich starke und immer häufiger werdende Barumschläge aus Gorendu an mein Ohr drangen. Ein und derselbe Gedanke fuhr mir und Olson durch den Sinn: Die Maragum-Leute überfallen die Einwohner von Bongu und Gorendu. Aber bald begannen von dort gedehnte disharmonische Töne irgendwelcher Instrumente herüberzuklingen. Ich sagte mir, daß man durch Schlaflosigkeit der Sache nicht zu dienen vermag, und legte mich ruhig hin, ohne mehr den phantastischen Tönen, die aus dem Dorf herüberklangen, zu lauschen.

Echidna (Ameisenigel)

2. *März* In der Nacht hörte ich im Halbschlaf einige Male die Töne des Barums und anderer Musikinstrumente und das Aufheulen der Eingeborenen.

Gegen $^1/_2 5$ Uhr morgens hörte ich im Halbschlaf, daß mich jemand rief. Ich ging auf die Veranda hinaus und erkannte im Halbdunkel Bangum aus Gorendu, der gekommen war, mich im Namen aller Eingeborenen, der Einwohner Gorendus, Bongus und Gumbus, zu ihrem nächtlichen Fest einzuladen. Ich willigte natürlich ein, zog mich in aller Eile an, und wir machten uns auf den Weg, wobei wir in der Dunkelheit häufig über Wurzeln und Lianen stolperten.

Auf dem ersten Platz Gorendus wurde ich von Tui empfangen, der von der schlaflosen Nacht sehr blaß war. Er bat mich, seine Wunde, die ihn immer noch plagte, zu verbinden. Als ich damit fertig war, zeigte er auf einen Pfad, der zwischen den Bäumen zum Meer führte, und sagte: „Trink Keu und iß Ajan und ‚buam‘[1]."

Ich folgte dem Pfad und kam zu einem Platz, der von uralten Bäumen umgeben war und auf dem etwa fünfzig Eingeborene lagerten.

---

[1] ein Gericht, das aus dem Mark der Sagopalme zubereitet wird; da die Sagopalme auf Neuguinea nicht im Überfluß wächst, wird Buam nur bei Festmahlen als auserlesenes Gericht gereicht

Das sich darbietende Bild war nicht nur für das Land und seine Bewohner charakteristisch, sondern auch im höchsten Grad effektvoll. Es war, wie ich schon erwähnte, gegen 5 Uhr morgens. Es begann zu tagen, doch der Wald ruhte noch in tiefster Finsternis. Der Platz war von drei Seiten von Wald umgeben und fiel vorn zum Meeresstrand steil ab; doch auch die Seeseite war nicht völlig offen. Die Stämme zweier gewaltiger Bäume zeichneten sich gegen die helle Fläche der See ab. Das Unterholz sowie die unteren Äste der Bäume waren abgehackt, so daß die Lichtungen zwischen ihnen wie drei große Fenster einer gewaltigen grünen Laube inmitten des Waldes wirkten.

Im Vordergrund, in der Nähe einer Reihe von Lagerfeuern, lagen Eingeborene auf Matten und auf der bloßen Erde in den verschiedenartigsten Stellungen um große Tabire herum. Einige tranken stehend mit zurückgeworfenem Kopf die letzten Keutropfen aus kleinen Schalen; andere, die schon benebelt, doch noch nicht ganz betrunken waren, saßen oder lagen bereits mit hervorquellenden, unbeweglichen trüben Augen und schlürften das grüne Getränk; die dritten schliefen schon in den unterschiedlichsten Posen – auf dem Bauch, auf dem Rücken mit ausgebreiteten Armen und Beinen oder halb sitzend, den Kopf tief auf die Brust geneigt. Manchen hatten die schlaflose Nacht und der Keu bereits überwältigt; andere plauderten noch, fröhlich um die Tabire mit Ajan und Buam sitzend. Es gab auch einige, die sich an den großen Töpfen mit Essen, das zubereitet wurde, zu schaffen machten. Liebhaber der Musik hielten ihre Bambustrompeten von über 2 Meter Länge hoch über dem Kopf oder lehnten sich an die Bäume und entlockten ihnen gedehnte, aufheulende Töne; die andern bliesen in eine längliche, von oben und von den Seiten durchbohrte Nuß und brachten ein schrilles Pfeifen hervor. Ringsum waren an die Baumstämme Speere gelehnt; Bogen und Pfeile ragten hinter den Sträuchern hervor.

Das Bild war im höchsten Grad reizvoll, da es eine Szene aus dem Leben der Wilden in ihrer ganzen Ursprünglichkeit darstellte – eine von jenen Szenen, die den Forschungsreisenden für viele Mühen und Entbehrungen entschädigen. Aber auch für einen Maler wäre dieses Bild sehr interessant gewesen, so mannigfaltig waren die Posen und der Gesichtsausdruck der Eingeborenen, so ungewöhnlich war die Verbindung des Lichts der ersten Sonnenstrahlen, die bereits die oberen Zweige des grünen Gewölbes vergoldeten, mit dem roten Widerschein der Lagerfeuer.

Das verstärkte Aufheulen der Bambustrompeten verkündete, daß das Frühstück fertig sei, wobei ich die ganze Unannehmlichkeit dieser ohrenzerreißenden Töne empfand.

Schnell versammelten sich die Einwohner der drei Dörfer Bongu, Gorendu und Gumbu. Sie stürzten sich auf das Essen, das in Tabiren von sehr großen Ausmaßen gebracht wurde. Aus einem Tabir hatte man mir in eine frisch abgespaltete Hälfte einer Kokosnußschale ein wenig von einer gelblichweißen Masse hineingetan und mit der Versicherung gereicht, daß das sehr schmackhaft wäre. Das war Buam (Sago) mit geschabter Kokosnuß. Dieses Papuagericht hatte tatsächlich einen angenehmen Geschmack. Danach bewirtete man mich mit gut gekochtem Ajan, den man heute unter Hinzufügen von sogenanntem „orlan" essen mußte; diese saure Soße hatte jedoch einen so scharfen Geruch, daß ich darauf verzichtete.[1] Als Tischtuch dienten Bananenblätter, als Geschirr, das heißt als Teller und Tassen, Schalen von Kokosnüssen, als Gabeln – zugespitzte Bambusstäbchen und Knochen; viele bedienten sich ihrer Kämme (in der Papuasprache sind Gabel und Kamm Synonyme); als Löffel dienten Jarure (Muschelschalen). Es war interessant, die Mannigfaltigkeit der Instrumente, die hier bei dem Essen verwendet werden, zu beobachten.

Es war schon Tag geworden, und als ich mir die mich umgebenden Eingeborenen ansah, bemerkte ich überall bekannte Gesichter aus den Nachbardörfern. Als ich mich anschickte, nach Hause zu gehen, wurde mir ein ganzes Bündel gekochten Ajans mitgegeben, und man lud mich ein, zum Mittagessen wiederzukommen.

Als ich schon im Aufbruch war, mußte ich zur Seite treten, um einer Prozession, die Proviant zur Fortsetzung der Festlichkeit brachte, Platz zu machen. Tui und Bonem trugen an einem Stock ein großes Bündel Buam, der sorgfältig mit Blättern umwickelt war; hinter ihnen trugen einige Eingeborene Kokosnüsse und andere, ebenfalls an einem Stock, der auf den Schultern zweier Träger ruhte, einen Korb Ajan, dahinter einen zweiten und einen dritten. Ihnen folgten sechs Eingeborene mit drei Schweinen, die fest an Stöcke, deren Enden auf den Schultern der Träger lagen, gebunden waren.

Die Prozession bewegte sich mit einer gewissen Feierlichkeit; der Proviant wurde der Reihe nach auf bestimmten Stellen des Platzes niedergelegt. Die Gäste aus den andern Dörfern besahen das Mitgebrachte und zählten es nach, wobei sie ihre Bemerkungen machten. All das sollte zum Mittagessen, mit dem der Schmaus, der am Vorabend begonnen hatte, seinen Abschluß fand, verspeist werden.

Die Frauen nehmen an diesen Papuagelagen keinen unmittelbaren Anteil: Sie essen allein für sich und bedienen nur die Männer, indem sie die Eßwaren schälen und säubern; für sie sowie für die Kinder ist der Zutritt zum Platz verboten. So war es auch in Gorendu. Die Männer schmausten im Wald, die Frauen und die Kinder waren im Dorf und schälten Ajan.

---

[1] „Aus dem Fleisch der Früchte des Orlan", teilt Mikloucho-Maclay in einem wissenschaftlichen Artikel mit, „aber ebenso auch aus dem Kern der zerknackten Nüsse wird durch Fäulnis und Gärung eine übelriechende Flüssigkeit, die bei den Papuas als große Delikatesse gilt, gewonnen."

Als ich zu Mittag zurückkehrte, war die Szene auf dem Platz sehr belebt und hatte einen andern Charakter als am Morgen. Auf der einen Seite lagen auf Matten Stücke der zerlegten Schweine; die Eingeborenen schnitten das Fleisch mit Stahlmessern, die sie bei mir eingetauscht hatten, oder auch mit ihren Bambus- oder Knochendonganen und zerrissen es dann sehr geschickt mit den Händen.

Auf der andern Seite des Platzes lagen Baumstämme in zwei parallelen Reihen; auf ihnen standen große Töpfe von etwa $1^{1}/_{2}$ Fuß im Durchmesser; ich zählte neununddreißig solcher Töpfe; ferner standen ebenfalls auf zwei Baumstämmen fünf Töpfe von noch größeren Ausmaßen, in denen Buam gekocht wurde. In der Mitte des Platzes wurde Buam von Blättern und Schmutz gesäubert, und Kokosnüsse wurden geschabt. Die Einwohner von Gorendu trugen als die Gastgeber Wasser in großen Bambusbehältern herbei und schichteten neben den Töpfen Holz auf. Ich war gerade zu der Zeit zurückgekehrt, als die Aufteilung des Fleisches vor sich ging; es lag in Portionen da, die von den Knochen mit den Händen abgerissen oder mit dem Messer abgeschnitten worden waren.

Tui rief jeden Gast laut auf, indem er dessen Namen aussprach und hinzusetzte „tamo" (Mensch) aus dem und dem Dorf. Der Aufgerufene trat heran, nahm seine Portion in Empfang und ging zu seinem Topf (für jeden Gast wurden die Speisen in einem besonderen Topf gekocht).

Ich hatte mich eben bei einer Gruppe niedergelassen, als die Stimme Tuis erklang: „Maclay, tamo russ!" Ich trat an ihn heran und erhielt auf einem grünen Blatt einige Stücke Fleisch.

Ein hilfsbereiter Bekannter aus Bongu zeigte mir, wo der für mich bestimmte Topf stand. Ich blieb nachdenklich stehen, weil mir die Aussicht, mich mit dem Kochen meiner Portion – wie es alle Gäste taten – selbst befassen zu müssen, nicht besonders behagte. Mein Bekannter, der erraten hatte, daß ich das Fleisch nicht selbst kochen wollte, erklärte, er würde es für mich tun, und machte sich sofort an die Arbeit. Von einem benachbarten Baum riß er zwei große Blätter ab und legte sie über Kreuz auf den Boden des Topfes; danach nahm er aus dem großen Korb einige Stücke des gereinigten Ajan und legte sie nach unten, obendrauf aber das in Stücke zerschnittene Schweinefleisch. Ihn lösten zwei andere Eingeborene ab, die alle Töpfe der Reihe nach möglichst fest mit Ajan auffüllten; der eine stand mit einem vollen Korb auf der einen Seite der Topfreihe, der andere auf der andern. Als die Töpfe von allen Gästen in dieser Weise vorbereitet waren, nahmen die Bewohner Gorendus, die als Gastgeber ihre Gäste bedienten, große Bambusgefäße, die mit See- und Süßwasser gefüllt waren, zur Hand; dann begannen sie in jeden Topf Wasser zu gießen, wobei sie ungefähr ein Drittel Seewasser hineintaten und zwei Drittel Süßwasser dazugossen.

Jeder Topf wurde zunächst mit einem Blatt des Brotfruchtbaums bedeckt und danach mit einer „gamba"[1]. Das wurde von einem der jungen Leute aus Bongu gemacht, der danach begann, das Feuer unter den Töpfen anzuzünden. Alles vollzog sich in großer Ordnung, wie nach vorgeschriebenen Regeln; dasselbe geschah auch bei dem Anfachen des riesigen Lagerfeuers, auf dem das Essen gekocht werden sollte. Dieses Lagerfeuer maß nicht weniger als 18 Meter in der Länge und 1 Meter in der Breite. Das Heizmaterial war unter den Baumstämmen, auf denen die Töpfe standen, so gut angeordnet, daß es bald aufflammte.

Unweit von einer Gruppe Eingeborener lagen Musikinstrumente: Alle werden sie von den Papuas ohne Unterschied „ai"[2] genannt.

Das Hauptinstrument besteht aus einem Bambus von 2 Meter Länge oder noch mehr; der Bambus ist gut geschält, und die Scheidewände in seinem Innern sind entfernt; das eine Ende dieser langen Trompeten nehmen die Papuas in den Mund, wobei sie die Lippen stark dehnen. Indem sie in den Bambus hineinblasen oder, richtiger gesagt, hineinschreien, rufen sie gellende, gedehnte Töne hervor, die dem Heulen der Hunde ähneln. Den Klang dieser Trompeten kann man eine halbe Meile weit hören.[3]

Ein anderes Instrument, das „orlan-ai" heißt, besteht aus Schnüren mit darauf aufgereihten Schalen des Orlan, die an dem Griff befestigt sind. Die Eingeborenen halten das Instrument am Griff und rütteln es, das bringt einen Ton hervor, wie wenn man einen großen Rosenkranz aus Holz schüttelt. Dann gibt es noch den „munki-ai", die leere Schale einer Kokosnuß mit oben und an der Seite angebrachten Öffnungen, die mit den Fingern abwechselnd zugedeckt werden. Die Eingeborenen legen die obere Öffnung an die Lippen und blasen hinein, wodurch ein schriller Ton hervorgebracht wird; dieser Ton variiert, wenn man die seitliche Öffnung aufmacht oder schließt; er hängt auch von der Größe der Kokosnuß ab.

Die Teilnehmer des Papuagelages unterbrachen von Zeit zu Zeit ihre Arbeit und griffen zu irgendeinem Instrument; sie bemühten sich, ihre Kunst zu zeigen, möglichst dröhnend, um, soweit es noch möglich war, alle vorangegangenen Laute, die schon ohrenbetäubend genug waren, zu übertreffen.

Ich ging in das Dorf, um zu sehen, was dort geschah. Die Frauen schälten immer noch Ajan und rissen von Zeit zu Zeit die inneren Schichten der Bambusscheibe ab, die ihnen als Messer diente; auf diese Weise wurde die Kante der Scheibe wieder schärfer. Daß diese Messer der Eingeborenen sehr

---

[1] die Schale einer Kokosnuß
[2] ein mythologisches Ungeheuer, das im Geheimkult der Bongu-Leute die Hauptrolle spielt; Musikinstrumente, die zum Ritual der „ai"-Festlichkeiten gehören, werden auch „ai" genannt
[3] später hat der Forschungsreisende erfahren, daß dieses Instrument in der Papuasprache „ai kobrai" heißt („kobrai" bedeutet Papagei)

gut schneiden, davon habe ich mich tags zuvor selbst überzeugt, als ich mir, natürlich unabsichtlich, aus dem Finger ein Stück Fleisch herausschnitt.

Mehrmals im Verlauf des Tages bemerkte ich, daß die Eingeborenen, wenn sie sich an mich wandten, mich Tui nannten, aber Tui-Maclay. Auf meine Bemerkung, daß ich Maclay und nicht Tui sei, hatte mir ein Eingeborener erklärt, daß ich mich um Tui während seiner Krankheit gekümmert, daß ich ihn geheilt habe und daß Tui deshalb für mich alles und jedes zu tun bereit sei; jetzt sind wir solche Freunde, daß Tui Maclay heißt und Maclay-Tui genannt wird.

Also besteht auch hier auf Neuguinea – genau wie es in Polynesien beobachtet wird – der Brauch, die Namen zu tauschen.

Von der Hitze und besonders infolge der ohrenbetäubenden Musik bekam ich Kopfschmerzen und sagte Tui, daß ich nach Hause ginge. Doch das Essen in meinem Topf war gerade fertig, und man wollte mich nicht fortlassen, ohne es mir mitzugeben. Man legte es in einen Korb, der innen mit frischen Blättern des Brotfruchtbaums bedeckt war. Meine Portion erwies sich als so groß, daß ich kaum die Kraft hatte, sie zu tragen. Ich bedauerte jene, denen es bevorstand, ihre Mägen auch nur mit der Hälfte dessen, was ich nach Hause forttrug, vollzustopfen.

3. März   Als Tui neben meiner Küche den leeren Korb bemerkte, in dem ich gestern meine Portion aus Gorendu mitgebracht hatte, band er ihn an einen Zweig des Baums neben meiner Hütte; hierbei sagte er mir, daß, sollte jemand fragen, woher das sei, ich antworten müsse: „Bul' (Schweinefleisch) und Ajan von Tui aus Gorendu." Auf diese Weise erfuhr ich, was die Körbe, die großen und die kleinen, die in den Dörfern an den Bäumen hingen, bedeuten. Schon häufig hatte ich die Eingeborenen gefragt, weshalb die Körbe dort hingen, und als Antwort nannte man mir den Namen irgendeines Dorfs.

4. März   Nachdem ich mit Hilfe von Stöcken, Nägeln und Bindfaden beide Türen meiner Hütte verschlossen und vor jeder einen Palmenzweig befestigt hatte – kurz gesagt, nachdem ich sie à la papoua, das heißt, so wie es die Papuas machen, verschloß –, lichtete ich gegen 12 Uhr nachts den Anker und fuhr nach Bili-Bili – einer kleinen Insel, die von hier in einer Entfernung von etwa 15 Meilen liegt.

Ich rechnete damit, bis dahin mit Hilfe des Küstenwindes zu gelangen und, den nordwestlichen Wind ausnützend, am Abend des heutigen Tags zurückzukehren. Der leichte Küstenwind hat uns tatsächlich, wenn auch langsam, vorwärts gebracht; übrigens hatten wir ja keine Eile: Vor uns lag noch die halbe Nacht. Bei Tagesanbruch frischte der Wind auf, und wir kamen schneller voran.

Zuletzt mußten wir rudern, was nach der schlaflos verbrachten Nacht ziemlich ermüdend war. Endlich näherten wir uns der südöstlichen Küste der kleinen Insel, die aus einem aufgetauchten Korallenriff besteht, gegen das die See brandet. Die Eingeborenen, die uns entgegengelaufen kamen, hatten mich erkannt und rannten fröhlich am Strand hin und her; sie zeigten mir, daß man um die Insel herumrudern müsse. Bald kamen wir auch an das Dorf.

Junge Papuafrau

Auf den Sandstrand waren große Pirogen gezogen, und zwar so hoch, daß sie direkt im Dorf selbst zu stehen schienen. Zwischen ihnen erhoben sich die Dächer der Hütten; hinter den Hütten ragte eine Reihe von Kokospalmen empor, deren lichtes Grün sich scharf vom dunkelgrünen Hintergrund des übrigen Waldes abhob.

Als wir näher an den Sandstrand herangekommen waren, wurde meine Schaluppe im Nu von einem Dutzend Händen gepackt und schnell auf den sanft geneigten Strand gezogen.

Ich ließ Olson in der Schaluppe bei den Sachen zurück und ging selbst in das Dorf, begleitet von fast der gesamten männlichen Bevölkerung.

Da ich die Frauen nicht sah, jedoch den Wunsch hatte, mit ihnen bekannt zu werden, und, was die Hauptsache ist, sie von der Kalamität erlösen wollte, sich, sobald ich mich näherte, verstecken zu mussen, bestand ich darauf, daß sie selbst herauskommen sollten, um die Geschenke, die ich ihnen zu geben beabsichtigte, in Empfang zu nehmen.

Kain (eine einflußreiche Person im Dorf), der schon öfter in Garagassi war und den Dialekt Bongus sprach, überredete die Einwohner von Bili-Bili, in meinen Vorschlag einzuwilligen, nachdem er von mir erfahren hatte, daß die Frauen von Gumbu, Gorendu und Bongu und aus den andern Dörfern sich nicht mehr vor mir verstecken. Daraufhin krochen auf den Ruf der Männer einige alte Frauen, fast ganz nackte, häßliche Wesen, aus den Hütten heraus. Man erklärte mir, daß sich die Mehrzahl der Frauen auf den Pflanzungen auf dem Festland befände, doch daß sie bald zurückkehren würden.

Nachdem ich an die Männer Tabak, an die Frauen aber Lappen und Glasperlen verteilt hatte, äußerte ich den Wunsch, mir die Telume anzusehen. Man führte mich zu einer Hütte, doch darin war es so dunkel, daß ich den Eingeborenen zureden mußte, den Telum ins Freie zu tragen. Das war der erste Telum, der eine Frauenfigur darstellte. Nachdem ich ihn gezeichnet hatte, ging ich in eine recht geräumige Buamramra, die in der Mitte des Dorfes stand. Die vier Eckpfeiler waren als Telume geschnitzt. Ich zeichnete sie in mein Album und machte einen Rundgang durch das ganze Dorf. Ich bin auch auf den entgegengesetzten Strand der Insel hinausgekommen. Die Aussicht von dort war prachtvoll, doch leider waren alle Berggipfel in Wolken gehüllt.

Als ich in das Dorf zurückgekehrt war, umringten mich die Frauen und die jungen Mädchen, die soeben von den Pflanzungen zurückgekommen waren.

Alle baten laut um Glasperlen und rote Lappen, die sie bei den alten Frauen, die am Morgen Geschenke erhielten, gesehen hatten.

Die Frauen hier haben bedeutend mehr Schmuck aus Muscheln und Hundezähnen als die in den Dörfern auf dem Festland, doch dafür ist ihr „Kostüm" kürzer und luftiger. Bei Mädchen unter dreizehn Jahren beschränkt es sich auf eine sehr kleine Quaste vorn und eine längere hinten. Am Gürtel, der die Quasten hält, ist an beiden Seiten Schmuck aus Muscheln und großen schwarzen und roten Körnern angehängt. Die Ohren sind an vielen Stellen durchlöchert.

Die Frauen auf der kleinen Insel Bili-Bili sind sehr arbeitsam; zu ihren Pflichten gehört die Herstellung von Töpfen, die ihre Väter und Männer als Tauschware in die Küstendörfer bringen.

Vor der Abfahrt wollte ich trinken und fragte nach Kokosnüssen. Man brachte mir einige, die man hier „nui" nannte.

Ich schrieb mir etwa fünfzehn oder zwanzig Wörter der Mundart von Bili-Bili auf, die sich von der Sprache meiner Nachbarn sehr unterscheidet, obwohl man auch gleichen Wörtern begegnet. Viele Einwohner von Bili-Bili kennen allerdings den Dialekt von Bongu.

Scherzend sagte ich, daß ich vielleicht nach Bili-Bili übersiedeln würde. Diese Worte wurden aufgegriffen, und die Bewohner der kleinen Insel begannen mit Begeisterung (eher einer vorgetäuschten als einer ehrlich gemeinten) zu wiederholen, daß Maclay in Bili-Bili leben wird, daß die Leute von Bili-Bili besser seien als die Bongu-Leute und so weiter. Als ich schon abfahren wollte, begann es stark zu regnen, und ich beschloß, in Bili-Bili zu übernachten, anscheinend zur Freude der Bewohner.

Bei Sonnenuntergang machte ich wiederum einen Spaziergang rund um die Insel. Ich fühlte mich in Bili-Bili bereits wie zu Hause und wurde mit vielen Pfaden und Winkeln der kleinen Insel vertraut. Die gesamte Insel ist mit Wald bedeckt, in dem einige schöne alte Bäume und malerische Palmengruppen auffallen. Der äußerste Rand der Küste, die am Dorf sanft geneigt ist, ist hier steil und besteht aus Korallenkalkstein; an einigen Stellen gibt es tiefe Höhlen, in die sich brausend das Wasser ergießt.

Der Anblick der hohen Berge, das offene Meer, die schönen Bäume ringsum und sogar das monotone, einlullende, dumpfe Getöse der Brandung hatten mir so sehr gefallen, daß der Gedanke, hierher überzusiedeln, den ich den Eingeborenen gegenüber scherzweise aussprach, mir recht vernünftig erschien. Ich hatte sogar zwei Winkel gefunden, wo ich meine Hütte hätte hinstellen können, und wußte nicht, welchen ich vorziehen sollte.

Ein Umstand stört allerdings: Die Insel ist klein, und Menschen gibt es viel – es wird hier am Ende eng werden. Als ich meinen Spaziergang antrat, hatte es mir gefallen, daß mir keiner der Eingeborenen nachgelaufen kam, um zu sehen, wohin ich ginge; keiner fragte, wohin oder wozu. Alle waren mit ihren eigenen Dingen beschäftigt. Meine Nachbarn auf dem Festland sind viel neugieriger oder vielleicht mißtrauischer. Hier sind die Menschen dafür bedeutend gesprächiger oder wißbegieriger. Die kleine Insel – der Wohnort der Eingeborenen – hat ihren Charakter und ihre Beschäftigungen stark beeinflußt. Da sie auf der Insel für die Landwirtschaft nicht genügend Platz haben, beziehen sie alle wichtigen Lebensmittel aus den benachbarten Küstendörfern, selbst aber beschäftigen sie sich mit irgendeinem Handwerk: mit der Töpferei, der Anfertigung von Holzgeschirr, dem Bau von Pirogen und dergleichen mehr.

Bei meiner Rückkehr ins Dorf wurde ich vor einer Hütte angehalten: Der Besitzer hatte den Wunsch, mir ein Geschenk zu überreichen; er packte irgendeinen unglückseligen Hund bei den Hinterpfoten und schlug ihn mit voller Wucht mit dem Kopf gegen einen Baum. Nachdem er ihm auf diese Weise den Schädel zerschmettert hatte, legte er mir den Hund vor die Füße. Er hatte das so schnell gemacht, daß ich keine Zeit fand, ihn zurückzuhalten. Da ich den Schenkenden nicht beleidigen wollte, nahm ich das Geschenk an, doch ich sprach die Bitte aus, daß der Besitzer der Hütte selbst den Hund zurechtmachen, ihn kochen und braten möchte. Als man mir einen ganzen Tabir mit Stücken gekochten Hundefleischs überreichte, verteilte ich an die um mich stehenden Eingeborenen je ein Stück, legte eine große Portion für Kain, eine kleinere für Olson und eine ganz kleine für mich selbst zurück.

Bevor es zu dunkeln begann, war die gesamte Bevölkerung der Insel, die männliche und die weibliche, vollzählig zur Stelle. Es waren auch eine Menge Kinder da, denen die Eltern vieler den Namen Maclay geben wollten, womit ich mich allerdings nicht einverstanden erklärte.

5. März In Erwartung des Windes beschäftigte ich mich mit der Zusammenstellung eines Wörterbuchs des Dialekts von Bili-Bili. Auf den Gesichtern der Eingeborenen konnte ich den Wunsch ablesen, daß ich von hier möglichst schnell abfahren möge, einen Wunsch, den sie unter einer Maske der Liebenswürdigkeit gut zu verbergen verstanden. Dieses Gefühl fand ich ganz natürlich, vielleicht deswegen, weil ich es selbst nicht selten empfunden hatte. Diese Menschen waren gewöhnt, allein zu sein; jeder Besuch, besonders von solch einem fremdländischen Tier, wie ich es war, war für sie, wenn auch zuerst interessant, so doch danach ermüdend, und der Wunsch, es loszuwerden, auszuruhen, ist völlig natürlich.

Deshalb gab ich das Zeichen, sobald sich nur ein schwacher Wind erhob, und etwa dreißig Mann zogen meine Schaluppe geschwind ins Wasser. Ich hißte die Flagge, die den Bewohnern sehr gefallen hatte, was sie mit einem lauten „Ei!" zum Ausdruck brachten, und begann langsam Fahrt zu gewinnen, begleitet von den Abschiedsrufen der Bewohner und dem Versprechen, mich bald zu besuchen. Sie hatten gehört, daß sich der Zustand des Kindes aus Karkar mit den großen Wunden an den Füßen, dessen Vater ich Bleisalbe gegeben hatte, gebessert hat; viele Kranke in Bili-Bili bedrängten mich mit Bitten, auch ihnen zu helfen. Doch da ich überhaupt keine Arznei mitgenommen hatte, erklärte ich, daß sie nach Garagassi kommen sollten.

Gegen 2 Uhr nachmittags befanden wir uns bereits in Sichtweite des Kaps Garagassi; nicht ohne Ungeduld und Neugier stieg ich zu meiner Hütte hinauf, die ich zum erstenmal so lange ohne Aufsicht gelassen hatte. Es stellte sich aber heraus, daß alles unangetastet war; kaum hatte ich die Bindfäden an der Tür entwirrt, als auch schon etwa zwanzig Mann oder mehr nacheinander erschienen. Mit erstaunten Gesichtern fragten sie, wo ich gewesen sei, und auf meine Antwort: „In Bili-Bili", sagten sie, sie hätten gedacht, ich wäre nach Rußland gefahren.

Nach dem Mittagessen luden wir die Geschenke aus Bili-Bili aus; es waren etwa fünfzig Kokosnüsse, vier Trauben guter Bananen und ungefähr zwanzig Pfund Sago – der Tabak und die Nägel haben sich bezahlt gemacht.

6. März Als ich morgens auf die Veranda hinaustrat, sah ich auf meinem Tisch eine sich langsam windende hübsche Schlange. Den Augenblick abpassend, packte ich sie am Hals, tauchte sie dann in ein Glas mit Spiritus und hielt sie so lange darin, bis sie genügend Spiritus geschluckt hatte und sich kraftlos auf den Boden des Glases hinabfallen ließ. Es erschien Tui, und ich hatte mit ihm ein langes Gespräch über Bili-Bili, Karkar, Maragum-Mana und so weiter. Unter anderem teilte er mir einige Bezeichnungen von Gegenständen in den Mundarten von neun nahe gelegenen Dörfern mit.

Unter den Kokosnüssen aus Bili-Bili gab es viele, die bereits Keime hatten. Ich suchte einige von ihnen aus und pflanzte sie vor dem Haus. Bei dieser Gelegenheit stellte ich an Tui bezüglich der Kokospalmen Gorendus die Frage: „Gehören die Palmen dem ganzen Dorf oder einzelnen Personen?" Tui teilte mir mit, daß in Gorendu die einen Kokospalmen einzelnen Personen gehören, die andern aber dem gesamten Dorf. So verhält es sich auch mit den großen Hütten: Es gibt Buamramren, die einzelnen Personen, und andere, die dem ganzen Dorf gehören.

Der Abend war sehr dunkel und still. Ich blieb lange am Strand auf dem Stamm eines großen, sich über das Wasser neigenden Baumes sitzen. Die Oberfläche des Meeres war sehr ruhig, und wenn man der Bewegung Tausender von leuchtenden Tieren folgte, konnte man sehen, daß sie sich selbständig und mit verschiedenen Geschwindigkeiten bewegen. Etwas anderes ist es, wenn man nachts vom Schiff aus auf das Meer sieht; das Schiff bewegt sich, und die Ursache der Lichtausstrahlung der verschiedenen Meerestiere kann der Reiz sein, der durch die Bewegung des Schiffes hervorgerufen wird.

7. März Wieder hauswirtschaftliche Beschäftigungen. Die weißen Bohnen fangen an zu faulen. Man muß sie an der Sonne trocknen, wobei Hunderte von dicken Würmern auf die untergelegte Leinwand herausgekrochen kamen. Olson mußte die verdorbenen Bohnen auslesen, was bis 2 Uhr dauerte.

Abends ging ich nach Gorendu, um Ajan zu holen, und traf Tui wieder krank daniederliegend an: Entgegen meinem Verbot hatte er sich viel der Sonne ausgesetzt, wodurch sich hinter seinem Ohr ein Geschwür gebildet hatte, das ihm nun starke Schmerzen verursachte. Ich mußte zurückgehen, um die Lanzette zu holen, und danach das Geschwür öffnen, aus dem viel Eiter herausfloß. Tui gab mir sehr bald zu verstehen, daß er eine große Erleichterung verspüre.

Ich mußte spät abends im Dunkeln zurückkehren, doch ich kam auf dem Pfad, wo man auch am Tag über Lianen und Wurzeln stolpert, recht gut vorwärts.

Ich werde schon ein wenig so etwas wie ein richtiger Papua; heute morgen zum Beispiel, als ich während meines Spaziergangs Hunger verspürte, fing ich eine große Krabbe und aß sie roh auf; das heißt, ich habe das aufgegessen, was man von ihr essen konnte.

14. März Ich stand mit sehr starken Kopfschmerzen auf; das geringste Geräusch war mir unerträglich. Plötzlich ertönte auf dem großen Baum, an den sich meine Hütte lehnt, der schrille, unangenehme Schrei eines schwarzen Kakadus, dieses speziell neuguinesischen Vogels. Ich wartete einige Minuten, in der Hoffnung, daß er fortfliegen würde. Schließlich hielt ich es nicht mehr aus und trat mit der Flinte aus der Hütte.

Der Vogel saß fast genau über meinem Kopf in einer Höhe von mindestens 100 Fuß. Die Flinte war mit feinem Schrot geladen; bei solch einer Höhe und dem dichten Grün ringsum zweifelte ich, ob ich ihn treffen würde. Doch ich schoß trotzdem, um zum mindesten den Vogel zu verscheuchen und mich von seinem unausstehlichen Geschrei zu befreien. Ich schoß, fast ohne zu zielen; nichtsdestoweniger fiel der Vogel, nachdem er einige Kreise beschrieben hatte, mit einem durchdringenden Schrei direkt am Stamm des Baums zur Erde. Die unerwartete, seltene Beute ließ mich eine Zeitlang die Kopfschmerzen beim Präparieren des Kakadus vergessen. Die Spannweite der Flügel betrug mehr als 1 Meter.

Gegen 12 Uhr hatten mich die Kopfschmerzen so überwältigt, daß ich gezwungen war, die Arbeit aufzugeben und, fast ohne mich zu bewegen und zu essen, bis zum nächsten Morgen liegenzubleiben.

Ich präparierte das Gehirn des Vogels und bestimmte mein erstes Exemplar des schwarzen Kakadus für myologische[1] Untersuchungen.

15. März Abends ging ich nach Gorendu und beobachtete an den Eingeborenen die Ergebnisse des Schmauses, der in Bongu stattgefunden hatte. Die Eingeborenen hatten sich so satt gegessen und ihre Bäuche, die stark vorstanden und gespannt waren, derart überlastet, daß es ihnen schwerfiel, zu gehen. Ungeachtet dessen trug jeder auf dem Rücken oder in den Händen eine gehörige Portion Essen, mit dem sie heute Schluß zu machen beabsichtigten. Der volle Magen störte sie sogar beim Sprechen; die Zubereitung des Abendbrots erwartend – was dieses Mal der Jugend überlassen war –, lagen die Männer neben den Lagerfeuern ausgestreckt. Ich werde diesen Anblick lange nicht vergessen.

16. März Die Leute aus Koliku-Mana brachten mir ein Ferkel zum Geschenk, wofür sie die schon eingebürgerte Bezahlung – einen kleinen Spiegel im Holzrahmen – erhielten. Da sie zu zehn Mann gekommen waren, mußte man jedem etwas geben; ich gab je ein kleines Päckchen Tabak, der stark zur Neige zu gehen beginnt – bei jeder Begegnung bitten alle immerfort: „Tabak, Tabak."

---

[1] Myologie = Muskellehre

Die Gespräche von einem Überfall der „Maragum-Mana-tamo" dauern immer noch an. Ich habe das so über, daß ich es geradezu wünsche, die Leute möchten nun endlich wirklich kommen.

17. März   Die Eingeborenen haben sich so an mich gewöhnt und sind so davon überzeugt, daß ich ihnen nichts Böses zufügen werde, daß ich aufgehört habe, mich hinsichtlich des Gebrauchs der Feuerwaffe zu genieren. Jetzt gehe ich fast jeden Morgen in den Wald nach frischem Proviant. Ich verschmähe hierbei nicht einmal das Fleisch der Papageien, Kakadus und anderer Vögel. Neulich habe ich das Fleisch des grauen Raben, dessen Skelett ich präparierte, gekostet.

Die Eingeborenen fürchten jedoch die Schüsse sehr; einige Male baten sie, in der Nähe des Dorfes nicht zu schießen. Doch andererseits sind sie sehr damit zufrieden, wenn ich ihnen die Federn der erlegten Vögel schenke: Sie schmücken ihre Kämme damit.

30. März   Ich skelettiere einen grauen Raben und einen roten Papagei. Nachdem ich die Arbeit beendet hatte, machte ich mir aus den abgeschabten Muskeln ein Fleischklößchen, das ich selbst briet, da Olson mit dem Waschen der Wäsche beschäftigt war. Das Fleischklößchen schmeckte sehr gut.

Das Wetter ist ebenso schön wie gestern: im Schatten nicht mehr als 31 Grad Celsius, was hier überhaupt nicht oft vorkommt. Als es dunkel wurde, erschienen die Eingeborenen aus Gorendu, um vor meiner Hütte Fische zu fangen, wozu sie zuvor meine Erlaubnis erbeten hatten. Tui und Bugai sind bei mir geblieben, um mit mir ein Stündchen zu verbringen und zu rauchen, während sie die Jugend auf Fischfang ausgeschickt haben. Auf ihre Bitte sang Olson ein schwedisches Lied, das ihnen sehr gefallen hat.

Der Fischfang mit Fackeln ist sehr malerisch, und ich ergötzte mich lange an der Beleuchtung und an der Szene des Fangens. Alle vier Gliedmaßen des Fischers sind dabei beschäftigt: In der linken Hand hält er eine Fackel, die er durch die Luft schwingt, sobald das Feuer zu erlöschen beginnt; mit der rechten hält und wirft er den Jur; auf dem rechten Fuß steht er, und mit dem linken streift er von Zeit zu Zeit die Fische vom Jur herunter.

Als der Fang beendet war, überreichte man mir einige Fische.

April

2. April   Gegen 3 Uhr fühlte ich mich schlecht – es trat ein heftiger Fieberanfall ein, und den gesamten Abend mußte ich infolge starker Kopfschmerzen unbeweglich liegenbleiben.

Nachts gab es ein wirklich großartiges Gewitter. Ein fast ununterbrochenes Blitzen beleuchtete grell die Bäume, das Meer und die Wolken. Das Gewitter erstreckte sich über einen sehr großen Raum; nahezu gleichzeitig hörte man das Rollen des Donners in der Ferne und dessen Krachen fast direkt über dem Kopf. Das häufige Blitzen blendete einen völlig, und der ferne Horizont war so klar wie am Tag. Mich schüttelte ein starkes Fieber; im ganzen Körper fühlte ich Kälte. Außerdem machten mich die Kälte und die Feuchtigkeit, die zusammen mit dem Wind durch die Tür und die Ritzen eindrangen, sehr nervös.

Gerade über meinem Kopf befand sich im Dach eine kleine undichte Stelle, und kaum hatte ich ein wenig Ruhe gefunden, als mich ein dicker Regentropfen oder ein kleiner Wasserstrahl ins Gesicht traf. Jeder Windstoß konnte die dicken trockenen Lianen, die noch immer über dem Dach hingen, herunterreißen, und dann würden die schweren Kisten, die auf dem Dachboden über mir lagen, unweigerlich herunterpoltern.

Da ich einige Stunden Schlaf brauchte, jedoch die Hoffnung aufgab, unter diesen Umständen von selbst einschlafen zu können, nahm ich eine kleine Dosis Morphium, die bald ihre Wirkung tat.

7. April   Tengum-Mana, ein Bergdorf, das hinter dem Fluß Gabeneau liegt, interessiert mich ganz besonders als eins der höchstgelegenen Dörfer dieses Gebirgszugs, der die allgemeine Bezeichnung Mana-Boro-Boro trägt. Obwohl ich viele Einwohner der Bergdörfer schon des öfteren in Garagassi gesehen habe, wollte ich mir anschauen, wie sie bei sich zu Hause leben.

Ich ließ Olson in Garagassi zurück und schnallte mir einen kleinen Ranzen um, mit dem ich, als ich noch Student in Heidelberg und Jena war, viele Teile Deutschlands und der Schweiz durchwandert habe.

Ich nahm noch eine leichte Decke mit und begab mich dann nach Bongu. Unterwegs stellte es sich aber heraus, daß meine Last zu schwer war; in Gorendu nahm ich einige Sachen heraus, wickelte sie zu einem Paket zusammen und übergab sie Digu, der mit Vergnügen einwilligte, sie zu tragen. Die Flut war hoch; es blieb nichts anderes übrig, als die Schuhe auszuziehen und am Strand, nicht selten bis an die Knie im Wasser, zu waten.

Als ich in Bongu ankam, war die Sonne im Untergehen. Die Einwohner waren im Begriff, zum Fischfang auszufahren, doch aus Anlaß meines Kommens blieben viele zurück, um mich zu bewirten. In Bongu waren Gäste aus Bili-Bili, und wir aßen gemeinsam zu Abend.

Es war schon dunkel geworden, doch die Papuas dachten gar nicht daran, andere Feuer, außer jenen, die für die Zubereitung des Abendbrots unentbehrlich waren, anzuzünden – ja auch diese brannten nicht richtig, sondern waren fast am Erlöschen. Die Menschen saßen, aßen oder gingen umher in fast völliger Dunkelheit. Obwohl mir dieser Zustand ganz originell vorkam, war es doch nicht recht bequem. Vielleicht erklärt sich die ungenügende Beleuchtung aus dem Mangel an trockenem Holz und auch daraus, daß es schwer ist, frisches Holz mit der Steinaxt zu schlagen. Brauchte man etwas mehr Licht, so zündeten die Papuas ein Bündel trockener Kokosblätter an, das dann die Gegenstände der nächsten Umgebung für eine oder zwei Minuten hell beleuchtete.

Die Eingeborenen haben die gute Gewohnheit, nicht viel zu sprechen, besonders beim Essen nicht – dieser Prozeß geht schweigend vor sich.

Ich war dessen überdrüssig geworden, im Dunkeln zu sitzen, und ging deshalb zum Meer, um dem Fischfang zuzusehen. Einer der Eingeborenen zündete ein Bündel Kokosblätter an, und im Schein dieser Fackel kamen wir zum Strand, wo auf den Pirogen ein Dutzend heller Feuer loderten, deren Spiegelbilder, auf dem Wasser tanzend, den Schaum der Brandung oft aufleuchten ließen.

Der ganze nördliche Horizont war von dunklen Wolken überzogen. Über Karkar blitzte es unaufhörlich, und von Zeit zu Zeit war ferner Donner zu vernehmen. Ich gesellte mich zu den Papuas, die am Strand auf einem von der Brandung an Land gespülten großen Baum saßen. Eine Piroge nach der andern begann am Strand anzulegen, und die Fischer fingen nun an, die Beute zu sortieren. Knaben von etwa acht oder zehn Jahren standen an der Plattform der Pirogen und hielten Fackeln, während die Erwachsenen die gefangenen Fische auf einzelne Häufchen verteilten.

Bei greller Beleuchtung kam mir das Profil der Knaben charakteristisch vor – charakteristischer als das Profil der Erwachsenen; die Schnurrbärte, die Vollbärte und die gewaltigen Haarschöpfe, die jeder auf seine Art trägt, geben den Erwachsenen ein individuelles Gepräge. Die Knaben aber sind dank dem haarlosen unteren Teil des Gesichts und dem bei fast allen rasierten Kopf sehr typisch.

Drei Eigenheiten sind mir besonders aufgefallen: der hohe, nach hinten ansteigende Schädel mit einer fliehenden Stirn; vortretende Kiefer (wobei die Oberlippe weiter vorragt als die Nasenspitze) und drittens der dünne Hals, besonders dessen oberer Teil unter dem Kinn.

Jeder Fischer brachte mir einige kleine Fische, und als wir in das Dorf zurückgekehrt waren, hat mir einer von ihnen diese Fische in heißer Asche gebacken. Als ich mich in die Buamramra, wo ich die Nacht verbringen sollte, begab, begleiteten mich fünf Eingeborene, die gern sehen wollten, wie ich mich schlafen lege.

Lako, der Besitzer der Hütte, saß am hell brennenden Lagerfeuer und beschäftigte sich mit dem Backen der gefangenen Fische. Im Innern war die Hütte recht geräumig und rief bei grellem Licht infolge ihrer Leere einen seltsamen Eindruck hervor. In der Mitte befand sich das offene Feuer, längs der rechten Wand eine lange Pritsche; ein breites Wandbrett erstreckte sich an der linken Seite; auf ihm lagen einige Kokosnüsse. Über der Pritsche hingen zwei oder drei Speere, ein Bogen und Pfeile. Vom First hing ein Strick herunter, der vier Enden hatte; diese waren an den vier Ecken eines kleinen hängenden Bambuskorbs befestigt, in dem, in grüne Blätter gewickelt, gekochter Mundvorrat lag. Das war aber auch alles, was sich in der Hütte befand.

Einige Kokosnüsse, etwas von den gebackenen Fischen und dem Ajan, zwei, drei Speere, ein Bogen und Pfeile, einige Tabire, drei oder vier „mal"[1] stellten die einzige bewegliche Habe sowohl Lakos als auch der Mehrzahl der Papuas dar. Obwohl Lako noch nicht verheiratet ist, hat er doch schon eine Hütte, während die meisten unverheirateten Eingeborenen keine Hütten besitzen.

Ich machte mir mein Bett; breitete die Decke auf der langen Pritsche aus, legte den Ranzen unter den Kopf, blies zum allergrößten Erstaunen der Eingeborenen ein Gummikissen auf, dann zog ich die Schuhe aus und legte mich hin, wobei ich mich mit der einen Hälfte der Decke zudeckte, während ich mir die andere Hälfte untergelegt hatte. Die sechs Eingeborenen verfolgten schweigend, jedoch mit sichtlich großem Interesse jede meiner Bewegungen. Als ich die Augen schloß, setzten sie sich an das Feuer und begannen, um mich nicht zu stören, flüsternd zu sprechen. Ich schlief sehr bald ein.

8. April Nachts wachte ich auf, geweckt durch die Bewegung der Pritsche. Lako, der auf dem entgegengesetzten Ende schlief, war von ihr heruntergesprungen, um das erlöschende Lagerfeuer wieder anzuschüren; der nächtliche Wind, der durch die zahlreichen Ritzen der Hütte drang, muß wohl auf seinen nackten Körper unangenehm gewirkt haben. Lako gab sich damit nicht zufrieden, daß er das Lagerfeuer angefacht und Holz nachgelegt hatte; er machte noch ein anderes unter der Pritsche an, und zwar unter der Stelle, wo er lag, so daß der warme Rauch, der zwischen den Planken aus gespaltenem Bambus hindurchzog, die eine Seite seines unbedeckten Körpers wärmte. Ich selbst fand, daß meine Wolldecke kein überflüssiger Komfort war. Die Nacht war tatsächlich kühl. Einige Male hörte ich im Halbschlaf, wie Lako aufstand, um das Feuer neu anzufachen. Manchmal weckte mich auch das Weinen der Kinder, das aus den benachbarten Hütten herüberklang.

Ein Hahnenschrei und die Stimme Lakos, der sich mit einem Nachbarn

---

[1] eine Hüftbinde der Männer oder ein Lendenschurz der Frauen; der Lendenschurz besteht aus einem Gurt und Fransen, die in langen Strähnen bis an die Knie herabhängen; Mal wird mit grellroter Farbe gefärbt

Baumhäuser in Neuguinea

unterhielt, hatten mich endgültig aufgeweckt, so daß ich aufstand und mich anzog. Da ich weder bei dem Eigentümer der Hütte noch bei seinen Nachbarn genügend Wasser fand, mich waschen zu können, ging ich zum Bach hinunter. Es war noch ganz dunkel, und mit einem brennenden Scheit in der Hand mußte ich den Weg zur Mündung des Baches suchen.

Über Karkar lagen dunkle Wolkenmassen, aus denen heraus häufig Blitze aufleuchteten; der östliche Horizont begann eben erst hell zu werden.

Nachdem ich mich am Bach gewaschen und das mitgebrachte Bambusgefäß mit Wasser gefüllt hatte, kehrte ich in das Dorf zurück und begann mich mit der Zubereitung des Tees zu beschäftigen. Diese Prozedur setzte Lako und die zur Morgenvisite herbeigekommenen Papuas sehr in Erstaunen; alle fingen an zu lachen, als sie sahen, daß ich heißes Wasser trinke und daß es für Maclay „ingi" (Essen, Speise) sein kann.

Als ich mit dem Teetrinken fertig war und aus der Hütte hinaustrat, überraschte es mich unangenehm, daß es noch dunkel war, obwohl ich schon fast eine Stunde auf den Beinen war. Da ich keine Uhr mitgenommen hatte, beschloß ich, mich aufs neue hinzulegen und den Tag abzuwarten. Dieses Mal wachte ich auf, als es schon ganz hell war, und begann Reisevorbereitungen zu treffen. Es tauchte eine Schwierigkeit auf. Die Leute von Bongu möchten in Tengum-Mana nicht übernachten, während ich die Nacht dort verbringen wollte. Ich beschloß, die Bongu-Leute nach der Ankunft im Dorf noch heute wegzuschicken und morgen mit den Leuten von Tengum-Mana zurückzukehren. Die Sache machte sich, und an Stelle von zwei Mann brachen sieben mit mir auf.

Nachdem wir den Gebirgszug an der Küste (etwa 400 Fuß) überschritten hatten, stiegen wir zum Fluß Gabeneau hinunter. Der Weg war sehr steil; der Pfad verlief nicht zickzackartig, sondern gerade nach unten. Der Abstieg ist nur dank dem Speer, den ich mir von einem meiner Begleiter geliehen hatte, glatt verlaufen. Unsere Karawane machte am Ufer des Flusses halt; sein trübes Wasser jagte geräuschvoll dahin, die Steine klapperten und rollten auf dem Grund. Ich zog mich bis auf die Schuhe, den Hut und das Hemd aus; nachdem ich die ausgezogenen Sachen unter meine Begleiter verteilt hatte, gab ich das eine Ende einer Leine einem Eingeborenen und sagte zu einem weiteren, ihm das andere Ende reichend, daß er den Fluß überqueren möchte. Die Strömung brachte ihn beträchtlich von seiner Richtung ab, und er war noch nicht am gegenüberliegenden Ufer angelangt, als sich herausstellte, daß meine Leine von 25 Sashen nicht ausreichend lang war. Nun befahl ich dem ersten Eingeborenen, in das Wasser so weit hineinzugehen, daß die Leine bis zum gegenüberliegenden Ufer reichte. Auf diese Weise wurde die Leine quer über den Teil des Flußarms gezogen, wo die Strömung mit besonderem Ungestüm dahinbrauste.

Ich stieg in den Fluß hinein, wobei ich mich mit einer Hand an der Leine festhielt. Das Wasser erschien mir sehr kalt, obwohl das Thermometer 22 Grad Celsius anzeigte; es reichte mir höher als bis zur Brust und an einer Stelle sogar bis an die Schultern. Die Steine bombardierten die Füße, doch die Strömung konnte nur kleine Kieselsteine, die nicht imstande waren, einen Menschen zum Strauchenln zu bringen, forttragen. Ich überzeugte mich, daß man auch ohne Leine den Fluß überqueren konnte, und zwar am besten in schräger Richtung, was ich auch beim Übergang über die drei nächsten Flußarme tat. Die hauptsächliche Unbequemlichkeit bestand in dem unebenen, steinigen Grund und in dem trüben Wasser, das nicht erlaubte, den Grund genau zu erkennen.

Als ich am andern Ufer angelangt war, wollte ich mich gerade anziehen, als man mir sagte, daß wir noch einen weiteren Flußarm würden überqueren müssen. Ich blieb in meinem leichten, wenn auch nicht ganz bequemen „Kostüm". Die Sonne brannte stark auf meine nackten und nassen Beine. Anstatt auf das rechte Ufer hinaufzuklettern, gingen wir stromaufwärts im Bett des Flusses, dessen Wasser uns an vielen Stellen bis über den Gürtel reichte.

Auf diese Weise gingen wir etwa zwei Stunden unter der sengenden Sonne; um der Gefahr eines Fieberanfalls vorzubeugen, nahm ich Chinin ein.

Die beiden Ufer des Flusses waren hoch, waldbedeckt und an einigen Stellen abschüssig, so daß man die Schichten eines grauschwarzen Tonschiefers erkennen konnte.

An dem großen Stamm einer Sagopalme, der wahrscheinlich vom letzten Hochwasser angeschwemmt worden ist, sagte Lako zu mir, daß ich mich hier anziehen könnte, da man nun nicht mehr im Wasser zu gehen brauche. Solange ich mich anzog, rauchten die Eingeborenen, kauten Betel und betrachteten meine Schuhe, meine Socken und meinen Hut, wobei sie spöttische Bemerkungen machten.

Auf dem Baumstumpf, auf dem wir saßen, bemerkte ich einige Figuren, die mit dem Beil ausgehauen waren und jenen ähnelten, die ich während meiner letzten Exkursion zum Fluß gesehen hatte.

Als wir unsern Weg fortsetzten, zeigte man mir dort, wo ich es am allerwenigsten erwartete, einen schmalen aufwärtsführenden Pfad – nur mit Hilfe von Wurzeln und Zweigen konnte man bis zu dem Platz gelangen, von wo ab der Pfad breiter wurde und nicht mehr so steil war. Unsern Weg nach oben werde ich nicht beschreiben; ich will nur sagen, daß der Weg sehr schlecht und steil war und ich einige Male ausruhen mußte, da meine Kräfte nicht ausreichten, ohne Aufenthalt bergan zu steigen.

Recht ungünstig war es auch, daß ich voranging und sich hinter mir eine ganze Karawane bewegte; deshalb konnte ich nicht so oft haltmachen, wie wenn ich allein gewesen wäre. Keiner von den Eingeborenen wagte es, vor mir zu laufen; vielleicht wollten sie es auch einfach nicht.

Endlich, nachdem wir eine größere Zuckerrohr- und Bananenpflanzung passiert hatten, erreichten wir den Gipfel. Ich glaubte, daß wir das Dorf sofort erblicken würden, doch ich hatte mich geirrt – man mußte weitergehen.

Als Antwort auf den Ruf meiner Begleiter ließen sich Stimmen vernehmen, und darauf zeigten sich bald auch die Dorfbewohner selbst; einige aber stürzten, sobald sie mich sahen, wieder davon.

Meine Begleiter kostete es viele Worte und viele Rufe, sie zur Umkehr zu veranlassen. Ängstlich näherten sie sich aufs neue, doch als ich einem von ihnen die Hand entgegenstreckte, stürzte er sich Hals über Kopf in die Büsche. Es war zum Lachen, mit anzusehen, wie diese baumstarken Männer zitterten, wenn sie mir die Hand reichten, und wie sie schnell zurückwichen und zur Seite sahen, ohne es zu wagen, mich anzublicken.

Nach dieser Zeremonie begaben wir uns in das Dorf; ich ging voran, und hinter mir, im Gänsemarsch, etwa fünfundzwanzig Mann. Mein Erscheinen im Dorf rief ebenfalls einen panischen Schrecken hervor; die Männer liefen davon, die Frauen versteckten sich schnell in den Hütten und schlossen die Türen hinter sich, die Kinder schrien, und die Hunde, die den Schwanz einzogen und zur Seite wichen, begannen zu heulen.

Ohne diesen ganzen Tumult zu beachten, setzte ich mich ein wenig nieder; nach kurzer Zeit kamen fast alle, die davongelaufen waren, einer nach dem andern aus den Ecken der Hütten wieder zum Vorschein.

Meine Kenntnis der Mundart von Bongu kam mir hier nicht zustatten. Nur mit Hilfe eines Dolmetschers konnte ich erklären, daß ich die Absicht hätte, im Dorf zu bleiben, um zu übernachten, und daß man mir eine Hütte anweisen möchte, wo ich die Nacht verbringen könnte. Ich fügte hinzu, daß ich im Tausch gegen Messer je ein Exemplar eines Kuskus[1] und eines Kasuars[2] haben möchte.

Nach einigen Debatten führte man mich in eine geräumige Hütte; nachdem ich dort meine Sachen abgelegt hatte, ging ich, begleitet von einer Schar Eingeborener, ins Dorf, um es mir anzuschauen.

Es war direkt auf dem Bergrücken angelegt. In der Mitte zog sich eine

---

[1] Kuskus oder in der Eingeborenensprache „mab" ist ein auf Bäumen lebendes Tier aus der Familie der Beuteltiere, das in Australien und auf den benachbarten Inseln verbreitet ist; der Kuskus hat einen dichten Pelz und einen langen Greifschwanz, er lebt im Wald, auf Bäumen, und klettert ausgezeichnet; am Tag schläft er, während er nachts kleine Tiere jagt, Blätter und dergleichen frißt

[2] ein großer Erdvogel mit grellgefärbtem, langem, nacktem Hals; auf dem Kopf hat er einen hornigen Auswuchs, der wie ein Helm aussieht; die Flügel sind schwach entwickelt, dafür sind die Beine kräftig und lang; die Kasuare leben im Waldesdickicht; sie laufen schnell, können hoch springen und auch gut schwimmen

breite Straße hindurch; an ihren beiden Seiten standen die Hütten, hinter denen die steilen, mit dichtem Grün bewachsenen Abhänge abfielen. Zwischen den Hütten und hinter ihnen reckten sich zahlreiche Kokospalmen in die Höhe; am Abhang weiter unten waren Arecapalmen gepflanzt, die hier im Überfluß, zum großen Neid aller Nachbardörfer, wachsen.

Die Mehrzahl der Hütten war von bedeutend geringeren Ausmaßen als in den Küstendörfern. Alle sind sie auf dieselbe Art gebaut: Sie haben einen ovalen Unterbau und bestehen fast ausschließlich aus dem Dach; Wände an den Seiten sieht man fast gar nicht. Vor einer kleinen Tür befindet sich ein halbrunder Platz unter einem ebensolchen Dach, das sich auf zwei Pfähle stützt. Auf diesem Platz sitzen, essen und arbeiten die Frauen, durch das Dach vor der Sonne geschützt.

Während ich die Telume abzeichnete, wurde für uns, das heißt für die Gäste, „ingi" zubereitet. Es kamen zwei Knaben mit der Nachricht herbeigelaufen, daß das Ingi fertig sei. Ihnen folgte eine Prozession: vier Eingeborene, ein jeder mit einem Tabir. Im ersten befand sich geschabte Kokosnuß, mit Kokosmilch angefeuchtet, in den drei übrigen – gekochter Taro. Alle vier wurden mir zu Füßen aufgestellt.

Ich nahm je eine kleine Portion vom Mongilia und von gekochtem Taro, alles übrige gab ich meinen Begleitern, die gierig zu essen begannen.

In einiger Entfernung lagerten sich die Einwohner von Tengum-Mana, und ich hatte eine günstige Gelegenheit, ihre Gesichter zu betrachten, da sie sich mit den Bongu-Leuten in lebhaftem Gespräch befanden. Unter ihnen gab es einige Physiognomien, die der Vorstellung von Wilden vollauf entsprachen. Die lebhafteste Phantasie eines talentierten Künstlers hätte sich wohl kaum etwas Treffenderes ausdenken können!

Man brachte mir einige zerbrochene Schädel des Mab, aber keinen einzigen Schädel eines Kasuars. Es war klar, daß sich die hiesigen Einwohner nicht mit regelrechter Jagd beschäftigten, sondern diese Tiere nur bei Gelegenheit töten. In der Zwischenzeit hatten meine Begleiter über mich so viel Schreckliches erzählt – ich könnte Wasser verbrennen und mit Feuer töten, Menschen würden von meinem Anblick krank und so weiter –, daß es den Einwohnern von Tengum-Mana anscheinend angst und bange davor wurde, im Dorf zu bleiben, solange ich mich darin aufhielt. Im Ernst fragten sie die Bongu-Leute, ob es für sie nicht besser wäre, fortzugehen, solange ich bei ihnen zu Gast sei. Ich war über meine Begleiter wegen dieser Einschüchterung der Bergbewohner sehr entrüstet, da ich damals nicht darauf kam, daß es in der Absicht geschah, meinen Ruf als eines sehr gefährlichen und sehr mächtigen Menschen zu begründen. Später habe ich begriffen, daß sie von meiner Macht nur zu ihrem eigenen Nutzen erzählten und mich als ihren Freund und Beschützer hinstellten.

Ich war der Fragen, ob ich in Tengum-Mana bleibe oder nach Hause zurückkehre, so überdrüssig geworden, daß ich meinen Entschluß, zu bleiben, wiederholte, mich auf die Pritsche unter dem halbrunden Vordach der Hütte legte und einschlief. Meine Siesta dauerte über eine Stunde. Im Halbschlaf hörte ich das Abschiednehmen der Eingeborenen Bongus von den Einwohnern Tengum-Manas.

Nachdem ich mich von der Wanderung des heutigen Morgens ausgeruht hatte, ging ich in der Umgebung des Dorfs ein wenig spazieren – selbstverständlich von einem ganzen Gefolge von Eingeborenen geleitet. Ein Weg von fünf Minuten den Pfad entlang führte uns zu einer Anhöhe, von der Stimmen zu hören waren. Als ich hinaufstieg, sah ich Dächer, die von Kokospalmen umgeben waren. Das war der zweite Platz; noch höher als diesen gab es einen dritten, den höchsten Punkt von Tengum-Mana.

Man hätte von dort eine sehr weite Aussicht haben können, doch sie war durch die Vegetation beträchtlich behindert. Im Nordosten dehnte sich in der Ferne das Meer; im Osten erhob sich, getrennt durch ein tiefes Tal, Jenglam-Mana; im Westen sah man hinter einer Reihe von Hügeln das steinige Bett des Flusses Kolle; im Südwesten dehnte sich ein Labyrinth von Bergen.

Nachdem ich die Leute über die Berge ausgefragt hatte, war ich davon überzeugt, daß nur Jenglam-Mana besiedelt ist, daß alle andern Berge, die man von hier aus sieht, völlig unbevölkert sind, daß dorthin keiner geht und daß es dort auch nirgends Pfade gibt.

Auf dem Rückweg wandte ich meine Aufmerksamkeit den Hütten zu. Vor dem Eingang vieler Hütten hingen Knochen, Federn, zerbrochene Schädel von Hunden und vom Kuskus – bei einigen auch Menschenschädel, allerdings ohne Unterkiefer. An einer Stelle baumelten an einem zwischen zwei Bäumen quer über den Platz gespannten Strick leere Körbe, die von den Geschenken aus andern Dörfern zeugten.

Jenglam-Mana hat einen Überfluß an Arecapalmen und Keu. Als ich den Tisch hinstellte, mich auf die zusammenklappbare Bank setzte, die Mappe mit dem Papier und die Camera lucida[1] herausnahm, wichen die um mich stehenden Eingeborenen zunächst zurück und liefen dann davon. Da ich ihren Dialekt nicht kannte, versuchte ich gar nicht erst, mit ihnen zu sprechen, und begann schweigend, eine der Hütten zu zeichnen. Da die Eingeborenen nichts Erschreckendes gesehen und gehört hatten, näherten sie sich von neuem und beruhigten sich, so daß es mir gelang, zwei Porträts zu zeichnen; eins von ihnen ist das Porträt jenes Menschen, von dem ich sagte, daß sein Äußeres unserer Vorstellung von Wilden besonders entspricht. Doch da die Wildheit nicht in den Gesichtszügen liegt, sondern im Ausdruck und dem

---

[1] Gerät, das mit Hilfe eines kleinen Spiegels einen Gegenstand auf ein Blatt Papier projiziert; man braucht dann nur die Konturen mit dem Bleistift nachzuziehen

schnellen Wechsel eines Ausdrucks mit dem andern sowie in der Beweglichkeit der Gesichtsmuskeln, so hatte ich, nachdem die Linien des Profils auf das Papier übertragen waren, eine sehr unbefriedigende Kopie des Originals erhalten. Der andere Eingeborene war bedeutend wohlgestalter, er hatte ein nicht so stark hervortretendes Gebiß.

Das Mittagessen und das Abendbrot, das man mir reichte, bestand wiederum aus gekochtem Bau, Bananen und geschabter Kokosnuß. Einer der Eingeborenen, der die Mundart Bongus ein wenig kannte, hatte es übernommen, mein Cicerone (Fremdenführer) zu sein, und wich die ganze Zeit nicht von meiner Seite.

Als er bemerkte, daß der gebrachte Bau so heiß war, daß ich ihn nicht essen konnte, hielt er es für seine Pflicht, mit den nicht besonders sauberen Händen jedes Stück Taro zu nehmen und darauf zu blasen; deshalb beeilte ich mich, den Tabir seiner Bevormundung zu entziehen, und bat ihn, jene Stückchen Bau selbst aufzuessen, die er für mich vorbereitete. Das hatte ihn allerdings nicht daran gehindert, allen meinen Bewegungen angespannt zu folgen. Als der Eingeborene an einem Stück Bau, das ich dem Mund zuführte, ein Härchen bemerkte, langte er hastig unter meine Nase, nahm das Härchen herunter und warf es fort, nachdem er es mir vorher feierlich gezeigt hatte.

Besonderer Sauberkeit können sich die hiesigen Papuas, wenn man sie mit denen von der Küste vergleicht, nicht rühmen. Das erklärt sich zum Teil durch den Mangel an Wasser, das sie aus einem Fluß über unbequeme Waldgebirgspfade heranschaffen müssen.

Als ich um Wasser bat, goß man mir nach langer Beratung aus einem Bambusgefäß eine so schmutzige Brühe ein, daß ich ablehnte, sie auch nur zu probieren.

Gegen 6 Uhr bildeten sich Wolken und verdeckten die untergehende Sonne; es wurde feucht und kalt, und bald war es völlig dunkel. Wir blieben, genau wie gestern in Bongu, im Dunkeln; bei glimmenden Kohlen konnte man die Eingeborenen, die in einer Entfernung von 2 Schritt saßen, nur mit Mühe erkennen. Ich fragte nach Feuer. Mein Cicerone mußte wohl verstanden haben, daß ich nicht im Dunkeln sitzen mochte; er brachte daher einen ganzen Haufen trockener Palmblätter und zündete sie an. Die helle Flamme beleuchtete die mir gegenübersitzende Gruppe von Männern, die schweigend rauchten und Betel kauten. Unter ihnen saß in der Nähe des Feuers ein Eingeborener, den ich schon vorher bemerkt hatte; er schrie und kommandierte mehr als die andern, und man gehorchte ihm; er war es auch, der hauptsächlich das Gespräch mit den Bewohnern von Bongu führte und sich bei dem Essen zu schaffen machte. Obwohl er sich von den übrigen durch keinen äußeren Schmuck unterschied, so ließ mich doch seine Manier, zu kommandieren und zu schreien, vermuten, daß er die wichtigste Persönlichkeit in Tengum-Mana sei – und ich hatte mich nicht getäuscht. Solchen Menschen, so einer Art von Häuptlingen (die übrigens, soweit es mir bekannt ist, keine besondere Bezeichnung haben) begegnet man in allen Dörfern; ihnen gehören häufig große Buamramren, und um sie gruppiert sich gewöhnlich eine gewisse Zahl von Eingeborenen, die ihre Befehle ausführen.

Ich wollte den Gesang der Eingeborenen hören, um ihn mit dem Gesang der Küstenbewohner zu vergleichen, doch keiner konnte sich entschließen, einen „mun"[1] Tengum-Manas anzustimmen; ich hielt es daher für das vernünftigste, mich schlafen zu legen.

9. April Die Menschenmenge, die sich vor der Hütte befand, in der ich lag, blieb noch lange dort versammelt; die Eingeborenen hatten etwas miteinander zu besprechen. Besonders viel redete Minem, den ich für den Häuptling hielt. Ich war gerade dabei einzuschlafen, als mich ein Schweinequieken wieder aufweckte. Angezündeter Bambus beleuchtete die Eingeborenen, die ein ziemlich großes Schwein, das für mich als Geschenk bestimmt war, an einen langen Stock banden.

Nachts weckte mich häufig starkes Husten in der benachbarten Hütte; die auf der andern Pritsche schlafenden beiden Eingeborenen brachten oft das Lagerfeuer, das in der Mitte der Hütte brannte, in Ordnung und legten sich Kohlen unter ihre Pritschen.

Mit den ersten Sonnenstrahlen stand ich auf und machte erneut einen Rundgang durch das ganze Dorf, um Schädel des Kuskus und alles Interessante, was mir begegnete, zu sammeln. Ich konnte aber nur zwei Menschenschädel ohne Unterkiefer und einen Telum, den die Eingeborenen „karija" nannten, erwerben. Die Schädel hatte ich nach langem Reden, nach einem energischen Dazwischentreten Minems und dem Versprechen meinerseits, daß ich außer Nägeln noch einige Flaschen schicken werde, bekommen.

Nach dem Frühstück, das wiederum aus gekochtem Taro und Kokosnüssen bestand, gab ich meine Sachen drei Eingeborenen zum Tragen und trat unter dem Vordach der Hütte hervor. Auf dem Platz standen und saßen alle Dorfbewohner im Halbkreis; in der Mitte hielten zwei Eingeborene auf den Schultern einen langen Bambusstab, an den ein Schwein gebunden war. Sobald ich hinausgegangen war, trat Minem mit einem grünen Zweig in der Hand feierlich an das Schwein heran und hielt unter allgemeinem Schweigen eine Rede, der ich entnahm, daß dieses Schwein von den Einwohnern Tengum-Manas Maclay zum Geschenk gemacht wird, daß es die Leute die-

---

[1] das für jedes Dorf charakteristische Lied, das die Eingeborenen während ihrer traditionellen Festtage anstimmen; manchmal nennt Maclay auch das Fest selbst sowie den Festtanz Mun

ses Dorfs in das Haus Maclays hinuntertragen werden, daß es Maclay dort mit einem Speer erstechen, daß das Schwein schreien und dann sterben wird, daß es Maclay abbinden, die Borsten absengen, es aufschneiden und aufessen wird.

Minem beendete seine Rede und steckte den grünen Zweig hinter die Lianen, mit denen das Schwein an den Stock gebunden war. Alle bewahrten tiefstes Schweigen und warteten auf etwas. Mir war es klar, daß sie auf meine Antwort warteten.

Ich trat also an das Schwein heran, und nachdem ich alle meine Kenntnisse der Mundart von Bongu zusammengerafft hatte, antwortete ich Minem, wobei ich die Freude hatte, zu beobachten, daß man mich verstand und mit meinen Worten zufrieden war. Ich sagte, daß ich nicht wegen des Schweins nach Tengum-Mana gekommen sei, sondern um die Menschen, deren Hütten und die Berge Tengum-Manas zu sehen; daß ich einen Mab und einen „djug" erwerben will, für die ich bereit bin, je ein gutes Messer zu geben (allgemeine Billigung unter Hinzufügung des Wortes „essi"); daß ich in Garagassi für das Schwein das gleiche geben werde, was ich auch den andern gegeben habe, das heißt einen „ganun" – einen Spiegel (allgemeine Billigung); daß ich beim Verspeisen des Schweins sagen werde, daß die Tengum-Mana-Leute gute Menschen sind; daß, sollte irgend jemand von den Tengum-Mana-Leuten in das „tal Maclay" kommen, er Tabak, „mal", Nägel und Flaschen bekommen wird; daß, sofern die Tengum-Mana-Leute gut sind, Maclay auch gut sein wird (allgemeine Zufriedenheit und Rufe: „Maclay gut und ‚tamo Tengum-Mana' gut"). Nach kräftigem Händeschütteln und den Rufen „Eh mem!" beeilte ich mich, aus dem Dorf hinauszukommen, da die Sonne bereits hoch am Himmel stand.

Als ich an der letzten Hütte vorüberging, sah ich ein Mädchen, das eine mit den Enden zusammengebundene Schnur in den Händen drehte. Ich blieb stehen und sah mir an, was es tat. Mit einem selbstzufriedenen Lächeln wiederholte es seine Kunststücke mit der Schnur; es stellte sich heraus, daß es dieselben waren wie jene, mit denen sich die Kinder in Europa beschäftigen.

An einer Stelle bei der Pflanzung längs des Pfades der dicke Stamm eines entwurzelten Baums von mindestens 1 Meter Durchmesser. Auf der dem Dorf zugekehrten Seite waren einige hieroglyphische Figuren eingehauen; sie ähnelten denen, die ich in dem Flußbett auf dem Stamm der Sagopalme gesehen hatte, doch sie waren bedeutend älter als jene.

Die Figuren auf den Bäumen sowie die Zeichnungen in Bongu und auf den Pirogen Bili-Bilis verdienen deshalb Beachtung, weil sie nichts anderes als die Anfangsgründe einer Schrift darstellen, die ersten Schritte zu der Erfindung einer sogenannten ideographischen Schrift. Der Mensch, der mit

Kohle oder Farbe zeichnete oder die Figuren mit dem Beil aushieb, wollte einen bestimmten Gedanken ausdrücken, irgendeine Tatsache darstellen. Diese Figuren dienen bereits nicht mehr als einfaches Ornament – sie haben einen abstrakten Sinn; so wurde zum Beispiel in Bili-Bili die Darstellung der Festprozession zur Erinnerung an die Beendigung des Baus einer Piroge ausgeführt. Die Zeichen an den Bäumen haben sehr grobe Formen, sie bestehen insgesamt aus einigen Linien; ihre Bedeutung ist wahrscheinlich nur dem, der sie eingehauen hat, sowie jenen, denen er den Sinn seiner Hieroglyphen erklärte, verständlich.

Ich ging zum Fluß hinunter, zog mich wie gestern aus, und wir marschierten los, dem Flußbett abwärts folgend. Die Sonne sengte stark, und die Steine, über die ich gehen mußte, verletzten meine Füße derart, daß sie bluteten. Zwei Szenen haben unsere Flußüberquerung belebt. Ein Eingeborener, der eine sich sonnende Eidechse bemerkte, schlich, da es ihm bekannt war, daß ich verschiedene Tiere sammle, an sie heran und warf sich dann mit Geschrei auf sie – aber sie entwischte. Darauf setzten ihr etwa zehn Mann nach; sie lief zwischen den Steinen mal hierhin, mal dahin, und die Eingeborenen verfolgten sie trotz aller Hindernisse, der Traglast und der Waffen mit erstaunlicher Geschicklichkeit und Behendigkeit.

Schließlich versteckte sich die Eidechse zwischen den Steinen unter dem Schilf, doch auch hier wurde sie von den Eingeborenen aufgestöbert. Blitzschnell wurde das Schilf herausgerissen, die Steine zur Seite geworfen und die Erde mit den Händen durchwühlt. Ein Eingeborener packte die Eidechse am Hals und überreichte sie mir. Außer einem Taschentuch hatte ich nichts bei mir, worin ich sie hätte verwahren können; während sie nun in das Taschentuch eingepackt wurde, biß sie einen Eingeborenen so, daß sein Finger blutete, entwischen konnte sie aber nicht.

Beim Übergang über den Flußarm bemerkten die Eingeborenen eine Menge kleiner Fische, die behende zwischen den Steinen dahinglitten; meine Begleiter griffen nach Steinen, und in einem Augenblick flogen Dutzende davon ins Wasser, die oft ihr Ziel nicht verfehlten. Die getöteten Fischchen wurden aufgesammelt, in Blätter gewickelt und für das Abendbrot aufbewahrt.

10. April Nachts verspürte ich einen Schmerz im Fuß, und als ich morgens aufstand, war der Fuß stark angeschwollen und wies drei kleine mit Eiter gefüllte Wunden auf. Das war die Folge der gestrigen Flußüberquerung. Die Unmöglichkeit, die Schuhe anzuziehen, und der Schmerz bei jeder Bewegung zwangen mich, zu Hause zu sitzen. Da ich das gestern mitgebrachte Schwein nicht sofort schlachten mochte, beauftragte ich die Eingeborenen Bongus, es auf ihre Art anzubinden.

12. April   Die zwei Tage des Zuhausesitzens haben meinen Fuß fast völlig ausheilen lassen; ich war nun selbst in der Lage, den Eingeborenen Gorendus eine Portion Schweinefleisch hinüberzutragen: Olson hat nämlich das Schwein aus Tengum-Mana heute endlich geschlachtet. Für zwei ist es zu groß, und da ich mich mit dem Einsalzen nicht abgeben mochte, beschloß ich, dem hiesigen Brauch folgend, die Hälfte den Bekannten in Gorendu und Bongu abzugeben.

Die von mir mitgebrachten Fleischstücke erzielten in Bongu eine große Wirkung, und obgleich das Schweinefleisch nur dreien der Einwohner zugedacht war, wurden trotzdem alle Frauen von den drei Plätzen sofort zusammengerufen, um das Fleisch zu reinigen und Ajan und Bau zuzubereiten.

Als ich in der kühlen Buamramra ausruhte, bemerkte ich einen alten Telum, der einen Menschenkörper mit einem Krokodilkopf darauf darstellte. Danach wandte ich meine Aufmerksamkeit der Zubereitung des Papuagerichts „kale" zu, das ich hier zum erstenmal sah. Es bestand aus geschabter und leicht angebratener Kokosnuß, die mit Bau oder Ajan vermengt wurde, was einen recht schmackhaften Teig ergab.

Die Kinder hält man hier früh an, in der Hauswirtschaft zu helfen. Es ist drollig zu sehen, wie ein Kind von anderthalb oder zwei Jahren ein großes Holzscheit zum Lagerfeuer schleppt und danach zur Mutter läuft, um an der Brust zu saugen.

Heute hatte ich wieder gründlich Gelegenheit, die Prozedur der Keu-Zubereitung zu beobachten. Ich habe gesehen, daß auch Frauen dieses Getränk genießen.

14. April   Mehrere Leute sind aus Bongu nach Arznei gekommen; der eine hatte kranke Füße, ein anderer brachte mir eine Trompete, die ich bei ihm schon lange bestellt hatte, die übrigen erschienen mit Kokosnüssen.

Als mir ein Eingeborener einen langen Bambus übergab, sagte er, daß ich den „ai" den Frauen und den Kindern nicht zeigen solle, da das für sie schlimm werden könne. Die Eingeborenen halten alle ihre Musikinstrumente vor ihren Frauen und Kindern geheim und beschäftigen sich mit Musik immer außerhalb des Dorfes. Weshalb die Frauen von der Musik und dem Gesang ferngehalten werden, ist mir bis jetzt unbekannt.[1]

---

[1] es handelt sich darum, daß nach dem Brauch der Papuas alle Knaben zwischen zwölf und vierzehn Jahren einige Zeremonien durchmachen müssen – die sogenannten „Weihe"-Zeremonien –, und erst danach werden sie zu vollberechtigten Mitgliedern der Gesellschaft; sie erhalten das Recht, Waffen zu tragen, an der Jagd teilzunehmen, zu heiraten und anderes mehr; der „ai" ist eins der rituellen Feste, doch Maclay konnte das nicht vermuten; alles, was mit den „Weihe"-Zeremonien in Zusammenhang steht, wird vor Kindern und Frauen streng geheimgehalten, und da das Spielen auf den Musikinstrumenten einen Teil dieser Zeremonien darstellt, ist es Kindern und Frauen bei Todesstrafe verboten, die Musikinstrumente anzusehen

16. April   Als ich morgens nach Gorendu kam, begegneten mir dort zwei Frauen aus einem andern Dorf, die die Frauen Tuis und Bugais besuchen wollten. Auf dem Rücken trugen sie große Säcke mit Geschenken (Bau und Ajan); die Stricke dieser Säcke waren um ihre Stirnen gelegt. Die Säcke waren so schwer, daß die Frauen nicht anders gehen oder stehen konnten als halbgebückt. Sie wurden von den Frauen Gorendus, die ihnen die Hände drückten und die Schultern streichelten, sehr freundlich empfangen. Wenn sich die Frauen begrüßen, reichen sie einander die Hände oder auch nur zwei, drei Finger.

Bei diesen Frauen war auf den Schultern und den Brüsten, zu der mittleren Linie des Körpers herablaufend, eine Reihe von Flecken eingebrannt, die sich von der übrigen Haut durch ihre hellere Farbe unterschieden. Übrigens findet man diese Art der Tätowierung keineswegs bei allen Frauen.

20. April   Nach Gorendu gekommen, saß ich in Erwartung des Abendbrots auf der Barla. Aus Langerweile nahm ich einen auf der Erde liegenden Pfeil in die Hände, und als ich die abgebrochene Spitze sah, holte ich das Messer heraus, um den Pfeil anzuspitzen; denn diese Operation ist für die Eingeborenen nicht sehr leicht und nimmt viel Zeit in Anspruch, da sie sie mit einem Feuerstein ausführen. Der neben mir stehende Wangum erklärte mir, daß der Pfeil abgebrochen sei, als man ihn auf einen Mab abgeschossen habe. Auf meine Frage, ob der Mab getötet worden sei, antwortete er verneinend; der Mab wäre jetzt in der Nachbarhütte. Ich ging, oder richtiger gesagt, ich kletterte in die Hütte hinein (so hoch sind die Schwellen und so klein die Türen) und erblickte im Halbdunkel unter der Decke etwas Weißes – das also war der Mab.

Die Hütte hatte zwei Etagen, und das Tier hing mit dem Kopf nach unten, am Schwanz fest angebunden.

Ich wollte den Mab aus der Nähe betrachten und sagte, daß man ihn aus der Hütte tragen solle. Wangum durchschnitt mit einer Muschelschale die Liane, die an den Schwanz des Mab gebunden war; das Tier klammerte sich aber mit den Vorderpfoten mit solcher Kraft an den Bambus, daß Wangum, der es mit beiden Händen am Schwanz hielt, es nicht von der Stelle ziehen konnte; der Mab hatte seine kräftigen, spitzen Krallen tief ins Holz eingegraben.

Wangum hieb mit einem dicken Stock kräftig auf die Vorderpfoten des Mab; vor Schmerzen mußte das Tier nachgeben, und man zerrte es endlich herunter. Wangum hielt den Mab am Schwanz, um nicht gebissen zu werden, und warf ihn aus der Hütte hinaus. Auch ich verließ nun die Hütte. Das verwundete Tier riß wütend das Maul auf und zeigte bei jeder meiner Bewegungen seine langen unteren Schneidezähne und die graurötliche Zunge, doch es machte keine Anstalten fortzulaufen. Der Mab war von grauweißer Farbe und 50 Zentimeter lang. Sein Fell war weich und dicht, doch die Haare nicht lang. Der fette Körper konnte sich auf den kurzen Beinen, die mit langen gebogenen Krallen versehen waren, nicht halten.

Der Mab faßte nun wieder Mut und wollte fliehen, doch auf der ebenen Erde glückte es ihm nicht. Er machte einige ungeschickte Bewegungen, hielt inne und legte sich hin; möglicherweise hatte er sich von dem kräftigen Stockhieb über die Vorderpfoten oder von der Pfeilwunde noch nicht wieder erholt.

Da ich den Mab erwerben wollte, fragte ich, wem er gehöre, und bot auf der Stelle ein Messer zum Tausch an. Es stellte sich heraus, daß der Mab gar keinen richtigen Besitzer hatte, weil er auf folgende Weise gefangen wurde. Am Morgen bemerkten zwei Eingeborene gleichzeitig das Tier, das von einem Baum in der Nähe des Dorfes herunterkletterte. Als sie losstürzten, um ihn zu fangen, kletterte der erschreckte Mab, der keine andere Rettung sah, schnell auf eine einzelnstehende Palme; nun nahm das halbe Dorf am Einfangen teil: Einer schoß mit dem Pfeil und verletzte den Mab leicht am Hals, ein anderer kletterte auf die Palme und warf ihn hinunter, die übrigen fingen ihn unten ein. Es wurde beschlossen, ihn gemeinsam zu verspeisen. Man hatte schon ein Feuer angezündet, um sein dichtes Fell abzusengen.

Mein Vorschlag brachte die Eingeborenen in große Verlegenheit. Jeder wollte ein Messer bekommen, doch keiner wagte zu sagen: „Der Mab gehört mir." Man antwortete mir, daß die Kinder in Gorendu weinen würden, wenn man ihnen das Fleisch des Mab nicht zu essen gäbe. Ich wußte sehr wohl, daß es keiner der Einwohner Gorendus wagen würde, sich zu widersetzen, wenn ich das Tier genommen und nach Hause getragen hätte. Doch ich wollte nicht ungerecht handeln und mir fremdes Eigentum mit Gewalt aneignen.

Ich erklärte daher den in Erwartung meiner Entscheidung um mich stehenden Eingeborenen, daß die Gorendu-Leute den Mab essen sollten, daß ich mir aber seinen Kopf nehmen würde. Erfreut über diese Wendung der Angelegenheit, stürzten einige Menschen herbei, um mir zu helfen. Mit einem stumpfen Messer – ich hatte kein anderes bei mir – durchsägte ich den Hals des unglücklichen Tieres, das während der barbarischen Operation keinen einzigen Laut von sich gab.

Als ich die mit Blut bedeckten Hände wusch, fiel es mir ein, ihm auch die Vorder- und die Hinterpfoten abzuschneiden. Doch der Mab war bereits über dem Feuer, und ich mußte mich mit halbverkohlten Gliedmaßen begnügen. Es gelang mir noch, einen Teil des kahlen Greifschwanzes zu retten, der einem langen Finger ähnelte und an verschiedenen Stellen mit Hornwarzen bedeckt war.

21. April   Ich zeichnete das Maul, die Pfoten und den Schwanz des Mab und präparierte den Schädel, der sich von den Schädeln, die ich in Tengum-Mana erhalten hatte, unterschied; das Fell bei jener Art war auch anders – schwarz mit gelblichen Flecken. Ich nahm das Gehirn heraus, zeichnete es ab und machte einige Schnitte.

Als ich damit beschäftigt war, ließ sich ein leichtes Rascheln vernehmen. Eine große Eidechse von mindestens $1^1/_2$ Meter Länge tat sich unter der Veranda an den Abfällen der Muskeln des Mab, die ich beim Präparieren des Schädels wegwarf, gütlich.

Ehe ich das geladene Gewehr zur Hand nahm, überquerte die Eidechse schnell den Platz vor dem Haus und verschwand im Wald. Ich machte einige Schritte und wurde von einem seltsamen Laut über meinem Kopf zum Stehenbleiben veranlaßt.

Hoch oben im Grün bemerkte ich den hübschen Kamm eines schwarzen Kakadus. Er muß mich wohl gesehen haben, denn er flog schreiend in den Wald davon.

Gleichzeitig hörte ich das Aufschlagen einer Kengarnuß auf die Erde. Ich ging um den Baum herum und erblickte einen zweiten Kakadu, der noch höher saß und die harte Schale einer Nuß zerbiß. Ich riskierte einen Schuß, und der große Vogel fiel, mit einem Flügel schlagend (der andere war angeschossen), nach unten. Einige Schrotkörner hatten den Schädel durchbohrt; ein Auge war blutunterlaufen. Der Kakadu schlug mit dem gesunden Flügel um sich und wühlte mit dem Schnabel die Erde auf. Einen Bambusstock von 3 Zentimeter Durchmesser, den er mit dem Schnabel packte, zerbiß er zu Spänen.

Endlich fiel der Vogel auf den Rücken; er sperrte den Schnabel weit auf und atmete schwer. Nach dem Einatmen konnte er mit der fleischigen Zunge die ganze Öffnung des Schlunds verschließen, obwohl der Schnabel geöffnet war. Die Zunge, die wie ein gut angepaßtes Ventil an den Gaumen gedrückt wird, verschließt den Schlund völlig. Der Fähigkeit, den Schlund bei geöffnetem Schnabel zu schließen, begegnet man wahrscheinlich auch bei andern Vögeln, und das hat zweifelsohne eine Bedeutung beim Fliegen.

Es dauerte gar nicht lange, bis der Kakadu tot war, und ich konnte bald anfangen, sein Skelett150 präparieren. Ich maß die Spannweite der Flügel, präparierte vorsichtig den hübschen Schopf und riß aus dem Schwanz die großen Federn aus, mit denen die Eingeborenen ihre Kämme schmücken. Diese Federn sind wirklich hübsch – von mattschwarzer Farbe mit himmelblauem Glanz.

Trotz eines heftigen Fieberanfalls präparierte ich sorgfältig das Skelett; das Gewicht der abgeschnittenen Muskeln betrug ungefähr 2 Pfund, das Gewicht des ganzen Vogels etwa $4^1/_2$ Pfund. Das Fleisch des Kakadus ergab für

Paradiesvogeljagd

jeden von uns eine (aus einer Kokosnußschale angefertigte) Tasse einer guten Bouillon.

An die Stelle unseres Geschirrs ist nach und nach ein primitiveres getreten, das nicht so zerbrechlich ist wie Porzellan oder Fayence. Ich fertige etwa ein Dutzend Tassen aus Kokosnußschalen an, und sie nahmen allmählich die Stelle der zerschlagenen Teller und Schüsseln ein.

26. *April* Gestern kam in Bongu eine Piroge aus Bili-Bili an. Vom frühen Morgen an lagerte heute die Schar meiner Bekannten vor der Hütte; unter den Ankömmlingen waren auch vier Männer aus dem Dorf Rai. Dieses Dorf liegt auf der südöstlichen Seite der Bucht, jenseits des Flusses, und ich sah die Bewohner vom andern Ufer zum erstenmal. Durch ihr Äußeres und ihren Schmuck unterscheiden sie sich von den hiesigen Bewohnern nicht.

Kain hatte gebeten, daß man ihm ein kleines Beil schleifen möchte. Früher einmal hatte ich ihm ein Stück Eisen von einer zerbrochenen Kiste gegeben. Er hat sich sehr akkurat einen Beilstiel nach dem Muster der gewöhnlichen Stiele der Steinbeile angefertigt, doch anstatt eines Steins legte er das Stück Eisen hinein, das ich ihm gegeben hatte, und befestigte es an dem Stiel genauso, wie die Eingeborenen einen Stein zu befestigen pflegen. Er versuchte das Eisen auf einem Stein zu schleifen, doch das gelang ihm nicht; deshalb hat er nun sein neues Beil nach Garagassi gebracht.

Dieses und viele andere ähnliche Beispiele beweisen, daß die Eingeborenen die europäischen Werkzeuge bei der ersten sich bietenden Gelegenheit mit Freuden annehmen und verwenden werden.

Meine Gäste blieben lange, und kurz vor dem Fortgehen baten mich die Bili-Bili-Leute, die in Bongu und in Gorendu viel von meinen Tabus, die Vögel auf hohen Bäumen und sogar Menschen töten können, gehört hatten, ihnen mein Tabu zu zeigen und zu schießen. Die Leute aus Rai-Mana fürchteten sich sehr und flehten, nicht zu schießen. Die andern verlachten sie aber deswegen, so daß mich alle zu bestürmen begannen, ihre Neugier zu befriedigen, wozu ich mich denn auch bereit erklärte.

Als ich das Gewehr herausgebracht hatte, drückten sich meine Papuas eng aneinander. Mancher umfaßte seinen Nachbarn in der Erwartung eines schrecklichen Ereignisses.

Als der Schuß krachte, fielen sie alle mit einemmal wie Garben zu Boden; ihre Beine bebten derart, daß sie nicht einmal in der Hocke sitzen konnten.

Ich hatte das Gewehr schon längst gesenkt und betrachtete die auf der Erde liegenden Eingeborenen, als es einige von ihnen endlich wagten, nach meiner Seite hinzublicken, wobei sie den Kopf erhoben und die Hände von den Ohren nahmen (die Ohren hatten sie sich seit dem Augenblick, als der Schuß krachte, zugehalten). Es war interessant, in ihren Gesichtern den Ausdruck der Furcht zu beobachten; den Mund hielten sie halb offen, die Zunge vermochte kein Wort deutlich auszusprechen, die Augen waren ebenfalls weiter als gewöhnlich geöffnet. Mit zitternden Händen machten mir viele von ihnen Zeichen, daß ich die schreckliche Waffe doch forttragen möchte.

Als ich aus der Hütte wieder herausgetreten war, traf ich die Eingeborenen in einer lebhaften Unterhaltung. Sie teilten sich gegenseitig ihre Eindrücke mit und waren anscheinend bestrebt, möglichst schnell fortzugehen. Ich beruhigte sie und sagte, daß mein Gewehr nur schlechten Menschen gefährlich werden kann; für die guten aber, das heißt solche, wie sie es sind, habe ich Tabak, Nägel und so weiter.

Hätte ich es nicht selbst gesehen, so hätte ich mir schwer vorstellen können, daß kräftige, gesunde, erwachsene Männer derart vor einem Gewehrschuß erschrecken. Gleichzeitig bemerkte ich, daß die Furcht der Eingeborenen nicht von langer Dauer ist.

Als sie fort waren, ging ich mit dem Gewehr in den Wald, wo mir drei Eingeborene begegneten. Einer spielte auf einer Papuaflöte, die aus einem einfachen Bambusröhrchen bestand, das an beiden Enden geschlossen war, doch oben und unten zwei Öffnungen hatte; zwei andere waren an einem dicken verfaulten Baumstumpf, den sie emsig mit Steinbeilen bearbeiteten, beschäftigt; das mürbe, verfaulte Holz flog nur so nach allen Richtungen auseinander. Aus dieser Masse fielen fette weiße Maden heraus; sie hatten zu Hunderten den liegenden Baumstamm durchbohrt.

Nachdem die Papuas einige Zeit gehackt hatten, stellten sie die Beile zur Seite und begannen die dicken Maden mit großem Appetit zu kauen und zu schlucken, wobei sie diese manchmal mit beiden Händen in den Mund legten. Als die Papuas genügend gegessen hatten, griffen sie wieder zur Flöte und zu den Beilen. Sie sahen sehr fröhlich aus und taten sich bald an den Maden gütlich, bald musizierten sie wieder.

Ich hatte bemerkt, daß bei den Eingeborenen in den verschiedenen Jahreszeiten verschiedene Musikinstrumente in Gebrauch sind und daß das mit der Art der jeweiligen Nahrung verbunden ist: So spielen sie zum Beispiel den „sumbin"[1], wenn sie Bau essen; bei Ajan wird er nicht benutzt; essen sie Schweinefleisch, so blasen sie eine große Bambustrompete, schlagen den Barum und so weiter.

Als ich mich Bongu näherte, sah ich eine an den Strand gezogene große Piroge, die jenen, die man in Bili Bili baut, ähnlich war. Sie gehörte den Einwohnern von Gedageda.

Die Ankömmlinge baten mich, bei ihnen eine Weile zu sitzen, und obwohl sie mich zum erstenmal sahen, kannten sie doch alle meinen Namen sehr genau.

---

[1] eine Bambusflöte

Unter ihnen und den Einwohnern Mitebogs traf ich Menschen mit sehr sympathischen Physiognomien. Der Gesichtsausdruck einiger junger Papuas war so sanft und weich, daß ähnliche Physiognomien, abgesehen von der Hautfarbe, sogar unter den sogenannten zivilisierten Rassen eine Ausnahme darstellen würden. Meine Nachbarn haben ein bedeutend düstereres Aussehen, und ihr Verhalten ist nicht so zuvorkommend; überhaupt stellen sie den Übergang von den Inselbewohnern zu den Bewohnern der Bergdörfer dar.

Solange für mich im Dorf das Abendbrot zubereitet wurde, wandte ich meine Aufmerksamkeit der Anfertigung eines großen Bambuskamms zu; als einziges Werkzeug diente hierbei eine einfache Muschelschale. Man konnte nicht umhin, die Geduld und die Kunstfertigkeit des Arbeitenden zu bewundern.

Als die Gäste von den Inseln Gedageda und Mitebog aufbrachen, bemerkte ich, daß sich unter den Geschenken des Dorfs Bongu, die aus einer großen Menge in Körbe verpackten Taros bestanden, auch eine leere Flasche und drei Nägel als große Kostbarkeiten befanden. Auf solche Weise können Dinge europäischer Herkunft weit weg von jenem Platz, wohin sie ursprünglich gebracht worden sind, auftauchen und den Forschern zu unrichtigen Mutmaßungen Anlaß geben.

Mai

2. Mai Die Kürbissamen, die ich den Eingeborenen gegeben hatte und die vor etwa zwei oder drei Monaten ausgesät worden sind, brachten die ersten Früchte.

Tui und Lialu waren am Morgen in Garagassi erschienen, um mich einzuladen, sie abends zum „Kürbisessen" zu besuchen. Ich war erstaunt, daß sie das Wort „Kürbis" behalten hatten; es ist anscheinend in den allgemeinen Gebrauch übergegangen.

Tui hat mich eingeladen, damit ich ihnen zeigen soll, wie man Kürbis zubereitet und ißt; es war der erste, den sie zu Gesicht bekamen. Ich zerschnitt den Kürbis und legte ihn in einen Topf mit Wasser, wo er bald gar kochte. Die Eingeborenen umstanden mich, um zu sehen, wie ich ihn essen würde. Obgleich ich Kürbis nicht mag, beschloß ich dennoch zu zeigen, daß ich ihn mit Appetit esse, damit auch die Eingeborenen ihn ohne Vorurteil kosten sollten.

Das neue Gericht schien ihnen allerdings trotzdem etwas Befremdliches zu sein; sie einigten sich schließlich dahin, es zusammen mit geschabter Kokosnuß zu essen, und vertilgten auf diese Weise den ganzen Kürbis.

4. Mai Die Barumschläge in Bongu, die am Abend begonnen hatten, ließen sich von Zeit zu Zeit die ganze Nacht hindurch vernehmen. Gegen Mittag kamen die Eingeborenen mit der Einladung, zu ihnen zu kommen, um Schweinefleisch zu essen und ihren Gesang zu hören. Da ich das gute Verhältnis zu den Eingeborenen nicht stören wollte, bin ich hingegangen.

Im Dorf war kein einziger Mann – nur Frauen und Kinder; dafür wurde ich auf dem Platz im Wald von einem anhaltenden Heulen von allen Seiten empfangen, worauf alle gleichzeitig zu rufen begannen, daß ich mich zu ihnen setzen sollte. Ich wählte einen etwas abseits gelegenen Platz, um die Vorgänge besser zu übersehen.

Etwa zehn Mann waren mit dem Zubereiten des Essens beschäftigt. Die andern kauten eifrig Keu und seihten es durch; die Wirkung des Keu war bereits auf vielen Gesichtern zu merken. Die dritten saßen ohne Arbeit und führten eine lebhafte Unterhaltung, wobei ich häufig den Namen „Anut" und „tamo Anut" hörte. Meine Nachbarn erzählten, jene hätten die Absicht, meine Hütte zu überfallen, da sie wüßten, daß ich viele Messer, Beile und rote Mals hätte und daß wir nur zu zweien, nämlich Olson und ich, wären. Überzeugt, daß so etwas tatsächlich geschehen könnte (und nicht ohne Einverständnis meiner Bekannten aus Bongu oder Gumbu, die keineswegs abgeneigt sein werden, die Beute mit jenen Leuten zu teilen), hielt ich es für angebracht, alles ins Lächerliche zu ziehen; ich fügte hinzu, daß es nicht mir, sondern jenen schlecht ergehen würde, die etwa nach Garagassi kämen. Danach wechselte ich das Thema der Unterhaltung und fragte, ob nicht jemand mit mir nach Jenglam-Mana gehen würde. Man antwortete mir, daß Jenglam-Mana und Bongu nicht in guten Beziehungen stünden, daß man sie, wenn sie dorthin gingen, erschlagen würde, doch daß es für die Einwohner Gumbus möglich sei, hinzugehen.

Als das Essen fertig und portionsweise verteilt war, lief einer der Eingeborenen ins Dorf, und wir hörten bald die Schläge des Barums. Darauf begannen die einen aus Leibeskräften zu schreien, die anderen zu trompeten. Der Lärm war ohrenbetäubend und bereitete den Eingeborenen sichtliches Vergnügen.

An einigen war die Wirkung des Keu schon stark zu bemerken. Die Zunge gehorchte ihnen nicht, sie standen unsicher auf den Beinen, und die Hände zitterten.

Aus Anlaß des Festschmauses waren die Köpfe und die Gesichter der Eingeborenen bemalt; bei dem einen war der ganze Kopf mit schwarzer, bei dem andern mit roter Farbe beschmiert; bei dem dritten war der Kopf rot mit schwarzer Umrandung, bei weiteren schwarz mit rotem Rand; nur bei den alten Männern waren weder die Gesichter noch die Köpfe bemalt. Im allgemeinen verwenden die alten Männer sowohl für die Haare als auch für das

Gesicht nur die schwarze Farbe, und am Hals tragen sie fast keinen Schmuck.

6. Mai   Abends war ich in Gorendu. Ingo zeichnete mir Figuren verschiedener Tiere und Menschen in das Notizbuch. Ich war über die Geradheit der Linien und über die Sicherheit der Hand bei dem Gebrauch dieses für ihn völlig neuen Geräts, wie es ein Bleistift war, erstaunt.

Erst heute, das heißt am Ende des achten Monats, konnte ich die Wörter „Vater", „Mutter" und „Sohn" in der Mundart Bongus erfahren.

Ich machte mir das Kommen von vier Eingeborenen zunutze, um die Schaluppe noch höher als bisher auf den Strand zu ziehen; dazu mußte man einen dicken Balken hinuntertragen und ihn unter den Kiel legen. Mit großer Anstrengung hatten Olson und ich ihn etwa 20 Schritt weit getragen; doch nachdem wir den Balken bis an den Strand herangebracht hatten, sagte ich, daß man ihn jetzt auf dem Sand rollen könne; die Eingeborenen aber, die über unsere Kraft sehr erstaunt waren, wollten nun die ihre zeigen: Alle vier traten sie an den Balken heran, hoben ihn mit großer Mühe hoch und trugen ihn schreiend und prustend fast im Laufschritt bis an die Schaluppe heran. So pflegen sie in jedem Fall, wo eine starke Anstrengung erforderlich ist, vorzugehen: Sie feuern sich gegenseitig durch Rufe an und gehen an die Arbeit mit Schreien und mit Eifer heran, daß es ihnen tatsächlich gelingt, das zu vollbringen, was sie wohl kaum geschafft hätten, wenn sie schweigend und langsam vorgegangen wären.

Es sind viele Besucher da, aus Jenglam-Mana ungefähr fünfzehn bis zwanzig Mann, andere aus Jambomba, Tuti, Bili-Bili und so weiter.

14. Mai   Der Fuß schmerzt sehr. Die kleinen Wunden, die ich mir bei der Exkursion nach Jenglam-Mana zugezogen hatte, wurden infolge nachlässiger Pflege zu einigen großen, so daß ich jetzt nicht gehen kann.

Aus Gorendu brachte man ein prachtvolles Abendbrot: gekochten Taro, eine gebackene Frucht eines Brotfruchtbaums und Sago mit Kokosnuß.

22. Mai   Die Geschwüre am Fuß sind noch nicht abgeheilt. Ich konnte mich mit ihnen nicht abgeben, da ich, um nicht zu hungern, gezwungen bin, täglich auf die Jagd zu gehen.

Heute hatten mich die Eingeborenen von Gorendu allen Ernstes gebeten, dem Regen Einhalt zu gebieten. Auf meine Antwort, daß ich das nicht tun kann, erklärten sie im Chor, daß ich es könne, doch nicht wollte.

23. Mai   Tui erzählte mir, daß er soeben aus Bogadjim zurückgekehrt wäre, wo sich viele Einwohner der umliegenden Dörfer aus Anlaß des Todes eines Eingeborenen versammelt hätten. Deshalb also, so erklärte mit Tui, hatten wir im Verlauf des gestrigen Tages oft Barumschläge gehört. Das tut man, so fuhr er fort, wenn ein Mann stirbt; stirbt eine Frau, wird der Barum nicht geschlagen.

Bua brachte mir ein Exemplar eines Mab, und ich erwarb ihn im Tausch gegen ein Messer. Nach dem Präparieren des Skeletts gab ich das abgeschälte Fleisch Olson, der es für eine Suppe kleinhackte, da ich das gekochte oder gebratene Fleisch des Mab nicht mag, das stark riecht und widerlich süß ist.

25. Mai Bei Sonnenaufgang hörte man in Gorendu den Barum, doch nicht so laut und anhaltend wie gewöhnlich. Tui erklärte mir, daß der Barum aus Anlaß des Todes eines der Einwohner von Gumbu zu hören war und daß die Einwohner von Gorendu und Bongu nach Gumbu unterwegs seien. Ich trank eilig Kaffee, um ebenfalls dorthin zu gehen.

Unterwegs traf ich einen ganzen Zug von Eingeborenen, die mit Speeren, Bogen und Pfeilen bewaffnet waren. Als sie erfahren hatten, daß auch ich nach Gumbu ging, war zu bemerken, daß sie auf einmal unschlüssig wurden: Sollten sie mir davon abraten oder nicht? Nach einer gemeinsamen Beratung zogen sie es vor, zu schweigen.

Als wir an das Meer kamen, holten wir eine ganze Schar Frauen ein; viele gingen mit Säuglingen, die sie, je nach dem Alter, in Säcken oder auf den Schultern trugen. Am Dorfeingang machte unsere Gruppe halt: Man sagte mir, daß die Frauen vorgehen müßten. Wir ließen sie vorbei und hörten bald ihr Weinen und Geheul, das dem Heulen der hiesigen Hunde ähnelt.

Als ich an die ersten Hütten kam, sagte mir einer der Begleiter, daß ich mich vorsehen müsse, da mich sonst ein Pfeil oder ein Speer treffen könnte. Da ich mir nicht erklären konnte, worum es sich handelte, ging ich weiter. Von dem Platz, der von Hütten umgeben war, klangen Schreie, manchmal aber auch laute Reden herüber. Die mich begleitenden Eingeborenen, die in der linken Hand den Bogen und die Pfeile hielten, den Speer aber angriffsbereit in der rechten, eilten im Laufschritt auf den Platz und stellten sich gegenüber der ersten Gruppe, die sich schon dort befand, in einer Reihe auf.

Ich blieb an einem Platz stehen, von dem aus ich die Ereignisse beobachten konnte, wo ich aber gleichzeitig vor Pfeilen geschützt war.

Zwischen die beiden Reihen der Angreifenden und der sich Verteidigenden, die einander gegenüberstanden, trat einer der Einwohner Gumbus, wie es scheint, ein Verwandter des Verstorbenen. Er ließ sich sehr laut über irgend etwas aus, indem er seine Worte durch energische Bewegungen bekräftigte, nach verschiedenen Richtungen hin und her sprang und die Angreifenden mit seinem Speer bedrohte. Von Zeit zu Zeit erschien von der andern

Seite ein Gegner und trat ebenfalls mehr mit dem Kehlkopf und der Zunge als mit Bogen und Speer in Aktion. Einige freilich schossen auch Pfeile ab, bemühten sich aber sichtlich, keinen zu verletzen. Das Schreien, das Laufen und das Durcheinander waren beträchtlich.

Die Sprecher traten nicht zusammen auf, sondern nacheinander; ihnen entgegen kam auch immer nur ein Gegner heraus. Beim Betrachten dieses Kriegsspiels konnte man nicht umhin, sich daran zu ergötzen, wie hübsch diese Papuas gebaut sind und wie graziös sich ihre biegsamen Körper bewegen.

Nach mir sahen sich die Krieger mit Verwunderung um: Ich war ein ungebetener Gast. Endlich, nachdem sie genug gelaufen waren und genügend geschrien hatten, setzten sie sich in einigen Reihen auf dem Platz hin; hinter ihnen lagerten sich die Frauen mit den Kindern. Alle begannen zu rauchen und sich zu unterhalten, allerdings nicht so laut wie gewöhnlich.

Einige Männer machten sich an die Anfertigung des „Papua-Sarges": Es wurden Stücke von Palmblättern gebracht und mit Lianen so zusammengenäht, daß sich zwei lange Bahnen bildeten. Diese langen Bahnen wurden über Kreuz gelegt und in der Mitte von neuem miteinander verbunden; danach wurden die Enden so eingebogen, daß der doppelte Mittelteil den Boden einer großen Schachtel und die eingebogenen Enden deren Seitenwände bildeten. Damit die Seitenwände nicht auseinanderfielen, wurde die Schachtel an einigen Stellen mit Lianen umbunden.

Die Eingeborenen beeilten sich nicht; sie rauchten und unterhielten sich halblaut. Das Geheul in der Hütte des Verstorbenen verstärkte sich zuweilen – zuweilen verstummte es wieder. Etwas abseits wurde in einem großen Topf Bau gekocht; noch ganz heiß wurde er auf die Blätter gelegt, zu einem Paket zusammengebunden und an einem Ast neben der Hütte, an deren Tür ein getöteter Hund hing, aufgehängt. Man erklärte mir, daß ihn später die Gäste, die bei der Bestattung anwesend sein werden, essen würden.

Einige Männer gingen in die Hütte des Verstorbenen hinein und erschienen bald wieder in der Tür. Sie trugen den Toten, der sich bereits in hockender Stellung befand, so daß sein Kinn die Knie berührte; das Gesicht blickte nach unten; die Arme sah man nicht: Sie befanden sich zwischen dem Rumpf und den angezogenen Beinen. Der ganze Körper war mit dem Gurt des Verstorbenen umbunden, damit die Gliedmaßen in der gewünschten Lage blieben.

Drei Eingeborene brachten den Toten, zwei stützten ihn an den Seiten, während ihn der dritte, der den Körper und die Beine mit den Armen umfaßt hielt, trug. Die Frauen, von denen die eine die Mutter des Verstorbenen, die andere seine Frau war, beschlossen die Prozession; in den Händen hielten sie die Enden des Gurtes, der um den Körper des Toten geschlungen war. Beide waren mit schwarzer Farbe beschmiert, allerdings sehr nachlässig, in einzelnen Flecken. Sie trugen keinen Schmuck, und sogar ihr gewöhnlicher, hinsichtlich seiner Länge sehr anständiger Rock war heute durch einen Gurt ersetzt, von dem vorn und hinten Fetzen schwarzer Fransen, die den Körper kaum bedeckten, herabhingen. Anscheinend hatten sie sich bewußt so hergerichtet, um zu zeigen, daß sie weder die Zeit noch den Wunsch hatten, sich mit ihrem Kostüm zu befassen. Beide sangen sie mit weinerlicher Stimme ein trauriges Lied.

Als man den Toten zur Tür hinausgetragen hatte, verstummten alle Anwesenden; sie standen auf und wahrten Stillschweigen bis zum Schluß.

Den Toten senkte man in die Schachtel hinab, die in der Mitte des Platzes stand; seinen Kopf bedeckte man mit einem „telrun" (einem Sack, in dem die Frauen die Kinder tragen), und nachdem man die Seitenwände der Schachtel eingebogen hatte, band man sie über dem Kopf zusammen, daß die Schachtel die Form einer dreikantigen Pyramide annahm; darauf umwickelte man sie sorgfältig mit Lianen und band das obere Ende an eine dicke Stange.

Während dieser Prozedur traten einige Eingeborene aus den Reihen vor und legten neben die Schachtel mit dem Leichnam einige trockene Kokosnüsse und einen neuen, unlängst gefärbten Gürtel. Danach nahmen zwei Eingeborene die Enden der Stange, an die das Bündel mit dem Toten gebunden war, auf die Schulter und trugen es in die Hütte zurück; ein dritter nahm die Kokosnüsse sowie den Gürtel und folgte ihnen.

Damit war die Zeremonie beendet. Die Anwesenden suchten sich ihre Waffen heraus und begannen auseinanderzugehen. Ich trat in die Hütte, um zu sehen, wohin man den Körper legte, ob man ihn eingraben oder einfach in der Hütte lassen würde.

Die letzte Mutmaßung bestätigte sich. Die Stange wurde auf die oberen Querbalken unter dem Dach gehoben, und die pyramidenartige Schachtel schaukelte in der Mitte der vereinsamten Hütte.

Auf dem Heimweg holte ich die Eingeborenen ein; etwa vierzig Mann kamen zu mir nach Garagassi, um über den Verstorbenen zu plaudern, zu rauchen und Federn sowie zerschlagenes Glas zum Rasieren zu erbitten.

29. Mai Trotz Kopfschmerzen und Schwindelgefühl hatte ich beschlossen, meine Exkursion nicht aufzuschieben und abends nach Gumbu, von dort aber am nächsten Morgen nach Jenglam-Mana zu gehen. Ich nahm auf alle Fälle Chinin ein und begab mich dann nach Gumbu; drei Knaben aus diesem Dorf, denen ich die für die Exkursion nötigen Dinge zum Tragen gab, begleiteten mich.

Da es schon dunkelte, ging ich am Strand entlang und erreichte so das

Dorf, bei dessen Eingang mich die Jugend Gumbus erwartete. Mit den Rufen: „Maclay gena!" (Maclay kommt), „Eh men!" rissen sie meine Sachen den Jungen aus den Händen und begleiteten mich bis zum Platz, wo ich eine ganze Versammlung, die mit dem Abendbrot beschäftigt war, antraf. Die „tamo" (erwachsene Männer) saßen auf der Barla, die „malassi" (die Jugend)

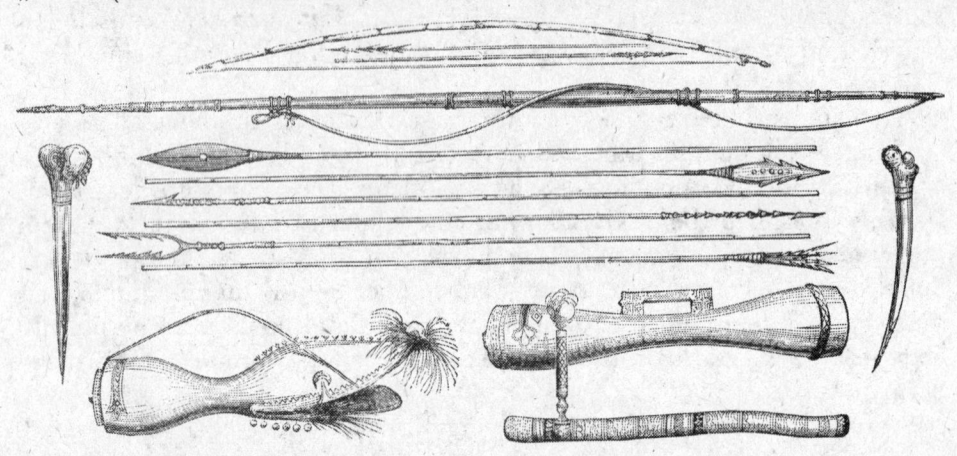

Waffen und Geräte der Papuas

auf der Erde neben der Hütte. Wie ich erfahren hatte, fand heute das Abendessen zu Ehren des Toten oder zur Erinnerung an ihn statt; aus diesem Anlaß aß man Schweinefleisch, doch es wurde von den „tamo" allein gegessen; die Malassi begnügten sich mit Bau. Als einem „tamo boro" (einem angesehenen Mann) und einem Gast setzte man mir einen großen Tabir mit Taro und einem großen Stück Schweinefleisch darin vor.

Etwas abseits, auf der Matte neben dem Lagerfeuer, lag Kum. Er klagte über starke Schmerzen in der Seite und im Bauch und bat mich, ihm zu helfen. Ich gab Kum einige Opiumtropfen, und am folgenden Tag konnte er sich nicht genugtun, meine Arznei zu preisen.

Nach dem Abendessen versammelte sich das ganze Dorf um mich. Wir saßen in völliger Dunkelheit. Ein Lagerfeuer brannte nicht, und der Mond ging erst spät auf. Man fragte mich über Rußland aus, über die Häuser, die Schweine, die Dörfer und so weiter. Danach kam man auf den Mond zu sprechen, den man augenscheinlich mit dem Begriff Rußland verband. Man wollte wissen, ob es auf dem Mond Frauen gibt und wieviel Frauen ich dort habe. Man fragte nach den Sternen und versuchte in Erfahrung zu bringen, auf welchem ich schon gewesen wäre und so weiter.

Es wurde kalt und feucht, und ich äußerte den Wunsch, schlafen zu gehen. Einige Männer begleiteten mich in eine geräumige Buamramra, die Alun, einem der Eingeborenen, die morgen mit mir gehen sollten, gehörte.

Mehr als die Hälfte der Buamramra war der Länge nach von einer breiten Pritsche eingenommen, die andere von zwei großen Barumen, so daß für den Durchgang wenig Platz übrigblieb. Von dem Stillsitzen war ich durchfroren und war zufrieden, daß ich Tee trinken konnte, denn zum Zubereiten von Tee hatte ich alles Nötige mitgenommen.

Auf dem in der Mitte der Hütte flammenden Feuer kam das Wasser schnell zum Kochen. Obwohl das Feuer lustig züngelte, war es in der Buamramra nicht ausreichend hell, und ich zündete eine Stearinkerze an. Danach suchte ich mir ein sauberes Brett, und nachdem ich es mit einer Serviette bedeckt hatte, legte ich alle Dinge bereit, die zum Teetrinken erforderlich sind: eine kleine Teekanne, eine Blechdose mit Biskuit, ein Teeglas und einen Löffel. Alle diese Vorbereitungen für das Teetrinken hatten die Eingeborenen derart in Erstaunen gesetzt, daß sie nicht einmal sprachen, sondern schweigend und mit angespannter Aufmerksamkeit jeder meiner Bewegungen folgten.

Ich hatte mich schon so daran gewöhnt, mich von Dutzenden von Augen, die starr auf mich gerichtet sind, nicht in Verlegenheit bringen zu lassen, daß ich mich nicht im geringsten genierte; nur um mich schneller zur Ruhe zu legen, beeilte ich mich, den Tee auszutrinken.

Ich breitete auf der Barla eine Decke aus, deren rote Farbe und Weichheit einen Ausbruch des Erstaunens hervorriefen; ich zog die Schuhe aus und legte mich auf der Pritsche nieder. Fünf oder sechs Mann blieben in der Hütte zurück und plauderten, doch eine Geste von mir genügte, sie alle zum Hinausgehen zu veranlassen.

Bald wurde alles im Dorf still, und ich schlief ein.

Ein Rascheln weckte mich; es war, als wenn dieses Rascheln in der Hütte selbst gewesen wäre. Es war aber so dunkel, daß man nichts erkennen konnte. Ich drehte mich um und schlummerte bald von neuem ein. Im Schlaf spürte ich eine leichte Erschütterung der Pritsche, als wenn sich jemand auf sie gelegt hätte. Erstaunt über die Kühnheit des Ankömmlings, streckte ich die Hand aus, um mich zu überzeugen, ob tatsächlich jemand neben mir lag. Ich hatte mich nicht getäuscht; doch sobald ich den Körper des Eingeborenen berührte, ergriff dessen Hand die meine, und ich konnte bald nicht mehr im Zweifel darüber sein, daß neben mir eine Frau lag. Überzeugt, daß diese dargebotene Gelegenheit das Werk vieler war und daß hierein sowohl die lieben Väter als auch die werten Brüder verwickelt waren, beschloß ich, den ungebetenen Gast, der meine Hand noch immer nicht aus der seinen herausließ, mir sofort vom Hals zu schaffen. Ich sprang schnell von der Barla hinunter und sagte: „Ni gle, Maclay nangeli awar aren" (Geh fort, Maclay braucht keine Frauen).

Ich wartete, bis meine nächtliche Besucherin aus der Hütte geschlüpft war, und legte mich wieder auf die Barla. Zwischen Wachen und Traum hörte ich draußen Rascheln, Flüstern und leises Sprechen; an diesem Streich hatte anscheinend nicht nur die Unbekannte allein teilgenommen, sondern alle ihre Verwandten und andere. Es war so dunkel, daß ich natürlich das Gesicht der Frau nicht gesehen habe.

Am folgenden Morgen hielt ich es nicht für angebracht, Auskünfte über die nächtliche Episode einzuholen – solche Kleinigkeiten konnten den Menschen vom Mond[1] nicht interessieren. Ich bemerkte allerdings, daß das nächtliche Ereignis und sein Ausgang vielen bekannt war. Die Eingeborenen waren derart verwundert, daß sie gar nicht wußten, was sie denken sollten.

Obwohl ich etwa um 5 Uhr aufgestanden war, waren wir dennoch erst vor 7 Uhr, als die Sonne bereits recht hoch am Himmel stand, reisefertig. Mein Gepäck teilte ich unter zwei Eingeborene auf, und ungeachtet dessen, daß jeder nicht mehr als 18 Pfund oder sogar weniger zu tragen hatte, klagten beide über die Schwere der Last.

Wir lagerten an einem kleinen Fluß, um auszuruhen. Ich hatte die Reste des gestrigen Abendbrots mitgenommen, um für unterwegs einen kleinen Imbiß zu haben, und bot einen Teil davon meinen Begleitern an; sie weigerten sich aber alle und erklärten hierzu, daß zusammen mit diesem Taro Schweinefleisch gekocht wurde, das nur die „tamo" allein gegessen hatten; die Malassi dürfen Speisen, die zusammen mit Fleisch gekocht sind, nicht berühren; tun sie es aber dennoch, dann werden sie krank. Das war völlig ernst gesprochen, in vollem Glauben daran, daß das so sei, und ich hatte mich, wie schon häufig, aufs neue davon überzeugt, daß der Begriff „tabu"[2] hier genauso wie in Polynesien existiert.

Von hier ab begann der schwerste Teil des Wegs: fast immer nur bergauf und zum größten Teil längs offener Abhänge, auf denen hoher „unan"[3] wuchs, der mir das Gesicht und den Hals mit seinen Spitzen zerstach und zerschnitt. Die Eingeborenen hielten, um ihren keineswegs zarten Körper vor Kratzern zu schützen, Zweige als Schilde vor sich.

---

[1] Mikloucho-Maclay hatte angenommen, daß die Papuas ihn „kaaram tamo" – „Mensch vom Mond" – nannten.

[2] „Der Brauch des Tabus", so schrieb Maclay in einem seiner Aufsätze, „besteht in dem Verbot, das über bestimmte Gegenstände ausgesprochen wird. So sind z. B. viele Gegenstände für Frauen, Kinder und Jünglinge streng verboten. Zu bestimmten Festmählern haben nur Erwachsene männlichen Geschlechts Zutritt; sogar die Gerichte, die am Ort des Festmahls zubereitet worden sind, dürfen die Jünglinge, Frauen und Kinder nicht berühren. Es ist ihnen nicht nur verboten, Musikinstrumente zu gebrauchen, sondern sogar sie zu sehen; bei den Tönen dieser Instrumente müssen sie fortlaufen. Das Trinken von Keu ist ebenfalls nur den erwachsenen Männern erlaubt. Bestimmte Hütten, wo sich die Männer versammeln, bestimmte Versammlungsplätze im Wald, die für Festmähler vorgesehen sind, sind Frauen und Kindern nicht zugänglich. Für die Männer besteht ebenfalls ein Verbot in bezug auf verschiedene Gegenstände: Schmuck, Speisen und ähnliches mehr."

[3] ein hartes, dichtes, übermannshohes Gras

Den Pfad sah man nicht. Nur die Füße ertasteten ihn – wo sie eben keinem Widerstand im Vorwärtsschreiten begegneten. Nachdem der Unan die Menschen hindurchgelassen hatte, verschloß er den Pfad von neuem.

Während ich das Gesehene aufschrieb und zeichnete, schrien meine Begleiter eifrig, um irgend jemand von den Pflanzungen herbeizurufen. Endlich ließen sich als Antwort auf ihre Rufe einige Frauenstimmen vernehmen. Meine Begleiter stellten sich um mich herum, so daß ich für die sich versammelnden Frauen nicht zu sehen war. Als sie aber näher herangekommen waren, traten meine Begleiter auseinander, und die Frauen, die einen Weißen vorher niemals gesehen hatten, blieben vor mir wie angewurzelt stehen. Sie konnten weder sprechen noch schreien; endlich, als sie zu sich gekommen waren, stürzten sie unter schrecklichem Gelächter meiner Begleiter schreiend Hals über Kopf nach unten davon.

Die Jüngste, der es in den Sinn kam, sich umzublicken, strauchelte und fiel der Länge nach hin. Meine Begleiter riefen ihr etwas nach, das sie aufkreischen, schnell aufspringen und den andern folgen ließ.

Wir stiegen zu einem kleinen Wald hinauf. Hier brach Obor, der mit den Eingeborenen einige Worte gewechselt hatte, einen Zweig ab, flüsterte etwas über ihn, trat hinter einen jeden von uns und spuckte und schlug etwa zweimal mit dem Zweig auf unseren Rücken; danach zerbrach er den Zweig in kleine Stücke und versteckte sie im Wald zwischen Reisig und trockenen Blättern.

Da es die Eingeborenen nicht verstehen, Feuer zu gewinnen, nehmen sie, wie ich schon öfter erwähnte, brennende Scheite von zu Hause mit sich, besonders dann, wenn sie sich auf lange Wanderungen begeben. So war es auch heute; zwei meiner Begleiter versahen sich mit Feuer, doch als sie erfahren hatten, daß ich, sobald sie es nur wünschten, Feuer anmachen kann, freuten sie sich sehr und warfen die überflüssige Last fort. Zur größten Freude der mich begleitenden Eingeborenen hatte ich schon früher Gelegenheit gehabt, Streichhölzer anzuzünden, und ihnen somit die Möglichkeit gegeben, ein kleines Feuer anzufachen, um Tabak und das grüne Blatt, in das sie ihn einwickeln, zu trocknen. Hier machte ich ihnen zum drittenmal das Vergnügen, sich das Aufflammen des Streichholzes anzuschauen und zu rauchen.

Die Rufe meiner Führer wurden von den Einwohnern Jenglam-Manas gehört, die, als sie mich erblickten, die Schnelligkeit ihrer Schritte sofort mäßigten und zaghaft an uns herantraten.

Nach den üblichen Willkommensgrüßen, dem Kauen von Betel und Rauchen setzten wir unseren Weg weiter fort.

Der Pfad verwandelte sich in eine Treppe, die aus Steinen und Wurzeln bestand; stellenweise war sie so steil, daß es sogar die Eingeborenen für nötig befunden hatten, zwischen den Steinen Pfähle einzuschlagen, um dem Fuß eine Stütze zu geben. An Stellen, wo man absolut nicht durchkommen konnte, waren aus Bambus schmale Brücken gebaut. Als wir an einer abschüssigen Wand entlang unseren Weg bergan suchten, mußte man, um nicht abzustürzen, vorsichtig einen Fuß vor den andern setzen. Würde man einige wenige künstliche Vorrichtungen zerstören, so könnte man das Dorf in einer halben Stunde von dieser Seite her schwer zugänglich machen.

Ich war froh, endlich das Dorf erreicht zu haben. Die Füße spürten den zehnstündigen Marsch. Im Dorf angekommen, verlangte ich gleich eine junge Kokosnuß, um den Durst zu löschen. Zu meinem großen Bedauern gab es dort nur alte Nüsse, deren Milch man nicht trinken kann. Dafür bewirtete man mich mit Betel, bot an, für mich Keu zuzubereiten und so weiter.

Als ich mich ein wenig ausgeruht hatte, machte ich, begleitet von einer ganzen Prozession, einen Rundgang durch das Dorf oder vielmehr durch dessen einzelne Teile, deren es, wie sich herausstellte, drei gab. Die Hütten waren hier genauso klein wie in Tengum- und in Koliku-Mana, und dieses Dorf ist genau wie die andern Gebirgsdörfer schmutziger als die Küstendörfer. Da man wußte, daß ich mich für Telume interessiere, lud man mich in viele Hütten ein, und ich wunderte mich über die Menge der Telume, verglichen mit deren Zahl in den Küstendörfern. Einige zeichnete ich ab. Überall, wo ich nur haltmachte, brachte man mir Nüsse der Arecapalme, deren es in Tengum- und Jenglam-Mana im Überfluß gibt. Zur Hütte, wo ich die Sachen gelassen hatte, zurückgekehrt, sah ich, daß man für mich Abendbrot bereitete.

Die Sonne ging bereits unter. Ich suchte mir einen Platz in der Nähe des Feuers aus und machte mich über das Abendbrot her. Bald versammelte sich um mich und meine Begleiter die ganze männliche Bevölkerung Jenglam-Manas. Meine Begleiter erzählten den Jenglam-Mana-Leuten viel von mir; sie erzählten sogar solche unbedeutenden Kleinigkeiten, die ich selbst schon längst vergessen hatte und deren ich mich jetzt erst, während ich den Eingeborenen zuhörte, erinnerte. Es versteht sich, daß alles, nachdem es durch eine ganze Reihe von Erzählern und Wiedererzählern gegangen ist, sehr entstellt und übertrieben war. Wie ich so hörte, was die Eingeborenen von mir sprachen (sie erwähnten sowohl den Mond als auch das Wasser, das ich brennen lassen konnte, sowie die Schüsse und die Vögel, die ich im Wald erlege), gewann ich die Überzeugung, daß man mich für ein höchst ungewöhnliches Wesen hält.

31. Mai Nach einer mittelmäßigen Nachtruhe erwachte ich früh, noch vor Sonnenaufgang, und begann darüber zu grübeln, wie ich die nötigen Beobachtungen machen konnte, ohne die Eingeborenen zu erschrecken.

Beim Aufstehen begann ich zu stöhnen und meinen Fuß zu reiben, und als die Eingeborenen mich fragten, was mit mir wäre, antwortete ich, daß der Fuß sehr schmerze. Meine gestrigen Begleiter begannen ebenfalls zu ächzen und zu wiederholen: „Samba borle" (der Fuß schmerzt). Ich saß und tat so, als ob ich etwas überlegte; danach stand ich auf und sagte: „Maclay hat gutes Wasser; reibt man damit den Fuß ein, so geht alles vorüber."

Die Eingeborenen erhoben sich von den Pritschen, um zu sehen, was es wäre.

Ich holte mein Hypsometer[1] hervor, goß aus einem mitgebrachten Fläschchen Wasser hinein, zündete das Lämpchen an, stellte das Thermometer auf eine bestimmte Höhe ein, machte die erforderlichen Beobachtungen und schrieb die Temperatur auf. Danach erklärte ich, daß ich noch Wasser brauche, machte wieder eine Beobachtung, und nachdem ich die Temperatur von neuem aufgeschrieben hatte, goß ich das übriggebliebene Wasser in ein Glas und packte den ganzen Apparat in einen Sack ein. Als ich sah, daß sich ein zahlreiches Publikum versammelt hatte, zog ich einen Strumpf aus und begann, meinen Fuß mit Wasser zu begießen und eifrig einzureiben; danach legte ich mich aufs neue hin und erklärte, daß der Schmerz im Fuß bald vergehen werde. Alle setzten sich hin, um sich das Wunder der Heilung anzusehen, und begannen halblaut davon zu sprechen.

Nach etwa zehn Minuten fing ich an, den Fuß zu bewegen, versuchte mit ihm aufzutreten und packte, zunächst hinkend, die Sachen ein; danach ging ich, zum großen Erstaunen der Eingeborenen, die das Wunder gesehen hatten und sich aufmachten, davon im Dorf zu erzählen, schon ganz gesund aus der Hütte hinaus. Dieses lockte bald verschiedene Kranke, die eine schnelle Heilung von meinem Wasser erwarteten, zu mir. Ich zeigte ihnen das leere Fläschchen und sagte, daß das Wasser aufgebraucht sei, doch daß ich in Garagassi für sie Arznei finden könnte.

Die Zubereitung von Tee, neue Dinge und die nie gesehene Prozedur hatten die Aufmerksamkeit der Menge abgelenkt. Ich konnte die eigenartige Hütte, in der ich die Nacht verbracht hatte, ruhig abzeichnen. Sie stand hinter den andern auf einer kleinen Erhöhung, einem kahlen Felsen; hinsichtlich ihrer Bauart unterschied sie sich nicht von den übrigen. Das Dach reichte an den Seiten bis an die Erde herab. In ihren Ausmaßen war die Hütte kleiner als viele andere; dafür standen an den beiden Seiten der schmalen und niedrigen Tür, die mehr einem Fenster glich, Telume. Einige von ihnen hatten die Größe eines Menschen.

Über der Tür hingen Knochen von Kasuaren, Schildkröten, Hunden, Schweinen, dann wieder Vogelfedern, Eidechsenhaut, Zähne verschiedener

---

[1] ein Instrument zur Messung der Höhe des Ortes über dem Meeresspiegel

Tiere und dergleichen mehr. Alles das gemeinsam mit den Telumen und dem alten grauen Dach, das mit Gras bewachsen war, verlieh der Hütte ein eigenartiges Aussehen.

Unter vier Telumen lenkte einer besondere Aufmerksamkeit auf sich: Er war der größte; durch seine Physiognomie unterschied er sich von den übrigen wenig, doch er hielt mit beiden Händen ein langes, mit unregelmäßigen Schnitzereien bedecktes Brett vor der Brust; diese Schnitzereien, die übrigens durch das Alter an Deutlichkeit der Umrisse viel eingebüßt hatten, sahen aus wie Hieroglyphen.

In der Hütte war über den Pritschen ein Bretterbelag aus gespaltenem Bambus angebracht; dort wurden verschiedene Musikinstrumente, die nur während des „ai" benutzt wurden, aufbewahrt. Geheimnisvoll flüsternd, zeigte man mir eine Holzmaske mit ausgeschnittenen Öffnungen für die Augen und den Mund, die während gewisser Gelage angetan wurde; sie wird hier „ain" genannt und war die erste, die zu sehen ich Gelegenheit hatte.

Der hintere Teil der Hütte war mit drei großen Barumen besetzt; große Töpfe und riesige Tabire[1] standen in einer Reihe mit drei Telumen auf den Wandbrettern; unter dem Dach hingen, reihenweise auf Schnüre gezogen, rauchgeschwärzte Knochen von Schildkröten, Vögeln und Fischen, Gebisse vom Kuskus, vom Schwein und dergleichen mehr; all das waren Erinnerungsstücke an Schmäuse, die in dieser Hütte stattgefunden haben.

Ehe ich noch die Skizze der Hütte beendet und den Tee getrunken hatte, begann es zu regnen; der Regen verstärkte sich allmählich derart, daß es unmöglich war, heute nach Hause zu gehen. Es blieb nichts anderes übrig, als unter ein Dach zurückzukehren. Ich hatte noch genügend Zeit und zeichnete mit Hilfe der Camera lucida ein Porträt eines der Eingeborenen mit einer sehr charakteristischen Physiognomie.

Die Einwohner sind hier von sehr unterschiedlichem Wuchs; in der Farbe sind sie heller als die Küstenbewohner, doch dafür findet man unter ihnen häufiger häßliche Gesichter als unter den Küstenpapuas. Von den Frauen braucht man erst gar nicht zu sprechen: Schon nach dem ersten Kind werden sie hier alle gleich häßlich. Dafür trifft man unter den Mädchen von vierzehn bis fünfzehn Jahren einige, die angenehme Gesichtszüge aufweisen.

Man sagte mir, daß die Einwohner des Nachbardorfs, das Sambul-Mana heißt, von meiner Ankunft Kenntnis erlangt haben und hier erscheinen werden, um meine Bekanntschaft zu machen.

Und tatsächlich, als es zu regnen aufgehört hatte, erschienen auf dem

---

[1] die Tabire stellen den wesentlichsten Reichtum in der Hauswirtschaft der Papuas dar; sie sind beim Tausch hoch im Wert und werden von Generation zu Generation vererbt; innen und außen sind sie schwarz gefärbt und an den Rändern mit Schnitzereien verziert; für die Herstellung eines Tabirs sind einige Jahre erforderlich

Platz Leute aus Sambul-Mana. Ich ging zu ihnen hinaus, schüttelte ihnen die Hände und wies jedem einen Platz neben mir an. Blickte ich irgend jemand an, so wandte sich dieser schnell ab oder sah so lange zur Seite, bis ich meinen Blick auf ein anderes Gesicht oder einen anderen Gegenstand gerichtet hatte. Dann begann er seinerseits mich zu betrachten, mich von Kopf bis Fuß zu mustern.

Die Mundart Jenglam-Manas unterscheidet sich nicht viel von dem Dialekt Sambul- und Tengum-Manas. Ich notierte mir einige Wörter aller drei Mundarten.

Nach einer nicht lange währenden Siesta machte ich einen Spaziergang in den Wald; ich fand, daß die Pfade in schlechterem Zustand waren als gestern. Ich bemerkte einige für mich neue Vögel, die im Küstengebiet nicht anzutreffen sind. Nach dem Regen erklangen im Wald zahlreiche Vogelstimmen; fast alle waren mir unbekannt. Ich bin überzeugt, daß sich die ornithologische Fauna bedeutend von der der Küste unterscheidet.

Der Hunger ließ mich wieder in das Dorf zurückkehren. Einer der Eingeborenen, der mir begegnete, fragte mich, ob ich Hühner esse. Ich antwortete bestätigend. Dann brachte man zwei Hühner, und in meiner Gegenwart wurden ihnen die Köpfe am Baum zerschmettert; gerupft wurden sie nicht, sondern man sengte ihnen die Federn ab; danach brachte man einige Bund Taro und begann ihn zu schälen. All das waren Gaben, die von einzelnen Personen gebracht wurden; das ganze Dorf bewirtete mich.

Einer der Eingeborenen, der Taro schälte, bat sich mein Messer aus; doch damit hantierte er nicht nur schlechter und langsamer als mit seinem, indem er zu tief einschnitt, sondern er hatte sich zum Schluß sogar geschnitten, wonach sich zwei Eingeborene anschickten, Bambusmesser anzufertigen.

Man brachte ein Stück alten Bambus; mit einem Steinbeil wurden die beiden Enden abgehackt und in dünne, lange Scheiben aufgespalten. Als man sie über Kohlen erwärmte, erlangten sie solche Härte, daß man mit ihnen nicht nur weichen Taro und Yams schneiden konnte, sondern ebenfalls Fleisch und sogar Haare. Ein Beispiel dafür habe ich gleich an Ort und Stelle gesehen: Ein Eingeborener, der mit dem Fuß versehentlich in eine Pfütze geraten war, hatte die Haare eines neben ihm Sitzenden mit Schmutz bespritzt; darauf nahm er ein Bambusmesser und begann, dem anderen große Haarbüschel, die mit Schmutz bespritzt waren, abzuschneiden. Die Sache ging nicht ohne Grimassen des Sitzenden ab, doch man wird selten ein Messer finden, mit dem so viel Haare abgeschnitten werden können wie mit dieser Bambusscheibe.

Ich habe hier auch sehen können, wie man mit solch einem Bambusrasiermesser den Kopf eines Mädchens rasierte. Das wurde sehr kunstgerecht und mit gutem Erfolg gemacht – ohne jeden Schmerz für die Patientin.

Die Eingeborenen folgten mir auf Schritt und Tritt, begleiteten mich alle zusammen überallhin, lächelten freundlich, wenn ich auf irgendeinen von ihnen blickte, oder liefen, ohne sich umzusehen, bei meinem ersten Blick davon.

Solch ein Gefolge ist sehr ermüdend, besonders wenn man mit den Leuten nicht sprechen und ihnen nicht höflich erklären kann, daß ihre beständige Anwesenheit einem lästig fällt.

Infolge des Regens haben sich alle im Dorf früh schlafen gelegt, und ich sitze allein am Lagerfeuer und mache diese Aufzeichnungen.

Juni

1. Juni Ich stand vor Sonnenaufgang auf und machte mich allein auf eine Wanderung durch das Dorf und seine Umgebung, um eine günstige Stelle mit einer weiten Aussicht auf die Berge ringsum zu finden. Ihre hohen Ketten, eine höher als die andere, die bis auf die Gipfel mit Pflanzenwuchs bedeckt waren, lockten mich an. Wären dort Dörfer zu finden, so hätte ich mich bald dahin auf den Weg gemacht, von Dorf zu Dorf gehend, höher und höher hinauf. Doch die hohen Berge sind nicht besiedelt. Zunächst glaubte ich es nicht; heute aber habe ich mich davon überzeugt, daß es sich tatsächlich so verhält: Nirgends in den Bergen gibt es oberhalb der Lage Jenglam-Manas Anzeichen von Wohnstätten.

Nachdem ich gefrühstückt hatte, begann ich die Eingeborenen zur Rückkehr anzutreiben. Zwölf Mann wollten mit mir gehen: die einen, um meine Sachen, die andern, um das Schwein, ein Geschenk der Eingeborenen, zu tragen, die dritten – nur des Spaziergangs wegen. Einer von ihnen, ein alter Mann von etwa sechzig Jahren, befächelte emsig seinen Hals, seinen Rücken und seine Beine mit einem grünen Zweig, wobei er ständig etwas vor sich hin murmelte. Auf meine Frage, wozu er das täte, erklärte er mir, daß ein langer Weg bevorstehe, daß man für ihn kräftige Beine brauche, und damit die Beine kräftig würden, tue er das alles. Er gab den Zweig einem meiner Begleiter und sagte einige Worte, worauf auch jener begann, dasselbe zu tun.

Man brachte einen Topf mit gekochtem Taro. Als dessen Inhalt auf die Tabire für meine Führer aus Gumbu und meine neuen Begleiter aus Jenglam-Mana verteilt war, nahm einer von ihnen ein glimmendes Holzscheit, hielt es über jede Schüssel und brachte in einer kurzen Rede den Wunsch zum Ausdruck, daß wir wohlbehalten nach Hause zurückkehren möchten und daß uns kein Unglück zustoßen sollte.

Infolge des Regens war der Weg sehr unbequem geworden, doch der Abstieg war trotzdem leichter als der Aufstieg. Häufig machten wir halt, damit die Frauen aus Gumbu, die mit uns aus Jenglam-Mana zurückkamen, nicht hinter uns zurückblieben. Außer einem Säugling schleppte fast jede auf ihrem Rücken einen riesigen Sack mit Proviant, ein Geschenk der Einwohner von Jenglam-Mana; die Männer aber trugen lediglich Waffen.

In Garagassi traf ich nicht eher als um 5 Uhr wieder ein, und zwar nach einem Marsch von etwas über acht Stunden.

Der alte Bugai aus Gorendu kam mit Leuten aus Maragum-Mana nach Garagassi, mit denen Gorendu und die Nachbardörfer Frieden geschlossen haben. Mit Begeisterung erzählte Bugai den vier Ankömmlingen von der Macht meiner schrecklichen Waffe, die die Eingeborenen „tabu" nennen, und davon, wie die Gorendu-Leute schon Gelegenheit gehabt hatten, sich von ihrer Wirkung zu überzeugen.

Während wir plauderten, kam ein großer schwarzer Kakadu leise angeflogen und begann, sich über meiner Hütte an den Nüssen des Kengar gütlich zu tun. Es krachte ein Schuß, und der Vogel fiel zur Erde, während meine Eingeborenen die Flucht ergriffen. Der triumphierende Bugai, der es selbst nicht wenig mit der Angst zu tun bekommen hatte, rief die Gäste zurück und versicherte dabei, daß Maclay ein guter Mensch ist und ihnen nichts Schlimmes zufügen wird.

Der Kakadu kam mir sehr groß vor; als ich die Spannweite seiner Flügel maß, stellte es sich heraus, daß es 1027 Millimeter waren. Die zurückgekehrten Eingeborenen traten, nachdem sie gebeten hatten, das Tabu in das Haus zu tragen und es dort zu verstecken, an den Vogel heran, drückten durch Ach-Rufe ihr Erstaunen aus und begannen sehr drollig mit der Zunge zu schnalzen. Ich schenkte ihnen Federn aus dem Schwanz des Kakadus, die ihnen sehr viel Freude bereiteten, und einige große Nägel. Mit den Nägeln wußten sie nichts anzufangen, drehten sie in den Händen herum, schlugen einen an den andern und lauschten dem Klang, bis Bugai ihnen von dem vielseitigen Nutzen erzählte, den die Eigeborenen aus den eisernen Instrumenten bereits zu ziehen verstehen. Nach diesen Erklärungen wickelten die „Maragum-Mana-tamo" die Nägel in einen alten Mal.

Ich hörte ihrer Unterhaltung zu, doch ich konnte nichts verstehen. Die Mundart unterschied sich sehr von der Sprache Sambul- und Jenglam-Manas.

Mir kam es in den Sinn, die Bewohner Gorendus zu mir „zum Schweinebraten" einzuladen; in Jenglam-Mana hatte man mir nämlich ein Schwein geschenkt. Olson machte sich daran, eine Suppe zuzubereiten. Als er nach Wasser gehen mußte, ließ er in der Küche einige Stücke Fleisch liegen. Ich bemerkte eine große Eidechse, die aus der Laubhütte, die uns als Küche dient, mit einem Stück Fleisch herauskoch. Ein unbedeutendes Geräusch veranlaßte sie, die Beute liegenzulassen und sich aus dem Staub zu machen.

Die Gäste stellten sich ein und blieben bei uns bis 5 Uhr. Sie hatten sogar Keu mitgebracht; kurz gesagt, sie schalteten und walteten bei mir in Garagassi wie bei sich zu Hause. Wir trennten uns als große Freunde.

13. Juni Ein kleiner Kuskus, den ich vor einigen Wochen erworben hatte, lebt und gedeiht bei mir ausgezeichnet. Er frißt alles: Reis, Ajan, Bau, Kokosnüsse, Süßkartoffeln, und liebt sehr Bananen. Den ganzen Tag hindurch schläft er gewöhnlich zusammengerollt, doch er frißt trotzdem, wenn man ihm etwas gibt; nachts aber nagt er unermüdlich an dem Holz der Kiste, in die ich ihn gesetzt habe.

14. Juni Es kamen Eingeborene mit der Bitte, ihnen den Ort zu zeigen, wo sich drei ihrer großen „ninir" – das sind Körbe für den Fischfang –, die das Meer trotz eines Ankers fortgeschwemmt hatte, befänden. Sie waren sehr enttäuscht, zu hören, daß ich auch nicht wußte, wo ihre Körbe sind.

Als ich nach Gorendu kam, wurde ich von zwei Frauen umringt, die mich baten, dem Mädchen, das vor ein oder zwei Tagen geboren wurde, einen Namen zu geben. Ich nannte einige europäische Namen, von denen ihnen der Name Maria am meisten gefiel. Alle wiederholten ihn, und mir wurde die kleine Trägerin dieses Namens gezeigt. Die sehr helle Hautfarbe setzte mich in Erstaunen; das Haar ist ebenfalls noch nicht kraus.

18. Juni Wenn ich den Eigeborenen begegne oder durch das Dorf gehe, bin ich ständig gezwungen, auf die Fragen zu antworten: „Wohin gehst du?", „Was hast du heute erlegt?" und dergleichen mehr. Wenn ich zurückkehre, muß ich wiederum die Fragen beantworten: „Wo warst du?", „Was hast du gegessen?", „Bei wem?", „Was trägst du?" und so weiter. Und dennoch kann man diese Neugier nicht als etwas Charakteristisches für die Schwarzen bezeichnen. Sie ist auch unter den gebildeten Europäern nicht weniger entwickelt; nur werden Fragen anderer Art gestellt.

Olson klagt beständig über Unpäßlichkeiten. Seine Arbeit beschränkt sich auf das Kochen von Bohnen und Bau – sowie auf das Essen.

Solche Menschen wie er können einen langweilen. Heute fühlte er sich nicht wohl. Er versicherte, daß er das Nahen eines starken Fieberanfalls spürt. Es blieb mir nichts anderes übrig, als das Essen selbst zuzubereiten, doch ich zog es vor, fast harte Bohnen und einen nicht gar gekochten Bau zu essen, statt nach dem Feuer zu sehen und es anzufachen.

20. Juni Die Eingeborenen beginnen die Nüsse des Kengar zu ernten. Sie klettern auf einen Baum – einige Mann auf einmal – und werfen von dort Zweige mit vielen Nüssen herunter; der Platz unter dem Baum wird vorher von kleinem Strauchwerk gesäubert. Die Frauen und die Kinder sammeln die heruntergeworfenen Nüsse auf.

Die schwarzen Kakadus ernähren sich in dieser Zeit ausschließlich von Kengarnüssen – bereits drei bis vier Monate höre ich recht häufig die Papuas schreien, die täglich unter die Bäume kommen, um die Kakadus zu verscheuchen. Diese schrillen, disharmonischen Schreie stören in der letzten Zeit oft die Stille des Waldes.

Ich stand mit Kopfschmerzen auf und ging dessenungeachtet auf die Jagd. Ein heftiger Fieberanfall überkam mich unterwegs, und ich mußte mich im Wald hinlegen, da ich wegen Schwindelgefühls und starker Kopfschmerzen nicht imstande war, mich auf den Beinen zu halten.

Einige Stunden hatte ich im Wald gelegen, und sobald es mir nur ein wenig besser geworden war, schleppte ich mich mühselig nach Hause. Ich mußte mich hinlegen, und heftige Kopfschmerzen quälten mich bis weit über Mitternacht hinaus.

26. Juni Die letzten Tage brauchte ich nicht auf die Jagd zu gehen: Die dicht am Haus wachsenden Kengarbäume sind mit reifen Nüssen überladen, Tauben verschiedener Arten kommen seit den Morgenstunden hierhergeflogen – das war die Grundlage für mein Frühstück oder Mittagessen.

In diesen Tagen hatte mich Kody-Boro mehrere Male besucht, der Bruder jenes Eingeborenen, den einer der Offiziere der „Witjas" einen einem Teufel ähnelnden Wilden nannte. Kody-Boro kam schon wieder mit der Einladung, ich solle nach Bogadjim übersiedeln; dabei versicherte er, daß es dort von allem reichlich gibt; auch bot er mir an, genau wie die Einwohner von Bili-Bili, eine Hütte zu bauen. Er fügte hinzu, daß mir die Bogadjim-Leute zwei oder drei Frauen geben würden, daß es dort bedeutend mehr Frauen als in Bongu gäbe und so weiter. Er blickte mich etwas argwöhnisch an, als sein Angebot den gewünschten Effekt nicht hervorrief.

30. Juni Nachdem ich auf meinem Baum eine Taube und einen Kakadu erlegt hatte, erlaubte ich Digu, auf den Baum zu klettern und Nüsse zu holen. Auf den hohen, glatten und dicken Stamm ist Digu genauso hinaufgeklettert, wie die Eingeborenen auf die Kokospalmen zu klettern pflegen, das heißt mit Hilfe eines zusammengebundenen Strickes, den sie um die Füße legen.

Digu kletterte auf den äußersten Wipfel und begann von dort die Nüsse herabzuwerfen. Ich, Olson und die achtjährige Tochter Buas sammelten sie auf. Es zeigte sich, daß das kleine Mädchen mehr gesammelt hatte als wir beide zusammen: So scharf waren seine Augen und so geschickt kletterte es trotz seines nackten Körpers überall hindurch, selbst zwischen den dornigsten Lianen und stachligem Reisig.

Eingeborenen haben einen charakteristischen Zug: Sie lieben es sehr, die andern zu belehren. Wenn ihr etwas nicht so tut wie sie, werden euch die Eingeborenen sofort unterbrechen und zeigen, wie man es machen soll. Dieser Zug ist sogar an Kindern zu bemerken; viele Male haben mir kleine Kinder von sechs oder sieben Jahren gezeigt, wie sie dieses oder jenes anfangen. Das kommt daher, daß die Eltern die Kinder sehr früh zum praktischen Le-

Papuamädchen

ben erziehen. Die Kinder sind noch ganz klein, aber sie haben schon mehr oder weniger alle Fertigkeiten und Verrichtungen der Erwachsenen erlernt, oft sogar solche, die zu ihrem Alter gar nicht passen.

DieDie Kinder spielen wenig. Das Spiel der Knaben besteht im Schleudern von Stöcken nach Art von Speeren und im Bogenschießen. Sobald sie nur geringe Fortschritte machen, werden sie sofort in das praktische Leben eingeschaltet. Ich habe kleine Knaben gesehen, die ganze Stunden am Meer verbrachten und sich bemühten, mit einem Pfeil einen Fisch zu treffen. Dasselbe beobachtet man bei den Mädchen, sogar in einem noch höheren Grad, weil sie früher beginnen, sich in der Hauswirtschaft zu beschäftigen, und so Gehilfinnen der Mütter werden.

Das Wetter ist prachtvoll. Ich bade einige Male am Tag im Meer. An den Abenden mag ich nicht in die Hütte hineingehen. Die Temperatur übersteigt aber nicht 31 Grad.

Juli

1. Juli Unter den zahlreichen Vögeln ist der auffallendste nach dem schwarzen Kakadu der „nareng"[1], und zwar nicht nur der Größe und dem großen gebogenen Schnabel, sondern auch dem Geräusch seines Fluges nach, das schon von weitem zu hören ist. Diese Vögel fliegen sehr hoch, gewöhnlich paarweise; sie lassen sich auf die Wipfel der allerhöchsten Bäume nieder und fliegen bei dem geringsten Geräusch fort. Trotz aller Bemühungen ist es mir bis jetzt nicht gelungen, auch nur einen einzigen zu erlegen.

Heute habe ich mich mit einem von ihnen mindestens drei Stunden lang abgegeben. Nachdem ich auf ihn mit sehr feinem Schrot geschossen und ihn vermutlich unbedeutend verletzt hatte, verfolgte ich ihn weiter im Wald. Ich schoß wiederum und habe aller Wahrscheinlichkeit nach aufs neue getroffen, da der Nareng nicht fortflog, sondern nur auf den höheren Nachbarbaum hinüberwechselte. Ich merkte mir diese Stelle, ging nach Hause, um zu frühstücken, und kehrte dann wieder dahin zurück, wo ich den Vogel gelassen hatte.

Als ich durch den Wald anschlich, verirrte ich mich in solch einem Dickicht, daß ich mir selbst kaum zu helfen wußte. Dutzende von dünnen Lianen, biegsame, stachelige Ranken einer kletternden Palme, die sich an den Kleidern festhakten, hielten mich etwa zehn Minuten auf. Das war um so ärgerlicher, da der Vogel noch immer auf dem Baum saß.

Nachdem ich mich endlich mit Mühe aus dem Dickicht herausgearbeitet hatte, näherte ich mich dem Baum, so daß mich der Nareng erblickte. Er blieb auf der Stelle sitzen, doch begann er, als Protest gegen die Verfolgung, sehr laut zu schreien und mit einem Flügel zu schlagen, der andere hing bewegungslos herunter. Dann versuchte er, immer weiterschreiend, höher zu klettern. Das dichte Laub verdeckte ihn, doch seine Stimme konnte ich manchmal hören.

Ein weiterer Nareng erschien und begann, schreiend über dem Baum, auf dem sein verwundeter Kamerad saß, weite Kreise zu beschreiben.

[1] Nashornvogel, so wegen des stark gebogenen Schnabels genannt; die Nashornvögel leben auf Bäumen, suchen aber ihre Nahrung – Schildkröten, Pflanzenwurzeln – auf der Erde; sie fliegen schwerfällig, langsam und geräuschvoll; das Geräusch ihrer Flügel erinnert von weitem an die Arbeit einer Dampfmaschine; der Schrei des Narengs – schrill und durchdringend – ähnelt dem Schrei eines Esels, manchmal aber auch dem Pfiff einer Lokomotive

Die zerstochenen Füße, die Sonne, besonders aber die Ameisen verwandelten meinen Aufenthalt unter dem Baum in eine freiwillige Folter. Der Baum war hoch, und um den Bewegungen des Vogels zu folgen, mußte man fortwährend nach oben sehen.

Nach einer halben Stunde waren die Halsmuskeln sehr ermüdet; die Augen, die von der Sonne und den glänzenden Blättern geblendet wurden, versagten fast ihren Dienst; doch ich saß trotzdem da und wartete.

Der Nareng zeigte sich nicht, antwortete allerdings auf den ständigen Ruf des Kameraden, der in 100 Schritt Entfernung von Baum zu Baum flog. Schwindelgefühl und Kopfschmerzen zwangen mich schließlich, nach Hause zurückzukehren.

Nachdem ich etwa eine Stunde geschlafen hatte, kam ich wieder. Der Verwundete befand sich immer noch dort, aber sein Kamerad flog bei meiner Annäherung davon.

4. Juli Es ist schönes Wetter. Ich beschäftigte mich mit der mikroskopischen Untersuchung der Haare der Papuas. Ich fand eine große Mannigfaltigkeit in der Stärke und den Konturen des Querschnitts der Haare, die von verschiedenen Teilen des Körpers ein und desselben Menschen abgeschnitten waren. Bei Weißen ist nicht nur die Stärke, sondern auch die Farbe der Haare, die auf den verschiedenen Teilen des Körpers wachsen, unterschiedlich.

Als ich unweit der Stelle vorüberging, an der ich vor drei Tagen zwei Vögel zurückgelassen hatte – einen verwundeten, der hoch oben auf dem Baum saß, und einen andern, der um ihn herumflog –, sah ich zu meinem Erstaunen beide an derselben Stelle wie damals.

10. Juli In Gorendu baut Tui mit Hilfe der Leute aus Gorendu, Gumbu und Bongu eine neue Hütte, wofür er sie an den Abenden bewirtet. Aus Anlaß des Bauens hörte man mehrere Male den Barum.

11. Juli Gegen 4 Uhr gab es eine recht starke Regenbö; danach klarte es auf, der Wind ließ nach, und ich saß auf der Veranda und zeichnete etwas. Plötzlich kam es mir so vor, als wenn der große Baum gegenüber leicht schwankte. Der nächste Gedanke war der, daß ich wahrscheinlich schlummere und dieses im Traum sehe. Ich hatte kaum Zeit gehabt, diesen Gedanken zu fassen, und schon neigte sich – schneller, als ich es jetzt zu Ende schreibe – der riesige Baum zunächst langsam, dann mit immer größerer Beschleunigung; er stürzte zu Boden und kam vor der Hütte in einer Entfernung von nicht mehr als 2 Schritt zu liegen, quer zu ihrer Fassade oder zur Veranda.

Der Baum war ganz grün und schien völlig gesund zu sein; nur 2 Meter oberhalb der Erde war er an der Bruchstelle von den Larven verschiedener Käfer zerfressen. Die Höhe des Baums betrug 26 Fuß; wenn er auf die Hütte herabgestürzt wäre, so hätte er das Dach durchgeschlagen, hätte viele Sachen zerbrechen und am Ende einen von uns verletzen können.

Heute glaubte ich an die Warnung der Eingeborenen: Die Bäume in Garagassi können mich tatsächlich erschlagen. Seltsam ist nur, daß in dem Augenblick des Sturzes nahezu Windstille herrschte.

12. Juli In der letzten Zeit sagten die Eingeborenen häufig zu mir: „Morgen wird man Unan abbrennen; es wird dort viele Wildschweine und andere Tiere geben, Maclay wird Schweine mit seinem Tabu erlegen, wir aber werden mit unseren Speeren, Bogen und Pfeilen kommen." Doch dieses „morgen" wurde immer aufgeschoben, und heute hat man mir im Dorf von neuem versichert, daß man morgen Unan abbrennen wird; einige erklärten, daß sie mich gegen Mittag abholen würden. Wir werden ja sehen.

13. Juli Es war noch nicht 11 Uhr – ich dachte gar nicht daran, mich für die neuartige Jagd fertigzumachen –, als ich plötzlich sich nähernde Stimmen vernahm, wonach bald die Einwohner von Bongu in vollem Kriegsschmuck, mit straffgespannten Bogen und einer großen Anzahl neu angespitzter Pfeile verschiedener Art erschienen. Jeder hatte zwei Speere, deren Enden mit roter Farbe eingerieben waren, als wären sie schon mit Blut bedeckt; außer den auf dem Kopf wehenden Federn prangten in den Haaren der Eingeborenen scharlachrote Blüten der chinesischen Rose; hinter die Sagiu waren Zweige mit rotgelben Blättern verschiedener Coleusarten gesteckt. Bei jeder Bewegung flatterte all dieser Schmuck und rief eine prunkvoll-originelle Wirkung hervor.

Die Eingeborenen erklärten, daß der Unan bereits brenne und man sofort gehen müsse. Nachdem ich alle Jagdutensilien umgehängt und einiges zum Frühstück mitgenommen hatte, machte ich mich, begleitet von dem bunten Gefolge, auf den Weg. Als ich mich dem Waldrand näherte, hörte ich ein Geräusch, das dem Plätschern eines Wasserfalls, dessen Wassermassen bald anschwollen, bald sich verringerten, ähnelte. Als ich aus dem Wald heraustrat, sah ich in einer Entfernung von etwa 100 Schritt direkt am Boden einen Feuerstreifen, der sich von uns entfernte und hinter sich schwarze abgebrannte Stengel des Unan und Haufen leichter Asche zurückließ. Rauchsäulen erhoben sich bei Gorendu, bei Bongu und von der andern Seite bei Gumbu, am Ufer des Flusses Gabeneau.

Der Brand hatte eben erst begonnen, und wir setzten uns im Schatten am Waldrand nieder. Ich begann zu frühstücken, die Eingeborenen rauchten und kauten Betel. Nach drei Viertelstunden hatte sich das Feuer infolge des nordwestlichen Windes, der den Rauch in die uns entgegengesetzte Richtung trieb, ungefähr um $1/2$ Meile vom Waldrand entfernt. Wir gingen zu der abgesengten Waldwiese. Sie war bei weitem nicht so eben, wie ich sie mir vorgestellt hatte: Sie war, so weit mein Auge reichte, ganz und gar mit kleinen Erdhügeln von etwa 5 Fuß Höhe und ungefähr 10 oder 12 Fuß Durchmesser, gemessen an ihrer Basis, bedeckt. Diese Erdhügel waren von ungleicher Größe und enthielten viele kleine Steine. Sie rühren vermutlich von den Erdbauten des Maleo[1] her. Im Wald gibt es ebensolche Erdhügel, doch nicht so viele.

Wir traten bis etwa 10 Schritt an die Feuerlinie heran, und jeder von uns wählte sich zur Beobachtung einen Erdhügel. Auf solche Weise bildete sich parallel zur Feuerlinie eine Kette von Jägern, die der Bewegung der Flammen folgten und bereit waren, sich auf die Beute zu stürzen.

Der Brand griff bald weiter um sich, bald ließen die Flammen wieder nach; manchmal hob sich eine ganze Wand graubraunweißen Rauchs gen Himmel empor, und die Flamme trieb in großen Feuerzungen in der Windrichtung davon; zuweilen aber erlosch die Flamme fast ganz, der Rauchschleier riß auseinander und öffnete den Blick auf ferne Berge und den nahen Wald. Plötzlich stieg der Rauch von neuem säulenartig empor, er bewegte sich, er legte sich, und die Flamme schlängelte sich in schmalen Zungen über die geschwärzte Erde dahin.

Die Eingeborenen standen in kriegerischen Posen; jeder hielt den Bogen und die Pfeile in der linken Hand und in der rechten den Speer über der Schulter, die Spitze angriffsbereit nach vorn gerichtet, und folgte aufmerksam der Bewegung der Flamme; jeder wollte als erster den Feind entdecken.

Einige Knaben von zehn bis elf Jahren, mit Miniaturbogen und -speeren bewaffnet, standen ebenfalls da – etwas abseits der Väter – und dienten als lebendes Beispiel dafür, wie die Lehren des Papualebens von Generation zu Generation weitergegeben werden.

Der trockene Unan prasselte, loderte auf, fiel zu Boden. Manchmal trieb ein Windstoß den Rauch direkt auf uns zu; die leichte Asche des Grases flog uns in Nase und Mund und zwang uns, zu niesen und zu husten. Zuweilen warf sich das Feuer, als wäre es im Zweifel, wohin es sich wenden sollte, nach verschiedenen Seiten, kehrte zurück und vermehrte mit seiner erstickenden Hitze die Glut der ohnedies schon sengenden Sonne.

Sehr ermüdet, wäre ich im Stehen fast eingeschlafen, wenn die Stimme

---

[1] Großfußhuhn, ein Erdvogel mit stark entwickelten Grabfüßen; bevor der Vogel beginnt Eier zu legen, gräbt er in lockerer Erde eine kleine Grube aus und bedeckt sie, um die Eier warmzuhalten, mit der herausgescharrten Erde oder mit Haufen verrottender pflanzlicher Rückstände des Waldbodens; das sind seine „Erdbauten"

des benachbarten Postens mich nicht daran erinnert hätte, daß man entsprechend dem sich entfernenden Feuer vorwärts gehen muß.

Nach zwei Stunden erreichten wir die gegenüberliegende Seite. Unsere Linie traf mit der entgegenkommenden Linie zusammen.

Die Eingeborenen, die die geschwärzte Waldwiese aufmerksam durchforschten, fanden nichts, und als die letzten Stengel aufgeflammt und danach in feinem Aschenregen in der Luft verflogen waren, hörte ich von dem mir am nächsten stehenden Jäger das enttäuschte „Bul aren" (Schweine gibt es nicht).

Wir gingen von unseren Erdhügeln herunter. Einige Einwohner von Gumbu, die die gegenüberliegende Linie gebildet hatten, erklärten ebenfalls, daß sie nichts gesehen hätten.

Ich hielt einen von ihnen an, über dessen Schulter ein an den Speer gebundenes Tier, das einer großen Ratte ähnlich sah, baumelte. Dieses Tier war mir unbekannt, und ich machte mich daran, es zu betrachten. Die Haare waren deshalb interessant, weil sie flachen Nadeln ähnelten. Sie waren teilweise versengt, ebenso die Füße und die Schnauze. Die herausgestreckte Zunge aber war etwas verkohlt. Das Tier war vermutlich in dem Rauch erstickt. Ich betrachtete seine scharfen Zähne, als mich der Schrei der beiseite getretenen Eingeborenen „bul, bul!" aufschauen ließ.

100 Schritt von mir entfernt lief, zwischen zahlreichen Speeren, die sich von allen Seiten her in die Erde bohrten, lavierend, ein großes Schwein. Ich riß die Doppelflinte aus den Händen des Eingeborenen, der sie hielt, während ich die an seinem Speer hängende Ratte betrachtete.

Ich ließ das Schwein auf etwa 20 Schritt herankommen und schoß. Die Kugel durchschlug ihm die Brust, jedoch unterhalb des Herzens. Das Schwein wankte, stürzte dennoch seitwärts davon und lief an mir vorüber. Ich zielte von neuem und verletzte seinen Hinterlauf. Das Schwein hielt einige Sekunden lang inne, doch als es sah, daß ich näher kam, lief es wiederum einige Schritte fort. Ich nahm den Revolver heraus und ging auf das Schwein zu. Es hob die obere Lippe, zeigte die achtunggebietenden Hauer und gab ein dumpfes Gebrüll von sich.

Mit jedem Schuß war ich näher herangekommen und machte nun etwa 6 Schritt vor dem Schwein halt, das umgefallen war, sich aber noch einmal erhob und die Hauer zeigte.

Die herbeigelaufenen Eingeborenen ließen mir keine Zeit, einen Schuß abzugeben: Der eine durchstach dem Tier mit dem Speer die Flanke; ein anderer Speer verfehlte sein Ziel, und von drei Pfeilen bohrte sich einer in den Hals des Schweins. Es hatte noch die Kraft, sich mit einigen Bewegungen von dem Speer und dem Pfeil, dessen Spitze in der Wunde steckenblieb, zu befreien.

Da ich ihm den Garaus machen wollte, ging ich von der gegenüberliegenden Seite heran, obwohl mir die Jäger zuschrien, daß ich nicht so nahe herangehen solle. Ich paßte den richtigen Augenblick ab und stieß mein langes Messer bis zum Griff in die Flanke des Schweins, etwas hinter dem Vorderlauf, hinein. Ein Strahl warmen Blutes ergoß sich über meine Hand, und das Schwein stürzte endgültig zu Boden. Die uns umringenden Eingeborenen erklärten einstimmig, daß das Schwein mir gehöre, und begannen mein Tabu und mich selbst sehr zu loben.

Ferne Schreie verkündeten, daß man auf weitere Beute rechnen konnte. Ich lud das Gewehr von neuem. Verärgert über den ersten Mißerfolg, entfernten sich die Jäger einer nach dem anderen. Ich aber suchte mir einen bequemen Erdhügel aus, ließ mich darauf nieder und begann zu warten. In der Ferne hörte man Schreie: „Bul, bul, bul!" Von weitem riefen mich Stimmen herbei.

Die Eingeborenen kehrten zurück und erzählten mir, daß man dort noch zwei Schweine gesehen habe, doch sie waren davongelaufen, weil ich und mein Tabu dort fehlten.

Da kamen Bongu-Leute und sagten, daß sie ein Schwein erlegt hätten; doch dabei sei Saul, den das Schwein zu Boden gerissen hatte, von diesem so gebissen worden, daß seine Seite, der Arm, der Kopf und das Auge ganz blutüberströmt waren, als man ihn nach Bongu wegführte. Meine Begleiter erzählten ihrerseits von unseren Abenteuern, vom Tabu und von dem großen „bul Maclays".

Wir gingen zu dem erlegten Schwein, und auf die Frage, wohin man es tragen sollte, sagte ich, daß ich den Kopf und eine Hinterkeule für mich nehme und das übrige den Bongu-Leuten gebe; nun würde ich aber die Flinte nach Hause tragen und dann nach Bongu gehen, um den verletzten Saul zu verbinden; einstweilen lade ich sie jedoch alle zu mir ein, von meinem Tabak zu rauchen. Alle waren zufrieden, und wir marschierten los.

Es waren etwa vierzig Eingeborene. Als sie angeraucht und sich auf dem Platz in Garagassi gelagert hatten, erblickte ich außer dem Tier, das einer Ratte ähnelte und das die Eingeborenen „gabeneu" nannten, noch eine Mäuseart und einen großen silbrigweißen Mab. Nachdem ich den Mab und ebenso einige Exemplare anderer Tiere für meine Sammlung erworben hatte, eilte ich zu dem Verletzten nach Bongu.

Mich empfingen weinende Frauen und der Sohn Sauls. Außer einer großen Anzahl kleiner Wunden hatte er noch zwei tiefere Kratzer am Arm und am Hals; doch das waren nur Schrammen. Das mit Asche und Schmutz vermischte geronnene Blut gab dem Verletzten ein bemitleidenswertes Aussehen; mit der gesunden Hand fuchtelnd, erzählte er nun den um ihn Stehenden, wie er den Speer in den Körper des tödlich verwundeten Schweins hineinbohrte, wie jenes mit einer plötzlichen Bewegung den Speer zerbrach und ihn selbst über den Haufen rannte, wie dann das Schwein, nachdem es ihn verletzt hatte, zu laufen versuchte, doch krepierte. Die Kameraden Sauls, die glaubten, daß er mit dem Schwein allein fertig würde (es war schon stark verwundet), machten sich mit dem andern Schwein zu schaffen und sahen das ihm zugestoßene Unglück nicht.

Ich verlangte Wasser, machte es warm, wusch die Wunden, bestrich sie mit Karbolöl und verband sie. Die Anwesenden folgten aufmerksam meinen Bewegungen und wiederholten dabei, daß ich ein guter Mensch sei.

Die Sonne stand tief, als ich in Gorendu ankam; in der Zwischenzeit hatte man dort dem Keiler die Borsten bereits abgesengt und wartete auf mich, daß ich meinen Teil nehme.

Ich trennte den Kopf sowie eine Hinterkeule ab, und ungeachtet der Einladung, dort zu übernachten oder, richtiger gesagt, mit den Eingeborenen eine schlaflose Nacht zu verbringen, lud ich mir die Beute des heutigen Tags auf die Schulter und machte mich auf den Heimweg. Die Last war allerdings so schwer, daß ich zweimal ausruhen mußte. Gegen 8 Uhr setzte ich mich in meinen Sessel, um zu Mittag zu essen; ich war sehr hungrig, da ich fast den ganzen Tag auf den Beinen gewesen war und wenig gegessen hatte.

Die Barumschläge in Gorendu verkündeten den Nachbardörfern den Beginn des „ai", der die ganze Nacht und den ganzen morgigen Tag dauern sollte. Die Mondnacht war still, und die Laute der Trompeten und der andern Instrumente klangen sehr deutlich herüber.

Nachdem ich zwei Stunden ausgeruht hatte, konnte ich nicht einschlafen und kam deshalb auf den Gedanken, wieder nach Gorendu zu gehen; ich hatte den Wunsch, den „ai" der Papuas gründlich kennenzulernen und mir anzusehen, was sie in den Nächten während dieser Festmähler treiben. Ich nahm Olson mit, der während des „ai" sehr gern im Dorf sein wollte.

Ich holte mir eine Laterne, da man sich auf den Mond nicht verlassen konnte (er wurde häufig von schwarzen Wolken verdeckt), und wir marschierten los. Wir mußten sehr langsam gehen, weil Olson, der an die hiesigen Pfade nicht gewöhnt ist, stolperte und einige Male hinfiel.

Als ich an das Dorf herangekommen war, verdeckte ich den Schein der Laterne und näherte mich leise dem Platz.

Auf dem Platz lohte ein Lagerfeuer, über dem eine Art großes Becken eingerichtet war, worin das Schweinefleisch in Stücken gebacken wurde. Sitzend, liegend oder um das Kohlenbecken stehend, musizierten die Eingeborenen. Jeder bemühte sich gewohnheitsgemäß, die andern mit seinem Instrument zu übertönen. Einige schliefen. Das Fett, das vom Kohlenbecken im Überfluß heruntertropfte, ließ die Flamme, die das ganze Bild beleuchtete, von Zeit zu Zeit stärker auflodern.

Der plötzlich ertönende Laut meiner Pfeife ließ die disharmonische Musik für einige Sekunden verstummen; darauf erschollen Rufe: „O Maclay, gena! Andi gena!" (Komm her, setz dich!) und so weiter. Ich suchte mir auf der Matte einen bequemen Platz aus, hatte dort aber nicht lange gesessen, als die vorhin vorübergehend verstummte Musik mit neuer Kraft fortgeführt wurde.

16. Juli   Die Eingeborenen der umliegenden Dörfer sind wiederum mit dem Abbrennen des Grases und mit der Jagd, auf die ich heute verzichtet habe, beschäftigt.

Ich wollte das Porträt Nalais zeichnen, doch sowohl er als auch die andern neben ihm stehenden Eingeborenen erklärten, daß er bald sterben müßte, wenn ich es tun würde. Seltsam – in Europa existiert ein ähnlicher Volksglaube.

17. Juli   Ich räumte auf und machte die Sachen in der Hütte sauber. Würde ich mich nicht von Zeit zu Zeit mit dem Aufräumen beschäftigen, so wäre es wirklich schwer, in meine Zelle von 7 Quadratfuß hineinzukommen.

Ich war wieder in Bongu bei dem Verwundeten. Um uns versammelte sich eine ganze Gesellschaft, doch jeder war mit irgend etwas beschäftigt: Der eine beendete eine neue „uda-sab"[1] und schabte sie mit einer Muschelschale, der andere spitzte mit einer ebensolchen Muschelschale die Zinken seines Jur an, der dritte schnitzte mit dem Messer, das er von mir bekommen hatte, eine neue Speerspitze, da die alte bei der Jagd abgebrochen war. Die Frauen suchten auf den Köpfen ihrer Männer Läuse, die Halbwüchsigen waren ebenfalls damit beschäftigt. Zwei Frauen dehnten ihre Liebenswürdigkeit auch auf Hunde aus und fingen bei ihnen Flöhe, wobei die Hunde gehorsam auf den Knien der Frauen lagen.

Als ich mich zum Fortgehen fertigmachte, erhob sich Bugai, einer der Einwohner Gorendus, ebenfalls, um mit mir zu gehen. Am Meeresstrand trat Bugai an einen rauchenden dicken Stamm, der schon vor langer Zeit von der Flut an Land gespült worden ist. Zu meinem Erstaunen begann er mit großem Appetit ganze Hände voll Asche zu schlucken.

Da ich mir nicht erklären konnte, was das für ein besonderer Baum war, kostete ich ebenfalls die Asche, und sie erwies sich als von angenehm salzigem Geschmack. Dieser von den Wellen lange getragene und von Meerestieren durchlöcherte Stamm hatte so viel Salz in sich aufgenommen, daß seine Asche das gewöhnliche Salz zum Teil ersetzen kann. Bugai sagte mir, daß viele diese Asche mit Bau, Ajan und mit andern Gerichten essen. Für mich

---

[1] ein kleiner schmaler Spaten zur Auflockerung der Erde

ist es eine sehr nützliche Entdeckung: Mein Salz ist schon fast aufgebraucht, und ich esse mit Ausnahme von Fleisch alles ohne Salz.

Ich wandte meine Aufmerksamkeit dem Dongan zu, der hinter dem Armband Bugais steckte: Er ist aus dem Knochen eines Tieres gemacht, das ich noch nicht gesehen habe. Die Eingeborenen nennen es „sibol"[1]; es kommt in Wäldern vor, doch man trifft es ebenso auf Waldlichtungen an. Nach den Worten der Eingeborenen hat der Sibol einen langen Schwanz und kann hoch springen.

31. Juli Einige Eingeborene kamen auf ihren Pirogen nach Garagassi. Etliche setzten sich gewohnheitsgemäß direkt an der Treppe, die zu meiner Veranda führt, hin. Sie plauderten von der Jagd, baten um Federn und so weiter. Plötzlich sprang einer von ihnen wie von der Tarantel gestochen in zwei Sätzen von der Treppe hinunter und schrie:

„Maclay, gena, gena!" (Maclay, komm, komm her!)

Die andern folgten seinem Beispiel.

Ich fragte die Eingeborenen, was los sei, doch ehe ich eine Antwort erhalten hatte, ließ sich über meinem Kopf ein starker Aufschlag auf das Dach vernehmen, und eine Staubwolke raubte mir jede Sicht. Ein Regen von Ästen verschiedener Stärke fiel direkt an der Veranda zur Erde hernieder. Einige von ihnen waren ausreichend stark, um, nach einem Fall aus einer Höhe von 70 bis 80 Fuß, einen Menschen ernstlich zu verletzen.

Es stellte sich heraus, daß Bua, der als erster heruntergesprungen war, über sich ein leichtes Knacken hörte, und da er wußte, was es bedeutete, schlug er Alarm. Die Eingeborenen fürchten das Stürzen der Bäume und das Fallen der trockenen Äste sehr: Im Sturz können die Bäume einen erschlagen oder gefährlich verletzen. Schon lange finden die Eingeborenen die Lage meiner Hütte in Garagassi nicht ungefährlich und empfehlen mir sehr häufig, nach Gorendu oder Bongu überzusiedeln oder eine neue Hütte an einer andern Stelle zu bauen. Sie haben durchaus recht, doch die Schereien, die mit dem Bau und der Übersiedlung verbunden sind, sind mir so lästig, daß ich, auf „gut Glück" vertrauend, hier weiter wohnen bleibe.

In Bongu, wohin ich jeden Tag zum Verbinden der Wunden Sauls gehe, gesellte ich mich zu einer Gruppe rauchender, Betel kauender und plaudernder Eingeborenen, in der Hoffnung, etwas Neues aus der Unterhaltung mit ihnen zu erfahren. Ich brachte das Gespräch auf die Bezeichnungen verschiedener Völkerschaften und Orte, da ich zu erfahren wünschte, ob die Bewohner dieser Küste eine Gesamtbenennung haben; es stellte sich aber heraus, daß es so etwas nicht gibt, obwohl die Eingeborenen sehr gut verstanden

---

[1] siehe die Aufzeichnungen unter dem 15. August

hatten, was ich wissen wollte. Sie bezeichneten die Leute, indem sie zu dem Wort „tamo" den Namen des Dorfs hinzufügten. Die Eingeborenen erzählten, daß die Einwohner der Dörfer in den nordöstlichen Bergen – „tamo dewa" – sich die Nasenflügel durchbohren und in sie Federn hineinstecken. Dann ging die Unterhaltung auf meine Hütte, auf das Fallen trockener Äste und so weiter über. Man hat mir wieder angeboten, eine neue Hütte zu bauen.

Der Schmaus ging mit seiner gewohnten Ordnung vor sich: Zuerst trank man Keu, dann machte man sich, ausspeiend und verschiedene Grimassen ziehend, die von der Bitterkeit des Getränks hervorgerufen wurden, an die geschabte Kokosnuß heran, danach an den Haufen gekochten Bau, Ajan und „kainda"[1]; als Dessert folgte das Kauen von Betel und hierauf das Rauchen. Das ist die übliche Reihenfolge des Eingeborenenschmauses.

Ich hatte mich weder an dem ersten Teil noch an den beiden letzten Teilen des Abendbrots beteiligt, und deshalb begab ich mich früher als die andern auf den Rückweg. An einer Hütte machte ich halt, um einen langen Zug Frauen durchzulassen. Unter ihnen befanden sich viele Gäste aus den umliegenden Dörfern. Als ich stehenblieb, versammelte sich um mich eine Gruppe Männer.

Die Frauen, die aus dem Wald heraustraten und unsere Gruppe erblickten, veränderten ihren Gang sofort merklich, und als sie an uns vorübergingen, schlugen sie ihre Augen nieder oder blickten zur Seite, wobei ihr Gang noch unruhiger wurde und die Röcke sich noch stärker von einer Seite zur andern bewegten.

Ich hatte mich so verspätet, und es war so dunkel geworden, daß ich in Gorendu übernachten mußte. Die Pritsche erwies sich als bedeutend bequemer und weicher als mein Lager. Ich deckte mich mit neuen Bastmatten zu und schlief nicht schlecht, obwohl ich einige Male von der Härte des dicken Bambus, der als Kopfkissen diente, aufwachte. Wenn man auf dem Rücken liegt, so ist der Bambus ein ziemlich bequemes Kissen, doch es wird unbequem, sobald man sich auf die Seite dreht; man muß es eben fertigbringen, immer auf dem Rücken zu schlafen, ohne sich herumzuwälzen.

August

1. August Betrachtet man mein meteorologisches Journal für die zehn Monate, so kann man sich über die merkwürdige Stetigkeit der Temperatur wundern: Selten pflegten es im Schatten 32 Grad Celsius zu sein, meistens

---

[1] ein Wurzelgewächs, eine der Abarten des Yams

29 oder 30 Grad; nachts sind die Temperaturen um 7 bis 8, sehr selten um 10 Grad niedriger als das Tagesmaximum. Dabei gibt es hier keine Regenzeit im eigentlichen Sinn; der Regen ist ziemlich gleichmäßig auf alle Monate verteilt.

Trotz dieses angenehmen Klimas ist eins hier schlecht – das Fieber.

7. August   Fast jeden Tag habe ich Fieber. Ich halte mich so lange wie möglich auf den Beinen. Es ist nur noch wenig Chinin da.

Gestern hallten den ganzen Tag Axtschläge durch den Wald. Ich ging los, um nachzusehen, was dort gemacht wird. Ein beträchtlicher Teil des Waldes wurde von Sträuchern und Lianen gesäubert; von den großen Bäumen hackte man die Zweige ab, wobei nur die dicksten Äste übriggelassen wurden; einige große Bäume wurden gefällt – und das alles in zwei Tagen. Ich mußte mich nur über die Arbeit wundern, die mit solch einem primitiven Werkzeug, wie es die Steinaxt ist, vollbracht wurde.

Die Ameisen – gelbe, schwarze, braune, weiße, große, kleine –, die aufgestört oder ihrer Behausung beraubt waren, zwangen mich fortzugehen.

9. August   Es kamen die Bongu-Leute mit Gästen aus Bili-Bili. Einer der Ankömmlinge bat Olson, etwas auf der Harmonika zu spielen.

Als Olson nach der Harmonika ging, umwickelten die Eingeborenen den Kopf des fünfjährigen Jungen, der mit ihnen gekommen war, eiligst mit ihrem Mal, damit er den „ai" nicht sähe. Als aber Olson sein Spiel beendet hatte und fortgegangen war, wurde das Kind aus seiner unbequemen Hülle wieder befreit.

13. August   Ich saß zu Hause und machte über die Eingeborenen anthropologische Aufzeichnungen, die ich dem Mitglied der Akademie Baer schicken will.

Es kamen die Einwohner der umliegenden Dörfer – nur die „tamo boro" (erwachsene, besonders angesehene Männer) allein – mit einer sehr seltsamen Bitte: Sie wollen, daß ich für immer bei ihnen bleibe, mir eine, zwei, drei oder soviel Frauen nehme, wie ich will, und daß ich den Gedanken, wieder nach Rußland oder irgendwohin an einen andern Ort fortzufahren, aufgeben soll.

Sie sprachen so ernst, und alle wiederholten, einer nach dem andern, dasselbe, so daß zu merken war, daß sie mit diesem Angebot erst nach langen gemeinsamen Beratungen zu mir gekommen sind. Ich antwortete ihnen, daß, sollte ich auch wegfahren (wovon ich allerdings keineswegs überzeugt war), ich zurückkehren werde und daß ich Ehefrauen nicht brauche, da Frauen zuviel sprechen und überhaupt laut sind, was Maclay nicht liebt.

Meine Antwort hat sie nicht sehr befriedigt, doch auf alle Fälle waren sie mit dem Tabak, den ich an die Mitglieder der Deputation verteilt hatte, zufrieden.

Fast sechs Monate lang pflegte ich allabendlich gemeinsam mit Olson einen großen Balken in das Feuer zu legen, um es bis zum nächsten Morgen zu unterhalten, da man mit Streichhölzern sparsam sein muß; sonst kommt man noch soweit, daß man nach Gorendu wird laufen müssen, wenn das Feuer ausgeht. Manchmal ersetzten wir einen gewöhnlichen Baum durch einen Baumstumpf, der lange im Meerwasser gelegen hat, und sammelten, ganz à la papoua, weiße Asche, die wir ebenfalls als Salz verwendeten. Um Meerwasser auf Feuer zu verdampfen, braucht man zuviel Heizmaterial, und für die Salzgewinnung durch Verdunstung in der Sonne habe ich kein genügend großes und flaches Gefäß.

Übrigens habe ich mich von Salz leicht und schnell entwöhnt und verspüre keinen Schaden infolge seines Fehlens.

15. August Morgens auf der Jagd, als ich auf dem Pfad an der Pflanzung entlangging, ließ mich das Rascheln trockener Blätter stehenbleiben. Dem Geräusch lauschend, bemerkte ich auf etwa 20 Schritt zwischen Bäumen neben einem trockenen Baumstumpf ein nicht allzu großes Tier. Das war ein kleines Känguruh von rötlichgrauer Farbe, das die Eingeborenen „sibol" nennen.

Ich gab einen Schuß ab und verwundete das Känguruh, so daß es nicht schwer war, es einzufangen. Erfreut über meine Beute, kehrte ich unverzüglich nach Hause zurück, wobei ich ganz vergessen hatte, daß ich zum Frühstück und zum Mittagessen nichts erlegt habe – aber mir war es jetzt gar nicht mehr danach.

Ich bin bereits fast ein Jahr hier, und das ist das erste Exemplar eines Sibol, das ich erbeuten konnte.

20. August Ich saß in Gorendu, wohin ich gekommen bin, um Ajan zu holen, und unterhielt mich mit den Eingeborenen, als plötzlich durchdringendes Klagegeschrei und Gejammer ertönte, das dem völlig gleich war, das ich damals in Gumbu bei der Bestattung Botos gehört hatte. Es war eine weibliche Stimme, und bald zeigte sich auch die Weinende selbst: Mit beiden Händen verdeckte sie die Augen und trocknete sich ihre Tränen, schritt langsam voran und wehklagte laut mit singender Stimme; etwas weiter hinter ihr folgten Frauen und Kinder, die ebenfalls den Kopf hängen ließen, jedoch schwiegen. Ich fragte:

„Worüber weint und schreit denn Kolol?"

Es stellte sich heraus, daß bei ihr nachts ein großes Schwein krepiert war, das versucht hatte, sich zwischen den Pfählen des Zauns in den Gemüsegarten durchzuzwängen.

Kolol begab sich in ihre Hütte und fuhr fort, wie über einen Verstorbenen zu wehklagen.

Diese Anhänglichkeit der Frauen an die Schweine kann zum Teil damit erklärt werden, daß in diesen Ländern einige Frauen die Ferkel an ihrer Brust nähren. So war es auch im vorliegenden Fall. Als ich lachend bemerkte, daß es viele Schweine gibt, antwortete sie, auf die Brüste zeigend, daß sie dieses selbst großgezogen hätte.

Ähnliche Szenen tragen sich hier in den Dörfern nicht selten zu. Bei jedem Mißerfolg, Verlust oder Tod ist es die Pflicht der Frauen, zu schreien, zu wehklagen und zu weinen. Die Männer gehen schweigend, mürrisch dreinschauend einher, die Frauen aber wehklagen.

Zwei Eingeborene brachten das krepierte Schwein. Das war das Schwein Assels; er hatte beschlossen, es als Geschenk den Bongu-Leuten zu schicken. Dorthin hat man es denn auch getragen.

Solche gegenseitige Geschenke von einem Dorf an das andere sind hier die allgemeine Regel.

In Gorendu schlug man bei dem Abtransport des Schweins den Barum. Etwa eine halbe Stunde später war ein Barum in Bongu zu hören, was den Empfang des Schweins und den Beginn des „ai" bedeutete.

22. August   Gestern abend machte ich mich nach Bili-Bili reisefertig; die beiden Türen band ich nicht mit einem Strick zu, sondern mit weißem Garn, mit dem ich sie wie mit Spinngewebe umsponnen habe.

Nachts war der Wind schwach; der Seegang dennoch bedeutend. Bei Sonnenaufgang wurde es nach einer kleinen Bö mit Regen windstill.

Nach einer Stunde Rudern, das wegen der Windstille und der Sonnenhitze sehr ermüdend war, hatten wir uns Bili-Bili genähert.

Die Eingeborenen gingen in Scharen am Strand entlang und sangen Lieder, in die sie oft meinen Namen einflochten. Einige Pirogen fuhren uns entgegen, und die Bewohner Bili-Bilis, die sich bemühten, in der Mundart Bongus, die ich verstehe, zu sprechen, versicherten mir, sich gegenseitig ins Wort fallend, daß sie sich über mein Kommen sehr freuten.

Eine hübsche kleine Insel mit dichtem Pflanzenwuchs, eine Schar von Eingeborenen, geschmückt mit Blumen und Blättern, Pirogen um die Schaluppe, Lieder, laute Unterhaltung, Späße und Rufe der Eingeborenen – all das erinnerte mich lebhaft an die von den ersten Seefahrern stammenden Beschreibungen der Insulaner des Stillen Ozeans.

Ich suchte am Strand eine Stelle aus und steuerte meine Schaluppe dahin. Als sie auf den Sand auffuhr, wurde sie von Dutzenden von Händen auf den sanft geneigten Strand hinaufgezogen. Es ging bereits auf 9 Uhr; ich trank die Milch einer Kokosnuß und verspürte den starken Wunsch, mich hinzulegen, da ich die ganze Nacht nicht geschlafen hatte. Es war nicht schwer, diesen Wunsch zu erfüllen, und ich machte es mir, genau wie bei der ersten Ankunft, in einer mir angewiesenen Eingeborenenpiroge bequem.

Nachdem ich mich ausgeruht hatte, beschäftigte ich mich mit Zeichnen.

Geräte und Schmuck der Papuas

Ich zeichnete, was sich mir darbot; sowohl Hütten als auch Pirogen, Porträts, verschiedene Ornamente der Papuas, die auf Bambus eingekratzt waren. Bei meinem Rundgang durch das Dorf machte ich neben vielen Hütten halt.

Neben einer der Hütten arbeiteten einige Eingeborene an einem großen Ruder, wobei man sehen konnte, wie leicht das Eisen die als Werkzeuge verwendeten Muschelschalen und Steine aus dem Gebrauch verdrängt. Ein kleiner abgebrochener Nagel, der auf einem Stein sorgfältig in der Form eines Meißels geschliffen war, erwies sich in den Händen eines kunstfertigen Eingeborenen als hervorragendes Instrument zum Schnitzen geradliniger Ornamente. Die Arbeit dauerte lange, dennoch war sie leichter und einfacher als das Schnitzen mit Hilfe von Stein oder Muschelschalen.

Neben vielen Hütten hingen Schilde, die mit weißer und schwarzer Farbe neu gestrichen waren. Solche Schilde trifft man bei meinen Nachbarn nicht an; bei den Bewohnern anderer Inseln werden sie jedoch häufig gebraucht. Sie sind rund und aus einem Stück Holz gemacht; auf der vorderen Seite am Rand sind zwei konzentrische Kreise geschnitzt; die in der Mitte dargestellten Figuren sind sehr mannigfaltig.

Da mir die Eingeborenen ihre Geschicklichkeit zeigen wollten, ergriffen sie die Speere, nahmen den Schild über den linken Arm, so daß dessen Mitte sich fast an der Schulter befand, und begannen kriegerische Bewegungen vorzuführen, wobei der Schild den Kopf und die Brust verdeckte und sie so bis zu einem gewissen Grad vor Pfeilen und Speeren schützte.

24. August Der Wind weht weiter sehr heftig; die Eingeborenen bitten mich, noch etwas zu warten. Mir ist es einerlei, da ich Arbeit überall und immer bei der Hand habe: Man braucht nur zu schauen, sich zu erkundigen, zu zeichnen oder zu schreiben – das Material ist unerschöpflich.

Bereits am frühen Morgen ist fast die ganze männliche Jugend auf vier Pirogen zu einem besonderen Festschmaus oder, richtiger gesagt, zu einem Tanzfest in Bogadjim (dorthin hatten sie günstigen Wind) abgefahren. Die Gesichter der jungen Leute, die ich gut kannte, waren derart bemalt, daß ich sie genau betrachten mußte, um sie überhaupt zu erkennen – in so hohem Maß waren die Gesichtszüge und der gewöhnliche Gesichtsausdruck durch einige farbige Ornamente verändert. Man hatte auch „sari" verschiedener Formen und kleine Trommeln, die während des Tanzes verwendet werden, nicht vergessen.

Als die Eingeborenen, die schon reisefertig waren, sich zu ihren Pirogen begaben, zeigten sie mir zuliebe auf dem sanft geneigten, feuchten, sandigen Strand eine Probe ihres Tanzes, den sie am Abend in Bogadjim vorführen wollten. Hierbei hielten sie ihre Sari, die Zungen darstellen sollten und mit weißen Muscheln kurios geschmückt waren, mit den Zähnen. In der linken Hand hatte jeder von ihnen eine kleine Trommel, die er mit der rechten Hand schlug. Während des Tanzes, der aus schwebenden Bewegungen bestand, sangen sie nicht nur (wobei ihr Gesang einen seltsamen Klang hatte, weil sie den Sari mit den Zähnen hielten), sondern schlugen auch die Trommel, die sie bald zur Erde senkten, bald über den Kopf hoben. Der Tanz war im höchsten Grad originell.

25. August Als ich nachts aufwachte und sah, daß das Wetter gut war, zog ich mich an, zündete die Laterne an und ging, um Kain und Gad zu wecken, mit denen ich zu der kleinen Insel Siara fahren sollte. Nach einigen Ausflüchten weckte Kain Gad. Sie holten das Segel und die Ruder. Ich trug verschiedene Sachen, die zum Tausch und als Geschenke bestimmt waren, in die kleine Piroge hinüber und wartete am Strand auf meine Begleiter. Brennende Stöcke in der Luft hin und her schwenkend, brachten sie den Mast, das Segel und ihre Geschenke. Wenn die Eingeborenen zu Besuch fahren, nehmen sie immer Geschenke mit, ebenso aber auch Sachen zum Tauschen, und zwar solche, woran sie selbst Überfluß haben.

Der Mond trat hinter die Wolken hervor und warf seinen geheimnisvollen Schein durch die Palmen auf das Dorf, das ruhige Meer und die Menschen, die bei der Piroge beschäftigt waren.

Ich hatte auf der Plattform oder auf der „kobum-barla", auf der einen Seite des Mastes, mit allen meinen Sachen Platz genommen; auf der andern Seite brannte in einem zerbrochenen großen Topf Feuer. Am Bug und am Heck waren an besonders dazu hergerichteten Stellen die Speere, die Bogen und die Pfeile beider Eingeborenen aufgestellt. Einer von ihnen nahm vor der Plattform Platz, der andere am Heck, um zu rudern und das Segel und das Steuerruder zu bedienen.

Gegen 3 Uhr morgens war alles fertig, und die Piroge – in der Mundart Bili-Bilis „kobum" – wurde zu Wasser gelassen. Kain und Gad sprangen in sie hinein und begannen zu rudern, da an der Küste der Wind schwach war.

Ich sagte mir, daß es für mich das vernünftigste wäre, den unterbrochenen Schlaf fortzusetzen, da ich ja diese Küste am Tag sehen würde; die Nacht ist viel zu dunkel, und man kann außer den Silhouetten der Bäume, die die durchschnittliche Höhe des Waldes überragen, sowieso nichts erkennen. Die elastische Bambusauflage der Plattform hatte sich als eine recht bequeme Schlafbank erwiesen, und ich schlief über eine Stunde lang ausgezeichnet.

Mich weckte Gad, der darauf aufmerksam machte, daß ich meinen Schuh verbrennen würde, da ich im Schlaf einen Fuß fast auf das Feuer gelegt hatte. Die Eingeborenen erbaten von mir Tabak, rauchten ihre Zigarren und begannen mich über Rußland auszufragen, über Menschen, die nicht nur in Rußland, sondern auch auf dem Mond und auf den Sternen leben. Unter anderem erfuhr ich, daß sie den Planeten Venus „Boj" nennen, das Sternbild Orion – „Damang", die Plejaden – „Baressi".

Als wir die kleine Insel Jambomba passiert hatten, kam es mir so vor, als ob der Strand an dieser Stelle eine Bucht bildete. Bei Tagesanbruch war aber zu sehen, daß die vermeintliche Bucht eine Meerenge war, in die wir nun bald hineinfuhren.

Die Sonne zeigte sich am Horizont und beleuchtete den Archipel, die ruhige Oberfläche des Wassers und die fernen Berge. Wir fuhren um drei kleine Inseln herum; auf der einen wuchsen Kokospalmen und lagen die Pflanzungen der Bewohner von Gedageda; fünf oder sechs andere waren unbewohnt.

Wir setzten unsere Fahrt weiter fort und segelten um die mittlere der drei erwähnten Inseln und sahen endlich das Ziel unserer Fahrt – die Insel Siara. Eine Gruppe von Kokospalmen und an den Strand gezogene Pirogen deuteten darauf hin, daß hier eine Anlegestelle war.

Meine Begleiter machten sich fein, banden neue Gürtel um, kämmten sich mit großen Kämmen die Haare hoch und begannen eifrig zu rudern.

Man konnte schon die Schar der versammelten Siara-Bewohner erkennen, die, als sie die Piroge aus Bili-Bili erspäht hatten, an den Strand hinausgegangen waren. Viele riefen mich laut beim Namen.

Sobald nur die Piroge auf den sandigen Strand aufgelaufen war, wurde sie von einer ganzen Schar von Eingeborenen in einem Schwung hoch hinauf auf den Sand gezogen. Ich ging von der Plattform hinunter, verteilte meine Geschenke an die Bewohner und begab mich in das Dorf, wo man uns eine große Hütte zuwies, in der der von mir mitgebrachte Tisch und die zusammenklappbare Bank aufgestellt wurden.

Unter den mich umringenden Eingeborenen erkannte ich drei, die vor etwa zwei Monaten in Garagassi gewesen waren. Ihre Namen waren in meinem Notizbuch eingetragen. Ich nahm es aus der Tasche heraus, fand die entsprechende Seite und las laut ihre Namen vor. Sehr verwundert und gleichzeitig erfreut, traten sie einer nach dem andern, so wie ich ihre Namen aussprach, an mich heran und setzten sich auf mein Zeichen zu meinen Füßen; fast den ganzen Tag wichen sie nicht von meiner Seite und bemühten sich, mir Gefälligkeiten zu erweisen, wie und womit sie nur konnten, Kain und Gad verließen mich ebenfalls kaum.

Die Bewohner Siaras bildeten einen großen Halbkreis und blickten schweigend auf mich und auf die mitgebrachten Sachen; ich konnte ihre Gesichter eingehend betrachten.

Hier gab es, wie auch an andern Orten, Dutzende von Übergängen zwischen flachen und stark hervortretenden Nasen. Wenn man aus dem gesamten Dorf zwei Extreme aussucht, so kann man natürlich Gesichter zweier unterschiedlicher Typen nachweisen. Doch in Wirklichkeit sind diese Unterschiede rein individueller Natur, wovon man sich überzeugen kann, wenn man die Gesichter der übrigen, die alle möglichen Übergänge von einem Typ zum andern darstellen, betrachtet. Ich finde durchaus keine Berechtigung für die Annahme, daß auf den Inseln eine besondere Rasse lebt, die gemischt ist oder sich sonst von den Bewohnern des Festlands unterscheidet.

Ich verteilte etwa $^1/_2$ Pfund Tabak, der in kleine Stücke geschnitten war; dieser reichte nur für die Bejahrten – von den jungen Leuten hatten nur wenige Tabak bekommen, vorzugsweise jene, deren Gesichter am hübschesten waren. Solange sie rauchten, zeichnete ich die Hütten, die wie in Bili-Bili auf Pfählen von mehr als 1 Meter Höhe gebaut waren, aber, wie überhaupt alle Hütten der Papuas, fast nur aus einem Dach bestanden. Danach machte ich einen Rundgang durch das Dorf; es war nicht klein, doch es zeichnete sich nicht durch solche Sauberkeit und Gemütlichkeit aus wie die Dörfer meiner Nachbarn.

Als ich zurückkehrte, traf ich die Eingeborenen bei der Zubereitung des Mittagessens für uns an.

Für den verteilten Tabak brachte mir jeder Bewohner Siaras einen Pfeil; da die Pfeile sehr hübsch geschnitzt waren, schlug ich sie nicht aus.

Unser „kobum" war bereits beladen und zur Rückfahrt bereit. Alles strömte auf den Strand hinaus, um sich unsere Abfahrt anzusehen. Unsere Piroge war schwer mit allerlei Geschenken der Siara-Leute an meine Begleiter beladen.

Als wir aus der Meerenge auf das Meer hinausgefahren waren, kam unsere Piroge stark ins Schaukeln: Es war beträchtlicher Seegang.

26. August Morgens, als ich mich zur Abfahrt rüstete, kehrte die Piroge mit der Jugend aus Bogadjim zurück. Alle schienen sehr müde zu sein. Da ich den Eingeborenen etwas zum Abschied schenken wollte, jedoch kein Stück Tabak mehr besaß, dachte ich mir ein sehr einfaches Mittel aus, um jedem etwas Nützliches zu geben. Ich zerschlug die Flasche, in der ich kalten Tee mitgebracht hatte, in kleine Stücke von der Größe eines silbernen 25-Kopeken-Stückes: Eine Flasche ergab einige hundert Stück solcher kleinen Scherben. Das Glas dient den Eingeborenen zum Rasieren, zum Schleifen des Holzes und zum Schnitzen der Ornamente. Es bereitete ihnen eine gewaltige Freude. Das gesamte Dorf – sogar die Frauen und die Kinder versammelten sich um die Schaluppe, und alle streckten mir die Hände entgegen.

Zu Hause fand ich alles in Ordnung vor, obwohl ich aus verschiedenen Gründen annehmen mußte, daß nicht wenige Eingeborene während meiner Abwesenheit in Garagassi geweilt hatten; doch sie konnten ihre Neugier nicht befriedigen, da sie die Türen mit Bindfaden und Garn umwickelt vorfanden. Vermutlich glauben sie, daß sie nur an den Bindfaden der Tür zu rühren brauchen, um von allen Seiten mit Schüssen überschüttet zu werden, daß jedenfalls das Antasten des Garns schon genügt, irgendein Unglück über sie hereinbrechen zu lassen.

30. August Ich begab mich nach Bogadjim und kam erst nach sechs Stunden dort an. Zunächst blies der Wind gleichmäßig, danach aber nur stoßweise. Als ich mich dem Strand, an dem ich vor elf Monaten mit den Offizieren der „Witjas" gewesen war, näherte, sah ich eine Schar Eingeborene, die sich setzte, sobald die Schaluppe anlegte, und in der Hockstellung so lange verweilte, bis ich befahl, die Schaluppe an den Strand zu ziehen, was unverzüglich ausgeführt wurde.

Ich machte einen Rundgang durch das Dorf. Es schien mir das größte von allen Dörfern zu sein, die um die Astrolabebai liegen. Auf dem großen Platz waren noch Spuren der Tänze zu sehen, an denen die Bewohner von Bili-Bili teilgenommen hatten. Die hohe Barla war noch mit Grün geschmückt; die

Eingeborenen aßen auch heute, das heißt am dritten Tag nach dem Fest, noch immer von den aufgewärmten Gerichten, die als Festschmaus zubereitet worden waren. Man reichte mir ebenfalls ein großes Stück „ai bul" (Schwein, das aus Anlaß des „ai" geschlachtet worden war).

Kody-Boro kam erneut auf meine Übersiedlung nach Bogadjim zu sprechen, und um seine Worte durch positive Argumente zu bekräftigen, führte er mich durch das Dorf zu einer Hütte, aus der er ein junges, gesundes, recht hübsches Mädchen herausrief. Was er ihr sagte, habe ich nicht verstanden. Sie blickte mich aber eine Weile an und schlüpfte dann lächelnd wieder hinein.

Kody-Boro erklärte mir, daß ich sie zur Frau nehmen könnte, wenn ich mich in Bogadjim ansiedle, und führte mich dann weiter.

Als wir das Dorf verlassen hatten, kamen wir nach einem Weg von fünf Minuten an einen hohen Flechtzaun, der eine Pflanzung einfaßte, kletterten über die hohe Schwelle und lenkten unsere Schritte zu einer Gruppe arbeitender Frauen. Kody rief wiederum eine heran: Das war ein recht hübsches Mädchen von etwa vierzehn bis fünfzehn Jahren. Dieses Mal wußte ich schon, was das Heranrufen der jungen Mädchen bedeutete, und schüttelte sofort den Kopf. Kody, der die Hoffnung nicht aufgab, für mich eine passende Braut zu finden, nickte und zeigte mit der Zunge[1] auf einige andere. Ich hatte genug von dieser Brautschau und kehrte in das Dorf zurück, ohne weiter auf Kody zu hören.

Wegen Flaute war an eine Rückkehr nach Garagassi gar nicht zu denken. Ich blieb zur Nacht hier.

31. August   Ich deckte mich mit der Flagge zu und verbrachte die Nacht nicht schlecht. Es ist allerdings nicht ohne einen Versuch von seiten Kodys abgegangen, unter Ausnutzung der Dunkelheit der Nacht jene Pläne zu verwirklichen, die am Tag erfolglos waren. Obwohl ich, als ich mich schlafen legte, in der Hütte allein war, ließen sich neben meiner Barla mehr als einmal Frauenstimmen vernehmen. Ich beschloß, sie nicht zu beachten und zu schlafen.

Am Morgen, bei Sonnenaufgang, zeichnete ich das Panorama der Berge der südöstlichen Küste der Bucht. Im Tausch gegen ein Messer erwarb ich einen „orlan-ai" (eine Klapper aus kleinen Nußschalen). Heimlich führte mich Kody, die Hütten umgehend, an eine kleine Buamramra, wo er mir einen „orlan-ai" zeigte. Als ich eingewilligt hatte, dafür ein Messer zu geben,

---

[1] Die Eingeborenen zeigen nicht nur mit der Hand oder mit einer Kopfbewegung auf einen Gegenstand, sondern manchmal auch mit der Zungenspitze, indem sie sie nach rechts oder nach links herausstrecken – je nachdem, wo sich der Gegenstand befindet. – Anmerkung Mikloucho-Maclays

wickelte er den „ai" in eine Bastmatte und führte mich vorsichtig, daß uns keiner sah, zur Schaluppe zurück, wobei ich den sorgfältig eingewickelten „orlan-ai" selbst trug, ihn dann in die Schaluppe legte und das Bündel mit Kokosnüssen zudeckte.

Als man die Schaluppe ins Wasser stieß, hockten sich alle Eingeborenen wieder hin, bis Olson das Segel hißte und bis ich, am Steuer sitzend, ihnen zum Abschied „Eh aba!" und „Eh mem!" zurief.

Bei recht gutem Wind langte ich bald zu Hause an, wo ich alles in Ordnung vorfand.

September

1. September   Starkes Fieber.

2. September   Als ich in meiner Hütte etwas zimmerte, habe ich mir mit dem Beil das Knie aufgeschlagen, und zwar recht tief. Jetzt muß man einige Tage zu Hause bleiben.

9. September   Dem Schmerz am Knie gesellte sich das Fieber hinzu. Ich verbrachte drei bis vier sehr unangenehme Tage, in deren Verlauf die Fieberanfälle von den heftigsten Kopfschmerzen begleitet waren. Zur Vollendung des Vergnügens mußte ich mir ganze Tage hindurch das Stöhnen Olsons anhören und sein Gejammer darüber, daß wir beide an Fieber oder vor Hunger sterben würden.

Es war trübes Wetter; von Zeit zu Zeit regnete es stark, und es tropfte durch das Dach auf meinen Tisch und auf mein Bett.

13. September   Ich beschäftigte mich mit dem Präparieren und Zeichnen des Gehirns des Mab, der in der vergangenen Nacht krepiert ist, nachdem er einige Monate bei mir in der Veranda gelebt hatte. Ich habe mich erholt, und da sich das Wetter gebessert hat, gehe ich wieder auf die Jagd.

15. September   Ich habe beschlossen, die Reste des Proviants – Bohnen und Reis – ausschließlich für jene Tage aufzubewahren, an denen ich nicht auf die Jagd gehen kann und Olson ebenfalls aus Krankheitsgründen nicht imstande sein wird, Proviant im Dorf zu holen. An Stelle von Bohnen und Reis essen wir Fleisch, süße Kartoffeln und Bananen.

Manchmal, wenn es kein Wild gibt, bleibt einem nichts anderes übrig als zu hungern, und schon häufig sah ich im Traum, wie ich luxuriös zu Mittag oder zu Abend esse.

17. September   Olson klagt über Rheumatismus im ganzen Körper und liegt wieder fast den ganzen Tag.

20. September   Heute ist genau ein Jahr vergangen, seit ich die Küste Neuguineas betreten habe. In diesem Jahr habe ich den Boden für viele Jahre der Erforschung dieser interessanten Insel vorbereitet und das volle Vertrauen der Eingeborenen gewonnen, im Fall der Not kann ich ihrer Hilfe gewiß sein.

Ich bin mit Freuden bereit, einige Jahre an dieser Küste zu bleiben. Doch die Tatsachen zwingen mich zum Nachdenken: Erstens geht der Vorrat an Chinin zur Neige, zweitens trage ich das letzte Paar Schuhe, und drittens sind mir nicht mehr als etwa zweihundert Zündhütchen geblieben.

24. September   Kody-Boro, von einer Schar Bogadjim-Leute begleitet, brachte mir ein Ferkel, wofür er die übliche Bezahlung erhielt, und zwar einen kleinen Spiegel in einem Holzrahmen, der aus seinen Händen der Reihe nach an jeden der Besucher ging. Die einen hielten ihn lange vor sich hin und schnitten alle mögliche Grimassen: Sie steckten die Zunge heraus, bliesen die Backen auf oder kniffen die Augen zusammen, wobei sie den Spiegel bald entfernten, bald näher heranführten oder ihn nach oben hoben, bei jedem neuen im Spiegel erscheinenden Bild ausrufend: „Ah, eh, oh!" Andere hielten den Spiegel nicht lange in den Händen und warfen nur einen Blick hinein, wonach sie sich abwandten, als ob sie erschrocken wären, und ihn gleich an den nächsten weitergaben.

27. September   Ich hatte bemerkt, daß zwei Balken, die das Fundament meiner Hütte bilden, verfault oder von Insekten zernagt waren. Der Gedanke, daß der Fußboden jeden Augenblick einstürzen könnte, hatte mich gezwungen, unverzüglich Maßnahmen zu ergreifen, um die Hütte zu sichern. Da Olson in seiner Koje stöhnt und sich zu sterben anschickt, mußte ich selbst neue Balken besorgen. Baumstämme habe ich wohl gefällt, doch ich hatte nicht die Kraft, sie aus dem Wald zur Hütte hinüberzutragen.

Um 2 Uhr ging ein Reguß mit böigem Wind nieder. Der Himmel war ganz bezogen. Es blieb nichts anderes übrig, als in die Hütte zurückzukehren; ungeachtet dessen, daß sie zusammenstürzen konnte, beschloß ich, anstatt das Mittagessen zuzubereiten, mich schlafen zu legen, da keine Aussicht dafür bestand, daß der Regen aufhören würde. „Qui dort, dine",[1] sagt ein Sprichwort, doch es trifft nur auf einen Tag zu, weil es einem wohl kaum gelingen würde, einzuschlafen, wenn man auch am zweiten Tag nichts gegessen hätte: Bei starkem Hunger ist es unmöglich, einzuschlafen.

[1] (franz.) „Schlaf ist Nahrung."

Ich war schon fast am Einschlafen, als ein dünner Strahl kalten Wassers, der sich aus einer neuen undichten Stelle am Dach auf mein Gesicht ergoß, mich aufstehen und Maßnahmen treffen ließ, damit mein Bett nicht völlig überschwemmt werde. Mit Hilfe von Stöcken und Schnüren befestigte ich ein Gummilaken derart über dem Kopf, daß das Wasser nunmehr über das Tuch zum Fußboden abfließen und nicht mehr auf das Kissen rieseln wird.

Ich erwähne all diese „Freuden" besonders für jene Leute, die sich einbilden, eine Forschungsreise wäre eine Reihe angenehmer Eindrücke, dabei aber die Kehrseite der Medaille vergessen. Ich glaube nicht, daß mich diese Herrschaften heute beneiden würden: äußerste Müdigkeit, Kopfschmerzen, Feuchtigkeit ringsherum, die Aussicht, die ganze Nacht hungrig zu liegen, und die Möglichkeit, daß meine Hütte einstürzte.

Oktober

10. Oktober Ein schwer zu beschreibender Zustand bemächtigt sich manchmal meiner. Häufiges Fieber und vielleicht die vorwiegend pflanzliche Kost haben mein Muskelsystem, besonders das der Beine, derart geschwächt, daß es mir jetzt schwerfällt, selbst eine unbedeutende Anhöhe hinaufzusteigen; ja auch dann, wenn ich auf ebenem Boden gehe, schleppe ich mich bisweilen nur mühsam fort. Zwar verspüre ich Lust, mich zu beschäftigen, doch werde ich so bald müde wie nie zuvor.

Ich kann nicht sagen, daß ich mich dabei schlecht fühle; nur selten überkommen mich Kopfschmerzen, sie sind mit Fieber verbunden und gehen vorüber, wenn das Fieber aufhört... Ich werde so schnell müde, daß ich nirgendshin als nach Gorendu oder nach Bongu um Proviant gehe; sonst sitze ich zu Hause, wo es immer viel Arbeit gibt.

Die Ruhe und die Einsamkeit in Garagassi sind wunderschön. Unser einsames und einförmiges Leben wirkt sich aber auf Olson recht ungünstig aus. Er ist mürrisch geworden und ärgert sich auf Schritt und Tritt. Seine Seufzer, Klagen und Monologe sind mir so lästig geworden, daß ich ihm einmal erklärt habe: Bäume gibt es ja hier genug, und das Meer ist nur 2 Schritt von uns entfernt; wenn er wirklich so schwermütig ist und das Leben hier so schrecklich findet, möge er sich doch aufhängen oder ins Meer stürzen. Da ich die Ursache kenne, würde es mir gar nicht in den Sinn kommen, ihn daran zu hindern.

Neulich hatten mich die Leute von Bilia, einer der kleinen Inseln des „Archipels der zufriedenen Leute", besucht. Zwei oder drei junge Papuas hatten außergewöhnlich angenehme und hübsche Gesichter; sie stehen keinem der allerhübschesten Polynesier nach, die ich gesehen habe.

Ich habe erfahren, daß hier unter den Eingeborenen Duelle wegen Frauen ausgetragen werden.

Beim Ausfragen Kains über die Bekannten in Bili-Bili erkundigte ich mich nach Kore, einem sehr hilfsbereiten und verständigen Menschen. Kain antwortete, daß sich Kore eine Verletzung am Bein unter folgenden Umständen zugezogen habe. Er hatte seine Frau in der Hütte eines andern angetroffen. Als Kore sie nach Hause führte, fiel es jenem ein, ihn daran zu hindern. Kore griff zum Bogen und schoß einige Pfeile auf den Nebenbuhler ab, den er auch verwundete; doch jener ergriff seinen Bogen, und der von ihm abgeschossene Pfeil durchbohrte Kores Schenkel. Ein anderer Zweikampf aus Eifersucht ereignete sich vor etwa zwei Monaten in Bogadjim. Beide Gegner waren verwundet, und der eine wäre fast gestorben. Der Speer bohrte sich in seine Schulter und zerbrach das Schlüsselbein.

Wieder ist jeden Tag das Rollen des Donners zu hören, genau wie im vergangenen Jahr um diese Zeit.

21. Oktober Gestern abend und die ganze Nacht erklang der Barum in Bogadjim. Man schlug ihn monoton – in Abständen. Von Saul, der zu Besuch gekommen war, hatte ich erfahren, daß dort jemand gestorben war, der nun heute früh beerdigt werden würde. Ich fragte, ob niemand aus Bogadjim gekommen wäre, der ihm etwas darüber erzählt hätte. Saul verneinte: Nach den Barumschlägen wisse er, daß ein Mensch gestorben sei, wer aber, das sei ihm nicht bekannt. Den Schlägen des Barums hatte er entnommen, daß man den Toten schon beerdigt hat.

25. Oktober Ich verbrachte die Nacht in Bongu und machte mich sehr früh auf den Weg nach Male. Die Sonne war noch nicht aufgegangen, und nur sehr wenige Eingeborene waren auf den Beinen und wärmten sich an den Lagerfeuern. Einer von ihnen – Kaleu – fand, daß auch er nach Male gehen müsse, und schlug vor, sich gemeinsam dorthin zu begeben. Wir marschierten los.

Wir kamen früh in dem Dorf an; dort führte man mich in eine große Buamramra und bat mich, über Nacht zu bleiben.

Ein Eingeborener kam zu mir mit einer Beschwerde über die „tamo russ" (Offiziere oder Matrosen der Korvette „Witjas"). Er erklärte, daß seine Hütte geschlossen und zugebunden war, daß die „tamo russ" die Türen der Hütte aufgemacht hätten, in sie hineingekrochen wären und seinen „okam"[1] mitgenommen hätten; jetzt habe er keinen Okam mehr, da sie nur von den

---

[1] eine Trommel aus einem ausgehöhlten Baumstamm; ihr oberer Teil ist mit der Haut einer Eidechse bespannt, während der untere Teil offenbleibt (in Neuguinea gibt es Eidechsen von über 1 Meter Länge)

„tamo Rai-Mana" angefertigt würden. Er bat mich, den Okam zurückzugeben oder, zum mindesten, ihn zu bezahlen. Ein anderer kam nun auch zu mir und versicherte, daß die „tamo russ" seinen Ninir (eine Fischreuse) gehoben, die Fische sowie auch den Ninir genommen und ihn an einer nicht guten Stelle versenkt hätten, da er ihn danach nirgends hatte finden können. Ein dritter erklärte, daß die „tamo russ" aus seiner Hütte einen sehr guten Speer genommen hätten.

Davon überzeugt, daß alles keine Erfindungen waren, hielt ich es für richtig, die Forderung der Eingeborenen zu erfüllen, und versprach, sie für diese Dinge zu entschädigen. Da ich wußte, daß die Okams von den Eingeborenen sehr geschätzt werden, versprach ich, für die Trommel ein Beil zu geben; für Ninir bot ich ein Messer an, und für den Speer schien es mir ausreichend zu sein, drei große Nägel zu geben. Alle diese Dinge könnten sie, sobald sie wollten, in Garagassi bekommen.

Meine Entscheidung, die sie, wie es scheint, keineswegs erwartet hatten, rief eine gewaltige Begeisterung hervor. Ausrufe wie „Maclay ist gut, ist ein guter Mensch!" hörte man von allen Seiten. Mich hat es übrigens nicht wenig in Erstaunen versetzt, daß die Eingeborenen nach vierzehn Monaten nichts, was sich während des Besuchs der Korvette „Witjas" ereignet hatte, vergessen haben.

Man brachte zwei große Tabire mit gekochtem Ajan für mich, und Kaleu stellte sie vor uns hin. Das war ein Zeichen dafür, daß die ganze Menge, die uns umringte, unverzüglich auseinanderging, um uns allein zu lassen. Als wir gegessen hatten, kamen alle wieder, und einige sagten mir sogar, daß sie für mich „keu" zubereiten würden, falls ich es wünsche; ich lehnte es aber ab.

Trotz des Wunschs der Versammelten, das gemeinsame Gespräch fortzusetzen, zog ich es vor, auszuruhen; ich sagte, daß ich schlafen möchte, und streckte mich auf der Barla aus, da ich schon lange daran gewöhnt war, mich vor dem Publikum in keiner Beziehung zu genieren. Die Eingeborenen sahen, daß ich die Augen schloß, und führten ihre Unterhaltung flüsternd weiter. Viele jedoch gingen auch fort.

Nachdem ich mehr als eine Stunde geruht hatte, machte ich einen Spaziergang in den Wald – von den Eingeborenen schweigend begleitet. Im Wald bemerkte ich viele Vögel, denen ich früher nicht begegnet war. Nach der Rückkehr in das Dorf erklärte ich, daß ich gern einige Telume und Menschenschädel haben möchte. Man schleppte mir einige zerbrochene lange Figuren aus Holz herbei. Sie alle taugten nichts, was die Besitzer sehr betrübte. An einem Stock brachte man mir zwei Menschenschädel. Ich fragte, wo die Unterkiefer seien. Es stellte sich wie gewöhnlich heraus: „Marem aren" (Unterkiefer ist nicht da). Als ich auf die Schädel verzichtet hatte, warfen die

Eingeborenen diese ins Gebüsch und sagten: „Borle, djigor" (nichts Gutes, Plunder). Das war ein neuer Beweis dafür, wie wenig die Eingeborenen die Schädel und die Knochen ihrer Verwandten achten und daß sie eigentlich nur deren Unterkiefer aufbewahren.

Einige junge Papuas, die mir gegenübersaßen, beschäftigten sich mit einer originellen Operation: Sie drehten sich Haare aus dem Kinn, den Wangen, der Oberlippe und den Augenbrauen mit Hilfe einer doppelt zusammengelegten festen, dünnen Schnur heraus. Sie hielten die Schnüre sehr nahe an der Haut, drehten die Haare zwischen beide Schnüre ein und rissen sie mit einer flinken Handbewegung mit der Wurzel heraus. Ungeachtet des Schmerzes, den man bei dieser Operation wahrscheinlich empfindet, wurde sie von den Eingeborenen unentwegt zwei oder drei Stunden lang fortgesetzt.

Andere aßen eifrig die salzige Asche des großen glimmenden Stammes, wobei sie sich die Finger ableckten.

Sehr drollig war es, mit anzusehen, wie ein kleiner Junge von etwas über drei Jahren einige Stücke Yams aus dem Tabir seiner Mutter aß, dann seine Lage veränderte, indem er seinen Kopf auf ihre Knie legte und, ihre starke herunterhängende Brust ergreifend (sie stillte noch einen andern), zu saugen anfing. Die Mutter aß ruhig weiter, während ihr Sohn, nachdem er genügend Milch getrunken hatte, sich wieder über den Yams hermachte.

28. Oktober Die Einsamkeit übt auf Olson eine seltsame Wirkung aus. Wenn ich ihn ansehe, glaube ich manchmal, daß sich sein Gehirn zu verwirren beginnt: Stundenlang murmelt er etwas, plötzlich horcht er auf und beginnt auf einmal von neuem vor sich hin zu sprechen... Es hat keinen Zweck, die Zeit damit zu verlieren, daß ich ihm immer wieder den Rat gebe, sich mit irgend etwas zu beschäftigen; er ist davon überzeugt, daß wir bald sterben werden, daß man uns erschlagen wird oder daß wir irgendwie anders umkommen werden. Das einzige, wofür er sich interessiert und was er manchmal tut, das ist die Zubereitung des Essens; oft aber liegt er den ganzen Tag herum und stellt sich sehr krank. Mir ist dieser faule Feigling widerwärtig; ich spreche fast gar nicht mehr mit ihm und erachte ihn nicht einmal für würdig, ihm Befehle zu erteilen. Es ist schon genug, daß ich seine Anwesenheit ertrage, daß ich ihm zu essen und zu trinken gebe, wenn er sich aus Faulheit oder infolge seiner Krankheit nicht von der Stelle rühren will oder kann.

Viele Male lauschte ich lange angespannt, denn es kam mir vor, als ob in der Ferne menschliche Stimmen zu hören wären. Man lauscht und lauscht – die Töne nähern sich ein wenig –, und was stellt sich dann heraus? Da summt eine Fliege; ihr Ton ist einer menschlichen Stimme sehr ähnlich.

Nicht nur ich und Olson haben uns oft geirrt, sondern auch die Eingeborenen selbst werden von diesen Tönen irregeführt.

30. Oktober   Regen und immer wieder Regen. Er rieselt auf den Tisch, auf das Bett und auf die Bücher... Meine Situation ist jetzt folgende: Der Proviant ist ausgegangen, das Chinin geht zur Neige, auch bleiben mir nur noch etwa hundert Zündhütchen, so daß es nicht zweckmäßig ist, jeden Tag auf die Jagd zu gehen; ich nehme jedesmal zwei, doch ich bringe nicht immer zwei Vögel mit. Viele Präparate muß man wegwerfen; neue kann man nicht aufbewahren, da es keinen Spiritus gibt; ich trage das letzte Paar Schuhe ab. Das Fieber entkräftet stark. Dazu kommt noch, daß die Hütte in einen kläglichen Zustand gerät.

November

2. November   Heute nacht stürzte die Seitenveranda unter Krachen zusammen. Ich glaubte, daß die ganze Hütte zusammenfiele. Es regnete, ohne aufzuhören, so daß man gar nicht daran denken konnte, die Veranda zu reparieren. Vögel sind nicht zu hören.

3. November   Am Morgen kam Tui, und da es in Strömen goß, mußte ich ihn unter dem Schutzdach empfangen. Ich ließ ihn auf der Veranda direkt an der Zimmertür, neben der ich saß, Platz nehmen. Er kam hierher, um mich zu bitten, daß ich dem Regen Einhalt gebieten sollte, und versicherte, die Gorendu- und Bongu-Leute hätten schon alles getan, um den Regen zu beschwören, doch ohne Erfolg; wenn es aber Maclay versucht, so wird der Regen unbedingt aufhören. Tui bat lange, und ich habe von ihm viele kleine, doch interessante Einzelheiten aus dem Leben der Papuas erfahren.

Obwohl ich die Bongu-Mundart recht gut spreche, werde ich dennoch Jahre brauchen, die Lebensart dieser Leute richtig kennenzulernen. Im Verlauf von fünfzehn Monaten habe ich nicht ein einziges Mal ihren Eheschließungszeremonien beigewohnt und auch vieles andere nicht gesehen.

4. November   Ich ging, um Yams zu holen, schon früh am Morgen, ohne etwas gegessen zu haben, und zwar aus dem einfachen Grund, weil es in Garagassi nichts Eßbares gab.

Sobald ich ins Dorf kam, wurde ich von allen Einwohnern, und zwar ganz ernstlich, mit Bitten förmlich bestürmt, den Regen zu beschwören, der ihren Pflanzungen sehr schadet. Alle brachten mir Proviant und wollten nichts dafür nehmen; sie baten mich nur, daß ich ihnen eine Arznei gegen Regen geben solle. Da ich aus ihnen herausbekommen wollte, in welcher Weise sie selbst den Regen beschwören, bat ich sie, das in meiner Anwesenheit zu tun. Bugai zeigte mir, wie sie es machen, doch er fügte hinzu, daß ihr „onim"[1] zur Zeit nicht hilft.

Die Eingeborenen sind davon überzeugt, daß ich es kann, jedoch auf ihre Bitte nicht eingehen will.

Dezember

18. Dezember   Ich nahm die Einladung der Eingeborenen an und begab mich zum „ai" nach Bongu. Die Zubereitung der Speisen, das Kauen von Keu und die ohrenbetäubende Musik nahmen ihren gewohnten Gang, und da ich nicht rechtzeitig aufgebrochen war, blieb ich in der Buamramra Sauls zur Nacht.

19. Dezember   Das Licht der Morgenröte war bereits in die Buamramra gedrungen, doch ich dachte noch immer nicht daran, aufzustehen. Nachts war ich von der Musik und den Rufen, die hier stets den „ai" begleiten, viele Male aufgewacht.

„Bia, bia!" (Feuer, Feuer!) hörte ich in einiger Entfernung der Buamramra schreien. Einige Eingeborene traten sehr aufgeregt ein und erklärten, daß bei Karkar Feuer oder Rauch zu sehen sei.

„Was ist schon dabei? Die Karkar-Leute brennen Unan", sagte ich, mich rekelnd, ohne jedoch dabei aufzustehen.

„Nein, der Rauch ist nicht bei Karkar zu sehen, sondern er steigt aus dem Meer empor. Sag, Maclay, was ist das?"

„Zuerst will ich es mir ansehen, und dann werde ich es sagen", antwortete ich.

In diesem Augenblick kamen einige Eingeborene gelaufen und riefen:

„Maclay! O Maclay! Korvet russ gina: biagam boro!" (Die russische Korvette kommt: großer Rauch!)

Obwohl ich dieser Neuigkeit noch keinen Glauben schenkte, zog ich mich dennoch an und ging zum Meer. Beim ersten Blick war jeglicher Zweifel geschwunden: Der Rauch kam aus dem Schornstein eines großen Dampfers – vermutlich eines Kriegsschiffes. Der Schiffskörper war noch nicht zu sehen, doch man konnte bemerken, daß sich das Schiff näherte. Auf jeden Fall mußte man nach Garagassi eilen, die Flagge bei der Hütte hissen, sich umziehen und dem Schiff entgegenfahren. Welcher Nationalität es auch sein

---

[1] Onim oder „gonim" ist ein magisches Mittel, eine Zauberei, ein Bannspruch

mochte, der Kommandeur wird es mir nicht abschlagen, meine Briefe entgegenzunehmen, mir ein wenig Proviant abzutreten und den kranken Olson in den nächsten Hafen, der von europäischen Schiffen angelaufen wird, mitzunehmen. All das überdachte ich, als ich auf der Plattform der Piroge saß, die mich von Bongu nach Garagassi hinüberbrachte.

Olson lag in seiner Koje und ächzte wie immer; doch als ich ihm gesagt hatte, daß ich die Flagge brauche, da sich ein Kriegsschiff nähere, führte er sich ganz wie ein Verrückter auf. Halb lachte, halb weinte er und schwatzte dabei ein so unzusammenhängendes Zeug, daß ich zu befürchten begann, es handle sich um die Auswirkung irgendeines Anfalls.

Ich beeilte mich, die russische Flagge an dem Fahnenmast, der noch von den Matrosen der Korvette „Witjas" aufgestellt worden war, zu hissen. Sobald die Flagge an ihrem Platz war und im leichten Wind zu flattern begann, bemerkte ich sofort, daß das Schiff, das sich auf der Höhe der Insel Jambomba befand, seinen Kurs änderte und direkt auf Garagassi zusteuerte. Ich kehrte in mein Zimmer zurück und wollte mich umziehen, doch dann fand ich es völlig überflüssig: Die Kleidung, die ich hätte anziehen können, war in jeder Beziehung so beschaffen wie die, die ich bereits trug.

Ich ging zum sandigen Strand hinunter, und es kostete nicht wenig Mühe, drei Eingeborene zu überreden, zusammen mit mir dem sich nähernden Schiff entgegenzufahren. Ich konnte bereits die russische Flagge erkennen. Sagam und Digu ruderten sehr langsam, achteten auf die Bewegung des Schiffes und baten mich beständig, zum Strand zurückzukehren. Ich sah auf der Brücke Offiziere, die ihr Fernglas auf mich gerichtet hatten.

Endlich waren wir so nahe an dem Schiff, das nunmehr mit halber Kraft fuhr, daß ich einige bekannte Gesichter unter den Offizieren mit bloßem Auge erkennen konnte. Sie erkannten mich ebenfalls.

Meine Aufmerksamkeit wurde von dem Zustand meiner Begleiter abgelenkt. Der Anblick einer so großen Anzahl von Leuten versetzte sie in starke Aufregung. Als aber auf Befehl des Kommandeurs die Matrosen auf die Rahen stiegen und in ein dreifaches „Hurra!" ausbrachen, hielten es meine Papuas nicht mehr aus; sie sprangen aus der Piroge heraus, und als sie weit von ihr wieder auftauchten, wandten sie sich schwimmend dem Strand zu. Die Ruder hatten sie mitgenommen oder ins Meer geworfen. Ich blieb in der Piroge allein und ohne Ruder zurück. Ich mußte mich mit Mühe und Not, mit den Händen rudernd, dem Klipper nähern, um das mir zugeworfene Tau aufzufangen.

Endlich kletterte ich an Deck, wo das allgemeine Durcheinander und die vielen Menschen auf mich seltsam wirkten. Ich wurde von dem Kommandeur des Klippers „Isumrud", Michail Nikolajewitsch Kumani, und von den Offizieren empfangen. Alle waren sehr liebenswürdig, doch die Unterhaltung um mich herum ermüdete mich. Man sagte mir, daß der Klipper vom Generaladmiral geschickt worden wäre und daß Herr Rakowitsch von der Korvette „Witjas" speziell zu dem Zweck auf die „Isumrud" versetzt wurde, die Stelle zu zeigen, wo meine Papiere eingegraben sein sollten, da sich in Europa das Gerücht verbreitete, ich wäre bereits erschlagen oder gestorben. Einige Offiziere gestanden sogar, daß sie beim Anblick eines ihnen entgegenfahrenden Menschen in europäischer Kleidung geglaubt hätten, es wäre Olson; sie waren nahezu davon überzeugt, daß sie mich nicht mehr am Leben antreffen würden.

Ich bat den Kommandeur, mir zu gestatten, jetzt nach Hause zu fahren; nach einigen Stunden wollte ich dann wiederkommen, mit ihm Rücksprache zu nehmen.

Die Ankunft des Klippers war etwas derart Unvermutetes, daß ich mir noch keinen Plan hinsichtlich dessen, was ich unternehmen mußte, gemacht hatte. Als das geeignetste erschien es mir, meine Hütte mit Hilfe der Leute vom Klipper auszubessern, mir von ihnen einen neuen Vorrat an Proviant geben zu lassen, hierzubleiben, um meine Beobachtungen fortzusetzen, und den für mich völlig überflüssigen Olson in den nächsten Hafen fortzuschikken. Ich konnte auch mein Tagebuch und das meteorologische Journal an die Geographische Gesellschaft schicken, den über die Anthropologie der Papuas begonnenen Bericht beenden und ihn dem Akademiemitglied Baer zusenden.

Zum Mittagessen kehrte ich auf die „Isumrud" zurück. Michail Nikolajewitsch sagte mir unter anderem, er würde es mit Rücksicht auf meine nicht allzu gute Gesundheit gern sehen, wenn ich schon vom heutigen Tag an auf dem Klipper wohnen bliebe; das Herüberschaffen meiner Sachen von Garagassi auf den Klipper würde er dann einem der jungen Offiziere überlassen. Dieses Angebot erschien mir etwas seltsam.

„Wer hat Ihnen denn gesagt, Michail Nikolajewitsch, daß ich überhaupt mit Ihnen fahren werde? Das ist bei weitem noch nicht entschieden. Da ich annehme, daß Sie in der Lage sind, mir ein wenig Proviant zu überlassen und Olson sowie meine Briefe bis zum nächsten Hafen mitzunehmen, wird es für mich das allerbeste sein, hierzubleiben; denn mir steht auf dem Gebiete der Anthropologie und der Ethnologie der hiesigen Eingeborenen noch viel Arbeit bevor. Ich möchte Sie bitten, mir zu gestatten, Ihnen die Antwort, ob ich mit der ‚Isumrud' fahren oder hierbleiben werde, morgen zu geben."

Michail Nikolajewitsch willigte ein, doch ich konnte bemerken, daß meine Worte auf viele einen seltsamen Eindruck gemacht haben. Einige glaubten (das weiß ich von ihnen selbst), daß mein Verstand infolge vieler Entbehrungen und des beschwerlichen Lebens aus seinem normalen Zustand geraten sei.

Ich hatte vom Kommandeur unter anderem erfahren, daß die holländische Regierung ein Kriegsschiff zu wissenschaftlichen Zwecken zu einer Fahrt um die Insel Neuguinea ausgeschickt hat. Diese Nachricht interessierte mich lebhaft. Das wäre eine Möglichkeit, meine Gesundheit durch eine Seereise zu stärken und mit neuen Kräften und neuen Vorräten an die Maclayküste zurückzukehren.

Nach Garagassi bin ich früh zurückgekommen und schlief nach dem anstrengenden Tag wie ein Toter; die Entscheidung der wichtigsten Frage, ob ich fahren soll oder nicht, behielt ich mir für den nächsten Tag vor.

20. Dezember Der Kommandeur der „Isumrud" wollte eigentlich nur kurze Zeit hierbleiben, da seinerzeit, nach dem gar nicht lange währenden Aufenthalt der Korvette „Witjas" an dieser Stelle, einige Mann krank geworden waren. Doch ich werde nicht in der Lage sein, in zwei oder drei Tagen einen hinlänglich genauen Bericht an die Geographische Gesellschaft zu schreiben; mein Tagebuch aber in dem Zustand, wie ich es geschrieben habe, abzuschicken, kommt mir auch wenig glücklich vor. Das ist das eine.

Der andere für mich wichtige Umstand ist die Nachricht, daß, wenn ich die notwendigen Maßnahmen treffe, ich die Möglichkeit haben werde, mit dem holländischen Schiff hierher zurückzukehren. Hierher wieder zurückzukommen, ist für mich unbedingt nötig. Ich kenne die Eingeborenensprache, ich habe das Vertrauen der Eingeborenen, und die weiteren Beobachtungen auf dem Gebiet der Anthropologie und Ethnologie werden mir bedeutend leichter sein.

Das waren meine Gedanken, die mich am nächsten Morgen zu dem Entschluß führten, die Maclayküste für einige Zeit zu verlassen, allerdings in der Absicht, sobald sich die erste Möglichkeit dazu bietet, zurückzukommen.

Als ich dem Kapitän meinen Entschluß mitgeteilt hatte, fragte er mich, wieviel Zeit ich brauche, mich zur Abreise fertigzumachen. Ich antwortete, daß er drei Tage nach der Ankunft der „Isumrud" den Anker wieder lichten und auslaufen könne, wohin es ihm beliebe. Die verbleibenden zwei Tage behielt ich mir für das Verpacken der Sachen und das Abschiednehmen von den Eingeborenen vor.

Michail Nikolajewitsch überließ mir liebenswürdigerweise eine seiner Kajüten, und ich habe bereits viele Sachen von Garagassi auf den Klipper hinübergeschafft.

Abends kamen zu mir die Leute aus Bongu, Gorendu und Gumbu – sie alle trugen Fackeln; unter ihnen befanden sich auch die Einwohner von Male und Koliku-Mana. Tui, Bugai, Saul, Lako, Sagam und andere, die ich besser kannte und die häufig in Garagassi zu sein pflegten, waren über meine Abfahrt besonders betrübt. Sie faßten zu guter Letzt den Entschluß, mich zu bitten, daß ich bei ihnen bleiben, nicht fortfahren, sondern mich an dieser Küste ansiedeln möchte; sie versicherten mir, man würde in jedem Dorf ein Haus für mich bauen und ich könne mir für jedes Haus unter den jungen Mädchen je eine Frau oder sogar zwei Frauen, falls eine nicht genügen sollte, aussuchen.

Ich lehnte das Angebot ab und sagte, daß ich später einmal zurückkehren und mit ihnen wieder zusammen leben würde.

Die Leute aus Gumbu baten mich unablässig, nach Gumbu zu gehen, wo sich ihren Worten nach, außer den Ortsansässigen, Leute aus Tengum-, Jenglam- und Sambul-Mana versammelt haben; sie alle wollten mich sehen. Da ich ihnen die Bitte nicht abschlagen mochte, bin ich gegangen – vielleicht das letzte Mal; eine große Schar Eingeborener, die Fackeln in den Händen trugen, begleitete mich.

In Gumbu wiederholte sich die Szene, die sich in Garagassi abgespielt hatte.

Alle baten mich, nicht fortzufahren. Ich habe fast gar nicht geschlafen, und als ich gegen Morgen aufstehen wollte, verspürte ich in den Füßen starke Schmerzen.

Die letzten zwei Tage war ich viel auf den Beinen und hatte auf meine verletzten Füße, die stark angeschwollen waren, nicht achtgegeben; die Wunden schmerzten beim Gehen sehr. Dennoch bin ich den Strand entlanggegangen, da ich möglichst schnell nach Garagassi zurückkehren wollte. Die Schmerzen waren aber so stark, daß die Eingeborenen, die aus einigen Querhölzern eine Trage angefertigt hatten, mich bis zum Kap Gabina trugen und mich von dort dann zum Klipper übersetzten, wo ich ausruhte und meine Wunden gewaschen und verbunden wurden.

Auf Befehl des Kommandeurs sollte ein dickes Brett aus Mahagoniholz, auf dem eine Kupfertafel befestigt war, an einem der Bäume neben meiner Hütte in Garagassi angebracht werden. In dem Kupfer ist folgende Inschrift eingraviert:

> Vitiaz. Sept. 1871
> MIKLOUCHO-MACLAY
> Izoumroud. Dez. 1872

Trotz meiner kranken Füße bin ich gegangen, die Stelle anzugeben, die mir für diesen Zweck als die geeignetste erschien. Ich wählte einen großen Kengar, den höchsten und repräsentativsten Baum in Garagassi.

Den Rest des Tages verbrachte ich zu Hause mit dem Packen der Sachen, da ich morgen den letzten Tag in dieser Gegend bin.

21. Dezember   Bevor ich abends einschlief, ging es mir durch den Sinn, daß ich im Verlauf von mehr als vierzehn Monaten keine Zeit gefunden hatte, mir eine bequeme Schlafbank einzurichten; der Rand des Korbes, auf dem der obere Teil meines Körpers lag, war etwa 2 Zoll niedriger als der Deckel des andern Korbes, wo meine Beine lagen. Ich hätte aber nur zwei Klötzchen unter den niedrigeren Korb zu legen brauchen, und es wäre für mich bequemer gewesen. Natürlich habe ich mich darum in der letzten Nacht nicht mehr gekümmert.

Gestern hatte ich die Eingeborenen überredet, auf den Klipper zu kommen, um ihn zu besichtigen; und in der Tat, es sind recht viele in Garagassi erschienen, – sehr wenige aber sind mit mir zu dem Klipper hinübergefahren, und eine noch geringere Zahl wagte es, auf das Deck zu klettern. Dort wurden die Eingeborenen von dem Anblick einer großen Anzahl von Menschen und verschiedener für sie unverständlicher Apparate derart in Schrecken versetzt, daß sie sich an mir von allen Seiten festhielten, in dem Glauben, auf diese Weise in Sicherheit zu sein. Da bat ich einen der Matrosen, mir ein Tau zu bringen; dessen Mittelteil band ich mir um die Taille, die beiden Enden des Taues aber überließ ich meinen Papuas. Jetzt konnte ich vorwärts gehen, und die Papuas hatten das Gefühl, daß sie sich an mir festhielten. Als Kopf solch einer „Schlange" ging ich, fortwährend haltmachend, um die Fragen zu beantworten und den Eingeborenen den Zweck der verschiedenen Gegenstände zu erklären, über das ganze Deck.

Die Kanonen erschreckten die Papuas; sie wandten sich ab und gingen zu andern Gegenständen über. Was sie besonders in Erstaunen versetzte und sie auch gleichzeitig interessierte, waren zwei Bullenkälber, die als lebender Proviant für die Schiffsbesatzung mitgenommen worden waren: Die Eingeborenen konnten sich an ihnen nicht satt sehen und baten, man sollte ihnen doch eins schenken. Als sie von mir die Bezeichnung der Tiere erfuhren, bemühten sie sich, sie nicht zu vergessen, indem sie das russische Wort für Bulle „bik, bik, bik" wiederholten.

Wir gingen in die Messe hinunter. Unterwegs hatten die Maschinen das große Interesse der Eingeborenen geweckt. Selbstverständlich konnten sie nicht verstehen, was das war. Ferner haben ihnen die großen Spiegel in der Messe, in denen sie einige Menschen auf einmal sehen konnten, sehr gefallen. Das Klavier, das ich „ai boro russ"[1] nannte, hatte sie nicht nur interessiert, sondern ein Papua wollte sogar selbst versuchen, darauf zu spielen.

Ich beeilte mich, sie nach oben hinaufzukomplimentieren.

Auf Deck wollte einer der Eingeborenen wiederum die Bullen sehen. Er wandte sich an mich, doch da er die Bezeichnung „bik" vergessen hatte, begann er nach dem „großen Schwein" zu fragen. Da ich ihn nicht verstand,

---

[1] „großes russisches Musikinstrument"

antwortete ich, daß es auf der Korvette kein Schwein gäbe; darauf fügte er, um das Tier genauer zu bezeichnen, hinzu, daß er „das große russische Schwein mit den Zähnen auf dem Kopf" sehen möchte. Einer seiner Kameraden sagte ihm vor: „bik", und sie alle stimmten im Chor an: „bik, bik." Da ich sah, daß sich die Gäste genügend an das Deck gewöhnt hatten, befreite ich mich aus der Schlinge und ließ die Eingeborenen sich allein bewegen.

Heute wurden nun meine letzten Sachen aus Garagassi hinübergeschafft; Olson wurde ebenfalls auf den Klipper hinübergefahren; als Kranker kam er ins Lazarett.

Vor meiner Abfahrt bat mich Tui, ihm zu sagen, nach wieviel Monaten ich zurückkehren würde. Auch jetzt sogar, da ich von hier nach einem Aufenthalt von fünfzehn Monaten fortfahre, war ich nicht in der Lage, „viel" zu sagen, da ich dieses Wort bisher noch nicht kennengelernt habe; ich antwortete: „nawalobe", was ungefähr heißt: „in Zukunft".

22. Dezember Seit dem frühesten Morgen hielten sich die Pirogen um den Klipper herum auf, und man meldete mir beständig, daß die „Schwarzen" mich sehen wollten oder nach mir riefen. Als ich hinaustrat, begannen die Eingeborenen zu schreien, doch der Lärm, den das Heraufwinden des Ankers machte, und einige Umdrehungen der Schiffsschraube verjagten bald alle Pirogen; die Rufe „Eh mem!" und „Eh aba!" klangen nicht mehr so deutlich herüber. Als sich der Klipper langsam in Bewegung setzte und um das Kap Gabina bog, ertönten fast gleichzeitig in Gorendu und Bongu Barumschläge; als aber das Schiff das Kap passiert hatte, gesellte sich zu diesen Tönen der Barum von Gumbu.

Im Weiterfahren hörten wir noch lange den Barum. Als der Klipper an Bili-Bili vorüberfuhr, konnte ich durch das Fernglas deutlich die Eingeborenen sehen, wo sie saßen, standen oder sich längs der felsigen Küste bewegten.

Nachdem wir den „Archipel der zufriedenen Leute" und den Großfürst-Alexej-Hafen passiert hatten, bogen wir um das Kap Croisilles und fuhren in die Meerenge zwischen Neuguinea und der Insel Karkar ein, die ich auf meiner Karte als „Isumrudstraße" bezeichnete.

TAGEBUCH 1876–1877

Juni

Am 27. Juni kam ich auf einem kleinen, unter englischer Flagge fahrenden Schoner mit dem Namen „Sea Bird" an. Ich bemerkte eine bedeutende Veränderung in der Gesamtansicht der hohen Berggipfel.

Die Eingeborenen haben sich sehr gefreut, doch sie wunderten sich über mein Kommen nicht im geringsten: Sie waren überzeugt gewesen, daß ich mein Wort halten würde. Als ich in Gorendu an Land ging, waren die Eingeborenen der Nachbardörfer, Frauen und Kinder nicht ausgeschlossen, bald zusammengelaufen, um mich zu begrüßen. Viele weinten, und die ganze Bevölkerung schien durch meine Rückkehr in sehr große Erregung versetzt worden zu sein.

Ich vermißte einige Greise – sie waren in der Zeit meiner Abwesenheit gestorben. Doch dafür waren viele Knaben inzwischen fast erwachsene Männer geworden; unter den jungen Frauen aber, die bald Mütter werden sollten, erkannte ich einige wieder, die ich als kleine Mädchen zurückgelassen hatte.

Die Einwohner der benachbarten Dörfer bestürmten mich mit Bitten, ich sollte mich unter ihnen ansiedeln, doch ich zog es wie im Jahr 1871 vor, nicht im Dorf zu wohnen, sondern mich in einiger Entfernung davon niederzulassen. Ich schaute mir die Gegend bei Gorendu und danach bei Bongu an; bereits am folgenden Tag begannen die Eingeborenen unter der Anleitung meiner Diener und des Zimmermanns vom Schoner, den Platz für mein Haus und einen breiten Weg vom „uleo" – dem Meeresstrand – zu der Stelle, die ich gewählt hatte, zu roden und zu säubern.

Dieses Mal hatte ich ein kleines Holzhaus in zerlegtem Zustand aus Singapore mitgebracht; doch die Pfähle, auf denen es stehen sollte, sein ganzes Gerüst sowie das Dach wurden erst hier an Ort und Stelle beschafft und fertiggebaut. Ich wollte den Schoner nicht zu lange aufhalten, gleichzeitig wollte ich mir aber auch die Dienste des Zimmermanns zunutze machen; das zwang mich, auf die Qualität des Holzes nicht zu achten. Deshalb ist es bald untauglich geworden – in der Hauptsache durch die weißen Ameisen, die großen Feinde der Holzbauten in tropischen Ländern. Unter den Bäumen der Maclayküste gibt es freilich manche Art, die diesem Insekt widersteht, doch eine ausreichende Anzahl solcher Bäume konnte man in so kurzer Zeit nicht beschaffen.

Juli

Am sechsten Tag war mein Haus fertig. An seinem Bau nahmen außer mir zwei Europäer, zwei meiner Diener, die Papuas – die die gefällten Stämme herübertrugen sowie das Dach deckten – und ebenso die Papuafrauen teil, die das kleine Buschwerk um das Haus herum eifrig rodeten. Die Pfähle, auf denen das Haus stand, waren etwa 2 Meter hoch, und das erlaubte mir, die

Papua mit Halsschmuck

untere Etage in eine große Vorratskammer, in die meine Sachen herübergetragen wurden (etwa siebzig Kisten, Körbe und Ballen verschiedener Größe), zu verwandeln. Am 4. Juli konnte ich den Schoner die Weiterfahrt antreten lassen.

Mit Hilfe der Diener (von denen der eine Malaie ist und als Koch sowie im Bedarfsfall auch als Schneider Verwendung findet, während die beiden andern Mikronesier, Eingeborene von den Palauinseln, sind) und einiger Bewohner Bongus brachte ich bald Hof und Haus in gebührenden Zustand und richtete mich recht komfortabel ein.

Sehr interessante Nachrichten hatte ich von den Eingeborenen hinsichtlich der Erdbeben, die sich während meiner Abwesenheit ereignet haben, erhalten. Wie ich bereits erwähnte, hatte ich mich über die Veränderung in der Gesamtansicht der Gipfel Mana-Boro-Boros (des Finisterregebirges), als ich zu dieser Küste zurückgekehrt war, gewundert. Bis zu meiner Abfahrt (im Dezember des Jahres 1872) waren die allerhöchsten Gipfel von Pflanzenwuchs bedeckt; nun aber waren an vielen Stellen die Gipfel und die steilen Abhänge kahl.

Die Eingeborenen teilten mir mit, daß sich während meiner Abwesenheit an der Küste und in den Bergen Erdbeben wiederholten, bei denen nicht wenige Einwohner von den Kokospalmen erschlagen wurden, die niederstürzten und ihre Hütten zerstörten.

Die Küstendörfer haben in der Hauptursache infolge ungewöhnlich großer Wellen, die dem Erdbeben folgten, gelitten. Die Wellen entwurzelten die Bäume und trugen die nahe am Strand stehenden Hütten mit sich fort. Ich hatte erfahren, daß noch lange vor meiner ersten Ankunft ein ganzes Dorf – Aralu –, das sich unweit der Meeresküste zwischen den Flüssen Gabeneau und Koli befand, von einer riesigen Welle zusammen mit allen Einwohnern hinweggespült wurde. Da sich das nachts ereignet hatte, sind alle Einwohner umgekommen; nur einige Männer, die sich zufällig zu Gast in einem andern Dorf befanden, blieben am Leben. Sie wollten nicht an den alten Platz zurückkehren und siedelten in das Dorf Gumbu über, das der Zerstörung deshalb entging, weil es weiter vom Strand entfernt lag.

An den Untergang Aralus erinnern sich sogar die noch nicht sehr alten Leute gut, und ich nehme an, daß sich das etwa um die Jahre 1855–1856 zugetragen haben dürfte. Nach dieser Katastrophe brachen in den Nachbarortschaften zahlreiche Erkrankungen, die mit dem Tod endeten, aus. Das kam vermutlich von der Zersetzung der organischen Reste, die von den Wellen an den Strand gespült wurden und in der Sonne verfaulten.

August

Am 12. August unternahm ich eine Exkursion auf den Pik Konstantin. Als ich gegen 9 Uhr morgens in meiner Piroge nach Bogadjim abfuhr, war der ganze Berg Tajo mit dem Pik Konstantin klar zu sehen – nirgends auch nur ein Wölkchen.

Dank des frischen Winds kam ich nach etwa anderthalb Stunden in Bogadjim an. Die Eingeborenen, die sich zu meinem Empfang eingefunden hatten, trugen meine Sachen in die Hütte Kody-Boros hinüber. Sie sagten mir, daß es schon recht spät sei, auf den Berg zu gehen, und daß man bis morgen warten solle.

Am nächsten Tag weckte ich die Leute um 3 Uhr morgens. Nachdem ich Kaffee getrunken und die Sachen unter einige Träger verteilt hatte, brach ich noch bei Mondschein auf und folgte zunächst einem Waldpfad und danach dem ausgetrockneten Bett des Flusses Ior. Als die Sonne aufgegangen war, schrieb ich die Namen meiner Begleiter auf – es waren insgesamt vierunddreißig Mann.

Da ich keinen Proviant mitgenommen hatte, mußte ich unterwegs das Dorf Jarju aufsuchen. Meine Begleiter hatten keine Lust, weit in die Berge zu gehen, doch darauf nahm ich nicht die geringste Rücksicht, um so mehr, als ich etwa fünfmal soviel Leute mit mir hatte, wie ich brauchte.

Der Karawane gesellten sich einige Leute aus dem Dorf Jarju zu. Wir setzten unseren Weg in dem Flußbett fort; an einigen Stellen (bei den Stromschnellen) mußte man über glatte nasse Steine nach oben klettern. Überhaupt war der Weg nicht besonders bequem.

Gegen 3 Uhr nachmittags begann es zu regnen, und alle Berge hüllten sich allmählich in Wolken: Mit dem Vorwärtskommen hatte es deshalb keine so große Eile.

Ich ließ die Eingeborenen eine Laubhütte bauen, bereitete mir selbst aber ein Nachtlager. Ich kochte mir Kaffee und führte eine Höhenmessung dieser Gegend mit Hilfe des Apparates von Regnault durch, dessen Angaben fast dieselben waren wie die meines Aneroids. Es ergab sich eine Höhe von 860 Fuß.

Es war sehr kühl, vermutlich infolge des Regens. Die ganze Nacht goß es wie mit Eimern. Das über meine Koje gespannte Dach aus einem wasserdichten Tuch war günstig angebracht: Ungeachtet des Wolkenbruchs blieb ich völlig trocken; die Luft aber war sehr feucht, und ich war mir nicht sicher, ob der Tag ohne Fieber vergehen würde.

Ich stand um 6 Uhr auf, und als ich bemerkte, daß nicht alle meine Leute fertig waren, wartete ich nicht länger auf sie, sondern erklärte, daß „tamo bilen" (die guten Leute) mir folgen, aber „tamo borle" (die schlechten Leute) dableiben könnten. Das wirkte: Fast alle folgten mir.

Da es die ganze Nacht hindurch stark geregnet hatte, führte der Fluß bedeutend mehr Wasser als gestern; die Steine waren glitschig, und an einigen Stellen war große Vorsicht geboten. Nach einer kurzen Strecke mußten wir den Abhang, wo keine Spur eines Pfades festzustellen war, nach rechts hinaufklettern. Meine Begleiter versicherten mir, daß es hier keinen Weg gäbe, und mir blieb nichts als voranzugehen oder, richtiger gesagt, voranzuklettern. Zu meinem großen Verdruß spürte ich, daß sich der gestrige Regen, der mich durchnäßt hatte, sowie die nächtliche Feuchtigkeit auswirkten, und daß ich einem heftigen Fieberanfall nicht entrinnen würde. Mir wurde es sehr schwindlig, und ich bewegte mich wie im Halbschlaf vorwärts. Zum Glück war der Abhang mit Wald bedeckt, so daß ich mich beim Vorwärtsgehen festhalten und an Ästen und Wurzeln anklammern konnte. An einer steilen Stelle streckte ich die Hand nach einer Liane aus, doch was danach geschah – das weiß ich wirklich nicht mehr ...

Ich kam wieder zu mir – es war mir, als ob mich menschliche Stimmen geweckt hätten. Ich öffnete die Augen und sah Wald rings um mich; ich konnte mir nicht darüber klar werden, wo ich war. Infolge allgemeiner Ermattung schloß ich aufs neue die Augen und verspürte dabei im Körper einen beträchtlichen Schmerz. Schließlich wurde ich mir dessen bewußt, daß ich mich in einer sehr unbequemen Lage befand; der Kopf lag tief, die Beine waren bedeutend höher. Und dennoch konnte ich mir nicht erklären, wo ich hingeraten war.

Als ich die Augen wieder aufschlug, ließ sich unweit von mir eine Stimme vernehmen:

„Ich sage es dir ja, das Maclay nicht gestorben ist, er schlief nur."

Einige Eingeborene schauten hinter den Bäumen hervor. Der Anblick dieser Leute brachte mir das Bewußtsein zurück. Ich erinnerte mich daran, wie ich mit ihnen auf den Berg kletterte und wie ich nach der Liane griff, um mich festzuhalten. Mein Gewicht hatte sich aber für ihre Stärke als zu groß erwiesen, und deshalb befand ich mich etwa 10 Schritt tiefer in einer so unbequemen Lage. Ungläubig befühlte ich die Beine, die Seite und den Rücken und stand dann auf. Es war nichts gebrochen, obgleich die Seite und der Rücken schmerzten; es schien, daß ich mich jetzt sogar frischer als vor meinem Sturz fühlte. Ich wollte auf die Uhr sehen, doch infolge des Sturzes war sie stehengeblieben. Die Sonne stand bereits hoch, so daß ich Grund hatte, anzunehmen, daß ich in dieser nicht besonders behaglichen Lage mehr als zwei Stunden, vielleicht aber auch noch längere Zeit verbracht hatte.

Man durfte keine Zeit verlieren, sonst regnete es womöglich um 3 Uhr wieder, und man hat vom Gipfel keine Aussicht. Zum Glück war eins meiner Aneroide völlig in Ordnung. An dieser Stelle war der Berg 1500 Fuß hoch. Ein wenig schwankend stieg ich ein nicht tiefes Tal hinunter und kletterte danach von neuem auf einen Hügel, den die Eingeborenen Gumuscha nennen und dessen Höhe 1880 Fuß betrug. Dann folgte wieder ein nicht breites Tal und danach eine Anhöhe von 2400 Fuß.

Wir kamen zu dem kuppelartigen Berggipfel Tajo, der vom Meer aus diesem Pik ein so ungewöhnliches Aussehen verleiht. Auf einem kleinen Plateau wuchsen hohe Bäume; die Höhe betrug hier 2680 Fuß.

Da meine Begleiter den Einwohnern der umliegenden Dörfer zeigen wollten, daß wir auf dem Gipfel angelangt waren, zündeten sie ein Feuer an. Zweien von ihnen, die besonders gewandt waren, übergab ich die an einem Stock befestigte weiße Fahne aus dicker Leinwand mit dem Auftrag, sie am Wipfel des höchsten Baumes, nachdem sie einige Zweige abgeschlagen hätten, anzubinden. Als das getan war, traten wir den Abstieg an.

Ich war von dieser Exkursion enttäuscht, weil der dichte Pflanzenwuchs die Aussicht vom Gipfel des Piks verdeckte und ich gar nicht daran gedacht hatte, Äxte mitzunehmen, um die Bäume ringsherum zu fällen. Der Abstieg bis zu der Stelle unserer Übernachtung verlief glatt, und nachdem wir hier unser Mittagessen eingenommen hatten, lenkten wir unsere Schritte nach Bogadjim.

Aus den benachbarten Dörfern sind Leute zu uns gestoßen, so daß mein Geleit abends aus mehr als zweihundert Mann bestand. Obwohl ich mich recht müde fühlte, wollte ich nirgends haltmachen, und im Schein vieler Dutzende von Fackeln trafen wir gegen 10 Uhr abends in Bogadjim ein.

Am 23. August fuhr ich auf die Insel Bili-Bili hinüber. An einer Stelle, die Arju genannt wird, hatten mir die Eingeborenen eine Hütte, in der es zwar dunkel, aber kühl war, gebaut; von Zeit zu Zeit gedenke ich besuchsweise hierherzukommen. Als ich nach Bongu zurückgekehrt war, besuchte ich die Dörfer Jenglam-Mana, Seguana-Mana und Sambul-Mana.

September

20. September Ich war in Garagassi, wo alles sehr überwuchert ist. Von den einst von mir gepflanzten Kokospalmen haben nur fünf Wurzel gefaßt. Auf dem großen Kengar hält sich die von dem Klipper „Isumrud" angebrachte Kupfertafel immer noch, obwohl das Mahagoniholz von Ameisen zerfressen ist. Durch einige Nägel, die ich einschlug, gab ich ihr besseren Halt.

Alle Pfähle meiner Hütte sind von Ameisen derart zerfressen, daß man nur leicht mit dem Fuß daran zu stoßen braucht, um sie umzustürzen.

In Garagassi gibt es viel mehr Vögel als bei meinem neuen Haus in der Nähe von Bongu, und ihre mir bekannten Schreie erinnerten mich lebhaft an mein Leben in dieser Gegend in den Jahren 1871–1872.

Ich ordnete an, daß Mebli, mein Diener von den Palauinseln, und einige Einwohner aus Gorendu sowohl den Platz an der Stelle meiner früheren Hütte als auch den neben den dort wachsenden Palmen roden und säubern sollten.

Oktober

Dank meiner jetzigen Behausung, die bedeutend bequemer als die in Garagassi ist, kann ich mich mit Arbeiten auf dem Gebiete der vergleichenden Anatomie beschäftigen. Überhaupt wirkt sich der Komfort (der bessere Raum und drei Diener) auf meine Gesundheit günstig aus.

Ende September und Anfang Oktober erntete ich den Mais, der im Juli gesät worden war. Dann säte ich von neuem Mais und viele Samen anderer Nutzpflanzen, die ich diesmal mitgebracht hatte. Um meine Hütte herum wurden zweiundzwanzig Kokospalmen gepflanzt – und sie haben alle Wurzel gefaßt.

Kleine Wunden an den Füßen (die durch Stoßen gegen Steine, Reiben des Schuhzeugs und so weiter entstanden sind) verwandeln sich jetzt, in der Hauptsache infolge der Einwirkung des Seewassers, der man nicht entgehen kann, in bedeutende, wenn auch nicht gar zu tiefe Wunden, die bei nachlässiger Behandlung lange nicht heilen. Schon häufig haben sie mich von einer Exkursion abgehalten und zwangen mich ziemlich oft, zu Hause sitzen zu bleiben.

Außer mit schriftlichen Arbeiten beschäftige ich mich auch mit anthropologischen Messungen. In Garagassi war das undenkbar; jetzt aber haben sich die Eingeborenen an mich gewöhnt und sehen in diesen Manipulationen nichts Gefährliches mehr. Ich finde es dennoch nicht gut, Messungen an Frauen vorzunehmen: Die Männer sind hier eifersüchtig, und ich wünsche nicht, Anlaß zu Mißverständnissen zu geben.

Passend kann man in diesem Fall sagen: „Le jeu ne vaut pas la chandelle."[1] Hinzu kommt noch, daß die Vermessungen der Frauen mit zu großen Scherereien verbunden sind: gut zureden müssen, dumme Einwendungen und so weiter.

November

Ich litt häufig an Fieber, und die Wunden an den Füßen heilten schlecht. Wenn möglich, beschäftige ich mich mit Arbeiten auf dem Gebiete der vergleichenden Anatomie; manchmal las ich auch. Der Schmerz in den Wunden pflegt nachts zuweilen so stark zu sein, daß man Chloral einnehmen muß, um schlafen zu können.

Wenn die Temperatur morgens bis auf 21 Grad sinkt, empfinde ich die Kälte in genau demselben Maß wie die Eingeborenen, die am ganzen Körper zittern.

Dezember

5. Dezember   Nach vieltägigen Vorbereitungen begann heute der Mun in Bongu, der bedeutendste, den ich bisher gesehen habe. Ich werde versuchen, ihn zu beschreiben.

---

[1] (franz.) „Das Spiel ist die Kerze nicht wert."

„Mun" in Bongu

5.–6. Dezember 1876   Nach langen Vorbereitungen wurde der Tag des Mun endlich festgesetzt. In der letzten Zeit hatten sich die Eingeborenen der Nachbardörfer fast jede Nacht in Tanz und Gesang geübt; der Barum war häufig am Tag und sogar nachts zu hören; die Einwohner Bongus gingen nach Jenglam-Mana, um Keu für das Fest zu holen.

Es wurde folgendes Programm festgesetzt: Zunächst sollte am Fünften abends der Mun des Dorfes Gorendu stattfinden, dem am nächsten Abend der Mun der Dörfer Bogadjim und Gumbu zu folgen hatte.

Vor Beginn des Mun kam eine Festprozession aus Bongu mit Reisig. Das Reisig wurde ins Meer geworfen, und nach der Zeremonie im Wald begannen sich die Eingeborenen Gorendus und Bongus zum Mun anzukleiden.

Den wesentlichsten und charakteristischsten Schmuck stellten die gewaltigen dreistöckigen Federbüsche – „songen-ole"[1] – dar, die so hoch waren, daß sie nur die krausen Haartrachten der Papuas zu halten vermochten. Die Federbüsche waren aus Kasuarfedern, aus Federn des Kakadus und des Paradiesvogels angefertigt. In den Gürtel wurden drei große Zweige des Coleus gesteckt, die bei jedem Schritt hinter dem Rücken wippten. Ebensolche Zweige, die hinter die Sagiu gesteckt waren, schmückten Arme und Beine. Außer zwei geweißten „diu"[2] trugen einige Eingeborene ein Stirnband aus Hundezähnen. Um den Hals waren außer „bul-ra"[3], „jambi"[4] und anderem kleinen Schmuck aus Zähnen oder Glasperlen auch noch „gubo-gubo"[5] gehängt. Aus Europa stammende Lappen (meine Geschenke aus der Garagassizeit) wurden ebenfalls zur Ausschmückung verwendet.

„Mun-Koromrom"

Die Tänzer, die sich unter den Klängen des Okams paarweise im Takt wiegten und gleichzeitig mit ihren „songen-ole" wippten, traten mit schwebendem Gang in Bongu ein; sie beschrieben einen Bogen und begannen im Kreis um den Platz zu gehen, manchmal paarweise, manchmal aber auch einer hinter dem andern in einer langen Kette.

Vor den Tanzenden, das Gesicht zu ihnen gewandt, ging einer der Einge-

[1] ein Kopfputz der Teilnehmer am Festtanz, bestehend aus einem fest auf den Kopf aufgesetzten Bambusreif, an dem ein in seinem unteren Teil gespaltener Bambusstock von etwa 5 Meter Länge mit einem Busch von Kasuarfedern an der Spitze befestigt wird
[2] ein kleines Band zum Zusammenhalten der Haare
[3] ein Brustschmuck aus den Hauern des Wildschweins
[4] ein kleiner geflochtener Sack für Tabak und alle möglichen Kleinigkeiten
[5] ein Brustschmuck aus Muscheln

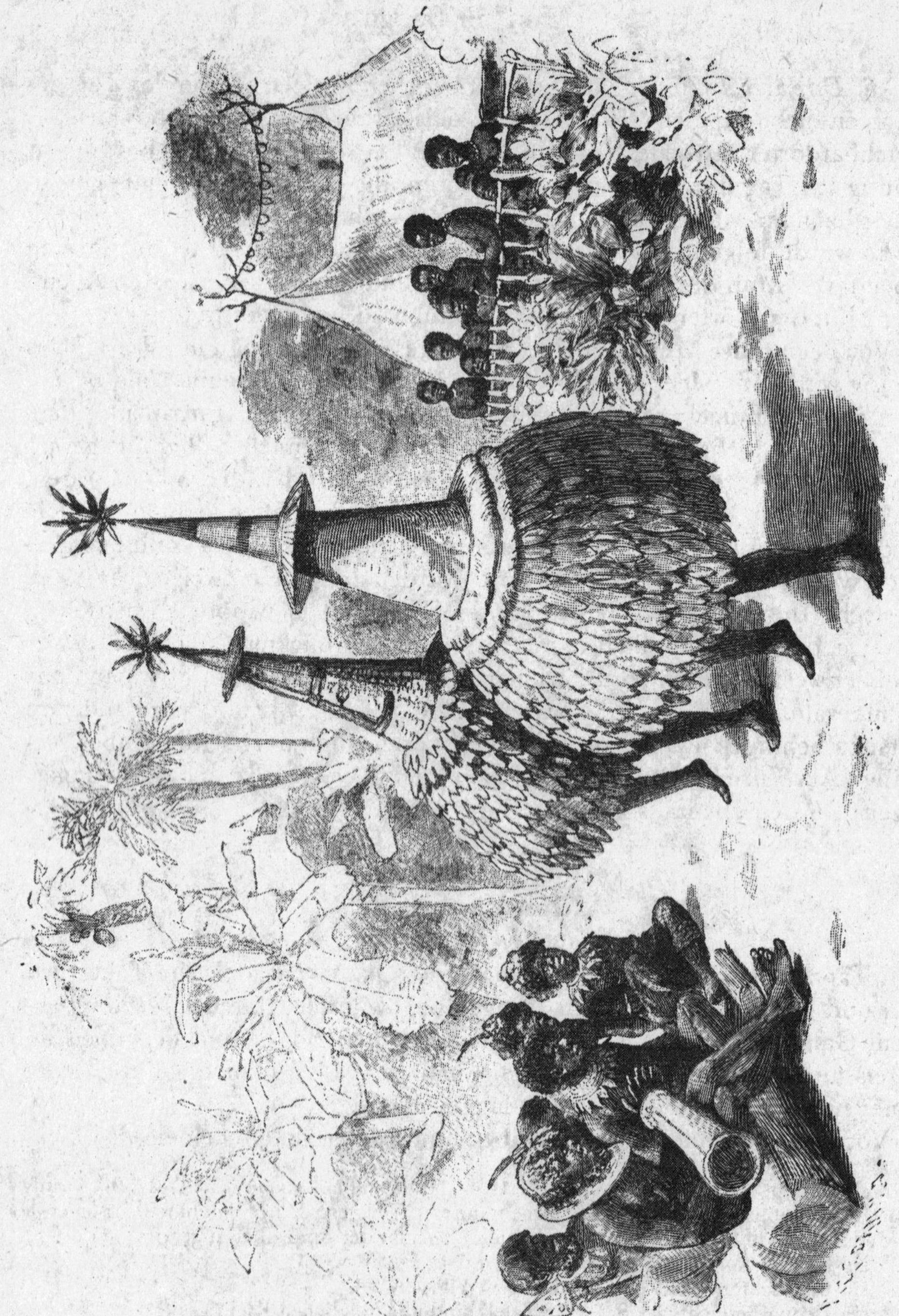

borenen Bongus, indem er sich allmählich rückwärts bewegte. Er war nicht so wie die andern Tänzer geschmückt; in seinen Haaren steckten nur einige rote Blüten. In der Hand aber hatte er einen Speer, der mit der Spitze nach innen gekehrt war. Ein Stück einer Kokosnußschale war über die Speerspitze gestülpt, um die Tanzenden, die sich ihm gegenüber befanden, nicht aus Versehen zu verletzen.

Duck-Duck-Tänzer

Der Tanz ist einförmig und der Gesang recht monoton. Der Tanz besteht aus schwebenden kleinen Schritten und einem geringen Beugen der Knie; der Tänzer neigt sich mit seinem ganzen Körper leicht nach vorn, und der Federbusch auf seinem Kopf neigt sich ebenfalls, als wenn er jemandem zunicke. Nach und nach gesellten sich der Gruppe der Tänzer auch Frauen hinzu, die neue Mals und viele Halsketten trugen; einige hatten sich mit grünem Laub, das hinter die Armbänder gesteckt war, geschmückt. Viele waren schwanger, einige hielten Säuglinge im Arm. Der Tanz der Frauen war noch einfacher als der der Männer und bestand nur im Wackeln mit dem Gesäß.

„Mun"

Von Bogadjim ging ich nach Bongu, als es schon hell war, so etwa gegen 5 Uhr. Die Beteiligung am Mun war hier bedeutend stärker, und die Gruppierung war eine andere als beim „Mun-Koromrom".

Die Haupttänzer mit den „songen-ole" und „gubo-gubo" waren von Frauen, die deren Bogen und Pfeile hielten und außerdem ihre großen Säcke auf dem Rücken trugen, umringt. Es gab auch viele bewaffnete Eingeborene, die sangen, und wenn sie keine Okams hatten, schlugen sie mit kleinen Stäbchen gegen die Pfeilbündel, die sie in den Händen trugen.

Die Bewegungen der bunten Menge waren gar nicht so langsam, und zwei Haupttänzer führten recht komplizierte Tanzschritte aus (zum Beispiel legten sie den Okam hinter den Hals und schlossen die Augen, wobei sie die Beine vorschnellten). Doch besonders interessant fand ich die mimischen Tänzer.

Die mimischen Tänze stellten die Jagd auf Schweine dar, das In-den-Schlaf-Wiegen eines Kindes durch den Vater und die Mutter (wobei einer der Männer einen Frauenrock anzog und einen Sack umnahm und so eine Frau darstellte, während der auf den Sack gelegte Okam das Kind vorstellen sollte). Diese Szene war der gefolgt, die darstellte, wie sich eine Frau vor dem sie verfolgenden Verehrer hinter dem Rücken eines andern versteckt. Doch noch vortrefflicher war die Karikatur, die einen Eingeborenenmedikus darstellte, der Arznei gebracht hat: Einer der Tänzer setzte sich auf die Erde, der andere, mit einem langen Zweig in den Händen, begann im Kreis zu tanzen und mit dem Zweig auf den Rücken und die Seiten des ersten zu schlagen; danach umkreiste er einige Male den Platz, murmelte etwas über dem Zweig, kehrte dann zum Kranken zurück und wiederholte die erste Prozedur. Der Tänzer stellte darauf dar, wie der ganz außer Atem und in Schweiß geratene Medikus den Zweig zur Seite trug und ihn auf der Erde zertrampelte.

Am Morgen führte der Mun um eine Kokospalme herum und machte halt; einer der Teilnehmer des Mun, ein Eingeborener aus Bogadjim, kletterte auf den Baum und schüttelte alle Nüsse auf die Erde herunter; sie dienten nun zur Bewirtung der Teilnehmer des Mun.

22. Dezember   In Bongu hatte sich heute eine kuriose Begebenheit zugetragen.

Wie ich schon damals erwähnte, pflegen sich in den Dörfern am Tage keine Menschen aufzuhalten: Die Männer sind auf der Jagd, beim Fischfang, im Wald, in andern Dörfern oder auf den Pflanzungen; die Frauen sind mit den Kindern ebenfalls auf den Pflanzungen. Sie pflegen erst kurz vor Sonnenuntergang zurückzukehren.

Da wir das wußten, wunderten wir uns, einige laute, hastige Barumschläge zu hören, die die Leute von den Pflanzungen in das Dorf zusammenriefen. Ich ging daraufhin los und kam dort als einer der ersten an.

Der auf mich zu eilende Bua erzählte mir folgendes (es waren dabei aus der Hütte Lakos Schreie einer Frau zu hören): Lako, der früher als gewöhnlich in das Dorf zurückgekehrt war, traf in seiner Hütte seine Frau in der Gesellschaft Kaleus, eines jungen, unverheirateten Mannes von zweiundzwanzig Jahren, an. Die Eingeborenen gehen im allgemeinen so leise, daß auch in diesem Fall die Schuldigen völlig überrascht wurden. Kaleu – ob er nun geschlagen wurde oder nicht, das kann ich nicht sagen – kroch aus der Hütte heraus, während Lako anfing, seine Frau zu verprügeln. Für eine Minute ließ er von ihr ab, um mit den Barumschlägen Freunde herbeizurufen.

Als ich ankam, stand Kaleu mit gesenkten Augen neben seiner Hütte, während Lako fortfuhr, in der seinen Gericht zu halten. Endlich sprang er, mit Bogen und Pfeilen bewaffnet, heraus; er musterte die Anwesenden, deren sich bereits eine beträchtliche Menge angesammelt hatte, und erblickte Kaleu. Dann hielt er inne und begann, für die Abrechnung einen Pfeil auszusuchen. Gleichzeitig reichte ein Eingeborener auch Kaleu einen Bogen und einige Pfeile.

Ich sah Lako und seine Erregung und konnte nicht glauben, daß er in der Lage sein würde, seinen Gegner zu treffen – und in der Tat, der Pfeil flog weit an Kaleu, der, ohne sich zu rühren, dastand, vorüber. Auch der nächste Pfeil verfehlte sein Ziel, da Kaleu zur rechten Zeit zur Seite gesprungen war, wonach er auf den dritten nicht mehr wartete, sondern sich schnell aus dem Staub machte.

Ob er auf Lako geschossen hat oder nicht, das habe ich nicht gesehen; ich hatte Lako beobachtet. Man sagte mir allerdings, daß Kaleu einmal geschossen, aber nicht getroffen habe.

Nach dem Abgang Kaleus wandte sich die Wut Lakos der Hütte des Gegners zu: Er begann, am Dach zu zerren und die Wände niederzureißen; doch hier hielten es die Eingeborenen für angebracht, sich einzumischen, und sie bemühten sich, Lako etwas abseitszuführen.

Am folgenden Tag traf ich die Gegner am Meeresstrand an; sie saßen dort freundschaftlich beieinander und rauchten gemeinsam eine Zigarre. Als sie mich erblickten, brachen beide in schallendes Gelächter aus.

„Hast du es gestern gesehen?" fragte mich Lako.

„Jawohl, ich habe es gesehen", antwortete ich. „Was ist nun aber heute? Ist Kaleu ein guter oder ein schlechter Mensch?"

„Oh, ein guter, ein guter", erklärte Lako.

Seinerseits sprach Kaleu von seinem Nebenbuhler dasselbe.

Auf dem Pfad nach Bongu begegnete mir Undel, den ich auf Lako und

Kaleu, die nebeneinandersaßen, aufmerksam machte. Undel sagte mir, daß Lako seine Frau fortgejagt habe und daß sie jetzt in der Hütte Kaleus lebe.

Allein solche Fälle ereigneten sich nicht oft; das ist erst der dritte, der mir bekannt wurde.

Januar

Meine Beobachtungen auf dem Gebiet der Anthropologie schreiten fort. Ich untersuchte die Haare der Neugeborenen: Sie sind nicht kraus. Bis jetzt habe ich einhundertundzwei Köpfe von Männern, einunddreißig von Frauen und vierzehn von Kindern gemessen. Ich untersuchte ebenfalls die Füße, die Hände und die Nägel der Eingeborenen.

Die Aufregung der Bongu-Leute wegen des „bulu-ribut" an meiner Hütte

Einmal konnte ich nicht einschlafen und dachte, daß es gut wäre, Musik zu hören, die einem ja immer über allerhand lästige Grübeleien hinweghilft. Ich erinnerte mich daran, wie ich auf meinen Reisen durch die Malaccahalbinsel in den Dörfern und sogar im Wald schon häufig unter den Tönen der eigenartigen, schwermütigen Musik des malaiischen „bulu-ribut" eingeschlafen bin.

In der Hoffnung, daß Sale verstehen würde, diese „bulu-ribut" zu bauen, schlief ich – mit meiner Idee sehr zufrieden – ein. Als ich am folgenden Tag erfahren hatte, daß Sale es tatsächlich verstand, beauftragte ich ihn damit, einige Exemplare von verschiedener Größe anzufertigen.

Ich werde mit wenigen Worten erklären, was „bulu-ribut" sind – wenigstens jene Form, die bei den Malaien Johores und Javas gebräuchlich ist. Sie bestehen aus Bambusstämmen verschiedener Länge (bis zu 60 Fuß und mehr); die inneren Scheidewände sind entfernt, und an verschiedenen Stellen sowie in verschiedenen Entfernungen voneinander sind breite und schmale Längsschlitze angebracht. Solche Bambusstäbe werden an Bäumen neben den Hütten im Dorf, manchmal aber auch im Wald befestigt. Der in die Spalten dringende Wind bringt sehr originelle Töne hervor. Da die Öffnungen an verschiedenen Seiten des Bambus angebracht sind, setzt jeder Wind, woher er auch kommen mag, diese eigenartigen Äolsharfen in Tätigkeit. Der Charakter der Töne hängt davon ab, ob das „bulu-ribut" sich in der Mitte oder in dem Wipfel des Baums befindet, ferner davon, wie lang und wie stark die Wandungen des Bambus sind und welchen Grad von Trockenheit er erreicht hat.

Nach drei Tagen zeigte mir Sale fünf Exemplare der von ihm angefertigten „bulu-ribut"; zwei von ihnen hatten eine Höhe von mehr als 40 Fuß. Mit Hilfe meiner Leute verteilte ich sie in den Wipfeln der neben der Hütte stehenden Bäume und befestigte eins davon direkt auf der Veranda meines Hauses. Da man es nach den Erklärungen Sales so einrichten mußte, daß sich die „bulu-ribut" lotrecht hielten, kostete es uns nicht wenig Mühe, sie an den Bäumen dementsprechend zu befestigen, um so mehr, als man sie an vielen Stellen anbinden mußte, da sie sonst vom Wind umgeweht werden könnten.

Mit Ungeduld wartete ich auf den Abend, um mich davon zu überzeugen, ob Sale die „bulu-ribut" geglückt sind (am Tag ist der Wind zu stark, so daß das Rauschen der Blätter des Waldes und das Brausen der Brandung auf dem Riff um die kleine Landzunge die Töne der „malaiischen Harfe" überdecken).

Verschiedene Beschäftigungen im Laufe des Tages hatten mich von dem Gedanken an die Bambusharfen völlig abgelenkt, und erst als ich mich bereits hingelegt hatte und einzuschlafen begann, vernahm ich irgendwelche gedehnte, melancholische Töne und wurde danach über ein schrilles Pfeifen, das sich direkt über dem Haus vernehmen ließ, stutzig; dieses Pfeifen wiederholte sich mehrmals. Einige andere schwer zu bestimmende Töne – halb war es ein Heulen, halb ein Weinen – erschollen in der Nähe des Hauses. Ich hörte die Stimmen von Sale und Mebli, die sich über „bulu-ribut" unterhielten, und erinnerte mich an unsere Morgenbeschäftigung.

Während der Nacht weckte mich das schrille Pfeifen auf der Veranda zweimal; ebenso deutlich ließen sich die Töne auch der andern Bambusstäbe vernehmen. Die ganze Umgebung schien von den Tönen der „bulu-ribut", die einander wie mehrstimmige Wachen auf ihren Posten zuriefen, belebt zu sein.

Am folgenden Tag erschien bei mir keiner der Eingeborenen. Als auch der darauffolgende Tag ohne Besuch verging, begann ich mich darüber zu wundern, und ich glaubte, daß sich in Bongu etwas Besonderes ereignet hätte. Es war ganz gegen ihre Gewohnheit; es verging selten ein Tag, an dem nicht jemand von den Einwohnern der umliegenden Dörfer mich kurz aufsuchte, um sich etwas zu setzen und mit mir oder meinen Dienern zu plaudern. Ich begab mich ins Dorf, um zu erfahren, was los war.

Ich marschierte vor Sonnenuntergang los, zu der Zeit also, da die Eingeborenen gewöhnlich von der Arbeit zurückkehren. Ich traf alle, wie immer mit der Zubereitung des Abendbrots beschäftigt, an und ging auf eine Gruppe Eingeborener zu, die sich beeilten, für mich einen Platz auf der Barla frei zu machen.

„Warum seid ihr gestern und heute nicht in den ‚tal Maclay' gekommen?"

Die Eingeborenen schlugen die Augen nieder und sagten: „Wir hatten Angst."

„Wovor?" fragte ich erstaunt.

„Nun, vor den ‚tamo russ'."

„Vor welchen ‚tamo russ'? Wo?" fragte ich befremdet weiter. „Wo habt ihr sie gesehen?"

„Wir haben sie gar nicht gesehen, sondern nur gehört."

„Wo denn?" fragte ich verständnislos.

„Nun, neben ‚tal Maclay'. Wir haben sie gestern und heute nacht gehört. Es gibt dort viele, sie sprechen so laut."

Nun wurde es mir klar, daß die „bulu-ribut" die Ursache dieses Mißverständnisses waren, und ich lächelte unwillkürlich. Die Eingeborenen, die aufmerksam auf meinen Gesichtsausdruck achteten, dachten wahrscheinlich, daß ich ihrer Ansicht sei, und überschütteten mich mit Fragen:

„Wann sind die ‚tamo russ' gekommen? Worauf? Eine Korvette ist doch nicht da! Werden sie lange bleiben? Kann man denn kommen und sie sich anschauen?"

All das erschien mir in einem so hohen Grad komisch, daß ich laut auflachte.

„Es gibt gar keine ‚tamo russ' im ‚tal Maclay'. Kommt und seht selber nach", sagte ich und trat den Heimweg in Begleitung vieler Einwohner des Dorfes an, die sich aufmachten, die ‚tamo russ' zu suchen, und sehr verlegen wurden, als sie keine fanden.

Die Eingeborenen waren dennoch nicht ganz davon überzeugt, ob nicht die ‚tamo russ' doch auf irgendeine Weise erscheinen könnten – zum mindesten in den Nächten zur Beratung mit Maclay –, und hatten nach Sonnenuntergang nun erst recht Angst, zu mir zu kommen.

Die „bulu-ribut" haben mich in der ersten Zeit mit ihren durchdringenden Tönen geweckt, doch später, als ich mich an sie gewöhnt hatte, wachte ich wohl auf, schlief aber immer sofort wieder ein. Und im Einschlafen wiegte mich ihre weiche, schwermütige, vom Rauschen der Baumkronen und dem Plätschern der Brandung begleitete Musik.

März
Mukaus Hochzeit

Einige Knaben aus Gorendu kamen gelaufen, um mir zu sagen, daß man die Braut bereits aus Gumbu hergeleitet. Ich folgte ihnen zum „uleo" – dem Sandufer neben dem Bach – und traf dort einige sitzende „tamo" aus Gumbu und einige Eingeborene aus Bongu an, die zusammen mit der Braut gekommen waren. Sie saßen und rauchten, während sich zwei junge Männer von siebzehn bis achtzehn Jahren mit der Toilette der Braut beschäftigten.

Ich trat an sie heran. Sie hieß Lo. Sie war ein recht schlankes und gesundes, doch nicht besonders hübsches, schieläugiges, junges Mädchen von etwa sechzehn Jahren. Um sie herum hantierten drei Mädchen von acht bis zwölf Jahren, die die Braut bis zur Hütte ihres künftigen Mannes begleiten sollten. Doch mit der eigentlichen Toilette der Braut beschäftigten sich, wie ich bereits erwähnte, junge Männer. Sie rieben sie ganz mit roter Farbe ein, bei den Haaren des Kopfes beginnend, bis hinunter zu den Zehen. In der Zeit, in der die Braut mit Ocker eingerieben wurde, traten die Eingeborenen, die abseits gesessen hatten, an sie heran, um sie von allen Seiten mit einer gekauten, vorher zubereiteten Masse zu bespucken: Diesen Vorgang nannten sie „onim atar".

Quer über das Gesicht der Braut wurden drei gerade Linien mit weißer Farbe (Kalk) gezogen und ebenfalls eine Linie längs des Nasenrückens; um den Hals wurden ihr viele Halsketten aus Hundezähnen gehängt, und hinter die Armbänder wurden dünne, biegsame Rippen eines Palmblatts gesteckt, an deren Ende man je ein gezeichnetes kleines Blatt befestigte.

Die Braut fügte sich allen diesen Manipulationen mit größter Geduld, indem sie jeweils einen Teil des Körpers darbot, den man mit Farbe einrieb. Über den kleinen Mädchengürtel, der vorn sehr kurz war, zog man ihr einen neuen „mal" an, der gelb-rot gestreift war und bis an die Knie reichte, an den Seiten jedoch die Beine und die Hüfte völlig frei ließ. Mit den Resten des „sugu" – der roten Farbe – rieb man die Mädchen ein, die die Braut begleiteten.

Lo legte beide Hände auf die Schultern eines Mädchens, die andern legten ihrerseits die Hände einander auf die Schultern, und alle begaben sich ins Dorf. Alle vier hatten den Kopf gesenkt; sie blickten nicht nach den Seiten, sondern auf die Erde und bewegten sich sehr langsam. Auf den Kopf hatte man ihnen einen großen Frauen-„gun" (geflochtene Tasche) gelegt. Die Mädchen wurden im Gänsemarsch von den zusammen mit ihnen gekommenen Eingeborenen Gumbus begleitet. In der Prozession gab es außer den vier keine andern Mädchen oder Frauen. Um alles zu sehen, folgte ich, indem ich mich unter die Schar der Eingeborenen Gumbus mischte, als einer der ersten hinter der Braut.

Als wir im Dorf ankamen, fanden wir alle Einwohner, Männer und Frauen, an den Eingängen der Hütten. Nachdem die jungen Mädchen den Platz Konilu – jenen Teil von Bongu, wo sich die Hütte des Bräutigams befand – endlich erreicht hatten, machten sie halt, wobei sie in derselben Reihenfolge standen, wie sie gegangen waren. Ebenda bereiteten die Frauen Bongus „ingi" (Speise) zu, und die Männer lagerten sich in Gruppen.

Es vergingen einige Minuten allgemeinen Schweigens, das durch eine kurze Ansprache Motes unterbrochen wurde, der an die Mädchen herantrat und auf den Sack, der ihre Köpfe bedeckte, einen neuen Mal legte. An seine

Stelle trat Pamui, der aus der gegenüberliegenden Hütte herausgekommen war; er hielt eine kurze Ansprache, näherte sich im Laufschritt den jungen Mädchen und legte auf Los Kopf einen neuen Tabir. Eine der Frauen Gumbus nahm von dem Kopf der Braut den Tabir, den Mal und den Gun herunter und legte sie neben sie. Weiterhin kamen die Einwohner Bongus, die verschiedene Sachen brachten: Tabire, eine große Zahl Mals für Männer und Frauen, Guns für Männer und Frauen und so weiter. Zwei Eingeborene brachten je einen neuen Speer, einen sogenannten „gadganangor". Hierbei hielten die einen der Eingeborenen kurze Reden, die andern legten ihre Gaben schweigend neben der Braut nieder und gingen schweigend zur Seite. Die Frauen Gumbus nahmen nacheinander die Geschenke von dem Kopf der Braut und legten sie neben sie.

Nachdem der Braut der letzte Tabir dargebracht worden war, traten ihre Freundinnen beiseite und begannen sich mit dem Ordnen der Gaben zu beschäftigen, indem sie die Tabire zu den Tabiren legten, die Mals zu den Mals und so weiter, und gesellten sich darauf der Gruppe der Frauen Gumbus hinzu. Wieder trat allgemeines Schweigen ein. Guna, ein alter Eingeborener („tamo boro"), trat, sich auf den Speer stützend, an Lo heran und wickelte sich eine Strähne ihrer Haare um einen Finger; die Braut ließ sich zu seinen Füßen hinabsinken, indessen er eine lange Rede hielt. Von Zeit zu Zeit zog er sie stark an den Haaren, um das Gesagte gewissermaßen zu unterstreichen und die besondere Aufmerksamkeit des jungen Mädchens auf seine Worte zu lenken. Es war klar, daß er von ihren neuen Pflichten als Ehefrau sprach.

An die Stelle Gunas trat ein anderer Greis, der sich ebenfalls, bevor er zu sprechen begann, eine Strähne von Los Haaren um einen Finger wickelte und sie bei einigen Belehrungen derart heftig zupfte, daß das junge Mädchen in die Höhe fuhr, sich wieder zusammenkauerte und leise aufschluchzte. Alles ging wie nach einem auswendig gelernten Programm: Man konnte sehen, daß sich der Brauch fest eingebürgert hatte und daß jeder seine Rolle genau kannte.

Während der ganzen Zeremonie bewahrten die Anwesenden tiefes Schweigen, so daß man die Reden, die nicht sehr laut gehalten wurden, gut hören konnte. Im Grunde genommen blieben die Braut und der Bräutigam ganz im Hintergrund; der Greis Guna, einer der Hauptdarsteller, hatte sogar den Namen des Bräutigams vergessen und wandte sich an die Anwesenden, um ihn in Erfahrung zu bringen (was allerdings nicht ohne Lachen aufgenommen wurde). Der Vater und die Mutter der Braut nahmen an den Vorgängen ebenfalls keinen besonderen Anteil.

Nachdem zwei oder drei alte Männer die Instruktionen rezitiert hatten, wobei sie ihre Belehrungen durch Ziehen an den Haaren der armen Lo, was sie immer lauter und lauter aufschluchzen ließ, bekräftigten, war die Zeremonie beendet. Die mit der Braut gekommenen Eingeborenen begannen sich für den Heimweg zu rüsten.

Die Frauen Gumbus nahmen alle Gaben, die neben Lo aufgestellt waren, verteilten sie auf ihre Säcke und begannen von der Neuvermählten Abschied zu nehmen. Sie drückten ihr den Arm über dem Ellbogen und streichelten ihren Rücken und die Arme. Die Braut, die immer noch schluchzte, blieb, um das Kommen ihres Mannes abzuwarten.

Ich hatte erfahren, daß alle Sachen, die dem Kauf Los gedient haben, von sämtlichen Eingeborenen und nicht nur von den Verwandten Mukaus allein gegeben wurden; sie werden jedoch auch nicht ausschließlich in den Besitz der Familie der Braut übergehen, sondern unter alle Einwohner Gumbus verteilt werden. Wahrscheinlich ist es aber, daß bei dieser Verteilung die verwandtschaftlichen Beziehungen zu der Familie der Braut eine gewisse Rolle spielen werden, da die Tabire nicht für alle reichen.

Als ich eine halbe Stunde später nach Bongu kam, befand sich Mukau bereits in der Gruppe der Männer, die auf den Schmaus warteten („ingi ujar"). Außer „tamo Bongu" waren ebenfalls Gorendu-Leute da.

Mukau ist ein Junge von vierzehn oder fünfzehn Jahren, Lo ist ein oder zwei Jahre älter als er.

Am folgenden Tag sah ich eine ganze Schar junger Leute aus Bongu, die zusammen mit Mukau zum Meer gingen. Sie sprachen laut und lachten. Dieses Baden hatte anscheinend eine unmittelbare Beziehung zu der Hochzeit; ob auch die jungen Mädchen Lo begleitet hatten, ob sie von ihnen gewaschen wurde – das weiß ich nicht. In jedem Fall war dieses Baden Mukaus der letzte Akt seiner Hochzeit.

Später, im Juni, habe ich eine andere Art von Hochzeit gesehen, und zwar – den Raub des jungen Mädchens mit Gewalt. Doch die Gewaltanwendung wurde eigentlich nur vorgetäuscht, nach Vereinbarung und vorher gegebenem Einverständnis.

Dies hatte sich in folgender Weise zugetragen:

Gegen 2 oder 3 Uhr nachmittags ließ sich in Bongu der Barum, der zu den Waffen rief, vernehmen. In das Dorf kam ein Knabe mit der Nachricht gelaufen, daß einige bewaffnete Leute aus Koliku-Mana unvermutet auf der Pflanzung, wo zwei oder drei Frauen aus Bongu arbeiteten, erschienen wären und eins der jungen Mädchen entführt hätten. Einige junge Leute aus Bongu machten sich an die Verfolgung der Entführer. Es fand ein Geplänkel statt, doch nur zum Schein (da ja alles im voraus vereinbart war), wonach sich alle nach Koliku-Mana begaben, wo ein gemeinsamer Schmaus vorbereitet war. Unter den Leuten, die an der Verfolgung teilnahmen, befanden sich der Vater und der Onkel des entführten Mädchens. Alle kehrten mit

Geschenken aus Koliku-Mana zurück; alle waren zufrieden. Das geraubte Mädchen wurde die Frau eines der Entführer.

Mai
Krankheit und Tod von Motes Frau

29. Mai Am Morgen sagte man mir, daß Motes Frau sehr krank sei, und man bat mich, ins Dorf zu kommen. Um 1 Uhr nachmittags erschien einer der Eingeborenen mit der Nachricht, daß die Frau im Sterben liege und daß ihr Mann mich bitte, ihr Arznei zu geben. Ich brach auf, und als ich ein klägliches Schluchzen der Frauen hörte, die vor der Hütte wehklagten, glaubte ich, daß die Kranke schon gestorben wäre.

Neben der Hütte saßen die Frauen von Bongu und Gorendu. Sie stillten ihre Kinder und wehklagten. Man zeigte mir die Hütte der Sterbenden. Ich trat hinein. In der Hütte war es sehr dunkel, so daß ich, aus dem Tageslicht kommend, zunächst nichts erkennen konnte. Einige Frauen stürzten mit der Bitte um Arznei auf mich zu.

Als sich meine Augen an die Dunkelheit gewöhnt hatten, konnte ich erkennen, daß die Sterbende auf der bloßen Erde lag und sich inmitten der Hütte hin und her wälzte. Neben ihr machten sich Frauen zu schaffen und hielten der Kranken den Kopf, den Rücken, die Arme und die Beine. Außerdem befanden sich in der Hütte noch viele andere Frauen und Kinder. Die Sterbende hielt die Zähne fest zusammengepreßt und zuckte nur von Zeit zu Zeit zusammen, wobei sie aufzustehen versuchte. In der Hütte und draußen redeten alle vom Tod. Die Kranke selbst rief manchmal aus: „Ich werde sterben, ich sterbe!"

Ich war kaum zu Hause angelangt, als Mote nach der versprochenen Arznei kam. Ich wiederholte, daß ich sie selbst bringen würde. Ich wog eine kleine Dosis Morphium ab und ging nach Bongu zurück. Man empfing mich so, als trüge ich wirklich das wahre Heilmittel von allen Leiden bei mir.

In der Hütte erwartete mich das gleiche Bild. Die Kranke wollte die Arznei nicht nehmen, obwohl ihr alle gut zuredeten und sich einer der Eingeborenen sogar bemühte, ihr die Zähne mit einem Dongan auseinanderzuzwingen, um ihr die Arznei in den Mund hineinzugießen. Von Zeit zu Zeit wiederholte die Kranke: „Ich sterbe, ich sterbe!"

30. Mai Die Sonne war eben aufgegangen, als einige kurze Barumschläge, die in den verschiedenen Teilen des Dorfes wiederholt wurden, verkündeten, daß Motes Frau verschieden war.

Ich eilte nach Bongu. Das Wehklagen der Frauen war schon von weitem zu hören. Alle Männer im Dorf waren bewaffnet. Neben der Hütte Motes sah ich ihn selbst: Bald ging er auf und ab und hockte bei jedem Schritt nieder, bald lief er, als wenn er jemanden einholen oder überfallen wollte; in den Händen hielt er eine Axt, mit der er – doch nur zum Schein – auf die Dächer der Hütten, auf die Kokospalmen und so weiter einhieb.

Ich bahnte mir einen Weg in die von Frauen überfüllte Hütte, wo die Verschiedene lag. Dort war es dunkel, und ich konnte nur erkennen, daß die Tote auf der Pritsche lag, um die sich wehklagende und aufheulende Frauen drängten.

Nach etwa zwei Stunden errichteten Mako und die andern Verwandten der Verstorbenen in dem vorderen Teil der Hütte etwas in der Art eines hohen Stuhls aus Rudern und Stöcken. Ein Eingeborener trug in den Armen die Verstorbene, die in den letzten Tagen sehr abgemagert war; ein anderer nahm sie entgegen und setzte sie auf den vorbereiteten Stuhl. Die Beine der Verstorbenen waren in den Knien gebeugt und zusammengebunden. Sie wurde in mehrere Frauen-Mals eingewickelt; neben dem Kopf aber und an den Seiten wurden Zweige des Coleus eingesteckt.

Indessen strömten die aus Gorendu und Gumbu herbeigekommenen Eingeborenen, alle bewaffnet, mit kriegerischen Rufen und Gesten auf den Platz vor der Hütte. Dabei wurden Reden gehalten, aber derart schnell, daß es mir unmöglich war, das Gesagte zu verstehen.

Mote setzte seine Pantomime des Kummers und der Verzweiflung fort; jetzt war er nur anders angezogen, das heißt, er trug einen neuen Mal und auf dem Kopf einen neuartigen „katasan" (einen Kamm mit einem Fächer aus Federn, den nur die Familienväter tragen); ein großer Gun baumelte unter dem Arm, und über der Schulter trug er genau wie am Morgen eine Axt. Er schritt auf und ab, wie vorher immer niederhockend; das war ein Tanz, den er im Takt zu seiner weinerlichen Rede und zu dem Aufheulen der Frauen vollführte.

Es war klar, daß das alles nur Theater war, das vorzuspielen die Anwesenden für erforderlich hielten. Als Mote inmitten seiner Monologe in Eifer geraten war, begann er wie rasend mit der Axt auf eine Kokospalme einzuhauen; eine der Frauen – anscheinend seine Schwester – unterbrach plötzlich ihr verzweifeltes Schluchzen, trat an Mote heran und erklärte ihm in dem allersachlichsten Ton, daß er den Baum nicht beschädigen solle; nun ging er, nachdem er noch ein- oder zweimal auf den Baum, jedoch schon weniger stark, einhieb, fort und begann seinen Gram auszulassen, indem er einen alten, zu nichts mehr taugenden Zaun niederbrach. Doch als es zu regnen begann, suchte sich Mote unter einem Baum sofort einen Platz aus, wo der Regen seinen neuen Mal und die Federn auf seinem Kopf nicht verderben konnte.

Es kamen die Freunde Motes aus Gumbu. Um ihr Mitgefühl zum Ausdruck zu bringen, hatten sie Geschenke (Tabire) mitgebracht, die sie vor den Eingang der Hütte der Verstorbenen stellten. Die Tabire wurden von den Mitgliedern der Familie sofort in Besitz genommen.

Den ganzen Tag dauerte das Geheul Motes an; sogar abends – in der Dämmerung – ging er noch auf und ab und sang ein Lied, das mit den Worten begann: „Alamo-amo." Soweit ich verstehen konnte, sprach er ungefähr folgendes: „Die Sonne ist schon untergegangen, und sie ist immer noch nicht da; es wird schon dunkel, aber sie kommt nicht; ich rufe sie, doch sie kehrt nicht zurück" und so weiter.

Die Verstorbene brachte man wiederum in die Hütte, und aufs neue umringten die Frauen die Pritsche, auf der die Tote lag, wobei sie nacheinander Klagerufe ausstießen, das Feuer schürten und miteinander plauderten.

Als ich nachts nach Bongu kam, fand ich die gleiche Szene vor: Die Frauen hielten im Innern der Hütte und an ihrem Eingang Wache – die Männer auf dem Platz beim Lagerfeuer. Einige Male hörte ich nachts den Barum, auf dessen Töne ein anderer antwortete – irgendwo weit in den Bergen (wie ich später erfuhr, war es der Barum des Dorfes Buram-Mana).

31. Mai Als ich morgens nach Bongu kam, fand ich eine sehr veränderte Stimmung vor. Die Menschen plauderten lebhaft miteinander, wobei sie die Zubereitung des „ingi" überwachten. Nach der Zahl der Töpfe, die an einem langgestreckten Lagerfeuer in Reihen standen, und nach den Haufen der Schalen des Taro und des Yams zu urteilen, mit denen sich einige Schweine gierig grunzend abmühten, mußte es ein üppiges Mahl geben.

Alles war nachts vorbereitet worden. Man sagte mir, daß die Leute von Buram-Mana, woher die Verstorbene gebürtig ist und wo ihre nahen Verwandten lebten, kommen müßten, um „gambor gosar" (den Korb zusammenzubinden), und das man jetzt auf sie warte.

Ich ging in die Hütte und sah, daß die Leiche von den Frauen bereits in einen Korb aus „gub"[1] gepackt war; der Kopf war aber noch zu sehen. Als ich an den Gambor herantrat, bemerkte ich, daß aller Schmuck und die Halsketten, die man gestern der Verstorbenen umgehängt hatte, jetzt abgenommen waren; nicht einmal den neuen Mal hatte man ihr gelassen, und außer einigen Zweigen wurde in den Gambor nichts hineingelegt.

Ich vernahm schreckliche Schreie und ging aus der Hütte hinaus. Das waren Einwohner aus dem Bergdorf Buram-Mana, die mit viel Lärm und kriegerischen Gesten von allen Seiten auf dem Platz zusammenliefen – wie gestern die Leute Gorendus, jedoch mit noch größerem Eifer. Gleich nach ihnen erschienen die Frauen Buram-Manas. Sie begaben sich direkt in die

---

[1] Palmblätter

Hütte der Verstorbenen, wobei sie unausgesetzt heulten. Da die Buram-Mana-Leute noch heute heimkehren mußten, beeilten sich die Eingeborenen Bongus, das Essen unter sie aufzuteilen, das man nicht hier verzehren durfte, sondern mitnehmen mußte. Es wurden in jeden Tabir Bananenblätter und darauf gekochtes Gemüse und Stücke von Schweinefleisch gelegt, so daß man sie bequem zu großen Bündeln zusammenschnüren konnte; danach wurden jedem Bündel, deren Zahl der Zahl der gekommenen Männer entsprach (fast alle sind Verwandte der Verstorbenen), verschiedene Dinge beigelegt: Tabire, Guns, Mals und dergleichen mehr.

Indessen hatten zwei Eingeborene aus Buram-Mana den Gambor mit der Verstorbenen aus der Hütte getragen; das Gedränge und das Geheul der Frauen verstärkten sich. Die Männer begannen den Korb mit der Verstorbenen zuzubinden. Er war an einen Bambusstab geknüpft, dessen Enden zwei Männer auf den Schultern hielten, während zwei andere mit Rotang[1] den Korb verschnürten, der dadurch zusammengepreßt und sehr verkleinert wurde.

Die Frauen begannen, ohne dabei ihr Geheul zu unterbrechen, sich zu drehen und im Kreis zu tanzen. Von Zeit zu Zeit hielten sie inne, wobei sie fortfuhren, mit dem Mittelteil des Körpers ihre üblichen Bewegungen auszuführen; einige kratzten und rieben mit den Händen den Gambor, als wenn sie ihn liebkosten, und wehklagten dabei vielstimmig und laut. Diese Gruppen veränderten sich beständig, bis schließlich der Gambor in die Hütte zurückgetragen und in einer Ecke an den Querbalken aufgehängt wurde. Indessen beeilten sich die Buram-Mana-Leute, die die Frauen mit ihrem Anteil am Schmaus und am Erbe beladen hatten, den Heimweg anzutreten, und gingen mit bedeutend geringerem Lärm davon, als sie gekommen waren.

Juni

2. Juni   Am Morgen hatte ich alle Eingeborenen, jung und alt, mit geschwärzten Gesichtern angetroffen. Bei einigen war außer dem Gesicht auch die Brust mit schwarzer Farbe eingerieben; bei andern außer der Brust die Arme und der Rücken, während bei Mote, dem Mann der Verstorbenen, der ganze Körper mit schwarzer Farbe – „kumu" – bedeckt war.

Man sagte mir, daß das bereits gestern abend gemacht wurde und daß heute alle Eingeborenen Bongus und Gumbus in ihren Dörfern bleiben und keiner zur Arbeit geht. Die Männer waren mit dem Trinken von Keu und

---

[1] der biegsame Stengel einer Kletterpalme; die Papuas verwenden ihn als Strick

dem Essen aus den Tabiren beschäftigt; die Frauen machten sich neben den Hütten zu schaffen. Alle waren mit Kumu beschmutzt und bar jeden Schmuckes; sie sahen wie Schornsteinfeger aus.

Als ich bemerkt hatte, daß alle ausnahmslos mit schwarzer Farbe beschmiert waren, trat ich an Mote heran und bat um Kumu, das mir auch sofort gereicht wurde. Zur größten Freude der um mich stehenden Eingeborenen nahm ich mit dem kleinen Finger etwas Kumu und machte mir auf der

Papua-Häuptling

Stirn einen kleinen schwarzen Fleck. Mote begann mir den Arm zu drücken und sagte dazu „eh aba! eh aba!"[1]; von allen Seiten ließen sich beifällige Ausrufe vernehmen.

Ich betrat die Hütte Motes und sah gerade in jener Ecke, wo der Gambor aufgehängt war, einen großen, etwa 2 Meter hohen Zylinder aus Kokosblättern. Ich schob die Blätter ein wenig auseinander und konnte mich davon überzeugen, daß der Gambor genau wie gestern am Querbalken hing, aber nun war dieser Zylinder um ihn herumgelegt worden.

In der Hütte brannten zwei Feuer, was wegen des sehr starken Geruchs der sich zersetzenden Leiche erforderlich schien.

Exkursion nach Gorima

Ich saß beim Abendbrot auf der Barla neben der Hütte Kody-Boros in Bogadjim und lauschte der Unterhaltung, die mein Gastgeber, der auf der

[1] Bruder, Freund

Schwelle der Hütte saß, mit seinem soeben aus einem andern Dorf zurückgekehrten Sohn Ur führte. Sie sprachen nicht laut und kauten dabei Betel, so daß ich von ihrem Gespräch fast nichts verstehen konnte, obwohl ich heraushörte, daß sie meinen Namen einige Male erwähnten.

Als ich mein Abendbrot beendet hatte, von der Barla heruntergeklettert war und einen Rundgang durch das Dorf machen wollte, wurde ich von Kody-Boro, der mich am Ärmel packte, zurückgehalten.

„Maclay, geh nicht nach Gorima."

„Ich gehe nicht nach Gorima; ich werde morgen nach ‚tal Maclay' zurückkehren."

„Das ist gut", sagte Kody.

„Warum soll ich aber nicht nach Gorima gehen?" fragte ich.

„Die Gorima-Leute sind nicht gut", erklärte Kody.

Zunächst gab ich mich mit dieser Antwort zufrieden, da ich noch vor Eintritt der Dunkelheit etliche Peilungen vornehmen wollte, um die Lage einiger Gipfel des Gebirgszugs Mana-Boro-Boro, der an diesem Abend gut zu sehen war, festzustellen.

Als es dunkel wurde, ging ich von Lagerfeuer zu Lagerfeuer, plauderte mit verschiedenen Bekannten und kehrte zur Buamramra, wo ich die Nacht verbringen sollte, zurück. Kody-Boro machte sich am Feuer zu schaffen. Ich breitete eine Decke über die Barla, suchte mir einen Bambus aus, auf den ich alles legte, was ich nicht anbehalten wollte, und bereitete mich auf die Nacht vor, das heißt, ich zog die Schuhe, die Gamaschen und so weiter aus. Danach rief ich Kody-Boro und fragte ihn:

„Weshalb sind die Gorima-Leute ‚borle' (nicht gut)?"

Kody wurde verlegen. Ich steckte ihm einige Stücke Tabak zu.

„Sprich, Kody, sonst werde ich nach Hause zurückkehren, meine Schaluppe nehmen und direkt nach Gorima fahren."

„O Maclay, fahr nicht nach Gorima! Die Gorima-Leute sind schlecht."

„Sag doch, weshalb? Was hat dir Ur heute gesagt?"

Als Kody sah, daß ich ihn nicht in Ruhe ließ, entschloß er sich, das Gehörte zu erzählen.

Ur, der aus dem Dorf, wo er die Eltern seiner Frau besucht hatte, zurückgekehrt war, hatte ihm erzählt, daß er dort zwei Eingeborene aus Gorima getroffen habe; sie sprachen von mir, sagten, daß ich im Haus viele Sachen habe, daß, würden mich die Bongu-Leute erschlagen, sie alles nehmen könnten, daß zwei der Bewohner Gorimas eigens nach „tal Maclay" kommen wollten, um mich zu erschlagen und so viel mitzunehmen, wie sie imstande sein würden fortzutragen. Deshalb also nennt Kody die Gorima-Leute „borle" und bittet Maclay, nicht zu ihrem Dorf zu fahren.

„Wie heißen diese beiden Gorima-Leute, die Maclay erschlagen wollen?"

„Der eine heißt Abui, der andere Malu", erwiderte Kody.

Ich gab ihm noch ein Stück Tabak und sagte, daß ich nun schlafen wollte. Während Kody sprach, war in mir ein Plan zu weiteren Handlungen gereift. Ich war erstaunt, daß es nach einer so langen Bekanntschaft mit mir (gewiß, die Gorima-Leute waren während meines ersten Aufenthalts nur einmal bei mir, so daß sie mich natürlich sehr wenig kannten) noch Leute gab, die mich zu erschlagen drohten. Dazu hätten sie bereits genügend Zeit und Gelegenheit gehabt. Im Grunde genommen glaubte ich nicht, daß sie es ernst meinten. Ich war überzeugt, daß diese Leute es selbst unter den günstigsten Umständen nicht wagen würden, mich offen zu überfallen; bei meiner Hütte aber im Hinterhalt zu liegen, den Speer nach mir zu werfen oder einen Pfeil auf mich abzuschießen, das traute ich ihnen wohl zu. Der schlimmste Umstand, so schien es mir, war der, daß sie davon sprechen: Das könnte irgendeinem meiner näheren Nachbarn den gleichen Gedanken eingeben. Jemand wird es in den Sinn kommen: Wozu denn warten, bis die Gorima-Leute Maclay erschlagen und sein Eigentum nehmen? Ich werde versuchen, es selbst zu tun, und alles wird mir gehören.

Beim Einschlafen beschloß ich, selbst nach Gorima zu gehen – am Ende gar schon morgen, wenn ich mich genügend frisch fühlen würde.

Ich hatte die ganze Nacht gut durchgeschlafen und wurde vor Morgengrauen durch das Krähen der Hähne im Dorf geweckt. Eine Flasche kalten Tees, den ich gestern nicht ausgetrunken hatte, und einige Stücke kalten Taros, die vom gestrigen Abendbrot übriggeblieben waren, dienten mir als Frühstück. Ich ließ den größten Teil meiner Habe in der Buamramra zurück und band mir für alle Fälle meinen kleinen Ranzen mit verschiedenen Kleinigkeiten mit einem Faden über Kreuz zusammen. Ich nahm nur eine Decke sowie einige Stücke Taro mit und machte mich auf den Weg.

Ich werde mich nicht ausführlich auf die Beschreibung des Wegs einlassen. Gegen 11 Uhr begann die Sonne sehr stark zu brennen. Ich mußte den Fluß Kior, wo mir das Wasser bis zum Gürtel reichte, und noch ein anderes, seichteres Flüßchen durchwaten. Ich hatte Angst, die Schuhe auszuziehen, weil ich bezweifelte, ob ich sie wieder würde anziehen können, da sie ja ganz durchnäßt waren. Kleine Steine, die an einigen Stellen das Ufer bedeckten, machten das Barfußgehen völlig unmöglich. An einer Stelle ging ich den Pfad entlang, in der Annahme, daß er parallel zum Ufer verliefe; der Pfad führte aber so tief in den Wald hinein, daß ich auf einen andern und danach auf einen dritten abbiegen mußte. Ich glaubte bereits, daß ich mich verirrt hätte, als ich bei der nächsten Biegung plötzlich das Meer erblickte. Es ging bereits auf 3 Uhr, und ich beschloß, an dieser Stelle Rast zu machen und den mitgenommenen Taro aufzuessen. Gorima war nicht mehr weit, doch ich wollte dort nicht vor 5 Uhr eintreffen.

Mir fiel ein für mich sehr ungünstiger Umstand ein, den ich völlig außer acht gelassen hatte: Die Mundart Gorimas war mir absolut unbekannt, und dort werden sich wohl kaum Leute finden, die die Mundart Bongus kennen. Es war allerdings zu spät, noch zurückzukehren; so blieb mir nichts anderes übrig, als es zu riskieren.

Nach der Rast ging ich weiter. Ich würde an diesem Tag wohl kaum im Dorf angelangt sein, da auf einer beträchtlichen Strecke Mangroven am Strand wuchsen, doch zu meinem Glück lag am Strand eine ans Land gezogene Piroge, und aus dem Wald tönten Stimmen herüber.

Ich beschloß, die Rückkehr der Eingeborenen abzuwarten. Es ist nicht leicht, ihr Erstaunen zu beschreiben, als sie zu ihrer Piroge zurückkehrten und mich erblickten. Es kam mir so vor, als ob sie bereit wären fortzulaufen, und deshalb beeilte ich mich, sofort an den Ältesten der drei heranzutreten.

„Seid ihr Gorima-Leute?" fragte ich im Dialekt Bongus.

Der Eingeborene hob etwas den Kopf – eine Geste, die ich für eine bestätigende Antwort hielt. Ich nannte meinen Namen und fügte hinzu, daß ich mir Gorima ansehen wolle, und daß wir zusammen fahren würden.

Die Eingeborenen machten ein sehr verdutztes Gesicht, doch sie kamen bald zu sich; da sie vermutlich selbst nach Hause mußten, waren sie anscheinend sogar froh, von mir so billig loszukommen.

Ich gab jedem von ihnen ein Stück Tabak, und wir fuhren los. Es stellte sich heraus, daß die Entfernung bedeutend größer war, als ich erwartet hatte. Die Sonne stand bereits ganz tief, als wir an das Dorf heranfuhren. Meinen weißen Hut und meine weiße Jacke hatten die Einwohner bereits von weitem bemerkt; viele versammelten sich, um mich zu empfangen, indessen die andern bald zum Meer liefen, bald wieder in das Dorf zurückkehrten.

Nachdem ich meinen Fahrtgenossen noch etwas Tabak und je einen Nagel gegeben hatte, begab ich mich in das Dorf, die Eingeborenen, die mich am Strand empfangen hatten, begleiteten mich. Allein keiner von ihnen sprach in der Mundart Bongus, und ich bezweifle, ob irgendeiner sie auch nur genügend verstanden hätte. Ich mußte daher zu der Ursprache – zu den Gesten – Zuflucht nehmen. Ich legte die Hand an den leeren Magen und zeigte danach mit dem Finger auf den Mund. Die Eingeborenen hatten verstanden, daß ich essen möchte – wenigstens hatte einer der alten Männer etwas Derartiges gesagt, und ich konnte bald das Zubereiten eines Abendbrots beobachten. Darauf legte ich die Hand unter die Wange, neigte dabei den Kopf und sagte: „Gorima", was bedeuten sollte, daß ich mich hier schlafen legen möchte. Man hatte mich wiederum verstanden, weil man sofort auf die Buamramra zeigte.

Ich konnte mich mit ihnen nicht verständigen, sonst wäre es mein erstes gewesen, die Einwohner zu beruhigen, die mein unerwartetes Kommen anscheinend in eine nicht geringe Verwirrung versetzt hatte. Was mich anbelangt, war ich sehr froh, da ich jetzt sicher war, daß ich nicht hungrig schlafen gehen und die Nacht nicht unter freiem Himmel verbringen mußte (wozu ich mich wegen Fiebergefahr nur in äußersten Fällen entschließe). Ich war so hungrig, daß ich mit Ungeduld das Erscheinen des Tabirs mit dem Essen erwartete und das Kommen eines Mannes, der die Mundart Bongus kannte, fast nicht beachtet hatte. Mit Heißhunger machte ich mich über den Taro her, den mir die Eingeborenen gereicht hatten, und ich nehme an, daß es die größte Portion war, die ich jemals auf Neuguinea gegessen habe.

Nachdem ich meinen Hunger gestillt und mich auf die Hauptursache, die mich nach Gorima geführt hatte, besann, glaubte ich, daß jetzt die günstigste Zeit wäre, mit den Eingeborenen zu sprechen, um so mehr, als ich einen Mann an der Hand hatte, der mir als Dolmetscher dienen konnte. Ich fand ihn bald und sagte ihm, daß ich den Wunsch hätte, mit den Leuten Gorimas zu sprechen und auch zu erfahren, was sie mir sagen könnten.

Ich schlug ihm vor, die maßgebenden Leute Gorimas sofort zusammenzurufen. Am Eingang zur Buamramra versammelte sich nun eine Schar von Männern, die mein Dolmetscher zusammengerufen hatte. Der Dolmetscher erklärte mir schließlich, daß die Leute Gorimas vollzählig anwesend seien.

Ich wandte mich an den Dolmetscher und befahl, trockene Späne in das Lagerfeuer zu werfen, um die Buamramra stärker zu beleuchten. Als das geschehen war, setzte ich mich auf einen Barum neben das Lagerfeuer, das die Gesichter der Anwesenden beschien. Meine nächsten Worte, die ich an den Dolmetscher richtete, waren: „Sind Abui und Malu hier oder nicht?"

Zuvor mußte ich, da ich diese Namen vergessen hatte, mein Notizbuch durchsehen (die Namen hatte ich mir gestern abend im Halbdunkel aufgeschrieben). Als ich diese beiden Namen nannte, warfen die Eingeborenen einander Blicke zu, und erst nach einigen Sekunden erhielt ich die Antwort, daß nur Abui hier sei.

„Ruf Malu!" ordnete ich an.

Jemand lief nach ihm.

Als Malu erschien, stand ich auf und wies Abui und Malu mir gegenüber zwei Plätze direkt am Lagerfeuer an. Mit sichtlichem Unwillen traten sie heran und setzten sich auf die von mir angegebenen Plätze. Danach wandte ich mich mit einer kurzen Rede an den Dolmetscher, der, so wie ich sprach, übersetzte, das heißt fast Wort für Wort. Der Inhalt der Rede war ungefähr folgender:

„Da ich gestern von den Bongu-Leuten gehört habe, daß zwei Leute Gorimas, Abui und Malu, mich erschlagen wollen, bin ich nach Gorima gekommen, um mir diese Leute anzusehen. (Als ich die beiden nacheinander musterte, wandten sie sich von meinem Blick ab.) Das ist sehr schlecht, da ich weder Abui noch Malu und keinem von den Gorima-Leuten etwas getan habe; und jetzt, da ich von Bogadjim bis Gorima zu Fuß gegangen bin, bin ich sehr müde und möchte schlafen; ich werde mich gleich schlafen legen, und wenn Abui und Malu mich erschlagen wollen, so mögen sie es tun, wenn ich schlafe, denn morgen werde ich Gorima verlassen."

Als ich diese Worte zu Ende gesprochen hatte, begab ich mich zur Barla, kletterte auf sie hinauf und wickelte mich in die Decke. Meine Worte hatten anscheinend eine starke Wirkung hervorgerufen, denn ich hörte im Einschlafen Rufe und Unterhaltungen, bei denen mein Name nicht nur einmal wiederholt wurde. Wenn ich schlecht schlief und einige Male aufwachte, so war das doch nicht etwa ein Zeichen der Furcht vor den Eingeborenen, sondern wahrscheinlich die Folge des schweren Abendbrots, das ich gewöhnlich zu vermeiden pflege.

Am nächsten Morgen war ich natürlich heil und unversehrt. Vor dem Weggang aus Gorima brachte mir Abui als Gabe ein Schwein von achtbarer Größe; er wollte mich zusammen mit Malu unbedingt nicht nur bis Bogadjim, sondern sogar bis zum „tal Maclay" begleiten.

Diese Episode, die von Dorf zu Dorf erzählt und wiedererzählt wurde, machte auf die Eingeborenen einen starken Eindruck.

Juli

11. Juli Die Eingeborenen Bongus setzten mich von dem Tod Wangums in Kenntnis. Das war ein Eingeborener aus Gorendu, ein Mann von etwa fünfundzwanzig Jahren. Wangum war ein kräftiger und gesunder Mann, als er auf einmal krank wurde und kurz darauf plötzlich starb.

Mebli sagte mir, daß sein Tod in den Dörfern Bongu und Gorendu eine starke Unruhe hervorgerufen habe. Der Vater, der Onkel und die übrigen Verwandten des Verstorbenen, deren es in den beiden Dörfern nicht wenig gab, reden eindringlich der ganzen männlichen Bevölkerung Bongus und Gorendus zu, unverzüglich gegen die Einwohner eines der Bergdörfer zu Felde zu ziehen.[1]

---

[1] „Die inneren Fehden werden bei den Papuas", so schreibt Mikloucho-Maclay in einem seiner wissenschaftlichen Aufsätze, „häufig durch den Volksglauben hervorgerufen, daß der Tod, sogar der natürliche, von der Wirkung des sogenannten Onim, das von den Feinden des Verstorbenen zubereitet wurde, herrührt... Nach dem Tod eines Eingeborenen versammeln sich die Verwandten und Freunde des Verstorbenen und besprechen gemeinsam, in welchem Dorf und von wem das Onim zubereitet sein kann... Sie reden lange, wobei sie alle Widersacher des Verstorbenen einer genauen Prüfung unterziehen, ohne dabei ihre persönlichen Feinde zu vergessen. Schließlich ist das Dorf, in dem der Widersacher wohnt, entdeckt, die am Tod Schuldigen sind gefunden; es wird ein Feldzugsplan aufgestellt, Verbündete werden gesucht und so weiter."

Als ich von dem Vorgefallenen hörte, beschloß ich, die Expedition in die Berge nicht zuzulassen. Ich enthielt mich jedoch aller sofortigen Erklärungen, da ich die Sachlage zunächst gründlich aufklären wollte.

15. Juli   Gestern abend habe ich von einem für meine Pläne günstigen Umstand Kenntnis erhalten: Die Einwohner Bongus und Gorendus können sich in keiner Weise darüber einig werden, in welchem Dorf der vermutliche Widersacher Wangums oder der Vater dieses Widersachers lebt, der das Onim zubereitet hat, das den Tod des jungen Menschen verursachte. Diese Meinungsverschiedenheit hoffen sie allerdings auf eine sehr einfache Art und Weise zu überbrücken: Sie wollen zunächst ein Dorf überfallen und danach das andere.

Die bei mir erschienene Deputation aus Bongu, die mich bat, im Kriegsfall ihr Verbündeter zu sein, erhielt von mir eine entschiedene Absage. Als einige mir weiter zuredeten, ihnen zu helfen, sagte ich mit einem sehr ernsten Gesichtsausdruck, die Stimme ein wenig hebend:

„Maclay ballal kere" (Maclay hat genug geredet).

Danach entfernte sich die Deputation.

Darauf begab ich mich nach Gorendu, um zu hören, was man mir dort sagen würde. Ich traf wenig Leute an; alle sprachen von dem bevorstehenden Krieg mit „Mana-tamo".

Ich betrat die Hütte Wangums. In der Ecke neben der Barla war der Gambor zu sehen; unweit von ihm brannte ein Lagerfeuer, neben dem auf der Erde – mit Ruß beschmiert und fast ohne jede Kleidung – die junge Witwe des Verstorbenen saß. Da sich in der Hütte außer mir keiner befand, lächelte sie mir keineswegs vergrämt zu. Sie war anscheinend der Rolle einer untröstlichen Witwe überdrüssig. Ich habe erfahren, daß sie an einen Bruder des Verstorbenen übergehen soll.

Da ich das beabsichtigte Ziel mit meinem Besuch nicht erreicht hatte, machte ich mich auf den Heimweg. Unterwegs traf ich den Vater Wangums, der am Strand unter der neuen Piroge seines verstorbenen Sohns – die Wangum erst einige Tage vor seinem Tod fertiggebaut hatte – Feuer anlegte. Die Piroge war an vielen Stellen zerhackt; jetzt wollte ihr der Alte vollends den Garaus machen, das heißt sie verbrennen.

Da der Alte wußte, daß ich den Leuten von dem Krieg, der zur Rache für den Tod seines Sohns angefangen werden sollte, abrate, würdigte er mich kaum eines Blicks.

Es vergingen einige Tage. Die Expedition in die Berge kam nicht zustande. Im übrigen schreibe ich dieses nicht meinem Einschreiten, sondern ganz einfach dem Umstand zu, daß sich beide Dörfer dieses Mal nicht über ihre Ansichten einigen konnten.

Papua-Gefecht

Heute saß ich gegen 3 Uhr auf der Veranda bei einer schriftlichen Arbeit. Plötzlich erscheint Sale; ganz außer Atem erzählt er mir, daß er von den Bongu-Leuten vom plötzlichen Tode des jüngsten Bruders Wangums gehört hat. Da ich wegen der Folgen, die der Tod beider Brüder im Verlauf einer so kurzen Zeit nach sich ziehen könnte, besorgt war, schickte ich Mebli sofort in das Dorf, um zu erfahren, ob es wahr sei.

Als er zurückkam erzählte er mir folgendes: „Am Morgen begab sich Wangums Bruder Tui, ein neun- oder zehnjähriger Knabe, zusammen mit dem Vater und den andern Einwohnern Gorendus zum Fluß Gabeneau, um Fische zu fangen. Dort biß ihn eine kleine Schlange in den Finger; das Gift wirkte so stark, daß das Kind, das der verängstigte Vater in seinen Armen fast im Laufschritt nach Hause zurücktrug, bei der Ankunft im Dorf schon im Sterben lag."

Im Nu packte ich alles Erforderliche, das heißt eine Lanzette, Salmiakgeist, übermangansaures Kali und einige Mullbinden, zusammen und eilte nach Gorendu. Mein Fuß schmerzte stark, und deshalb freute ich mich über die Möglichkeit, eine Piroge, die zum Konstantinhafen fuhr, zu benutzen: Sie konnte mich nach Gorendu bringen.

Bei Urur-I erfuhren wir von der stark aufgeregten Ion und Namuj, die aus

Gorendu gelaufen kamen, daß der arme Tui soeben gestorben sei und daß man nun gehen müsse, um die Hütten der „Mana-tamo" (der Leute aus dem Bergdorf) niederzubrennen.

Es ertönten einige Barumschläge, die den Tod des Knaben verkündeten. Als ich an den Strand hinausgetreten war, überholten mich einige laufende Frauen, die bereits wehklagten. Im Dorf war die Aufregung groß: Schrecklich erregte Männer, die alle aus irgendeinem Grund Waffen in den Händen hielten, jammernde und schreiende Frauen veränderten stark den Charakter des gewöhnlich ruhigen und stillen Dorfes. Überall war nur „Onim" und „Mana-tamo barata" (wir gehen, die Bergdörfer niederzubrennen) zu hören.

Dieser zweite Todesfall, der sich in demselben Dorf, ja sogar in derselben Familie wie der erste zugetragen hat, und zwar nur in einem Zeitabstand von knapp zwei Wochen, rief unter den Einwohnern der beiden Dörfer einen wahren Paroxysmus des Kummers, des Rachedurstes und der Furcht hervor. Sogar die Ruhigsten, die früher schwiegen, begannen nun mit Feuereifer zu behaupten, daß die Einwohner irgendeines der Bergdörfer das Onim zubereitet haben, weshalb auch Wangum und Tui nacheinander gestorben seien; wenn man dem durch einen sofortigen Kriegszug in die Berge nicht ein Ende setze, so würden alle Einwohner Gorendus einer nach dem andern sterben und dergleichen mehr.

Der Krieg schien jetzt unvermeidlich zu sein. Über ihn redeten die Greise und die Kinder; am allermeisten jedoch schrien die Weiber; die Jugendlichen legten die Waffen bereit und brachten sie in Ordnung.

Mich sah man im Dorf unfreundlich an, da man wußte, daß ich gegen den Krieg bin; einige blickten ganz feindselig, als wenn ich an dem geschehenen Unglück Schuld hätte. Der alte Tui war der einzige, der sich mir gegenüber wie immer freundschaftlich verhielt; er schüttelte nur ernst den Kopf. Ich hatte in Gorendu nichts mehr zu suchen: Die Leute waren zu aufgeregt, mich ruhig anzuhören.

Bei Mondschein ging ich auf dem kürzesten Pfad nach Bongu. Die Unruhe war hier zwar geringer, doch recht bedeutend.

Saul versuchte mich zu überzeugen, daß der Feldzug gegen die „Mana-tamo" nötig sei. Seine Argumente waren folgende: Die letzten Ereignisse sind durch das Onim hervorgerufen worden; wenn sie („tamo Bongu") die „Mana-tamo" nicht schlagen werden, so werden es die „Mana-tamo" mit ihnen tun.

Als ich nach Hause zurückgekehrt war, konnte ich mich sogar dort vor den Gesprächen über das Onim nicht retten. Sale sagte mir, daß „onim" auf der Insel Java „doa" heißt; er glaubt an seine Kraft. Mebli teilte mit, daß „olaj" auf den Palauinseln dasselbe ist wie Onim; auch er zweifelt nicht daran, daß Menschen von der Wirkung des Onim sterben können.

24. Juli Am Morgen ging ich nach Gorendu. Die Eingeborenen waren ruhiger als am Vorabend, doch immer noch düster; sogar Tui war heute in einer trüben Stimmung.

„Gorendu bassa" (Gorendu ist verloren), sagte Tui, als er mir die Hand entgegenstreckte.

Ich bat Tui, mir zu erklären, worin eben das Onim besteht. Tui sagte, daß die „Mana-tamo" irgendwie in den Besitz von Taro oder Fleisch, das von den Gorendu-Leuten nicht aufgegessen wurde, gelangt sind, es dann in Stücke zerschnitten, beschworen und verbrannt haben.

Wir gingen zur Hütte, in der der Verstorbene lag und wo sich die Männer und die Frauen zusammengedrängt hatten. Unerwartet erklang schrilles Pfeifen. Die Frauen und die Kinder erschraken und liefen, ohne sich umzusehen, in den Wald davon. Ich wußte nicht, was nun kommen sollte, und erwartete eigentlich eine ganze Prozession; doch anstatt ihrer erschien nur ein Mann, der auf einer „munki-ai" (einer Kokosnußschale, die oben und an der Seite durchlöchert ist) unablässig blies. Pfeifend ging er an dem Eingang der Hütte, wo der Körper des toten Tui lag, vorüber. Was das bedeuten sollte, konnte ich nicht verstehen.

Als das Pfeifen verstummt war, kehrten die Frauen zurück und trugen den Verstorbenen aus der Hütte. Der Greis Bugai rieb ihm die Stirn mit weißer Farbe (Kalk) ein und zog mit derselben Farbe den Nasenrücken entlang einen Strich; die übrigen Teile seines Körpers waren schon mit Kumu (schwarzer Farbe) eingerieben. An den Ohren hatte er Ohrringe, und am Hals hing ein „gubo-gubo". Bugai fügte diesem Festschmuck noch einen neuen Kamm mit weißer Hahnenfeder hinzu, den er dem Toten in die Haare steckte. Darauf begann man den Körper in die „gub" zu wickeln; das wurde aber nur provisorisch gemacht, da das eigentliche „gambor rosar" (das Zubinden des Korbes) nicht hier, sondern in Bongu vorgenommen werden sollte. Sagam, der Onkel des Verstorbenen, nahm die Leiche auf die Schulter, legte die Gub unter den Körper und ging schnellen Schrittes den Pfad, der nach Bongu führte, hinunter. Ihm folgte die ganze Schar.

Ich schlug mit einigen Eingeborenen einen andern Weg ein, nicht den, den die Leichenprozession benutzte, und traf auf einem der Plätze Bongus fast gleichzeitig mit ihr ein.

Hier wurde aus dem mitgebrachten Gub ein Gambor angefertigt; in ihn wurde der Verstorbene hinabgelassen, wobei ihm nicht ein einziges Stück seines Schmucks abgenommen wurde; den Kopf der Leiche deckte man mit einem Sack zu.

Solange die Männer, die nächsten Verwandten des Verstorbenen, den Gambor zusammenschnürten, wehklagten und tanzten einige mit schwarzer Farbe bemalte Frauen, wobei sie mit dem Gesäß wackelten und den Gambor mit den Händen streichelten. Am meisten zeichnete sich Kallol, die Mutter des Verstorbenen, aus: Bald kratzte sie die Erde mit den Nägeln, bald heulte sie wild und hielt sich dabei am Gambor fest.

Schließlich wurde der Gambor in die Hütte Sagams getragen. Mir wurde, genau so wie den übrigen, ein Onim angeboten, damit uns kein Unglück zustoßen möge. Ich willigte ein, da ich sehen wollte, worin das Onim besteht. Ion, einer der Anwesenden, spie sein Onim mir und den andern auf die Handfläche, wonach wir uns alle zum Meer begaben, um die Hände zu waschen. Der alte Tui versuchte mich dazu zu bewegen, ein „onim Maclay" zuzubereiten, damit ein starkes Erdbeben alle Dörfer in den Bergen zerstören, die Küstenbewohner aber verschonen sollte.

Am Abend desselben Tages vernahm ich die Töne des Barums in Gorendu. Der von dort zurückgekehrte Meble weckte mich und teilte mir geheimnisvoll mit, daß der Krieg mit „Mana-tamo" (vermutlich mit Tengum-Mana) beschlossen sei, doch daß man übereingekommen wäre, Maclay davon nichts zu sagen.

Obwohl die Kriege hier nicht viel Blutvergießen verursachen (Gefallene gibt es nicht viel), so sind sie dafür von sehr langer Dauer; am häufigsten verwandeln sie sich in einzelne Vendetten[1], die ständig weitergären und den Abschluß eines Friedens verzögern. Während des Krieges wird der Verkehr zwischen den Dörfern meistens ganz unterbrochen.[2] Der vorherrschende Gedanke eines jeden ist: der Wunsch zu töten oder die Furcht getötet zu werden.

Es war mir klar, daß ich dieses Mal dem Ablauf der Dinge im Dorf Bongu, das nur fünf Minuten Fußweg von meinem Haus entfernt war, nicht untätig zusehen durfte. Mein Schweigen dazu wäre – bei meiner beständigen Ablehnung des Krieges, und da ich doch erst vor einigen Tagen meine Stimme gegen den Feldzug nach dem Tod von Tuis älterem Bruder erhoben hatte – ein sonderbar unlogisches Verhalten gewesen. Ich durfte auch dieses Mal nicht nachgeben, um nicht späterhin dazu gezwungen zu sein. Ich mußte meine Antipathie gegen eine Einmischung in fremde Angelegenheiten beiseite lassen.

Ich beschloß, den Krieg zu verbieten. Um eine starke Wirkung zu erzielen, muß man sehr entschieden handeln; zunächst war es nötig, den einmütigen Rachedurst aufzuspalten. Man mußte unter den Eingeborenen Uneinigkeit säen und damit zur Abkühlung des ersten Eifers beitragen.

---

[1] Blutrache
[2] Beide Seiten haben ihre Verbündeten; die Menschen haben Angst, in ein fremdes Dorf zu gehen, da sie nicht sicher sind, ob es freundschaftlich gesinnt ist oder nicht; es kommt vor, daß Dörfer, die in Wirklichkeit neutral sind, lange Zeit für Verbündete der Gegenseite gehalten werden. – Anmerkung Miklouchto-Maclays

25. Juli Ich vermochte lange nicht einzuschlafen und wachte dann häufig auf, so daß ich mir den Plan meiner künftigen Handlungsweise überlegen konnte. Eingeschlafen war ich erst gegen Morgen. Als ich aufwachte und die gestrigen Gedanken überprüfte, beschloß ich, einen Aktionsplan zu wählen, der meiner Meinung nach die gewünschten Ergebnisse zeitigen mußte und der, wie es sich erwies, sogar stärker wirkte, als ich erwartet hatte. Die Hauptsache war, nichts zu übereilen. Deshalb wartete ich trotz meiner Ungeduld die übliche Stunde (vor Sonnenuntergang) ab, um nach Bongu zu gehen.

Wie ich es auch erwartete, sprach man im Dorf nur von dem Vorgefallenen. Ich bemerkte, daß die Eingeborenen gern wissen wollten, was ich dachte. Ich sagte deshalb: „Wangum und Tui waren jung und gesund, der alte Vater bleibt jetzt allein zurück, doch Maclay wird trotzdem dasselbe sagen, was er auch nach dem Tod Wangums gesagt hat: Der Krieg darf nicht stattfinden."

Die Kunde von Maclays Worten durchlief blitzschnell das ganze Dorf. Es gab einen großen Menschenauflauf, doch in die Buamramra, in der ich saß, traten nur alte Männer ein. Jeder von ihnen bemühte sich, mich davon zu überzeugen, daß der Krieg nötig sei.

Es hatte keinen Sinn, den Eingeborenen zu beweisen, daß die „Onim"-Theorie unbegründet ist: Ich kannte ihre Sprache allzuwenig – das als erstes; zweitens hätte ich die Zeit nur umsonst damit vertan, da es mir gewiß nicht gelungen wäre, jemanden zu überzeugen; drittens wäre noch zu bedenken, daß jeder meine Worte auf seine Art auslegen würde. Nichtsdestoweniger hörte ich sehr viele an. Als der letzte geendet hatte, stand ich auf und machte mich zum Fortgehen fertig; mit ruhiger Stimme, die einen starken Kontrast zu der aufgeregten Sprache der Eingeborenen darstellte, wiederholte ich:

„Maclay sagt – es wird keinen Krieg geben; doch wenn ihr euch zu einem Feldzug in die Berge aufmacht, so wird euch allen, den Leuten Gorendus und Bongus, ein Unglück zustoßen."

Es trat ein feierliches Schweigen ein; darauf wurde ich mit Fragen bestürmt: „Was wird geschehen?", „Was wird sein?", „Was wird Maclay tun?" und dergleichen mehr.

Ich ließ meine Gesprächspartner im Zweifel und stellte es ihnen anheim, selbst darauf zu kommen, was meine Drohung bedeutete; ich antwortete kurz:

„Ihr werdet es selbst sehen, wenn ihr in den Krieg zieht."

Als ich mich auf den Heimweg machte und zwischen den Gruppen der Eingeborenen langsam hindurchschritt, konnte ich mich davon überzeugen, daß ihre Phantasie bereits zu arbeiten begann: Jeder bemühte sich zu erraten, welches Unheil Maclay prophezeit haben könnte.

Ich war nicht mehr weit von dem Tor meines Hofs entfernt, als mich einer der alten Männer einholte; von dem Laufen ganz außer Atem, war er kaum imstande zu sprechen:

„Maclay, wenn ‚tamo Bongu' in die Berge aufbrechen werden, wird uns dann ein ‚sangringi' (Erdbeben) heimsuchen?"

Diese seltsame Frage und das aufgeregte Aussehen des Alten zeigten mir, daß die von mir in Bongu ausgesprochenen Worte starke Wirkung hervorgerufen hatten.

„Maclay hat nicht gesagt, daß es ein Erdbeben geben wird", erwiderte ich.

„Nein, doch Maclay hat gesagt, daß uns ein Unglück ereilen wird, falls wir in die Berge ziehen sollten. Sangringi ist ein schreckliches Unglück. Die Leute von Bongu, Gumbu, Gorendu, Bogadjim, alle, alle fürchten sie den Sangringi. Sag, wird uns der Sangringi heimsuchen?" wiederholte er in bittendem Ton.

„Vielleicht", war meine Antwort.

Der Alte machte sich auf den Rückweg; er wurde aber fast im selben Augenblick von zwei Eingeborenen angehalten, so daß ich die sehr schnell gesprochenen Worte des Alten hören konnte: „Ich hatte es ja gesagt, es wird Sangringi geben, wenn wir in den Krieg ziehen. Ich sagte es ja."

Alle drei begaben sich fast im Laufschritt ins Dorf. Die darauffolgenden Tage ging ich nicht nach Bongu und überließ es der Einbildungskraft der Eingeborenen, das Rätsel zu lösen, wobei ich auf das Sprichwort vertraute: „Die Furcht hat tausend Augen." Ich war jetzt überzeugt, daß sie viel nachdenken würden, und ihr Kriegseifer würde auf diese Weise allmählich abkühlen; die Hauptsache aber: Jetzt herrschten zwischen den Dörfern Meinungsverschiedenheiten. Absichtlich fragte ich meine Nachbarn nicht nach ihrer Entscheidung; sie schwiegen ebenfalls. Die Kriegsvorbereitungen hörten aber auf.

Nach etwa zwei Wochen kam mein alter Freund Tui zu mir und bestätigte das Gerücht, das schon mehrmals bis zu mir durchgedrungen war, nämlich, daß er und alle Einwohner Gorendus umsiedeln wollen.

„Warum denn?" fragte ich erstaunt.

„Ja, wir alle haben Angst, dort zu leben. Bleiben wir in Gorendu, werden wir einer nach dem andern sterben. Zwei sind bereits von dem ‚onim Manatamo' gestorben; so werden auch andere sterben. Es sterben nicht nur Menschen, die Kokospalmen sind ebenfalls krank. Ihre Blätter sind rot geworden, und sie werden alle sterben. ‚Mana-tamo' haben in Gorendu ein Onim eingegraben – so sterben nun auch die Kokospalmen. Wir wollten diese ‚Mana-tamo' aufs Haupt schlagen, doch wir dürfen nicht. Maclay will nicht, er sagt: ‚Es wird ein Unglück geschehen.' Die Bongu-Leute haben Angst, sie fürchten sich vor dem Sangringi. Wenn uns der Sangringi heimsuchen wird, werden alle Dörfer der Umgegend sagen: ‚Die Bongu-Leute sind schuld; Maclay hatte gesagt: Es gibt ein Unglück, wenn Bongu in die Berge zieht...' Alle Dörfer werden dann Bongu mit Krieg überziehen. Deshalb also haben die Bongu-Leute Angst. Doch in Gorendu gibt es zuwenig Leute, mit den ‚Mana-tamo' allein Krieg zu führen. Deshalb wollen wir nun nach verschiedenen Seiten auseinandergehen", schloß Tui mit einer schon ganz verzagten Stimme und begann die Dörfer aufzuzählen, in denen die Einwohner Gorendus beabsichtigten, sich anzusiedeln.[1]

Die einen wollten nach Gorima gehen, die andern nach Jambomba, wieder andere nach Mitebog; nur einer oder zwei gedenken in Bongu zu bleiben.[2]

August

Ich hatte die Gewohnheit, gegen 6 Uhr abends zu meinen Nachbarn in das Dorf Bongu zu gehen. Heute begab ich mich ebenfalls nach Bongu, da ich wußte, daß ich dort auch die Einwohner anderer Dörfer, die dorthin kommen mußten, sehen würde.

Als ich das Dorf erreicht hatte, begab ich mich zur Buamramra, von wo eine laute und lebhafte Unterhaltung zu hören war. Bei meinem Erscheinen brach die Unterhaltung ab. Allem Anschein nach hatten die Eingeborenen von mir gesprochen oder von etwas, was sie vor mir verbergen wollten.

Die untergehende Sonne beleuchtete mit rötlichem Schein das Innere der Buamramra und die Gesichter der Bewohner von Bongu, Gorendu, Bili-Bili und Bogadjim. Es war ein ganzer Haufen von Menschen. Ich setzte mich. Alle schwiegen. Es war offensichtlich, daß ich ihre Besprechung gestört hatte. Schließlich trat mein alter Freund Saul an mich heran. (Ich hatte ihm immer mehr als den andern vertraut und erlaubte es ihm, manchmal auf meiner Veranda zu sitzen, wobei ich mich häufig mit ihm in Gespräche über

[1] Bemerkenswert ist, daß der Brauch, sich aus einer Gegend auszusiedeln, in der sich ein oder mehrere Sterbefälle ereignet haben – ein Brauch, den ich unter den melanesischen Nomadenstämmen der Insel Luzon, der Malaccahalbinsel und der Westküste Neuguineas festgestellt habe –, ebenfalls hier unter den seßhaften Bewohnern der Maclayküste, die ihr Eigentum schätzen, angetroffen wird. – Anmerkung Mikloucho-Maclays

[2] Als ich die Maclayküste im November 1877 verließ, glaubte ich nicht, daß die Einwohner Gorendus ihre Absicht in die Tat umsetzen würden. Bei meiner Rückkehr dorthin im Mai 1883 mit der Korvette „Skobelew" besuchte ich Bongu und begab mich auf dem alten Pfad nach Gorendu. Der Pfad war stark überwuchert; er wurde anscheinend wenig begangen. Als ich dorthin kam, wo früher das Dorf Gorendu lag, konnte ich absolut nicht erkennen, wo ich mich befand. An Stelle der vielen Hütten, die sich um die drei Plätze gruppiert hatten, sah ich nur zwei, drei Hütten im Wald; in so hohem Grad war alles überwachsen. Ich hatte keine Gelegenheit, zu erfahren, wohin die „tamo Gorendu" übergesiedelt waren. – Anmerkung Mikloucho-Maclays

verschiedene transzendentale Dinge einließ.) Er legte mir die Hand auf die Schulter (was keine Familiarität war, die ich zwischen mir und den Eingeborenen nicht aufkommen ließ, sondern eher ein Ausdruck der Freundschaft und der Bitte) und fragte mich mit einer schmeichlerischen Stimme, wobei er mir in die Augen blickte:

„Sag Maclay, kannst du sterben? Tot sein wie die Leute Bongus, Bogadjims, Bili-Bilis?"

Die Frage versetzte mich in Verwunderung, weil sie so unerwartet kam und in einem so feierlichen, wenn auch bittenden Ton gestellt wurde. Der Gesichtsausdruck der Umstehenden zeigte mir, daß nicht nur Saul allein fragte, sondern daß alle meine Antwort erwarteten. Vermutlich, so dachte ich, haben sich die Eingeborenen vor meinem Kommen gerade darüber unterhalten, und mir wurde es jetzt klar, weshalb bei meinem Erscheinen ihre Unterhaltung unterbrochen wurde.

Auf die einfache Frage mußte man eine einfache Antwort geben – doch sie mußte vorher überlegt werden. Die Eingeborenen wissen es, sie sind davon überzeugt, daß Maclay keine Unwahrheit sagen wird; ihr Sprichwort „Ballal Maclay chudi" (Das Wort Maclays ist Wahrheit) muß auch dieses Mal seine Bestätigung finden. Deshalb kann man nicht nein sagen, um so mehr, als irgendeine Zufälligkeit, womöglich schon morgen oder in einigen Tagen, den Eingeborenen zeigen kann, daß Maclay die Unwahrheit gesagt hat. Sage ich aber ja, so werde ich meinen Ruf erschüttern, der gerade jetzt, einige Tage, nachdem ich den Krieg verboten habe, für mich besonders wichtig ist.

Die Überlegungen sind mir bedeutend schneller durch den Kopf gegangen, als ich diese Zeilen schreibe. Um Zeit zu gewinnen, die Antwort zu überdenken, stand ich auf und durchschritt die Buamramra, wobei ich nach oben blickte, als wenn ich etwas suchte (eigentlich suchte ich die Antwort). Die schrägen Strahlen der Sonne beleuchteten alle Gegenstände, die unter dem Dach hingen. Von den Fischköpfen und den Kinnbacken der Schweine ging mein Blick zu der Sammlung verschiedener Waffen, die über der Barla befestigt waren; dort gab es Bogen, Pfeile und einige Speere verschiedener Größe. Mein Blick blieb auf einem von ihnen, einem dicken und gut zugespitzten, haften.

Ich hatte die Antwort gefunden.

Ich nahm den Speer von der Wand – einen schweren und spitzen, der bei sicherem Wurf tödlich treffen mußte – und trat an Saul, der in der Mitte der Buamramra stand und meinen Bewegungen folgte, heran.

Ich reichte ihm den Speer, ging einige Schritte zurück und stellte mich ihm gegenüber auf.

Ich nahm den Hut ab, dessen breite Krempe mein Gesicht verdeckte; ich wollte, daß die Eingeborenen an meinem Gesichtsausdruck sehen konnten, daß Maclay nicht scherzt und, was auch geschehen mochte, nicht mit der Wimper zucken wird.

Ich sagte:

„Sieh zu, ob Maclay sterben kann."

Obwohl der verdutzte Saul den Sinn meines Anerbietens offenbar verstand, hat er doch den Speer nicht einmal gehoben und begann als erster zu sprechen:

„Aren, aren!" (Nein, nein!)

Viele stürzten auf mich zu, als wollten sie mich mit ihren Leibern vor dem Speer Sauls schützen.

Ich blieb noch einige Zeit vor Saul stehen und nannte ihn sogar im Scherzton Memme, setzte mich dann aufs neue unter die Eingeborenen, die nun alle auf einmal zu sprechen begannen.

Die Antwort hatte sich als zufriedenstellend erwiesen; nach diesem Vorfall fragte mich keiner mehr, ob ich sterben könne.

November

6. November   Ankunft des Schoners „Flower of Jarrow".

10. November   Gegen 6 Uhr abends wurde der Anker gelichtet.

Im Haus habe ich vieles zurückgelassen; das Haus selbst habe ich verschlossen und die Leute Bongus beauftragt, es zu bewachen.

Tagebuch 1883

Ich ging am Kap Obserwazija an Land, und als ich dort einige alte Bekannte aus Gumbu sah, sagte ich ihnen, daß ich morgen früh in Bongu sein würde und daß die Korvette Proviant brauche: Schweine, Taro, Bananen und dergleichen mehr. Da ich das Fieber fürchtete, riskierte ich es nicht, am selben Abend in die andern Dörfer zu gehen, und kehrte zur Korvette zurück.

Am 18. März setzten der Admiral, einige Offiziere und ich zum Strand bei dem Dorf Bongu über. Begleitet von den Eingeborenen, die mich durcheinander ausfragten, wo ich wohnen würde, wann man anfangen solle, eine Hütte für mich zu bauen und so weiter, machten wir einen Rundgang durch das Dorf. Es kam mir dieses Mal irgendwie kleiner und verwahrloster vor als in den Jahren 1876–1877. Ich rief mir die Anlage des Dorfs in die Erinnerung zurück und entdeckte bald, daß sich zwei der Plätze mit den sie umgebenden Hütten in öde Flächen verwandelt hatten. Die Plätze waren mit Gras überwuchert, und auf den Trümmern der Hütten wuchs Strauchwerk. Auf meine Fragen erklärte man mir, daß von den Eingeborenen, die in diesen Hütten gewohnt hatten, die einen gestorben und die andern umgesiedelt seien.

Meinen bei der Abreise im Jahr 1877 gegebenen Instruktionen gemäß waren alle jungen Mädchen und jungen Frauen fortgeschafft; es blieben nur einige abstoßend häßliche Frauen zurück. Ebenfalls eingedenk meiner Ratschläge erschienen die Eingeborenen nicht nur ohne Waffen, sondern sogar auch ohne den geringsten Schmuck. Ihr Aussehen war deshalb heute recht erbärmlich (wild, zerzaust, ohne Schmuck, erinnerten sie an einen in Lumpen gehüllten Europäer) – um so mehr, als fast die ganze Jugend fehlte. Die einen waren in Bogadjim aus Anlaß des dort stattfindenden großen „ai" und Mun, die andern befanden sich vermutlich im Wald zum Schutz der Frauen.

Mein alter Freund Saul erzählte mir eine lange Geschichte vom „tamo inglis"[1].

---

[1] „Nach meiner Abfahrt", berichtete der Forschungsreisende der Geographischen Gesellschaft, „kam aus Melbourne an die Maclayküste ein englischer Schoner mit Goldsuchern, die annahmen, daß ich das Vorhandensein von Gold in der dortigen Gegend verheimlicht hätte... Sie fanden meine Hütte in dem Zustand, wie ich sie verlassen hatte; die Türen und das Schloß waren heil, die Pflanzung neben dem Haus wurde so gut unterhalten, daß sie wie ein gepflegter Garten aussah. Als Mister P., ein Teilnehmer der Expedition, das Schloß berührte – packten ihn ein halbes Dutzend Hände; die Papuas erklärten ihm durch Zeichen, daß hier alles Maclay gehöre und er hier nichts zu suchen habe. Diese Demonstration war dermaßen eindrucksvoll, daß die Weißen sich eiligst aus dem Staub machten."

Eisenholzbaum

Ich erinnerte mich, daß ich Tui noch nicht gesehen hatte, und unterbrach das Gespräch mit der Frage nach ihm.

„Tui muen sen" (Tui ist gestorben), antwortete mir Saul.

Es tut mir sehr leid um meinen alten Freund.

Unter den Eingeborenen Bongus rief es große Aufregung hervor, als ich erklärte, daß ich für sie einen Stier, eine Kuh, einen Ziegenbock und Ziegen mitgebracht hätte. Alle sprachen mir die Namen dieser Tiere nach; alle wollten die Tiere sofort sehen. Ich erklärte, daß man für das mitgebrachte Vieh einen Flechtzaun bauen müsse, damit die Tiere nicht auseinanderliefen. Die Eingeborenen redeten viel, doch keiner machte sich an die Arbeit.

Bereits früher hatte ich mich davon überzeugen können, daß es ein Fehler ist, wenn man den Eingeborenen irgendeine Sache zur allgemeinen Nutzung, also allen zusammen gibt und nicht ausschließlich einem einzelnen: Keiner von ihnen wird sich um das gemeinschaftliche Eigentum kümmern. Es schien mir aber ebenfalls nicht richtig zu sein, das mitgebrachte Vieh irgendeinem einzelnen zu schenken oder aber ein Tier einigen Personen zu geben.

Ich sagte, daß ich den Stier, die Kuh und die Ziegen bei Sonnenuntergang bringen würde, und ging dann zu der Stelle, wo in den Jahren 1876–1877 mein Haus gestanden hatte.

Als ich dort angekommen war, erkannte ich die Gegend fast nicht wieder. Unter den großen Bäumen, die einst mein Haus umgaben, wuchs jetzt überall hohes Strauchwerk; nur stellenweise blickten hie und da durch das Grün die von mir gepflanzten Kokospalmen, Bananen und eine Unmenge Melonenbäume, die mit hohen Stämmen von beträchtlicher Stärke emporragten, hindurch.[1] An Stelle der breiten Wege, die immer in großer Sauberkeit gehalten wurden, befanden sich jetzt neben meiner Hütte gerade noch zwei oder drei Pfade, auf denen man nur mühsam vorwärts kommen konnte.

Ich ging direkt auf die Stelle zu, wo früher die beiden Häuser standen. Zwischen den Sträuchern fand ich ein halbes Dutzend noch aufragender Pfähle – und das war alles. Als ich daran zurückdachte, mit welcher Mühe ich mir das Haus baute, mit welcher Geduld ich die Plantage anlegte, konnte ich nur schwer glauben, daß fünf bis sechs Jahre genügten, alles in einen vergessenen Winkel des dichten Waldes zu verwandeln. Das war ein Beispiel für die üppige Fruchtbarkeit des Bodens.

Zeit zum Überlegen hatte ich allerdings nicht. Ich befahl den mich begleitenden Eingeborenen, jenen Platz zu säubern, wo ich im Jahr 1877 Mais angepflanzt hatte und wo das Buschwerk, wie es mir vorkam, nicht so dicht war.

---

[1] Überhaupt habe ich bemerkt, daß der Melonenbaum sich an der Maclayküste sehr schnell akklimatisiert hat. Jetzt gibt es kein Dorf, wo er nicht wächst. – Anmerkung Miklouchu-Maclays

Ich ließ die kleinen Bäumchen mit der Wurzel herausreißen, was sich bei der großen Zahl der zupackenden Hände keineswegs als schwierig erwies. Der gesäuberte Platz in der Ausdehnung einiger Quadratsashen wurde von den Matrosen, die eiserne Spaten mitgebracht hatten, umgegraben.

Ich schickte die Eingeborenen nach Wasser und begann selbst mit Hilfe meines Dieners, des Amboinaers Jan, und der Matrosen, die jungen Pflanzen auszusetzen und die Samen, die ich von Amboina mitgebracht hatte, auszusäen. Das in Bambusgefäßen herbeigeschaffte Wasser diente zum Begießen der neugesetzten Pflanzen. Nur die Kaffeesamen hatte ich nicht gesät und gab sie Saul und einigen andern Eingeborenen mit dem Auftrag, sie den Einwohnern der Bergdörfer zu überlassen; für den Kaffeebaum ist das Bergklima mehr geeignet als das Klima der Maclaykiiste.

Anscheinend haben sich die Eingeborenen für diese ganze Prozedur interessiert. Trotzdem war ich nicht sicher, daß mein Experiment gelingen würde, ich fürchtete sogar, daß auf der eben umgegrabenen Erde an demselben oder am nächsten Tag Schweine erscheinen könnten und die neue Plantage umwühlen würden; einen genügend festen Flechtzaun zu machen war jedoch unmöglich. Mir mangelte es an Zeit, den Bau zu beaufsichtigen; die Eingeborenen aber waren von der Ankunft der Korvette und dem Bau des Zauns für das Vieh neben dem Dorf zu sehr aufgeregt.

Ich ging durch den Wald auf einem gutbekannten Pfad nach Gorendu, doch auch der Pfad erwies sich als stark verwildert; das seinerzeit nicht hohe Buschwerk war jetzt zu hohen Bäumen herangewachsen, so daß mir der Pfad völlig fremd erschien. Als ich endlich die Stelle erreicht hatte, an der vor sechs Jahren das Dorf Gorendu gestanden hat, war ich über ihr verändertes Aussehen überrascht. Anstatt eines großen Dorfes sind nur zwei oder drei Hütten übriggeblieben; alles ist bis zur Unkenntlichkeit zugewachsen. Mir wurde plötzlich so traurig zumute, daß ich mich beeilte, wieder ans Meer zu kommen und auf die Korvette zurückzufahren.

Nach dem Vesperbrot und einer kurzen Siesta kehrte ich an den Strand zurück und ging aufs neue nach Bongu. Ich fühlte mich wie zu Hause, und mir scheint es wirklich, daß ich zu keinem Winkel des Erdballs, wo ich während meiner Wanderungen leben mußte, solche Verbundenheit empfinde wie zu dieser Küste Neuguineas: Jeder Baum schien mir ein alter Bekannter zu sein.

Als ich in das Dorf kam, versammelte sich eine große Menschenmenge um mich. Ich vermißte viele Bekannte; viele schien ich nie vorher gesehen zu haben: Bei meinem letzten Besuch waren sie noch Jünglinge, jetzt aber hatten sie schon selbst Kinder. Nur unter den alten Männern fand ich meine alten Freunde.

Zwei Umstände fielen mir besonders auf. Erstens kam es mir und allen

Umstehenden so vor, als wenn ich erst gestern und nicht vor sechs Jahren zum letztenmal in Bongu gewesen wäre; zweitens schien mir das Ausbleiben jeder freundschaftlichen Demonstration mir gegenüber von seiten der Papuas nach meiner langen Abwesenheit seltsam zu sein. Übrigens fand ich den zweiten Umstand nach kurzer Überlegung verständlich, denn ich selbst hatte ja meine Freude bei der Rückkehr hierher nicht merklich zum Ausdruck gebracht; wie konnte ich mich da wundern, daß auch die Papuas nicht vor Freude sprangen, als sie meiner gewahr wurden? Es gab auch solche unter ihnen, die sich an meine Schulter lehnten, aufweinten und die Toten aus der Zeit meiner Abwesenheit schluchzend aufzuzählen begannen: „Auch dieser ist gestorben", sagten sie, „auch dieser, auch dieser." Alle wollten, daß ich mich wie früher unter ihnen ansiedle, doch dieses Mal im Dorf selbst; sie wollten auch wissen, wann ich wieder zurückkommen würde und was sie tun sollten, wenn die „tamo inglis" von neuem erschienen.

Einige Knaben kamen ganz außer Atem mit der Nachricht gelaufen, daß sich „tamo russ" mit „bul boro russ" (einem großen Schwein) in „kabum ani boro" (in einer sehr großen Schaluppe) nähern. Alle liefen los; ich folgte der Menge.

Und wirklich, eine große Barkasse näherte sich dem Strand. Da die große Barkasse wegen des seichten Wassers nicht an den Strand herankonnte, befahl der Offizier einigen Matrosen, die Hosen aufzukrempeln und ins Wasser zu steigen.

Die Einwohner von Bongu, Gorendu und Gumbu standen alle schweigend und folgten jeder Bewegung der Leute. Zwei Matrosen hielten die Enden der Stricke, die an die Hörner des jungen Stiers gebunden waren. Der Stier sprang aus der auf eine Seite geneigten Barkasse ins Wasser; dann wandte er sich zunächst schwimmend und danach im Trab dem Strand zu, so daß es für die Matrosen nicht leicht war, ihn festzuhalten. Der Stier lief den Strand entlang und zog die Matrosen hinter sich her.

Es war äußerst spaßig, mit anzusehen, wie etwa hundert Eingeborene beim Anblick eines für sie neuen Tieres, das ihnen gewaltig vorkam – größer als ein wilder Eber –, nach allen Seiten auseinanderstoben; die einen kletterten auf die Bäume, die andern stürzten sich ins Meer.

Dem jungen Stier folgte die Kuh, die sich bedeutend ruhiger als dieser verhielt. Hinter ihr erschien der Ziegenbock in Begleitung der Ziegen. Die Matrosen führten sie an Stricken, die an die Hörner gebunden waren. Diese ganze Prozession nahm ihren Weg ins Dorf, wohin auch ich eilte, um die nötigen Anordnungen zu erteilen und die Eingeborenen anzuweisen, daß sie den Matrosen behilflich sein sollten.

Im Dorf wurde für den jungen Stier und die Kuh ein Flechtzaun errichtet, der eine etwa 15 Quadratmeter große Fläche einschloß. Mit einiger Mühe zwangen die Matrosen die beiden Tiere, über die hohe Schwelle des Flechtzauns zu springen. Die Pforte wurde sofort vernagelt, da ich annahm, daß eine gewisse Zeit vergehen wird, bis sich die Tiere an ihre neue Umgebung gewöhnen.

Die Matrosen der Barkasse, die gekommen waren, sich das Dorf anzusehen, brachen im Wald junge Zweige ab und warfen sie hinter den Flechtzaun. Anscheinend war diese Kost nach dem Geschmack der Kuh, die sofort zu fressen begann. Der Stier aber war sehr unruhig: Er ging, die Luft schnuppernd, am Flechtzaun entlang, als ob er einen Ausgang suchte. Nur die Anwesenheit der Matrosen, die die Tiere während der Überfahrt von Amboina betreut hatten, beruhigte ihn. Endlich wurden die Stricke von den Hörnern gelöst, und die Tiere fühlten sich anscheinend behaglicher.

Ich hatte den Eingeborenen vorgeschlagen, den Ziegenbock und die Ziegen aus Mangel an anderem Raum in einer der Hütten unterzubringen, und sagte, daß die Frauen ihnen morgen jungen Unan bringen sollten. Ein Matrose bemerkte, man solle doch den Eingeborenen zeigen, wie Ziegen gemolken werden. Als ein Tabir gebracht wurde und ein Matrose die Ziege zu melken begann, liefen alle Eingeborenen zusammen, um dieses Wunder mit anzusehen. Ausrufe und Fragen wollten kein Ende nehmen, aber keiner erkühnte sich, die Milch zu probieren, die zu guter Letzt von den Matrosen selbst getrunken wurde.

Die Sonne ging bereits unter, und ich sagte den Matrosen, daß es für sie Zeit wäre, sich auf die Korvette zurückzubegeben. Die beiden Matrosen, die sich hinter dem Flechtzaun befanden, mußten über den Zaun springen, da die Pforte vernagelt war. Ich fuhr fort, den Eingeborenen Instruktionen hinsichtlich ihres Verhaltens zu geben, falls Weiße ankommen sollten, als unvermutete Rufe der Eingeborenen mich veranlaßten, meine Aufmerksamkeit dem jungen Stier zuzuwenden. Es stellte sich heraus, daß er nach dem Fortgang der Matrosen sehr unruhig wurde, beständig am Flechtzaun entlanglief und, wie mir die Eingeborenen erzählten, den Zaun niederreißen wollte.

Ich eilte zum Flechtzaun und sah, daß es dem Stier gelungen war, den oberen Teil des Zauns an einer Stelle mit den Hörnern aufzureißen. Die zusammengelaufenen Eingeborenen versetzten den armen Teufel in Wut. Er rannte noch einmal mit gesenktem Kopf gegen den Zaun, und schon wieder flogen einige Stöcke aus dem Flechtwerk heraus. Ich hatte kaum Zeit gehabt, einem Eingeborenen zuzurufen, daß er zu den „tamo russ" laufen sollte, als der junge Stier, der einen Anlauf nahm, sich wieder auf den Zaun stürzte, doch dieses Mal bereits mit dem sichtlichen Vorsatz, ihn zu überspringen. Das gelang ihm auch, und er jagte wie toll durch das Dorf dahin.

Die Eingeborenen versteckten sich schnell, jeder wohin er konnte. Ich blieb allein zurück und sah, daß es der Färse ebenfalls gelang, die Umzäunung zu überspringen und hinter dem Stier herzulaufen. Ich zweifelte zwar am Erfolg, doch eilte ich sofort zum Meer, wo ich den zurückkehrenden Matrosen begegnete. In wenigen Worten erzählte ich ihnen, worum es sich handelte. Sie antworteten, daß es wahrscheinlich gelingen würde, den Stier wieder einzutreiben, da er sehr zahm sei.

Als wir in das Dorf zurückgekehrt waren, stellte es sich heraus, daß der Stier und die Färse einen in den Wald führenden Pfad gefunden hatten. Ich schickte die Eingeborenen auf Umwegen aus, um zu verhindern, daß der Stier zu weit fortliefe; die Matrosen sollten nun versuchen, die Tiere in das Dorf zurückzujagen – sie aber dabei nicht scheu zu machen.

Ich werde mich kurz fassen. Die ganze Geschichte endete damit, daß unser Experiment nicht im geringsten gelang; als der Stier die Menschen erblickt hatte, jagte er ungestüm vorwärts, die Eingeborenen sind natürlich nach verschiedenen Seiten auseinandergelaufen. Dem Stier folgte die Färse, und das interessante Pärchen enteilte auf die nahe gelegenen Hügel.

Es war schon dunkel, als wir nach unserem Mißerfolg auf die Korvette zurückkehrten. Die Ereignisse des Tages hatten mich so ermüdet, daß ich mein Versprechen, nach Bongu zum Übernachten zurückzukehren, ungeachtet meiner großen Lust dazu, nicht einhalten konnte.

Am 19. März lichtete die Korvette „Skobelew" bei Tagesanbruch den Anker und fuhr mit Kurs auf die kleine Insel Bili-Bili davon. Es war beabsichtigt, den Großfürst-Alexej-Hafen kartographisch aufzunehmen, und so war es für uns sehr wichtig, Dolmetscher zu haben, weil es unter den Bewohnern des „Archipels der zufriedenen Leute" mehrere Dialekte gibt, die ich nicht kenne; in Bili-Bili konnte ich aber damit rechnen, irgendeinen Bekannten zu finden, der bereit wäre, mit uns zu fahren.

Als wir uns dem Dorf näherten, verringerten wir die Geschwindigkeit und ließen eine Schaluppe zu Wasser. Ich begab mich in das Dorf. Am Strand erwartete uns eine große Menge, die mich erkannt hatte und brüllte: „O Maclay! O Maclay! Eh mem! Eh aba! Gena!"

Einige Pirogen näherten sich der Schaluppe. In einer befand sich Kain, in einer andern Maramaj, Gassan und weitere. Um keine Zeit mit unnötigen Verhandlungen zu verlieren, machte ich ihnen allen den Vorschlag, mir auf die Korvette zu folgen, und versprach, ihnen Tabak und Nägel zu geben. Kain stieg zu mir in meine Schaluppe und begann alle möglichen Fragen zu stellen, die ich aus Mangel an Zeit nicht beantworten konnte.

Als die Eingeborenen sich dann an Deck befanden, waren sie sehr verwirrt und von dem Lärm der Maschine und von der Anwesenheit so vieler Matrosen erschreckt. Sofort begannen sie mich zu bitten, sie nach Hause zu lassen. Ich sagte Kain und Gassan, daß ich ihre Hilfe brauche, um mit den Leuten der Insel Segu, wohin die Korvette fährt, zu sprechen. Dann teilte ich an die übrigen freigebig das aus, was ihnen versprochen worden war – Tabak und Nägel –, und entließ sie mit Ausnahme von Kain, Gassan und Maramaj, die ich zurückbehielt (Maramaj wünschte selbst, mit uns zu fahren). Als sich die Korvette in Bewegung setzte, mußte ich Kain fast mit Gewalt zurückhalten; Gassan aber, der einen günstigen Augenblick, in dem ich nicht nach ihm sah, abgepaßt hatte, sprang ins Meer.

Als die Korvette die kleine Insel Uremu, wo ich im Jahr 1877 einige Kokospalmen gepflanzt hatte, passierte, sah ich mit Freude, daß sie alle Wurzeln geschlagen hatten und gut wuchsen. Kain und Maramaj zeigten auf sie und wiederholten meinen Namen, indem sie hinzufügten: „Nudi Maclay, mongi Maclay" (Insel Maclays, Kokospalme Maclays), „nabal be Maklay Uremja i na tal atar" (irgendeinmal wird Maclay nach Uremu kommen und sich dort ein Haus bauen).

Nachdem wir die Meerenge zwischen der Insel Segu und dem Festland passiert hatten, ging die Korvette am Weststrand der Insel Segu vor Anker. Da es noch nicht spät war, wurden an demselben Tag einige Messungen vorgenommen.

Mit einigen Offizieren fuhr ich auf einer Dampfbarkasse los, um die Bucht des Großfürst-Alexej-Hafens zu besichtigen. Als ich auf die Korvette zurückgekehrt war, teilte man mir mit, daß Kain und Maramaj dem Beispiel Gassans gefolgt wären, das heißt, sie hatten das Herannahen einer Piroge ausgenutzt, waren ins Wasser gesprungen und nicht wieder zurückgekommen.

Wenn auch ihre Furcht die Eingeborenen zum Teil entschuldigte – ihr Verhalten hat mich freilich sehr geärgert.

21. März Vor Sonnenaufgang begab ich mich in das Dorf Segu und ließ die Schaluppe zurückfahren. Ringsum war keine Menschenseele zu sehen, doch ich war überzeugt, daß sich die Eingeborenen bald zeigen würden, und ich hatte mich nicht getäuscht. Nicht nur die Männer kamen zu mir, sondern auch die Frauen. Kain war auch erschienen. Er schüttelte mir fröhlich die Hand und sagte, daß er gestern nur deshalb von der Korvette ins Wasser gesprungen sei, weil er Angst hatte, unter den „tamo russ" allein, ohne mich, zu bleiben; mit mir aber sei er bereit, jeden Augenblick zurückzukehren und dorthin zu fahren, wohin ich es wünsche. Ich nahm ihn beim Wort und machte ihm den Vorschlag, mit mir in das Dorf Bombassia zu gehen. Von der Existenz dieses Dorfes hatte ich schon im Jahr 1876 gehört, doch war es mir damals nicht möglich, es aufzusuchen.

Außer Kain nahm ich auch noch meinen Amboinaer Jan mit. In einer kleinen Piroge fuhren wir zum Fluß Aju; weiter ging es dann auf einem schmalen Nebenfluß namens Made, wonach wir den vom Wald eingeschlossenen kleinen See Aju-Tengaj überquerten. Neben dem Pfad zogen wir die Piroge ans Ufer und marschierten zu dritt los.

Nach etwa anderthalb Stunden kamen wir ans Dorf. Seine Einwohner waren zunächst drauf und dran, die Flucht zu ergreifen, doch einige Worte Kains beruhigten sie. Als ich aber verschiedene Geschenke an sie zu verteilen begann, lief das ganze Dorf – sowohl die Männer als auch die Frauen – zusammen, um von mir etwas geschenkt zu bekommen; den Männern gab ich Tabak und Nägel, den Frauen Glasperlen und lange Streifen von rotem Stoff.

Man bot mir hier an, einen für mich sehr interessanten Schild zu kaufen – nicht aus Holz, sondern aus Rotang geflochten. Diesen Schild hat der Eingeborene von den Bewohnern Karkars erworben. Der Besitzer des Schildes wollte für ihn eine Axt haben; da ich aber keine bei mir hatte, wollte er mir den Schild nicht anvertrauen und lieber warten, bis ich ihm eine Axt mit Kain mitschicke; auf die Korvette, wo er eine Axt hätte bekommen können, wollte er ebenfalls nicht gehen, und ich mußte deshalb auf den Schild verzichten. Nichtsdestoweniger ist es mir gelungen, einen Speer, einen Bogen und Pfeile von sehr sorgfältiger Arbeit zu erwerben und damit die kleine Sammlung an Papuawaffen zu komplettieren. Besonders kunstvoll waren die Pfeilspitzen geschnitzt – mit verschiedenen Kerben und Einschnitten.

Als man uns mit gekochtem Taro bewirtete, fragte ich, ob die hiesigen Einwohner besondere Tabire verwenden, in denen gegebenenfalls ausschließlich Menschenfleisch gereicht würde. Ich erhielt eine verneinende Antwort. Man sagte mir, daß Menschenfleisch in gewöhnlichen Töpfen gekocht und in gewöhnlichen Tabiren gereicht wird. Da man uns heute nicht mit Fleisch bewirtete, konnte ich dieses Mal sicher sein, daß man mir kein Menschenfleisch vorsetzte.

Auf die Korvette kehrten wir kurz vor dem Einsetzen des Regengusses zurück. Vom Admiral habe ich erfahren, daß er beabsichtigt, den Anker morgen zu lichten.

22. März Ich stand vor Tagesanbruch auf, begab mich auf die Brücke und fertigte eine Skizze der Berge Mana-Boro-Boro und des „Archipels der zufriedenen Leute" an. Starker Gegenwind hinderte uns, den Anker zu lichten, und ich fuhr zu einer kleinen Insel namens Megaspena, die mit Pflanzenwuchs bedeckt war; sie hatte viele bequeme Anlegestellen für Schaluppen. Von dort fuhr ich zur Insel Segu hinüber, machte Kain ausfindig und ließ durch ihn die Eingeborenen, die die Insel Megaspena für ihr Eigentum halten, fragen, ob sie damit einverstanden seien, mir diese Insel zu geben, damit ich mir dort im Fall meiner Rückkehr ein Haus baue. Alle erklärten sich damit nicht nur einverstanden, sondern sie waren sogar sehr zufrieden, als sie hörten, daß ich mich unweit von ihnen ansiedeln werde.

23. März   Wir lichteten den Anker um 6 Uhr; gegen 8 Uhr passierten wir die Isumrudstraße zwischen Neuguinea und der Insel Karkar.

NIKOLAI MIKLOUCHO-MACLAY

1846–1888

Auch im 19. Jahrhundert gab es noch viele weiße Flecke auf den geographischen Karten unseres Erdballs, gab es unbekannte Landstriche und unbekannte Völker. Arktis und Antarktis waren kaum entdeckt, das Innere Amerikas und Afrikas war noch wenig erforscht, und Australien und Ozeanien galten mehr oder weniger als Terra incognita.

Immer wieder fanden sich Menschen, die den Mut und das nötige Geld aufbrachten, deren Forscherdrang keine Hindernisse und keine Grenzen kannte. Zu ihnen gehört der zu Unrecht vergessene russische Naturforscher Nikolai Mikloucho, der als erster Weißer mehrere Jahre unter den Papuas verbrachte und ihr Leben intensiv erforschte.

In Europa wurde er unter dem Namen Mikloucho-Maclay bekannt. Diesen Beinamen legte er sich nach dem „Maclay" benannten nordöstlichen Küstenstreifen Neuguineas zu, wo er 1871 bei seiner ersten Reise nach Ozeanien an Land ging.

Schon früh prägen sich seine herausragenden Charakterzüge – Energie, Zielstrebigkeit, Überzeugungskraft, gänzliches Fehlen von Ruhmsucht und materiellen Interessen, Sympathie für die Armen und Rechtlosen. Bereits als Gymnasiast in Petersburg fand der junge Nikolai Mikloucho zu den Kreisen demokratisch gesinnter Studenten, was dann wohl auch zu seiner Inhaftierung in der Peter-Paul-Festung und zur Relegierung vom Gymnasium führte. Nach kurzer Stippvisite als freier Hörer an der mathematisch-physikalischen Fakultät der Petersburger Universität (auch hier wurde er ausgeschlossen, vermutlich wegen Beteiligung an ungesetzlichen politischen Zusammenkünften) ging er 1864 als Achtzehnjähriger nach Deutschland, um seine Studien fortzusetzen. Er belegte naturwissenschaftliche Fächer an den Universitäten Heidelberg und Leipzig (seine Leipziger Wohnung wurde zum Treffpunkt russischer und polnischer politischer Emigranten) und schließlich in Jena das Fach Medizin, wo er sich vor allem mit vergleichender Anatomie und Zoologie beschäftigte.

Seine finanziellen Mittel waren äußerst beschränkt, denn nach dem Tod seines Vaters 1857 konnte er von der Mutter, die mit fünf Kindern allein bleib, keine große Unterstützung erwarten. So schrieb er an die Mutter: „Mein schwarzer Gehrock ist ganz und gar fadenscheinig; wenn ich eine Stelle zu stopfen versuche, zeigt es sich, daß das Garn entschieden kräftiger als der Stoff selbst ist. Indem ich ein Loch zunähe, vermehre ich die Löcher nur noch."

So schlug er sich schlecht und recht durch, wohnte zusammen mit Alexander Mestscherski, mit dem er schon in Petersburg befreundet war. Mestscherski, Nachkomme eines alten Adelsgeschlechts, doch mittellos, nahm nach dem Studium die Stelle eines Sekretärs bei der Russischen Geographischen Gesellschaft in Petersburg an und lebte später vorzugsweise in Frankreich und Italien und blieb zeitlebens Miklouchos Vertrauensmann in Europa, stets bemüht, den Freund materiell zu unterstützen und verschiedene Institutionen und Zeitschriften für dessen Forschungsergebnisse zu interessieren.

In Jena schloß sich Mikloucho 1867 einer Gruppe deutscher Gelehrter an, die eine Reise zu den Kanarischen Inseln unternahm. Ein Jahr zuvor besuchte er zusammen mit dem deutschen Naturforscher Ernst Haeckel die Insel Madeira. Eine weitere Reise führte ihn 1869 nach Marokko und an die Ufer des Roten Meeres, wo er die Meeresfauna erforschte. Mit einigen Aufsätzen über die Anatomie von Schwämmen erregte er erstmals in Fachkreisen eine gewisse Aufmerksamkeit.

Schon jetzt schien sein Lebensziel klar umrissen. Und so verwundert es nicht, daß Mikloucho sofort nach Absolvierung der Jenaer Universität 1869 bei der Russischen Geographischen Gesellschaft in Petersburg vorstellig wurde, um seine Pläne darzulegen. Mit erstaunlicher Überzeugungskraft gelang es diesem erst dreiundzwanzigjährigen jungen Mann mit dem unscheinbaren Äußeren, dem kaum mittelgroßen Wuchs und der leisen Stimme, der weder über finanzielle Mittel noch über Beziehungen verfügte, die eher konservativen Mitglieder der Geographischen Gesellschaft für eine Forschungsreise zu den Inseln des Stillen Ozeans zu interessieren. Mehr noch, man gewährte ihm eine geldliche Zuwendung von 1500 Rubeln und die Mitfahrt auf der Korvette „Witjas", die ihn an der Küste Neuguineas absetzen sollte.

„Am 27. Oktober 1870 stachen wir in Kronstadt in See, gelangten über Kopenhagen, Plymouth, die Inseln Madeira und Saint Vincent, über Rio de Janeiro, Punta Arenas, die Bucht von St. Nicolas, die Magellan-Straße, über Talcachuano, Valparaiso, die Inseln Rapa-Mua, Mangreva, über Papeete (auf Tahiti), Apia (auf einer der Samoa-Inseln), Rotuma und Port Praslin (auf der Insel Neu-Irland) schließlich am dreihundertsechsundvierzigsten Tag unserer Reise an die Küste von Neuguinea." (Aus seinem Tagebuch)

Kommandeur und Mannschaft der „Witjas" waren Miklouchos bei der Einrichtung seiner kleinen Station behilflich, überließen ihm einen Teil ihres Proviants und ein Boot und legten rund um seine Hütte auf der Landzunge von Garagassi ein Minenfeld an – für alle Fälle.

Warum wählte Mikloucho ausgerechnet Neuguinea?

In einem Artikel, noch an Bord der „Witjas" verfaßt, schrieb er:
„Neuguinea ist ein von der modernen Zivilisation kaum berührtes Gebiet und zeigt das ursprüngliche Bild der Urgesellschaft. In erster Linie ... will ich die anthropologische Beziehung der Papuas zu den anderen Rassen ... und die Verbreitung dieser Rasse in bezug auf die übrigen Stämme im Stillen Ozean erforschen."

Über Neuguinea war im 19. Jahrhundert nicht wenig geschrieben worden, doch blieb das Wissen um diese Insel unvollständig und fehlerhaft. Sogar ernst zu nehmende Gelehrte verbreiteten die phantastischsten Theorien. Da war in den Anthropologielehrbüchern jener Zeit zu lesen, daß die Papuas über so eigenartige Rassenmerkmale verfügten, denen zufolge man sie irgendwo zwischen den Menschen und ihren tierischen Vorfahren einzuordnen hätte!

Für seine Erforschung der Insel und ihrer Bewohner stellte Mikloucho-Maclay ein auf mehrere Jahre berechnetes Programm auf, das zoologische Untersuchungen, Erforschung der physikalischen Geographie und der Meteorologie, Beobachtungen der Temperatur von Wasser, Luft und Boden, des Luftdrucks und der Windströmungen beinhaltete, vor allem aber die Anthropologie und Ethnographie, Geschichte und Kultur der Papuas.

Da er dieses umfassende Programm allein bewältigen wollte – eine Aufgabe, die die Kräfte eines einzelnen Menschen übersteigt; aber er war wohl weniger aus Passion ein Einzelgänger, vielmehr fehlten ihm die Mittel und Möglichkeiten, eine große Expedition auszustatten –, sah er sich gezwungen, sich so umfassend wie möglich darauf vorzubereiten. So wandte er sich um Rat und Hilfe an eine Reihe bekannter europäischer Wissenschaftler, bereiste zu diesem Zweck einige Länder, verbrachte Monate in den Museen bedeutender europäischer Städte und studierte die Berichte vorangegangener Expeditionen, um sich mit Ozeanien und seiner Bevölkerung vertraut zu machen.

Als er dann am 19. September 1871, gerade fünfundzwanzig geworden, von Bord der „Witjas" ging, war er mit fundierten Kenntnissen ausgerüstet und für die Forschungsarbeit vorbereitet, zutiefst von der gesellschaftlichen Bedeutung dieser Arbeit überzeugt. Schwierigkeiten, so schien es, existierten für ihn nicht. Völlig auf sich allein gestellt, nahm er alle Unbilden in Kauf, gewöhnte sich an die einfachste und einförmigste Nahrung und konnte über Monate ohne die für Europäer übliche Nahrung auskommen – ohne Brot, Zucker, Salz. Fieberanfälle, und Schmerzen, durch den beginnenden Rheumatismus ausgelöst, konnten ihn nur für kurze Zeit zurückwerfen, doch niemals aufhalten. „Das einzige Ziel meines Lebens", so schrieb er, „ist der Nutzen für die Wissenschaft und eine Arbeit zum Wohl der Menschheit." –

Natürlich stieß Mikloucho-Maclay bei seinen ersten Begegnungen mit den Papuas auf Mißtrauen, Ablehnung und Feindschaft, aber auch auf Neugier. Er versuchte vom ersten Tag an, die Sprachbarriere zu überwinden, nutzte jede Situation, um den Kontakt zu den Ureinwohnern herzustellen, beschrieb alles, was in sein Gesichtsfeld geriet: die Anlage der Dörfer, die Hütten, die Arbeitsgeräte und Waffen, die Boote der Papuas, ihre Kleidung, ihren Schmuck, die Frisur, ihre Art zu essen, zu trinken, Betel zu kauen, den Umgang mit den Älteren und den Kindern, ihre Tänze und Feste. Er war bemüht, die Beziehung zu den Ureinwohnern auf der Basis von Gleichheit und einer natürlichen gegenseitigen Achtung aufzubauen, sie zu verstehen und ihre Eigenständigkeit zu respektieren. Anfangs jedoch war dieser Mann mit der weißen Haut für die Papuas „kaaram tamo" – der Mann vom Mond. Entsprechend ihren mythologischen Vorstellungen war die weiße Haut das Merkmal ihrer fernen Vorfahren, jener, die einst vom Mond kamen, oder jener, die nach dem Tod in einer für sie unzugänglichen Welt lebten.

Als Mikloucho nach fast fünfzehn Monaten am 21. Dezember 1872 die Maclay-Küste verließ, begleitet von feierlichen Trommelschlägen und im Licht von unzähligen Fackeln, wußte er, daß er Freunde gewonnen hatte, deren weiteres Schicksal ihn nicht gleichgültig lassen würde. Wo immer Mikloucho auch späterhin auftrat, setzte er sich für die Interessen der Papuas ein, für ihre Unabhängigkeit und rechtliche Eigenständigkeit gegen die Bestrebungen der damaligen Kolonialmächte in Großbritannien, Deutschland und im zaristischen Rußland. Doch erst hundert Jahre später entstand unter neuen historischen Bedingungen der unabhängige Staat Papua Neuguinea, als am 15. September 1975 in Port Moresby die schwarzrote Fahne mit dem goldenen Paradiesvogel und den fünf Sternen, die das Kreuz des Südens darstellen, gehißt wurde.

Noch zweimal besuchte Mikloucho das Land der Papuas: von Februar bis Mai 1874 und im März 1883. Während dieser letzten Reise nach Neuguinea lernte er im Haus des ehemaligen Premiers von Neusüdwales dessen Tochter Margaret Robertson kennen. Ihre Familie widersetzte sich der Ehe mit einem mittellosen und dazu kranken Mann, und auch Mikloucho hatte etliche Schwierigkeiten, die Heiratserlaubnis für eine Ehe mit einer protestantischen Frau zu erhalten. Schließlich aber konnten beide im Dezember 1883 heirateten. Im November 1884 wurde ihr erster Sohn geboren, ein Jahr darauf der zweite.

Während seiner zwölf Jahre umfassenden Forschungsreisen erkundete Mikloucho-Maclay auch die Küsten Australiens und die umliegenden Inselgruppen. Zwischendurch fuhr er immer wieder nach Europa, hielt Vorträge in Petersburg, Berlin, London und Paris, bereitete die Veröffentlichungen seiner Forschungsergebnisse vor, um so auf die Problematik der Ureinwohner aufmerksam zu machen, aber auch, um seine katastrophale finanzielle Situation aufzubessern. Er hatte die Absicht, für ein bis anderthalb Jahre mit seiner Familie in Rußland zu leben, dann aber seinen ständigen Wohnsitz in Sydney aufzuschlagen, wo es ihm gelungen war, eine biologische Station einzurichten, die – auch durch die Nähe zu Ozeanien, seinem eigentlichen Forschungsgebiet – eine kontinuierliche wissenschaftliche Arbeit ermöglichte. Doch der von Jahr zu Jahr sich verschlimmernde Gesundheitszustand – Rheumatismus und Nervenfieber nahmen ständig zu – machte seine Pläne zunichte. Bei seinem letzten Aufenthalt in Petersburg mußte er in eine Klinik eingewiesen werden, wo er am 14. April 1888 starb.

Waren auch manche seiner Pläne utopisch (wie die Gründung einer russischen Kolonie irgendwo im Stillen Ozean, die sich auf der Grundlage demokratischer Selbstverwaltung unter dem Protektorat des russischen Zaren selbst regieren sollte), so steht doch ohne Zweifel fest, daß er zur Erforschung Ozeaniens einen nicht unbeträchtlichen Beitrag geleistet hat.

Nichts konnte ihn abhalten, dem einmal gestellten Ziel zu folgen.
In einem Brief an den russischen Großfürsten Nikolai Michailowitsch schrieb er 1881 aus Sydney:
„... Das Beste, was ein ‚Wissenschaftler' (d. h. einer, der tatsächlich auf die Wissenschaft als das Ziel seines Lebens schaut und sie nicht als ein Mittel dazu ansieht) tun kann, ist, seinen Weg zu gehen, ohne auf die Meinung der Menge rechts oder links Rücksicht zu nehmen. Bedauerlicherweise verhalten sich einige der sogenannten Wissenschaftler zur Wissenschaft wie zu einer melkenden Kuh, die sie mit der täglichen Nahrung zu versorgen hat – das macht aus ihnen Handwerker und manchmal einfach Scharlatane. Für diese Herren (leider gibt es deren viele) ist die wissenschaftliche Wahrheit eine zweitrangige Angelegenheit; eine Wissenschaft, die ihnen mehr Groschen einbringt, ist für sie um so reizvoller; sie jagen der Masse und ihrem Geschmack nach!... Ich weiß, daß ich meine Sache getan habe, soweit es mir die Umstände erlaubten und soweit meine Kräfte reichten. Ich habe es um der Wissenschaft willen getan, allein für sie. Jegliches Mitleid, Lobeshymnen oder Tadel, Hoffnungen der einen oder Warnungen der anderen – nichts hätte mein Programm, das ich mir selbst gestellt habe, ändern können... Wenn nicht heute, so werden doch mit der Zeit kompetente Menschen feststellen, daß ich weder meine Zeit vergeudet noch eine sich mir bietende Gelegenheit versäumt habe..."

Ursula Krause